KB160895

사회권의 현황과 과제

조국 엮음

경인문화사

사회권의 제도화가 새로운 시대정신이다

조국(서울대학교 법학전문대학원 교수,
서울대학교 법학연구소 공익인권법센터장)

장기간 권위주의 체제 아래 살면서 한국인은 '자유권'에 대해 예민한 감수성을 가지게 되었다. 국가가 시민의 머릿속 생각이나 하고 싶은 말을 통제하려 하거나, 시민의 통신 내용을 도청하거나, 시민의 인신을 마구잡이로 끌고 가서 억류하거나, 정부·체제 비판자나 반대자를 탄압하거나, 언론기관을 직간접적으로 억압하거나, 집회·시위·결사를 사전적으로나 사후적으로 제약한다면 화와 짜증이 난다. 양심·사상의 자유, 신체의 자유, 언론·집회·시위·결사의 자유, 통신 비밀의 자유 등 자유권은 헌법에 보장되어 있을 뿐만 아니라, 시민의 의식 속에 확고히 자리 잡고 있으며 행동 준칙으로 작동하고 있다. 진보·개혁 진영도 자유권 침해에 대해서는 즉각 대응하고 나선다.

이에 비해 '사회권'에 대한 한국인의 관념은 추상적이고 막연하다. 물론 한국 정부가 가입한 국제사회권규약(International Covenant on Economic, Social and Cultural Rights, United Nations)은 여성에 대한 차별 금지 및 평등 대우(제2조, 제3조), 근로할 자유와 근로에 대한 기회(제4조), 공정한 임금 및 적정 수준의 근로조건(제7조), 노동조합을 조직하고 파업할 권리(제8조), 사회보장(제9조), 모성 및 연소자에 대한 특별 보호(제10조), 적절한 식량, 의복 및 주거에 대한 권리(제11조), 기본적 의료·보건 서비스를 받을 권리(제12조), 교육을 받을 권리(제13조), 문화생활과 과학 발전에 참여할 권리(제15조) 등을 규정하고 있다. 한국 헌법도 능력에 따라 균등하게 교육을 받을 권리(제31조), 근로의 권리(제32조), 근로자의 자주적인 단결권·단체교섭권 및 단체행동권(제33조), 인간다운 생활을 할 권리(제34조), 건강하고 쾌적한 환경에서 생활할 권리(제35조), 보건권(제36조) 등을 규정하고 있다.

이러한 사회권은 왜 필요한 것인가? 시민이 육아·교육·주택·의료 등에서 기본적인 보장을 받지 못하면 그의 삶은 언제든지 불안하고 피폐해질 수 있다. 이러한 기본적 보장이 없으면 시민은 자신의 삶을 주도하기 어렵고 사회공동체의 구성원으로 정치·경제·사회적 문제에 적극적 참여하고 주체적 선택을 하기 힘들다. 불법하거나 부당한 국가권력의 행사 앞에서도 침묵하거나 굴종하기 쉽다.

그러나 현재 한국 시민은 사회권이 자신에게 어떠한 의미가 있는지 감을 잡지 못하고 있다. 헌법 제34조는 "국가는 사회보장·사회복지의 증진에 노력할 의무를 진다"라고 규정하고 있지만, 법학계 통설과 판례는 시민이 이 권리에 기초하여 시민이 국가에 대하여 적극적인 의무이행을 요구할 수 있는 것은 아니라고 보고 있다. 예컨대, 1994년 생계보호급여를 받는 한 부부가 이 급여 수준이 최저생계비에 훨씬 미치지 못하여 자신들의 인간다운 생활을 할 권리를 침해한다며 헌법소원심판을 청구했을 때, 헌법재판소는 이를 기각하면서 이 점을 분명히 한 바 있다(헌법재판소 1997.5.29. 94헌마33 결정). 현재 한국 사회에서 사회권이 침해되었다고 하려면 국가가 사회보험·공적 부조(扶助)·사회복지에 관한 법률을 전혀 만들지 않거나 그 내용이 용인할 수 없을 정도로 현저히 불합리해야만 하므로, 사회권 침해가 인정되기란 사실상 불가능하다. 진보·개혁

진영도 역시 사회권이 '민주화 이후 민주주의'의 발전에 어떠한 의미를 갖는지, 사회권을 보장하려면 어떠한 운동을 벌여야 하는지 등에 대해 분명한 인식을 갖고 있지 못했다.

그리하여 한국 사회에서 사회권은 '프로그램적 권리'라는 묘한 이름으로 불리고 있고, 민주주의와 복지는 따로 노는 사이가 되었다. 복지는 경제성장을 하고 난 후 재정적 여력이 있을 때 하는 정책, 극빈층을 위한 최저선의 생활 보장 정책 정도로 이해되었다. 사회권은 육아·교육·주택·의료 등에 대한 최소기준으로 위치 지워졌던 것이다. 이제 이러한 관념을 바꾸어야 한다.

사회권 보장의 필요성을 강조하는데 대하여 자조(自助)와 자발적 상호 부조를 강조하는 목소리가 있다. 물론 자조와 상호부조는 중요하며 권장되어야 한다. 그러나 이것이 사회권을 대체할 수는 없다. 당장 자조를 할 능력이 없는 사람, 자신과 자신의 가족을 부양할 능력이 현격히 제한되어 있는 사람이 있다. 자선 역시 명백한 한계가 있다. 현존하는 어려운 사람의 수에 비하여 기증자의 수는 부족하고, 기부는 간헐적으로 이루어지며, 사회의 요구와 기부자의 기부 방향이 불일치한다[제임스 니켈(조국 옮김), 『인권의 좌표』(명인문화사, 2010), 203면].

또한 사회권 보장은 많은 부담을 초래한다는 우려가 있다. 물론 '인간다운 생활'이나 '사회보장·복지'의 수준은 그 나라의 생산력과 경제 발전 수준에 따라 다를 수밖에 없다. 그러나 국가가 사회권 보장에 적극적으로 나서지 않으면 이 부담을 시민의 가족, 친구, 지역공동체 등이 져야 하는데, 이는 한계가 있다. 이러나 식으로 사회가 운영되면 '인간다운 생활'을 포기하고 '짐승 같은 생활'을 살아야 하는 시민이 증가할 수밖에 없고, 이는 사회불안으로 이어질 수밖에 없다. 그리고 경제적 측면에서 한국은 이제 더 이상 개발도상국가가 아니다. 경제협력개발기구와 G20 가입 국가로서 복지국가를 실현할 물적 토대는 이미 다 갖추고 있다. 이에 반해 경제협력개발기구 가입 국가 중 한국의 복지 수준이 가입 국가의 최저 수준인바, 한국은 '복지 저개발 국가', '사회권 저개발 국가'라 불러 마땅하다.

어떠한 권리이건 그 권리의 보장 수준이 높아지려면 그 권리 주체의 각성과 "권리를 위한 투쟁"(루돌프 폰 예링)이 필요하다. 권리는 국가가 시민에게 베풀어주는 선물이 아니다. 이제 시민은 자신과 가족이 더 많이 더 오래 일해서 '시장 임금'을 최대 확보하여 '인간다운 생활'을 누리겠다는 생각에서 탈피해야 한다. 무한·출혈 경쟁에서 승자는 항상 소수다. 승자가 된 경우에도 다음 세대는 새로운 경쟁의 도가니에 들어가야 한다. 이제 다수가 승자가 되는 법과 제도를 만들어야 한다. 육아·교육·주택·의료 등에서 시민 개인의 부담을 줄여 '사회 임금'을 증대하는 쪽으로 방향을 틀어야 한다. 이것이 바로 복지국가로 가는 지름길이다.

정부는 국제사회권규약 가입 국가로서 위신에 걸맞게 유엔 사회권규약위원회의 권고의 핵심을 진지하게 수용하고 개선조치에 나서야 한다. 특히 지난 2009년 11월 20일 사회권규약위원회는 한국 정부에 대해 비정규직 노동자의 노동권 보장, 공무원의 노동조합 가입권과 파업권 제한 규정 삭제, 이주 노동자 및 이주 여성 등에 대한 권리 보장, 도시 재개발사업 추진 시 임시 이주 시설 설치 등 대책 마련, 빈곤 퇴치 전략을 시행하기 위한 충분한 예산 배정, 취약·소외 계층에 대한 빈곤 퇴치 전략의 영향에 대한 효과적 점검, 의료비 지출 증대를 통한 모든 사람의 의료 서비스 접근 보장 등을 권고했다. 그리고 국가인권위원회가 유엔 사회권 규약의 모든 부문을 담당할 수 있도록 그 권한이 확대·강화되어야 함을 권고했다. 이와 같은 권고에 대해 "한국 상황을 모르는 권고다", "이전보다 개선되었다" 식의 반박을 하는 것은 '국격'을 떨어뜨리는 일에 다름 아니다.

국제사회권규약과 헌법은 국가로 하여금 각종 사회권을 실현하도록 '노력'할 의무를 부여하고 있지만, 그 '노력'을 다했는가 여부에 대한 판단은 전적으로 정부가 하고 있다. 그러나 시민에게 사회권이 있다고 함은, 시민이 각종의 방식으로 정부에 이 '노력'을 최대치로 행하라고 요구하고 압박할 수 있는 권리가 있음을 뜻한다. 예링의 말을 한 번 더 인용하자면, "새로운 법이 자신의 진입을 강행하기 위해 치러야 할 투쟁"[루돌프 폰 예링(윤철홍 옮김), 『권리를 위한 투쟁』(책세상, 2007), 43면]이 시민에게 요구되는 시점이다.

시민은 권위주의 체제를 자신의 손으로 무너뜨리고 정치적 민주화를 쟁취했다. 이제 남은 과제는 사회적·경제적 민주화다. 정치적 민주화의 요체가 자유권이라면 사회적·경제적 민주화의 요체는 사회권이다. 이제 연대와 공존의 원리가 새로운 시대정신이 되었고, 그 법률적 표현이 사회권이다. 국가와 시민사회 모두에서 사회권 보장이 핵심 화두가 되고, 진보와 보수 진영이 사회권 보장을 위한 경쟁에 나서기를 기대한다.

이상과 같은 문제의식을 가지고 서울대학교 법학연구소 공익인권법센터와 고용복지법센터는 2016년 6월 24일 사회권에 대한 심포지움을 개최했다. 여기서 헌법, 국제인권법, 노동법, 사회보장법 등 법학적 접근과 사회복지학, 정치철학 등 비법학적 접근이 같이 논의되었다. 이 단행본은 심포지움 발표문에 당시 발표되지 않았지만 독자의 필요에 부합한다고 판단한 논문을 추가하여 재구성한 것이다. 이 책이 한국 사회권의 현황을 총체적으로 검토하고 그 실현을 위한 방법과 절차를 만드는데 일조하기를 희망한다.

x

제2부 국제인권법과 사회권

제3부 사회권의 재정립

사회권의
현황과
법적 성격

제 1 부

한국의 사회복지 지표와 사회권 현실

남 기 철*

I. 들어가는 말

우리나라는 1990년에 '경제적 사회적 문화적 권리에 관한 국제규약', 소위 사회권 규약을 비준하여 당사국이 되어 있다. 당사국 160개국 이상의 조약이다. 사회권 규약을 비준한 당사국의 이행여부는 유엔 사회권 위원회가 검토하고 있다. 2008년 선택의정서에서는 당사국 내에서 사회권을 침해당했을 때, 유엔 사회권 위원회에 진정을 제기할 수 있으며 심각한 사회권 침해사례에 대해서는 유엔 사회권 위원회가 정보를 입수하였을 때 조사권한을 가지도록 하고 있다. 하지만 우리나라가 실제 국민의 사회권 보장을 위한 노력의 정도에서 충분한 실효적 조치가 취해지고 있는가, 또 이에 대한 개방적 논의가 이루어지고 있는가에 대해서는 회의적이다. 인권 혹은 사회권이라는 용어를 이야기하는 것 자체가 진보진영의 몫이라고 여겨지고 있는 실정이다.

선택의정서에 의한 조치 자체를 잘 인정하지 않는다. 사회권 규약에 따라 우리나라가 유엔에 제출하는 사회권 보고서는 자주 논란의 대상이 되고 있다. 정부의 보고서에 적시된 우리나라 사회권

* 동덕여대 사회복지학과 교수, 사회학박사

상황과 정부의 노력이 국민들의 체감과는 너무 동떨어져 있기 때문이다. 비단 사회권에만 국한되는 것은 아닐 수도 있고 넓은 의미의 인권에 대한 주제 전반에서의 문제일 수 있다. 2016년 6월 우리나라는 "민주주의와 인권의 성과를 이루어냈음"을 유엔에 가서 강변하였다. 노사관계조정법을 ILO 기준에 맞추어 개정했고 2월에 집시법을 개정하였으며 2015년에는 경찰청이 물대포를 '4번만' 사용하는 인내를 보였다고 했다. 백남기 농민의 사망에 비추어(물론 당시에는 사망 전이었지만) 도의적으로라도 할 수 없는 말은 아니었을까 의문스럽다. 물론 이는 직접적으로 사회권의 논의영역에 해당하는 것은 아닐 수 있다. 그러나 한국 정부는 사회권 보고서에서도 더 이상 개선의 여지가 없을 만큼 충분한 노력을 경주하였다며 구체적 사회권 개선의 쟁점과 국민의 삶의 질 보장을 위한 제도개선의 현실적 요구를 경시한다. 심지어 제때 보고서를 제출하거나 공표해야 할 책임마저 지키지 않는다.

여기에서는 사회복지 지표와 관련된 현황내용을 통해서 우리나라 사회권의 실태에 대해 살펴보고자 한다. 사회권의 보장 정도를 단일한 지표로 확인하기는 어렵다. 지표화하기 위해 포함되어야 하는 단위들의 범주를 결정하기도 어려우며 또한 각각의 단위요소별 지표를 하나의 지수로 종합(summary)하여 제시하는 방식 역시 합의되기가 어렵다. 사회권 전반을 망라하는 정책부처가 존재하지도 않는다. 국가인권위원회가 있으나 실제 공공정책이나 정부활동에 대한 실효적 기획이나 평가를 수행하고 있다고 보기는 어렵다.

주지하다시피 사회권의 범위는 매우 넓다. 소위 자유권적 시민권(시민적 정치적 권리)의 부분을 논외로 하더라도 사회권 부분은 경제, 노동, 사회복지, 환경, 성(gender), 소수자의 권리 등 다양한 분야의 쟁점들을 망라하고 있다. 사회복지를 넓은 의미에서 해석할 때는 관련 내용을 더 넓게 포괄할 수도 있으나 이 역시 경계는 모호하다. 따라서 이 현황에 대해 논의한다는 것도 간단하고 명료한 주제는 아니다.

70여 년 전 영국에서는 베버리지 보고서를 통해 2차 세계대전 이후의 영국사회가 지향하는 복지국가의 상을 국민들에게 선언하며 5대 거인(사회악)인 결핍(want), 질병(disease), 무지(ignorance), 불결(squalar), 나태(idleneaa)와 싸워가는 국가를 표방한 바 있다. 비교적 최근에는 유럽연합을 중심으로 사회적 배제(social exclusion)을 핵심개념으로 하여 새로운 방식의 빈곤과 사회문제 해결을 사회통합 가치의 구현을 위해 행동계획을 수립하기도 했다. 이러한 논의들에서는 전반적인 삶의 질과 관련된 하위 구성체나 지표를 몇 가지로 정리하기도 하였다.[1] 이는 사회권과 깊게 관련될 수도 있다. 하지만 이 발표에서는 기존의 특정 지표 구성체를 활용하지는 않는다. 사회권과 관련되는 다양한 분야 중 현재 우리나라에서 자주 현안이 되고 있는 분야에 대해 임의적으로 선택하여 그 상황을 살펴보고 특히 공공성이라는 측면에서 진단해보고자 한다. 논의의 범위는 넓은 의미의 사회복지에서 다루는 범주이되 그 선택은 발표자의 관심과 한계에 따른 임의적인 것임을 밝혀둔다.

---

1) 유럽연합에서는 저소득비율, 소득분포, 빈곤지속성, 상대적 중위소득 격차, 지역적 결속력, 장기 실업률, 무직 가구원, 조기 교육기회 상실자, 평균 기대수명, 소득수준별 자각 건강상태 등의 10가지 1차적 지표를 통해 주류사회에 통합되지 못하는 사회적 배제의 위험성을 사정하고 공공이 개입해야 할 준거로 삼고 있다.

II. 한국인의 삶의 질 현황과 사회권

1) 좋지 않은 삶의 질과 위험

사회권은 삶의 질과 직결된다. 최근 우리나라 국민의 생활을 나타내는 몇 가지 대표적인 지표를 통해 삶의 질이 어느 정도로 보장되고 있는지 가늠할 수 있다.

생애주기별로 몇 가지 지표를 나타내고 있는 〈그림 1〉을 통해서 자주 회자되는 몇 가지 사항들을 확인할 수 있다. 우리나라의 출산률은 세계 최저 수준이다. 초저출산 국가에서 벗어나지 못하고 있다. 소위 '출산파업'이라는 말이 유행하였던 바 있다. 여성, 혹은 넓게 보아 상당수 젊은층에게 결혼하여 아이를 낳는 선택은 우리나라의 상황에서 '합리적'이지 않다. 아동과 청소년은 과잉경쟁과 왜곡된 교육체계 속에서 최저의 행복수준을 나타내고 있다. 혹시라도 향후의 더 나은 조건을 보장받을 수 있을까 해서 무리하게 고등교육을 받고자 하는 고등교육 비율 1위의 현상도 나타난다.

여건이 좋지 않은 근무처이지만 위험하고 또 가장 긴 노동시간을 나타낸다. 그렇다고 해서 안정된 일자리도 아니다. 사회적 안전망이라 할 수 있는 사회복지는 최저수준이다. 사회 전체적으로 가계부채는 이미 위험수준을 넘어서고 있고 여기에는 주거비, 교육비의 과중한 부담이 직접적으로 작용하고 있다. 자살률은 세계 1위를 나타내고 있다. 한때 유럽 다른 나라가 자살률이 높을 때 "잘 사는 나라가 자살을 많이 한다"며 일조량이나 꽉 짜여진 사회구조 등이 원인이 아닐까를 이야기하기도 했었다. 하지만 이제는 자살의 문제에 대해 논의하고 연구하려면 세계가 모두 한국의 사례를 살펴보아야 하는 상황이 되었다.

〈그림 1〉 생애주기별 삶의 질 관련 단편적 지표상황의 예시(출처 : 서울시(2016))

노인기에 접어들었을 때, 사회보장이 취약한 상태에서 역시 세계에서 가장 높은 자살율과 빈곤율을 나타내고 있다. 물론 다양한 사회지표 중 긍정적인 내용의 지표도 있을텐데 부정적인 지표만 나열한 것은 균형감이 없다고 할 수도 있을 것이다. 하지만 세월호 사건, 메르스 사태, 가습기 살균제 사태 등을 거치면서 정부를 비롯한 기존의 공공체계에 대한 국민의 불신, 삶의 질에 대한 부정적 평가가 고조되고 있는 것은 분명한 사실이다.

2014년 통계청의 사회조사 결과에 따르면 "우리사회가 불안하다"는 응답이 50.9%이다. 이는 그 전인 2012년 조사결과(37.3%)에 비해 급격히 높아진 수치이다. 이를 세월호 사건에 의한 일시적 현상이라 할 수도 있겠지만, 국가가 기본적인 안전과 안정성을 보장해주지 못한다는 현실인식이 일반화된 것이라 할 수도 있다.

소위 위험사회에 대한 인식이 우리사회에 넓게 퍼지는 양상도 이와 관련된다. 이태수(2015)는 울리히 벡(Ulrich Beck)의 위험사회론을 통해 한국사회를 분석하며 한국이 직면한 위기를 생활의 위기,

노동의 위기, 경제의 위기, 사회의 위기, 정부의 위기 등 5대 위기로 다음 그림과 같이 규정하고 있다.

〈그림 2〉 한국사회의 5대 위기(출처 : 이태수(2015))

OECD의 36개국에 대한 '더 나은 삶의 질 지수' 조사결과에서 우리나라의 삶의 만족도는 2013년 26위, 2014년 25위, 2015년 29위의 하위권으로 나타나고 있다. 특히 공동체 지수에서는 2013년과 2014년에는 34위, 그리고 2015년에는 조사 대상국 중 꼴찌인 36위로 나타났다.

삶의 질에 대해 적어도 어느 정도의 만족을 나타낼 수 있는 수준이 되어야 '권리'가 보장된 것이라 할 수 있는가는 불분명하다. 혹은 이런 식으로 연결하려는 접근이 부적절한 것일 수도 있다. 그러나 우리나라 국민이 만족스럽지 않은 삶의 질 상황에 처해있다는 것 자체는 부인할 수 없는 사실로 보인다.

2) 노동과 빈곤

IMF 경제위기를 겪으며 노동시장 유연화가 이루어진 이후 구조조정과 조기퇴직은 우리나라에서 일상적인 상황이 되었다. (세계적인 경제침체의 탓이라고도 하지만) 심각한 실업문제에 봉착해 있기도 하다. 사회보장체계에 의한 사회적 임금이 취약한 우리나라에서 노동시장문제는 곧장 빈곤문제로 연결되고 있다.

가장 심각한 노동시장에서의 문제로 사회문제화되고 있는 것은 청년실업이다. 청년실업의 문제와 관련된 여러 신조어가 만들어질 만큼 심각한 상황이다.

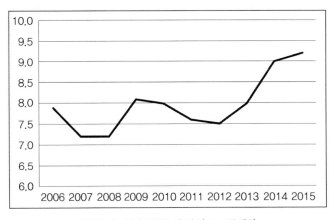

〈그림 3〉 청년실업률 추이(자료 : 통계청)

그림에서 보는 바와 같이 최근 들어 청년실업률은 계속 증가하는 추세이다. 특히 청년실업률은 2016년 들어서는 1월 9.5%, 2월 12.5%, 3월 11.8%, 4월 10.9% 등 사상 유례없는 10% 이상의 비율을 나타내고 있다. 청년층은 비정규적 일자리로 경제생활을 시작하곤

한다.

경제활동인구조사에 따르면 2016년 3월 전체 임금근로자 중 약 1/3이 비정규직 근로자인 것으로 나타나고 있다. 그러나 이에는 간접고용이나 특수고용 등이 과소집계 되어있어 실제로 비정규직 규모는 50%를 크게 상회할 것으로 추정(이창근, 2015)하기도 한다. 김유선의 분석(2014)에서도 2014년 8월의 경제활동인구조사 부가조사를 토대로 비정규직 노동자의 규모는 전체 노동자의 45.4%에 달하는 것으로 논의되었다. 해당 시점의 공식적인 통계청 자료는 비정규직 규모가 약 608만명으로 전체 임금근로자의 32.2%에 해당하는 것으로 발표되었다.

이제 비정규직은 노동시장에서 일상적인 것으로 받아들여지고 있다. 새로운 사회를 여는 연구원에서 통계청 경제활동인구조사를 이용해 정규직과 비정규직의 임금격차에 대해 추계한 바에 따르면 정규직은 289만원, 비정규직은 144만원으로 두 배의 차이가 나타났다. 우리나라에서 비정규직은 전일제의 고정적 근로를 '선호하지 않아서' 유연한 형태의 근로를 '선택'한 것이 아니다. 정규직에 진입하지 못해 어쩔 수 없이 하급 노동시장과 환경에 머무르게 되는 것이다.

김유선(2015)은 노동자 8명 중 1명꼴로 법정 최저임금조차 받지 못하고 있다고 분석하고 있다. 이는 법정 최저임금제도가 '저임금 계층 일소, 임금격차 해소, 분배구조개선'이라는 본연의 목적에 부응하지 못하고 있을 뿐만 아니라, 정부가 근로감독 행정의무를 다하지 않고 있는 것이라 지적하기도 하였다.

현재 노동문제에 대한 정부의 기본 인식은 경제를 살리기 위해 노동 유연화를 추진하는 것이다. 노동자의 입장에서는 정부가 해고를 쉽게, 더 많은 비정규직을 양산하고, 임금삭감의 방식으로 시행되는 임금피크제 등의 방향에 천착하는 것으로 보인다. 일자리를

나누는 것은 세계 최고 수준인 근로시간을 단축하는 것이 우선이
지, 동일한 임금을 더 많은 사람에게 나누어주는 것으로 갈음해서
는 곤란하다.

우리나라는 전형적으로 성장을 통한 분배의 증진, 낙수효과를
기대하는 경제사회 정책을 전개하고 있다. 그러나 이는 현실화되지
못하고 있다. 경제의 성장 여부와 무관하게 가계경제의 영역은 피
폐함이 심각해지고 있다. 노동소득분배율과 실질임금상승률 추이
를 통해 보았을 때, 성장의 과실은 대기업 자본이 독점하고 있다는
불만은 당연한 것이다.

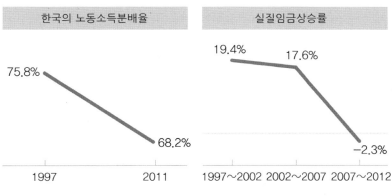

〈그림 4〉 한국의 노동소득분배율과 실질임금상승률의 하락 추이(자료 : 한국노동연구원)

우리나라 빈곤 양상의 특징으로서 심각한 노인빈곤의 문제를 지
적할 수 있다. 전반적인 수치를 통해서 확인되는 우리나라의 빈곤
율 자체가 다른 나라보다 월등히 높다고 보기는 어렵다. 물론 다른
나라보다 높은 편이지만 이 빈곤율의 수준보다 훨씬 두드러지는
점은 노인빈곤의 심각성이다. 노인은 경제활동 참여가 적은 인구층
이므로 다른 연령대에 비해 빈곤율이 조금 더 높게 나타나는 것은

일반적 현상이라 할 수 있다. 그러나 전 인구 빈곤율 평균의 3-4배
에 달하는 노인빈곤율을 나타내는 나라는 없다. 연금 등 사회보장
의 취약성이 직접적 원인이다.

〈표 1〉 빈곤율의 국가비교

구 분	전 인구	아 동	노 인
한국(2014년)	13.3	7.0	47.2
한국(2006년)	14.0	10.4	41.4
프랑스(2010년)	9.1	11.4	5.2
스웨덴(2005년)	5.6	4.7	6.6
독일(2010년)	9.6	10.5	10.6
핀란드(2010년)	7.2	3.7	9.7
캐나다(2000년)	12.5	14.3	9.8
미국(2013년)	17.0	20.1	19.1
영국(2013년)	9.1	8.8	9.1
호주(2003년)	13.9	14.4	33.7
대만(2013년)	10.7	8.7	26.2
일본(2008년)	11.0	11.3	13.6

자료 : LIS 홈페이지(http://www.lisdatacenter.org/)

우리나라는 다른 나라에서는 거의 볼 수 없는 '폐지를 주워모으
는 노인'의 모습이 일상화되어 있다. 우리나라 노인의 고용률이나
경제활동참가율 역시 낮지 않다. 전국노인생활실태조사 결과에 따
르면 우리나라 노인의 약 30%는 일을 하고 있다. 이는 국제적으로
매우 높은 수치이다. 그런데 빈곤율은 높다. 일견 양립될 것 같지
않은 이 두 가지 지표상황은 모두 노인에 대한 소득보장의 취약성
과 관련되는 상황이다.

〈표 2〉 OECD 주요국가의 65세 이상 노인 고용 지표

(단위: %)

국가명	노인인구 비율 (2010)	경제활동참가율(2011)			고용률(2011)		
		전체	남	여	전체	남	여
OECD 평균	14.7	12.7	18.0	8.7	12.3	17.4	8.4
호주	13.5	11.2	16.1	7.0	11.0	15.9	6.9
오스트리아	17.6	5.3	7.5	3.6	5.2	7.5	3.6
벨기에	17.2	2.0	3.4	1.1	2.0	3.4	1.0
캐나다	14.1	11.9	16.5	8.0	11.3	15.7	7.7
덴마크	16.6	6.3	9.5	3.7	6.2	9.4	3.6
핀란드	17.3	8.7	11.9	5.8	8.7	11.9	5.8
프랑스	16.9	2.0	2.8	1.5	2.0	2.8	1.4
독일	20.6	4.6	6.6	3.1	4.6	6.6	3.1
그리스	19.1	3.6	5.5	2.1	3.5	5.5	2.0
아이슬란드	12.1	34.1	42.7	25.9	32.7	41.2	24.6
아일랜드	11.5	8.8	13.7	4.8	8.7	13.6	4.7
이탈리아	20.3	3.2	5.7	1.3	3.2	5.6	1.3
일본	22.8	19.7	28.4	13.2	19.3	27.5	13.1
한국	11.0	29.5	40.6	21.8	28.9	39.6	21.4
룩셈부르크	13.9	3.6	5.4	2.2	3.5	5.4	2.1
멕시코	5.9	27.1	42.0	14.3	26.7	41.3	14.2
네덜란드	15.4	5.6	8.9	3.0	5.4	8.4	3.0
스페인	17.0	2.0	2.5	1.6	1.9	2.5	1.5
스웨덴	18.3	12.0	16.0	8.2	11.8	15.7	8.0
스위스	17.5	10.0	14.9	6.2	9.9	14.8	6.1
터키	7.8	12.8	20.9	6.5	12.6	20.5	6.5
영국	16.0	9.0	12.1	6.4	8.8	11.9	6.3
미국	13.1	17.9	22.8	14.0	16.7	21.3	13.1

자료 : OECD StatExtracts(http://stats.oecd.org/index/aspx)

3) 주거

우리나라의 주택보급율은 2000년대 들어 100%를 넘어섰다. 현재 서울과 경기를 제외한 전 지역에서 주택보급률은 100%를 상회하고 있다. 이는 가구 수보다 주택 수가 많다는 의미로 절대적인 주택문제를 해소하기 위한 기초적·물리적 토대가 구축된 것이라 할 수도 있다. 질적인 측면에서도 최저주거기준 미달가구는 2006년 16.6%, 2008년 12.7%, 2010년 10.6%, 2012년 7.2%, 2014년 5.4%로 꾸준히 감소하고 있다.

그러나 주거관련 비용의 문제에서는 어려운 점이 많이 나타나고 있다. 주택가격이나 주거비 부담은 서구 유럽국가의 경우에도 높은 경우가 많다. 그러나 우리나라의 경우 소득과 지역, 주거점유형태 등의 측면에서 (주거안정성이나 주거비 부담 수준이 심각한) 고위험 집단이 광범위하게 확산되어 있다. 또한 이에 대해 공공의 정책적 지원이 취약하다는 요소 역시 맞물려 있다.

2014년 주거실태조사를 통해서 볼 때, 전국의 PIR(연간소득대비 주택가격)은 중위수 기준으로 4.7배, 수도권은 6.9배로 나타나고 있다. 저소득층의 경우는 8.3배로 나타난다. 다른 나라에 비해 높은 편이고 완만하지만 점차적으로 상승하는 경향도 보인다. RIR(월소득대비 임대료)은 2014년 중위수 기준으로 20.3%, 수도권은 21.6%로 나타나고 있다. PIR이나 RIR 수치의 절대적 측면보다도 특정 지역에서 주택가격이나 임대료의 급격한 변동 등이 나타나고 있다는 점이 문제가 될 수 있다. 아울러 저렴주택의 부족으로 인해 낮은 주택품질에도 불구하고 저소득층의 주거비 부담이 매우 높게 나타나는 문제도 상존하고 있다.

2014년 주거실태 조사결과에 따르면 전국적으로 전체 가구의

71.7%가 임대료 및 대출금 상환에 부담을 느끼고 있다. 월세가구는 200년의 14%에 비해 2014년에는 23.9%로 거의 10% 정도의 급격한 상승을 나타내고 있으며 이는 우리나라의 독특한 임대구조인 전세비율의 하락과 함께 하고 있다. 현 주거에서의 거주기간은 7.7년인데 자가가구는 10년 이상이지만 전월세가구의 경우 약 3-4년 정도로 나타난다. 주거불안정이 우리나라에서 중산층을 포함한 많은 가구에게도 큰 문제가 되는 상황이 계속되고 있다.

또한 우리나라 가구의 대부분이 가계자산의 절대액을 주택에 투입하여 소비 여력이 제약된 상황이다. 가계부채의 문제도 주거비와 직접적 관련을 가지고 있다. 과도한 주택가격상승과 투기열풍의 조장으로 인해 서민가구까지도 소득에 비해 과도한 주택구입자금을 사용하도록 (정부가) 방조하고 있는 상황이다.

적극적인 주거복지 정책으로 여겨지는 공공임대주택 정책에서 우리나라는 절대적으로 빈약한 성격을 나타내고 있다. 2012년 말 기준으로 영구, 50년, 국민임대 등 장기공공임대주택 재고는 약 93만 호로 전체 주택재고의 6.1% 수준이다. 대표적 수요자 지원제도인 주거급여가 80만 가구 수준인데 이와 함께 고려해볼 때 공공의 개입은 매우 빈약한 편이라 할 수 있다.

주택점유유형과 관련하여 자가의 비중과 공공임대주택의 비중을 축으로 하여 주요 국가들의 상황을 비교해보면 다음 그림과 같다.

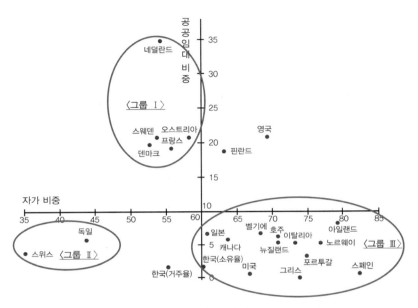

〈그림 5〉 주요 국가별 주택점유유형 비교(출처 : 김수현(2012))

　　네덜란드, 스웨덴, 프랑스 등 공공임대비중이 높은 국가들(그룹 1)과 공공임대주택, 자가의 비율이 상대적으로 모두 낮은 독일 등의 국가(그룹 2), 그리고 미국과 이탈리아를 포함한 많은 나라들이 속한 높은 자가비중과 상대적으로 낮은 공공임대주택 비율의 국가들(그룹 3)로 군집화가 가능하다. 우리나라는 상대적으로 그룹 2를 제외한다면 자가의 비중과 공공임대의 비중이 모두 낮아 민간 임대의 취약성에 처해있는 가구가 많다고 할 수 있다. 그룹2에 해당하는 국가들이 우리나라보다 주거 안정성의 상황이 열악하다고 판단하는 것은 적절치 않다. 독일과 같은 경우 공공임대주택의 비중은 낮지만 국가가 아닌 비영리의 민간 주체인 사회주택을 적극적으로 활용하여 민간임대주택을 주거 안전망의 수단으로 삼고 있다.

우리나라에서 민간임대 상황이 급격한 전세금 상승으로 주택문제의 가장 심각한 현장이 되고 있는 것과는 다르다. 사실상 한국과 같이 정글과 같은 민간임대 환경에서 많은 사람들이 주거(비용부담)로 인한 고통을 겪는 나라는 많지 않다.

한국의 경제체계에서 낙수효과가 잘 나타나지 않는 것처럼 주거의 영역에서도 '주거순환과정'이 잘 나타나지 않고 있다. 또한 재개발의 과정에서, 저렴주택의 부족으로 인해 극단적인 주거취약계층이 양산되고 있다. 20세기 후반에 벌집이나 판자촌이 매우 많다가 지금은 거의 사라지고 최근에는 고시원 거주자가 늘어난 것처럼 시기적으로 극단적인 주거취약계층의 주거양상은 변화하고 있다. 그렇지만 심각한 주거의 배제를 경험하는 시민들은 계속 양산되고 있는 상황이다. 극단적 주거취약계층은 일반적인 주택에 거주하지 못하기 때문에 각종 통계나 정책대상에도 잘 포착되지 못하고 있다.

극단적 주거취약계층의 전반적 실태에 대해 거의 유일한 전국조사라 할 수 있는 2012년 한국도시연구소의 조사결과에 따르면 거리노숙생활을 하는 사람이나 쪽방, 여인숙, PC방, 비닐하우스 등을 잠자리로 활용하고 있는 인구수는 확인된 것만으로도 서울은 10만, 전국으로는 25만을 상회하고 있다.[2]

---

2) 이들은 가구수로도 20만 가구가 넘고 개인의 수와 가구의 수가 큰 차이를 보이지 않는 것은 가족해체 등으로 1인 가구의 절대적 비중이 높다는 점에 기인하고 있다.

〈표 3〉 거처 유형별 주거취약계층 인구 규모

(단위: 명)

구분	거리 노숙	부랑인 시설	노숙인 쉼터	응급 잠자리	비숙박용 다중이용 업소	쪽방	여관· 여인숙	고시원	비닐하 우스촌	비닐하 우스·컨 테이너· 움막 등	합계
전국	2,689	8,160	2,636	508	62,453	6,214	15,440	123,971	6,914	32,053	261,038
서울	1,395	1,230	1,590	427	24,279	3,089	1,633	76,511	5,472	2,482	118,108

출처 : 한국도시연구소(2012)에서 편집

실제 주거취약계층의 규모는 조사에서 확인된 것보다 훨씬 더 크다. 이들이 일반적 주거보장의 범위 내에 실질적으로 포괄될 수 있어야 한다.

4) 건강

미국의 대통령인 오바마가 한국의 건강보험에 대해 칭찬했다는 이야기가 회자되곤 했다. 선진국 중에서 의료가 가장 시장화되어있는 미국의 입장에서는 어쩌면 우리나라의 건강보험제도가 부럽게 여겨질 수도 있다. 사실 OECD Health Data에 따르면 우리나라는 어느 정도의 건강(보장)수준은 달성하고 있다. 우리나라는 영아사망률 3.0%로 OECD 평균 4.1%에 비해 낮고 미국(6.0%)에 비해서는 절반 수준이다. 기대수명도 81.8세로 OECD 평균의 80.5세, 그리고 미국의 78.8세보다 높다. 하지만 세계 최고 수준인 자살률이나 임상의사 수가 적다는 점은 부정적인 상황을 반영하기도 한다. 본인의 건강상태에 대한 주관적 인식도 OECD 최저수준이다. 자신의 건강에 대해 양호하다고 생각하는 비율이 35.1%로 OECD 평균인 69.2%에 비해 절반 수준이며 조사국가 중 가장 낮다.

주지하다시피 건강의 문제 그리고 죽음도 사회경제적 지위와 밀접한 관련성을 가지고 있다. 이혜은의 연구를 인용한 보도(에너지경제, 2016. 03. 03.)에 따르면 농·어업 숙련 남성 근로자와 전문가 남성 직업군의 연령표준화사망률 차이는 2.7배이었다. 단순노무직과 전문직 간 사망률 차이도 2.4배이었다. 지역적 측면에서의 차이도 많이 나타난다. 지역사회 건강조사결과에 따르면 의료미충족률 (필요함에도 불구하고 의료서비스를 이용하지 못한 경험자 비율)은 서울시에서 강남구 11.0%, 노원구 21.2%, 마포구 31.1%로 나타나 서울시 내에서도 자치구별로 최대 3배 가량의 차이를 나타내고 있다 (서울시, 2012).

우리나라는 전 국민 대상의 건강보험제도를 가지고 있다는 것이 국가가 국민의 건강권을 보장하고 있다는 자랑의 근거가 되곤 한다. 그러나 이 공공성이 사실은 상당히 취약하다는 점이 지적되어야 한다. 미국의 사례이지만 '식코(sicko)'라는 영화를 통해 소개되었듯이 의료를 영리시장체계에 맡겨둘 경우 국민의 건강권이 적절히 보장되기는 어렵다. 그런데 전 국민 건강보험제도가 존재하고 있다는 것만으로 우리나라 건강보장체계는 (영리적이지 않고) 공공성이 잘 견지되고 있다고 보기는 어렵다.

국민건강보험공단의 건강보험환자 진료비 실태조사자료에 따르면 국민건강보험제도 보장수준이 2009년 65%, 2010년 64.6%, 2011년 63%, 2012년 62.5%로 계속 감소추세를 보이고 있다. 제4차 사회권 규약 대한민국 국가보고서에 대한 시민사회단체 검토의견서에 따른다면, 의료비의 본인부담률이 매우 높다는 점, 보험료 체납 등으로 인해 의료안전망의 사각지대에 있는 사람의 규모가 250만 명에 이른다는 점 등 의료보장의 사각지대가 매우 넓다는 점이 지적되고 있다. 건강보험에 해당하지 않는 사례들까지 감안한다면 국민건강보험제도의 보장률은 55%정도에 불과하다는 분석도 나타나고 있다.

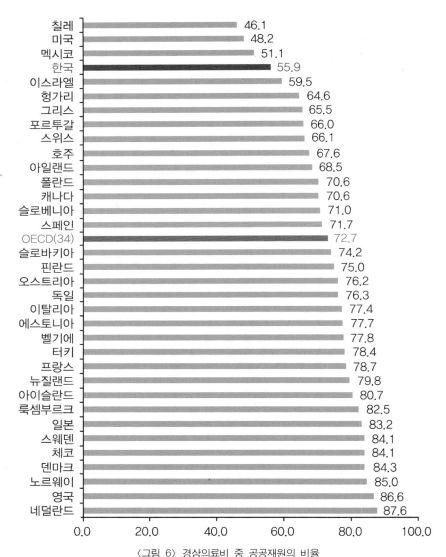

〈그림 6〉 경상의료비 중 공공재원의 비율
(자료 : OECD Health Data, 출처 : 보건복지부(2015))

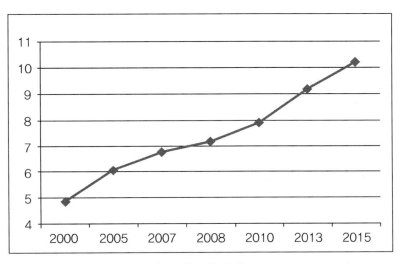

〈그림 7〉 GDP대비 국민의료비[3] 비율 증가(자료 : OECD Health Data)

OECD Health Data(2015)에 따르면 경상의료비 중 공공재원의 비율은 우리나라가 55.9%로 OECD 평균인 72.7%에 크게 미달하며, 칠레(46.1%), 미국(48.2%), 멕시코(51.1%)만이 우리나라보다 다소 낮을 뿐이다. 경상의료비 중 가계직접부담비율은 36.9%로 OECD 평균인 19.5%보다 매우 높다. 우리나라보다 높은 국가는 멕시코뿐이다.

국민의료비 증가율은 OECD 평균의 두 배 이상이다. 우리나라의 GDP 대비 의료비 비율은 OECD 평균보다 크게 낮았지만 최근 몇 년간 급격히 증가하여 이제 OECD 평균 수준이다. 국민의료비의 증가를 긍정적으로만 해석할 수는 없다. 공공의 보장비율은 줄어드는 상태에서 국민의료비의 급격한 증가는 결국 국민들의 의료비 과부

---

3) 얼마전까지는 최종적인 의료비 지출의 지표로 흔히 국민의료비를 사용하였으나 OECD에서는 2015년부터 국민의료비(경상의료비 + 자본투자) 대신 경상의료비를 대표 지표로 발표하고 있다. 이에 따라 본문에서도 두 가지 지표가 혼용되어 사용되었다.

담 문제로 직결되기 때문이다.

건강과 관련하여 비용이라는 장벽이 얼마나 작용하고 있는가하는 점이 건강보장의 측면에서 중요한 이슈가 된다. 전체 가구소득에서 의료비 지출이 차지하는 비율이 10%가 넘는 가구 수가 20.6%에 달하며, 40%를 넘는 가구도 4.7%에 달하는 것으로 나타나고 있다. 재난적 수준의 의료비로 인하여 빈곤으로 이어지는 확률이 매우 높다는 점(가구소득의 10%가 넘을 경우 빈곤으로 떨어질 확률이 18.6%, 40%가 넘을 경우 30.2%)에 대한 지적(송은철·신영전, 2014)에서처럼 우리나라의 빈곤층이 생활위기의 주요한 원인으로 언급하는 것이 과중한 의료비 부담이기도 하다.[4]

건강보험의 보장성 문제만이 아니라 공공의료기관의 취약성 역시 짚어보아야 할 사항이다. 공공보건의료기관은 전체 기관 수 대비로는 5%대, 전체 병상 수로는 9%대로 그 상대적 비율이 계속 줄어들고 있다. 우리나라의 인구 1000명 당 병상 수는 약 11개이다. 요양병상이 수적 우위를 점하는 일본에 이어 2위로 OECD 평균의 2배가 넘는다. 하지만 이 중 공공병상의 비율은 1.19개로 OECD 평균(3.25개)의 절반 수준이다. 또한 영리병원을 허용하고 있는 18개 국가의 공공병상보다도 낮은 우리나라의 공공병상 수는 낮은 비율의 수준이다(조승연, 2015).

우리는 메르스 사태 등을 겪으면서 위기상황에서 공공의료기관의 필요성을 절감한 바 있다. 보건의료체계의 공공성은 사회권 보장이라는 측면에서 핵심적이다. 하지만 최근 우리나라는 보건의료를 시장의 관점에서만 주로 조망하는 정부 정책에 직면해있다. 의료를 포함한 '서비스선진화 정책'은 기본적 내용이 시장화, 영리화

---

4) 민간재원을 활용한 위기가정지원사업 지원신청 사례를 분석한 결과에서 위기상황의 직접적 원인에 대해 2014년과 2015년 모두 '가구원의 건강악화'라는 응답이 30%대로 1순위의 원인으로 확인되었다.

기제의 대폭적 강화이다. 일자리 창출의 효과를 과도하게 선전하기도 한다. 보건의료의 영역에서, 건강권의 영역에서 우리사회가 추구해야 할 것이 시장화인지, 공공성의 강화인지에 대한 질문이 필요하다.

III. 사회권과 공공성

한국사회는 1990년대 말 IMF 체제를 거치면서 사회구조에 큰 변화가 일어났다. 명예퇴직이나 구조조정이라는 말이 일상화되었듯이 가구주의 완전고용에 기반한 안정성의 인식은 붕괴되었다. 또한 불안정안 비정규직이 확산되었으며, 성장의 정체 및 고용 없는 성장이 일반화되었다. 이는 일반적인 경제침체나 위기시의 일시적 어려움과는 성격을 달리하는 것이었다. 이태수(2015)는 1990년대 말 경제위기 이후 우리사회의 구조적 변화를 첫째, 고도성장에 기반한 완전고용모델이 더 이상 성립하지 않는다는 점, 둘째, 평생고용을 통한 가구소득 유지 기능이 상실되었다는 점, 셋째, 임금, 불안정 고용을 특징으로 하는 비정규직의 양산 등 소득창출 및 고용구조에서의 변화로 그 특징을 정리하였다.

이러한 변화는 사실 서구사회에서는 우리보다 훨씬 먼저 일반화된 것이기도 하다. 복지체제와 관련해서 테일러-구비를 필두로 하여 '신사회 위험(NSR)'에 대한 논의는 이미 고전으로 받아들여지고 있다.

〈표 4〉 구사회위험과 신사회위험의 속성

구분	구사회위험 OSR	신사회위험 NSR
사회적 토대	제조업 중심의 완전고용	지식정보 중심의 단절적 고용
	핵가족에 기초한 남성부양자 모델	양소득자 모델, 한부모 가족의 증가, 다양한 가족
위험형태	산재, 실업, 질병, 노령, 폐질 등으로 인한 소득의 중단이나 상실	아동 및 노인에 대한 돌봄 단절적이고 불안정한 고용 비정형적인 직업경력
위험의 주 담지자	남성산업노동자	여성노동자, 저숙련 및 비숙련 노동인구, 청년실업자, 아동, 노인, 모자가구의 여성가구주

　이러한 논의가 현재 우리나라도 직면하고 있는 탈산업사회의 다양한 사회적 어려움들이 어쩔 수 없는, 당연한 것이라는 의미는 아니다. 새로운 사회적 위험이 대두되었다는 것은 그 특성에 맞추어 국가가 과거와는 다른 방식으로 적극적인 위험 대응 활동을 전개하여야 한다는 것이다. 이를 통해 국민의 삶의 질을 보장하여야 함을 나타내는 것이다. 사회복지정책의 경우도 신사회 위험의 전일화 시점에서는 (남성) 단신 부양의 핵가족과 정규직 근로체계에 기반한 사회보험 방식에 지나치게 의존하는 것이 곤란하다고 보고 있다.

　구사회위험이 전일화되어있던 근대 산업화 시기에는 일반적 사회복지정책의 논리 역시 근대성에 초점이 두어져 있었다. 기본적으로 정규직으로 근로하는 산업노동자에게 사회보험을 통해 보험료를 징수하며 이에 근거한 보장으로 노동자와 가족의 생애주기에 따른 사회적 위험을 가구단위로 보장하는 것이었다. 이 기본적 범주에 포함되지 않는 경우(장애인, 모자가정 등)에게는 특수한 복지서비스 혹은 빈곤층에 대해서는 엄격한 자산조사(means test)에 기반하여 공공부조를 제공하는 것이다. 그러나 현재는 노년기에 이르기까지 가구의 한 명 주소득원이 정규직 근로를 안정적으로 확보하면서(또한 이에 기초하여 사회보험의 수급자격을 가구원 모두가 획득한다!), 이것으로 가구원의 재생산을 도모한다는 것은 국민 대다수에게 적용되는 일반적인 패러다임이 되기 어렵다. 여러 가구원이 비정규적인 근로를 해야 한다. 때문에 서구국가의 경험에서도 현재는 사회보험과 공공부조에(그리고 사회복지서비스를 특수인구집단에만 국한시키기) 천착하기보다는 수당, 보편적 사회서비스와 같은 복지정책을 광범위하게 활용하고 있다.

그러나 우리나라는 신사회위험의 대두와 관련된 사회구조의 변화에 대응하여 개인과 가족의 삶을 보장해주는 장치들, 특히 그 가운데 가장 중요한 복지국가의 틀이 제대로 구성되지도, 작동하지도 않음으로써 개인의 삶에서부터 필요한 최소한의 보장이 이루어지지 못하는 상황이다. 특히 우리나라의 경우에는 근대적 사회보장체계가 성립이 늦어 완성되기도 전에 새로운 위험구조에 직면하고 있다. 소위 신사회위험과 구사회위험의 중첩적 상황이라고 표현하기도 한다. 세계 최고의 노인빈곤문제가 가장 대표적인 양상이다. 근대적 보장제도의 전형인 국민연금제도가 있기는 하지만 뒤늦은 도입으로 인해 아직 제도 성숙기에 이르지 못했다. 사회적으로 연금제도를 통한 노후소득보장을 경험해보기도 전에 새로운 빈곤의 위험이 부각되고 있는 것이다.

국가적·사회적으로 해결되지 못한 중첩된 위험성의 과제가 많은 국민들에게 생활상의 위기와 어려움으로 현상화되고 있다. 사회권은 21세기 한국의 국민이라면 누구나 누려야 할 생활의 품질을 요체로 한다. 그리고 이 사회권의 보장은 국가의 적극적 역할을 통해서 이루어진다. 시장체계에만 의존한 성장(그 성장도 한계에 도달한 것이 현재의 시점이다!)은 일부 계층에게만 그 편익이 독점된다. 국민 다수의 권리로서 생활수준의 보장은 국가의 적극적 활동

을 필요로 한다. 그런데 우리나라는 불행히도 국민의 삶의 질 측면
에서 공공역할이 대단히 소극적이다.

우리나라의 빈곤 관련 통계에서 국제적으로 가장 부각되는 특징
은 앞서 살펴보았듯이 노인빈곤의 심각성이었다. 하지만 이에 못지
않게 두드러지는 것은 시장소득, 경상소득, 그리고 가처분소득 기
준의 빈곤율에서 별 차이가 나타나지 않는다는 점이다.

<표 5> 주요국가의 시장소득, 경상소득, 가처분소득 빈곤율

(중위소득 50% 기준)

구분	시장소득	경상소득	가처분소득
한국(2014년)	16.7	13.8	13.3
한국(2014년) : 1인 가구 제외	13.7	11.3	10.8
한국(2004년) : 1인 가구 제외	13.8	12.1	11.8
프랑스(2000년)	27.8	7.8	7.3
스웨덴(2005년)	27.7	8.4	5.6
독일(2000년)	28.5	13.8	8.4
핀란드(2004년)	27.3	11.6	6.5
캐나다(2000년)	23.0	17.0	12.4
미국(2004년)	24.5	20.0	17.3
영국(2004년)	26.9	15.4	11.6
호주(2003년)	23.7	18.8	12.2
대만(2005년)	14.2	9.7	9.5

출처 : 한국보건사회연구원, 빈곤통계연보를 편집.

유럽의 국가들이 시장소득의 상황에서 20%를 훨씬 상회했던 빈
곤율은 국가개입 이후의 속성지표인 가처분소득에서는 1/3 미만인
한자리 숫자로 줄어든다. 반면 우리나라는 처음 시장소득 수준에서
는 높지 않았던 상대적 빈곤율이지만 경상소득, 그리고 가처분소득
에 이르러서도 그 수치가 별로 줄어들지 않는다. 결과적으로 다른

나라들보다 높은 수준의 빈곤율을 나타낸다. 자유주의적 복지국가의 대표적 사례인 미국이나 영국의 경우도 우리나라보다는 현저히 큰 빈곤율 경감을 보이고 있다. 이는 결국 대표적인 사회권의 소재일 수 있는 빈곤의 문제와 관련하여 국가의 역할이 취약함을 나타내는 것이라 할 수 있다.

이와 관련하여 자주 이야기되고 있는 부분이 GDP 대비 사회지출비 규모이다. 사회지출비 비율을 통해 확인되는 "우리나라의 복지수준이 낮다"는 것은 일반적인 이야기이다. 우리나라의 사회지출비가 비교적 빠르게 성장하고 있지만 현재의 시점에서도 OECD국가들과의 비교는 무의미한 수준이다. 아직은 OECD 평균의 절반에도 미치지 못하고 있다.

〈표 6〉 주요국의 사회지출비 규모 비교

(단위: %)

구분	1980	1990	2000	2010	2014
한국	..	2.8	4.8	9.0	10.4
프랑스	20.6	24.9	28.4	31.7	31.9
독일	21.8	21.4	26.2	26.8	25.8
스웨덴	26.0	28.5	28.2	27.9	28.1
덴마크	24.4	25.0	26.0	29.9	30.1
핀란드	18.0	23.8	23.3	28.7	31.0
벨기에	23.5	24.9	24.5	28.8	30.7
네덜란드	24.8	25.6	19.8	23.7	24.7
룩셈부르크	20.3	19.1	19.6	23.0	23.5
노르웨이	16.3	21.9	20.8	22.4	22.0
스페인	15.4	19.7	20.0	26.7	26.8
호주	10.2	13.1	17.2	17.2	19.0
영국	16.3	16.3	18.4	22.8	21.7

미국	12.8	13.1	14.2	19.3	19.2
이탈리아	18.0	21.4	23.3	27.8	28.6
일본	10.3	11.1	16.3	22.1	..
OECD 평균	15.4	17.5	18.6	21.7	21.6

자료: OECD. Social Expenditure Data.

그런데 국가가 복지를 비롯하여 국민의 삶의 질 보장을 위해 사회지출을 늘리는 것에 대해서는 늘 '성장론'에 입각한 반론이 제기된다. 이 반론은 제기가 되는 정도가 아니라 많은 경우 보수적 정부의 권력에 의해 강력하게 지지되곤 한다. 자주 이야기되는 것은 서구 선진국가들과 우리나라는 아직 경제수준이 차이가 나므로 일단 성장이 우선시되어야 한다는 것이다.

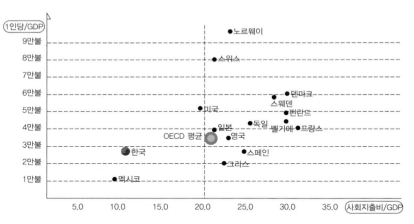

〈그림 8〉 주요국가의 1인당 GDP와 사회지출비 비율
(자료 : OECD(2012, 2014) ; 서울시(2016)에서 재인용 편집)

〈그림 8〉을 통해서 보면 우리나라가 주요 서구국가들에 비해 1인당 GDP 수준이나 사회지출비 비율이 모두 낮은 수준이라는 점이 드러난다. 그런데 1인당 GDP 수준보다는 사회지출비의 측면에서 더 취약하다는 점을 볼 수 있다. 소위 북구형 복지국가들만이 아니라 성장을 강조하는 자유주의형 국가들과 비교해볼 때도 오히려 사회지출비의 모자람이 더 부각된다.

또 다른 성장주의의 주장에는 횡단면적 비교가 곤란하다는 것도 있다. 즉, 서구의 선진국은 이미 충분히 복지를 실현할만한 선진국형 발달을 이루었지만, 우리나라는 아직 선진복지국가로서 성숙되지 않은 초기 역사를 가지고 있는데 복지비 비율을 동일한 기준에서 비교하는 것은 곤란하다는 주장이다. 이를 감안하여 선진국가들이 1인당 GDP 1만불의 시점과 2만불의 시점일 때와 비교해보아도 우리나라의 사회지출비가 적다는 점은 동일하게 확인되고 있다. 그 차이가 적지 않은 수준이라는 점도 나타난다.

〈표 7〉 1인당 GDP 1만불 시대와 2만불 시대 각국의 사회복지지출비 비중

국가 \ 구 분	1만불 시대		2만불 시대	
	달성 연도	복지지출(%)	달성 연도	복지지출(%)
한국	'95/2002	3.3/5.1	2010	9.3
미국	'78	13.7	'88	14.1
일본	'81	10.4	'87	11.3
스웨덴	'77	27.8	'88	32.2
영국	'87	18.3	'96	22.8
독일	'79	25.7	'90	29.6
프랑스	'79	23.5	'90	30.1
호주	'80	11.7	'96	15.7
평균	-	18.7	-	22.0

자료: LG 경제연구원, LG 주간경제(2003. 7. 9) 및 OECD 통계. 이태수(2015)에서 재인용

인권은 천부적인 것이지만 저절로 보장되는 것은 아니다. 인권의 역사는 인류의 역사 중에서 상대적으로 짧듯이 그 보장을 위해서는 의식적인 노력이 필요하다. 사회보장 등 국가의 공공정책을 통해서 확보되는 부분이 많다. 사회권은 국민의 삶의 질과 관계된다. 자유나 제도적 권리를 규정한 자유권적 기본권에 대해서 독립변수의 역할을 하기도 한다. 그러나 한국의 공공정책은 사회권을 보장하기에 매우 소극적이다. 그리고 다소 성급하게 복지재정의 과도함에 대한 논의가 나타나기도 하고 보육지원 등 프로그램에 대한 혼란이 가중되는 현상 등은 긍정적인 것이라 보기 어렵다. 사회권 보장을 위해서는 복지 등 공공정책이 개별 프로그램으로서만 취급되는 것이 아니라 보장하고자 하는 구체적인 삶의 질을 성과 차원에서 목표로 제시하는 것이 필요할 수 있다.

특히 구사회위험과 신사회위험의 중첩상황 속에서 과거와 달리 양극화의 심화, '사회적 배제'의 문제가 전일화되고 있는 양상에 대응하여야 한다. 과거의 빈곤과 최근의 빈곤을 비교하며 "희망으로 견디는 절대빈곤과 희망 없는 상대빈곤"으로 비교하기도 한다. 또한 과거에는 복지정책의 주된 대상이 아니었던 경우가 중요하게 부각되기도 한다. 청년이나 장년층의 경우가 특히 그러하다. 우리나라의 실업에 대응하는 대표적 사회보장 프로그램은 고용보험이라 할 수 있는데 청년실업 문제에 사회보험 방식인 고용보험은 효과적이지 못하다.

최근 일부 지방정부의 경우에 주민의 삶의 질 보장을 위한 명시적인 기준을 설정하는 기획의 경우도 있다. 몇몇 광역정부에서 제기하고 있는 '시민복지기준'의 경우, 협의의 사회복지 범주를 넘어 소득보장, 돌봄, 주거, 건강, 교육의 5대 영역에서 지방정부가 책임져야 할 시민의 표준적인 삶의 질 정도를 설정하고 있다. 실효적인 정책 프로그램으로 뒷받침되는 것이 관건이겠지만 비교적 구체적

으로 시민에게 보장할 (일부)사회권의 수준을 명시하는 것은 의미
있는 시도라 하겠다.

〈표 8〉 서울시민복지기준선의 최저기준과 적정기준 내용

구분	최저기준	적정기준
소득	서울시민 누구에게나 서울시 특성에 맞는 건강하고 문화적인 생활을 하는데 필요한 최소한의 가구별 최저생계비를 보장한다5)	서울시민의 소득이 국제적 빈곤기준선인 서울시 전체가구 중위소득의 50% 수준 이상이 되도록 한다.
주거	서울시민의 임대료 비중이 소득의 30%를 넘지 않도록 하며, 주거환경이 주거최저기준을 충족하도록 정책적으로 지원한다. 또한 서울시민 중 누구도 한뎃잠을 자거나 거주에 부적합한 곳에서 살지 않도록 한다.	서울시민의 임대료 비중이 소득의 25% 수준이 되도록 하며, 다양한 정책을 통해 4인 표준가구 기준으로 54㎡ 정도의 주거공간을 확보할 수 있도록 한다.
돌봄	돌봄이 필요한 영유아, 아동, 노인, 장애인 등의 가구원이 있는 서울시민은 현행 법규에 규정된 표준적 돌봄서비스를 공공의 책임 하에 가구소득의 10% 이내 비용지출로 이용할 수 있도록 하여 경제적 부담으로 돌봄을 포기하거나 생업에 지장을 받지 않도록 한다.	서울시민이면 누구나 10분 이내의 거리에서 돌봄서비스에 접근할 수 있도록 한다. 또한 제공되는 돌봄서비스의 품질을 OECD 평균 수준이 되도록 하며, 다양한 가족 돌봄의 수요도 충족될 수 있도록 지원한다.
건강	경제적 지리적 장벽 때문에 필수적인 보건의료서비스를 이용하지 못하는 서울시민이 없도록 한다.	서울시민의 건강 수준을 OECD 평균 수준으로 향상시키고, 지역별 건강격차를 해소하여 시민 모두가 건강한 생활을 영위하도록 한다.
교육	교육의 경제적 부담을 완화하고 교육여건의 지역별 격차를 해소하여 모든 서울시민이 학령기에 보장된 교육적 기본권을 누릴 수 있도록 한다.	의무교육의 질을 OECD 평균수준으로 높이고, 성인의 직업적, 시민적 능력을 향상시키기 위해 성인의 평생교육기회를 증진한다.

출처 : 서울시(2012)

---

5) 서울형 최저생계비는 중앙정부 최저생계비에 비교하여 약 16% 정도 높게
   설정되었던 바 있다.

IV. 맺는 말[6)

　헬조선, 흙수저라는 말은 이에 일상적인 표현이 되었다. 이 말을 알아듣지 못하는 국민은 없다. 참여의 기회가 사라지고 바람직한 삶의 질은 일부계층에게만 허락되는 상황에 대한 청년층의 좌절감은 무겁다.

　SNS에서 유행했던 흙수저 빙고라는 것이 있다. "집 화장실에 물을 받는 다라이(?)가 있다", "냉동실에는 비닐 안에 든 뭔가가 많다". "부모님이 건강검진을 받지 않으신다", "식탁 유리 아래 식탁보가 비닐로 되어 있다", "부모님이 취미생활이 없으시다", "1년에 신발 한두개를 번갈아 신는다"... 등의 25개 문장이 포함된 가로세로 5*5의 격자에서 빙고게임처럼 한 줄이 모두 해당되면 '흙수저 인증'이라는 것이다. 서민층은 스스로 이 중 내가 몇 가지에 해당하는지, 혹은 빙고를 외쳐야 하는 상황은 아닌지 살펴보게 만들곤 한다.[7)

　얼마 전 한 일간지에서 영국의 시사주간지 이코노미스트가 유럽연합의 '세계 속 EU' 보고서를 분석하여 주요국 가구들이 어디에 돈을 많이 쓰는지를 상대적으로 비교한 통계를 소개하였다. 상대적으로 한국은 교육비, 미국은 의료비를 많이 쓴다고 소개되어 있다. 얼

---

6) 맺는 말의 내용은 발표자가 '복지동향'에 기고한 컬럼원고를 활용하여 수정한 내용이다.

7) 금수저, 은수저, 동수저, 심지어 놋수저, 플라스틱 수저와 아울러 흙수저를 경제적으로 조작화하여 표현하기도 한다. 금수저는 자산 20억원 이상 혹은 가구 연수입 2억원 이상, 은수저는 자산 10억원 이상 또는 가구 연수입 8000만원 이상, 동수저는 자산 5억원 이상 또는 가구 연수입 5,500만원 이상이다. 그리고 흙수저는 자산 5,000만원 이하와 가구 연수입 2,000만원 이하를 지칭한다. 이는 물론 SNS에서 떠도는 임의적인 구분이다. 당연히 그 금액 기준에 합리적인 근거가 있다고 보기는 어렵다. 그리고 좋은 기회는 좋은 수저를 물고 있어야만 찾아오는 것이라 한다. 흙수저는 좋은 기회를 가질 수 없고 벗어날 수 없다고 한다.

핏 보니 그 중 교육비라는 것이 꼭 우리나라를 뭔가 교육의 나라, 선비의 나라, 학문을 숭상하는 나라인 것처럼 느껴지게 한다는 자조 섞인 생각도 든다. 다른 나라들에 비해 두 배 이상 쓰이는 교육비가 사교육 파동에 따른 것임은 이제 세계가 다 아는 일이라 한다. 호주는 여가비를 상대적으로 많이 쓴다는 부분에서는 살짝 부러움도 든다. 의료의 시장화가 심한 미국이 압도적으로 높은 의료비 지출을 나타내지만 우리나라가 바로 그 뒤를 잇고 있다는 점도 눈에 띈다. 건강보험 재정이 엄청난 흑자인데도 보장성 강화는 안중에 없이 시장화에 혈안인 정책방향을 생각하면 앞으로가 더 걱정이다. 이 기사에서도 결과의 해석에서 '헬조선'이라는 표현이 등장하였다.

흙수저, 헬조선과 같은 용어가 너무 유행하는 것은 좋지 않다. 지나치게 자조적인 수사로 인해 진지한 문제해결의 힘을 오히려 상실케 할 수도 있기 때문이다. 하지만 더(!) 좋지 않은 것은 젊은이들의 마음속에 떠도는 좌절, 이에 대한 표현을 틀린 것으로 심지어는 불온한 것으로 치부하는 (기성 기득권층의)태도이다. 어떤 사회든 성공과 실패가 있고, 실패자들이 좌절을 경험하는 것은 당연한 것인데 이를 체제에 대한 불만과 선동적인 태도로 쏟아내는 것은 온당치 않다는 태도이다.

하지만 이런 불온시하는 태도가 더 위험하다. 헬조선을 들먹이는 젊은이들에게 불만과 선동에 빠지느니 각자도생을 위해 더 뛰어야 한다고 꾸짖는 기성의 기득권과, 이를 대변하는 언론이 우리나라에 훨씬 더 위험하다. 물론 '우리나라'를 지금의 양극화를 심화시켜가며 온당치 않은 이득을 더 극대화하는 구조가 정상이라고 생각한다면, 모든 변화의 시도나 헬조선 같은 어두운 측면을 강조하는 언동은 다 위험할 것이다. 하지만 우리나라를 적어도 국민의례에 나오는 맹세문의 '자유롭고 정의로운' 사회를 지향하는 것으로 생각한다면, 국민의 건강하고 문화적인 생활을 보장하기 위해 노력한다는 헌법과 사회권의 정신을 지향한다면, 헬조선이 담고 있는 좌절과 문제의식을 깊게 짚어보아야 한다. 이를 불온하다고 억누르는 구조가 분열을 심화시키고 세대간 계층간 갈등을 심화시켜 대한민국에 진정 위험한 것이다.

사람들이 생각하는 이상은, 사회 다수가 공유하는 이상은 물적 토대가 있다. 대다수의 사람이 먹을 것이 없고 신분적 제약과 기본교육도 받을 수 없었던 저 역사 속으로 사라진 시대에는 그에 맞고 어울리는 문제의식이 힘을 얻는다. 21세기에는 사회연대를 통해 구성원 모두의 고통을 줄이고 공정함에 대한 사회적 합의를 구현하는 나라를 만드는 것이 가능하다. 잘못된 것들을 고쳐갈 수 있다. 그런데 거꾸로 가고 있기에 불만과 좌절이 터져 나온다. 헬조선은 어느 사회에나 있기 마련인 '온당한 정도의 문제 수준'을 벗어났기에 이렇게 여러 사람에게서 회자되고 있는 것이다. 누군가 인간은 해결할 수 있는 문제만을 제시한다고 했다. 우리사회에 지금 제기되는 역사적 과제는 국민의 사회권 확보이다. 공공성에 기반한 적극적 조치가 필요하다. 그리고 이 책임은 기본적으로 국가와 정부의 몫이다.

〈참고문헌〉

강미나 외, 2014년도 주거실태조사 연구보고서, 국토교통부, 2014.

국민건강보험공단, 건강보험환자 진료비 실태조사 보고서, 2014.

김수현, "외국의 주거복지를 어떻게 볼 것인가", 홍인옥 외, 주거복지의 새로운 패러다임, 사회평론, 2012.

김유선, "기초고용질서 확립인가? 고용노동부의 직무유기인가?" 최저임금 준수·임금체불 근절을 위한 제도개선 토론회 자료집, 2015.

남기철, "헬조선을 이야기하는 것이 위험한가?", 복지동향 204호, 2015.

남기철·김수정, 사회복지관 민간위기가정긴급지원 성과보고서, 한국사회복지관협회, 2016.

보건복지부·한국보건사회연구원, OECD Health Data 요약보고서, 2015.

서울시, 서울시민복지기준, 2012.

서울시, 찾아가는 동주민센터 교육자료, 2016.

서울연구원, 서울시민 복지기준 설정 연구, 2012.

송은철·신영전, "재난적 의료비 지출이 빈곤화 및 빈곤지속에 미치는 영향", 보건행정학회지, 제24권 제3호, 2014.

이창근, "노동시장 구조개선 해고 : 노동자 하향평준화 정책", 복지동향 199호, 2015.

이태수, "한국 복지국가의 현재적 상황과 조건", 한국 복지국가 모델 구축 연구 : 2015 진보진영의 한국판 비버리지보고서, 비판과대안을위한 사회복지학회, 2015.

조승연, 공공병원 부재로 인한 문제점과 해결방안, 복지동향 202호, 2015.

참여연대 외, 경제적·사회적 및 문화적 권리에 관한 국제규약 제4차 대한민국 국가보고서(안)에 대한 인권시민단체 검토의견서, 2015.

한국도시연구소, 주거취약계층 전국실태조사보고서, 2012.
한국보건사회연구원, 빈곤통계연보. 각년도.

법으로 본 한국의 노동과 사회보장

강 성 태*

I. 발표의 목적

이번 발표는 2012년 "노동에서의 정상"의 수정증보판이다.[1] 2012년에는 정상과 비정상이라는 틀을 사용하여 우리 노동(법)의 현실과 문제점을 분석하였다. 그런데 이 용어들은 다음 해부터 정치권에서 애용되는 과분한 대접을 받으면서 후유증으로 그 뜻이 본래와 아주 멀어지게 되었다. 이전 50여 년간을 대상으로 하였던 2012년 발표의 문제의식은 이랬다.

우리 사회의 추진체는 '빨리'였다. 성장을 이끌었던 동력이 지금은 우리 사회가 고민하는 문제들의 근본 원인이 되었다. 다른 국가들에서는 시간을 두고 발생하여 서서히 조정되었던 문제들이 우리나라에서는 한꺼번에 발생하여 해결의 우선성을 다투는 갈등의 병목 현상이 벌어지고 있다. 이 과정에서 한국의 노동은 작은 상점에서부터 세계적인 대기업에 이르기까지 비정상적 상태에 놓여 있다.

* 한양대학교 법학전문대학원 교수, 법학박사

[1] 한국노동연구원 주최, 「새로운 사회경제 패러다임, 새로운 사회정책」 (2012. 10. 19., 프레스센터) 국제학술대회 제2세션의 두 번째 발제 "노동에서의 정상"을 말함.

여기서 비정상 노동이란 노동법과 현실에서의 노동규범 사이에 큰 차이가 있다는 이야기이다. 법과 현실 사이의 차이는 어느 나라든 존재하는 것이지만, 한국 노동법에서의 정도는 매우 큰 편이다. 또한 법 규범과 실제 사이의 차이는 근로자의 그룹별(또는 계층별)로도 상당히 다르다는 점이 또 다른 특징이다. 사실 후자의 측면이 더 중요한데, 법과 현실 사이의 괴리라는 '총량적 평가'만으로는 실종되는 법적 보호의 올바른 모습을 파악할 수 없기 때문이다. 한국에서는 노동에 관한 원칙이 적용되는 정도가 계층별로 매우 다르다. 대기업 정규직의 경우에는 자신이 동의한 극히 예외적인 경우(연장근로 등)를 제외하면 거의 대부분 원칙이 적용되지만, 중소기업의 정규직에게는 원칙이 적용되지 않는 예외 상태가 종종 생기고, 중소기업의 비정규직에게 법 원칙은 아주 드물게 적용되다가, 비공식 고용에 이르면 법 원칙의 적용은 전무한 상태로 떨어진다. 그러므로 노동에서 정상 상태의 회복 또는 건설이 한국 노동과 노동법에서 가장 시급하며 특히 비정규직이나 비공식고용 등 취약 근로자에게 더욱 시급하고 절실하다. 여기서 정상이란 빠른 경제성장을 위해 그동안 뒤에 두었던 것을 복원시키는 일 즉 '상시 보편적으로 적용되는 원칙을 확립하는 것'이다. 다시 말해 정상이란 법 원칙이 대다수 사람에게 통상적으로 적용되고, 예외는 가끔(드물게) 일부 사람에게 발생하는 상태를 말한다.

위와 같은 문제의식은 지금도 유효하다. 그런데 2013년 이후 정상과 비정상이라는 틀만으로는 이해하기 어려운 사고들이 줄을 잇고 있다. 최근의 메모는 이렇다.

2016년 5월 28일 서울 지하철 2호선 구의역에서는 스크린도어 작업을 하던 만 18세의 청소년이 사고로 사망하였다. 2013년부터 서울지하철 2호선에서만 같은 유형의 사고가 세 번 있었다. 모두 하청업체 근로자들이 사망하였는데, 그 중 두 번은 같은 하청업체 소속이었다. 사고 후의 반응도 매우 유사하다. 시민들의 분노와 안타까움, 언론의 폭발적 관심, 정치권의 애도와 대책 촉구, 메트로와 서울시 그리고 정부의 대책 발표가 이어진다. 민간 부문에서도 유사한 사고가 끊이질 않는다. 시기와 대상을 2013년 이후 대형 사업장으로 한정하면, 2013년에 발생한 삼성전자 화성공장의 불산 누출 사고와 대림산업 여수공장 폭발사고, 현대제철 당진공장의 아르곤 가스 누출 사고, 2014년 발생한 한국수력원자력 잠수사 사망사고, 2015년의 한화케미칼 울산공장 폭발사고 등이 모두 대형 사업장에서 발생한 사고였다. 그리고 피해자는 한결같이 협력업체라고 불리는 하청업체 소속의 근로자들이었다. 사고의 법적 책임은 대개 현장 관리 책임이 있었던 원청의 직원이나 하청의 관리자가 졌을 뿐, 정작 도급인이자 사업장의 관리 주체였던 대기업이 처벌받은 경우는 없었다. 전문가들은 안전 불감증, 허술한 관리감독, 효율성만 앞세우는 착취적 사회구조 등에 인력부족이나 비리구조 등을 사고의 공동정범이라고 진단한다. 정부와 정치권에서는 이런 사고를 예방하기 위한 대책으로 비정규직 사용의 금지를 말한다. 틀리지 않은 것 같은 진단이지만 무언가 공허한 느낌이다. 옛날보다 한참이나 잘 살게 되었다는데, 왜 하루하루 생명과 생존을 걱정해야 하는 사람들은 늘어가는 걸까? 위험은 증가하는 데 책임은 사라지는 이유는 과연 무엇인가?

II. 노동법과 사회보장법의 사각지대:
비공식 고용과 자영인[2)]

비공식 고용

대한민국에서 근로자로 살아가는 사람이라면, 스스로 자신을 적극적으로 은닉하지 않은 바에야, 조세든 건강보험이든 혹은 고용보험이든 관련 국가 문서의 어딘가에는 자신의 이름이 있을 것으로 생각한다. 또 대한민국에서 근로자로 일한다면, 정말 재수가 없어 악덕 사용자를 만난 경우가 아니라면, 아무리 못해도 최저임금 이상의 임금은 받고 연장근로를 하면 가산수당 역시 받으며 기초적인 사회보험에도 가입할거라고 생각한다. 공식 고용의 모습이란 이렇게 소박하다. 공식 고용은 적정한 고용의 모습이 아니라 고용의 최소한이다. 이런 모습조차 갖추지 못한 고용이 비공식 고용이며,[3)]

---

2) 강성태, "비공식고용과 노동법", 노동법연구 36호(서울대노동법연구회, 2014), 147-178 참고.

3) 형식적 관점에서 파악할 때, 비공식 고용이란 '공적 파악에서 제외되어 있는 고용', 또는 '국가나 공적 서류에서 파악하지 못하고 있는 고용'이다. 우리나라의 경우, 국민연금, 고용보험, 근로소득지급명세서 등 9종의 행정자료를 연계하여 국세청에 근로소득을 신고한 자 또는 사회보험에 직장 가입자로 등록된 자를 대상으로 구축한 '임금근로일자리 행정통계'에 따르면, 2010. 12. 말 기준 행정자료에 가입 또는 등록되어 있지 않은 임금 근로자('비공식 임금근로자')는 전체 임금근로자 17,154천명의 18.0%인 3,089천명에 이른다. 다른 한편 실질적 관점에서 파악할 때, 비공식 고용은 '공식적인 또는 법적인 보호로부터 배제되어 있는 고용'을 말한다. ILO도 이 입장에서 비공식 고용을 "노동법, 소득과세, 사회보장, 고용관련 보호(해고 시 사전통지, 퇴직금, 유급휴가, 유급 병가 등)를 받지 못하는 고용"으로 정의한다. 이병희 박사는 최저임금, 퇴직금, 공적연금(국민연금 또는 특수직역연금) 중 어느 하나로부터 배제되어 있는 근로자를 비

이렇게 되는 이유는 크게 보면 세 경우이다. 첫째, 명시적 배제로서, 가사근로자처럼 어떤 노동법의 적용도 받지 않는 경우나 5인 미만 사업장의 근로자나 관리직 같이 일부 규정이 적용되지 않는 경우가 있다. 둘째, 애매한 배제로서 특수형태근로종사자와 같이 법적 지위가 불명확하여 보호를 받지 못하는 경우이다. 셋째, 법집행(감독 행정)의 불충분성이나 결함에 따른 사실상의 배제로서 근로감독이 미치지 않고 있는 영세 사업장 근로자, 아르바이트, 불법체류 외국인 근로자 등이 있다.

비공식 고용은 노동권과 사회보장권의 사각지대를 발생시키는 고질적인 문제로서, 국가가 가장 먼저 해결해야 할 문제이다. 비공식 고용을 발생시키는 법 집행의 문제란 주로 근로감독 행정의 문제이고, 근로감독 행정의 핵심은 근로감독(관) 제도로서 근로감독관은 근로감독 행정의 1차적 담당자이다. 우리 근로감독관은, 임금 그 밖의 근로조건과 산업안전의 준수만을 감독하는 외국의 그것과는 달리, 모든 노동법 관련 사건과 업무를 감독한다. 그 결과는 폭넓은 사각지대의 존재이다. 현행 제도의 문제점을 잘 보여주는 것이 대법원 2002. 4. 12. 선고 2000도3485 판결이다. 같은 판결은 근로감독관이 노동조합의 각종 활동에 아무런 제한 없이 참석, 파악, 지도 등을 할 수 있다고 판시했다. 근로감독 처리 현황에서 늘 일등은, 금품청산이나 해고제한 또는 근로시간 등이 아니라, '기타'이다.

공식 근로자로 파악하고 있다. 이 기준에 따를 때, 2011. 8. 기준(통계청, 경제활동인구 근로형태별 부가조사, 2011. 8.) 전체 임금 근로자 17,510천명의 40.2%인 7,044천명이 최저임금(1,899천명, 10.8%) 또는 퇴직금(6,181천명, 35.3%) 혹은 공적연금(6,108천명, 34.9%) 중 하나 이상으로부터 제외되어 있다.

가짜 자영인

대부분의 국가에서 자영인(self-employed workers)은 전통적으로 노동법의 대상은 아니다. 대다수 사회보험법에서는 근로자가 아닌 자로서 더 많은 기여에도 불구하고 더 적은 급여를 받게 된다. 문제는 본래 의미의 자영인이 아니라 노무제공의 방식이 근로자와 동일 또는 유사하지만 사용자가 법 적용을 회피하거나 우회하기 위하여 자영인 계약을 체결하는 경우이다('가짜'(false) 자영인). '경제적으로 종속된 노동자'(economically dependent workers; 1명의 사용자로부터 자기 수입의 전부 또는 대부분을 얻는 자영 노동자) 역시 우리나라에서는 특수형태근로종사자의 문제라고 하여 2000년 이후 지금까지 정책적·사법적 논쟁의 대상이 되고 있다.

우리나라의 자영인 비율은 매우 높다. 자영인 중에는 자기가 진정으로 원해서 창업한 '기회 창업' 자영인도 있지만, 다른 선택을 할 수가 없어 창업한 '벼랑 창업' 자영인도 있다. 경제 위기가 지속되면서 벼랑 창업이 늘고 있다. 벼랑 창업인의 증가는, 거짓말에 너그러운 사회와 법원의 분위기에 힘입어, 자연스럽게 '가짜 자영인'의 증가도 함께 가져왔다. 이익과 손해의 독자적 귀속과 같은 자영인의 일반적인 특성을 갖춘 것이 '진짜 자영인'이라면, 종속과 균일한 이익의 획득 등 근로자의 평균적 특성을 가진 것이 '가짜 자영인'이다. 가짜 자영인의 증가는 비정규직의 확대와 더불어 이른바 '저임금 무임금 순환'(low-pay-no-pay cycle)에 의한 반복 빈곤이라는 구조적인 악성 빈곤을 만들고 있다.

벼랑 창업과 가짜 자영인의 증가는 후술하는 균일 일터의 중요한 결과이기도 하지만 단순히 경제적 이유만으로 설명할 수 없다. 우리 법원은 약 20년 동안 근로자의 지위 인정에 소극적인 태도를 보여 왔다. 과거 판례는 근로기준법의 적용받을 수 있는 근로자를 매우 좁게 해석함으로써 특수형태근로종사자 대부분을 근로기준법의 보호에서 제외시켰다. 이런 태도는 2006년 판결(대법원 2006. 12. 7. 선고 2004다29736 판결)을 통해 상당히 개선되었지만, 이 판결이 종전의 판결을 완전히 대체한 것도 아니고, 그 내용이 특수형태근로종사자 문제를 해결할 수 있을 정도로 명확한 것도 아니다.

　근로자 - 자영인 구별과 관련하여 현재 우리나라의 가장 큰 문제점은 이를 당사자가 해결해야 할 숙제로 보고 정부는 수수방관하고 있다는 사실이다. 미국의 경우는 다르다. 비즈카이노 사건 (Vizcaino vs Microsoft)에서 보듯 연방 국세청(IRS: Internal Revenue Service)은 직접 근로자를 찾아 노사에 세금과 사회보험료를 부과했다. 근로자 찾기는 개인의 권리 구제와 관련된 사적인 문제가 아니라 국가 재정과 관련된 중요한 공적인 문제로서 세금이나 사회보험료 징수의 책임이 있는 정부, 공단 그 밖의 국가기관이 적극적으로 나서야 함을 보여준 것이다. 우리 정부는 지금까지 가짜 자영인의 위험성을 모르거나 경시하고 있다. 국민 경제의 측면에서 볼 때 정부는 두 가지 위험성, 즉 취업자 중에서 자영인이 차지하는 비율이 높을 때 국가가 당면하게 될 재정의 위험성과 이에 더하여 가짜 자영인의 확산에 따라 사회 구성원 사이의 신뢰관계 훼손의 위험성을 시급히 그리고 충분히 인식해야 한다. 사실상 근로자를 자영인으로 오분류하면 노동권은 물론 사회보장권에서도 커다란 흠이 생긴다. 대다수 OECD 국가는 오분류의 최소화를 위해 경제적으로 종속된 자영인은 사회보장 제도의 적용에서는 근로자와 동일 또는 유사하게 취급한다.

III. '노동시장의 권리 없는 시민': 비정규직

현행법상 비정규직은 단시간제, 기간제, 파견제 세 종류뿐이다. 그러나 연구자들과 국민 상식에서는 하청업체 근로자나 특고(특수형태근로종사자)도 비정규직이다. 연원과 입장이 대동소이하기 때문이다. 우리나라에서 비정규직 논의의 역사는 20년을 약간 상회한다. 1993년 정부가 근로자파견법안을 내놓으면서부터 본격화된 우리 사회의 관심과 우려, 찬성과 반대는 지금도 계속되고 있다. 그런데 이런 논의가 아직도 유효한가?

균열 현상

IMF 이전까지 비정규직은 학계의 일부에서만 연구의 대상이었다. 사실 구조조정에 관한 경영계의 필요와 관심은 1980년대 후반부터 높아져 '정리해고' 분쟁이 증가하였다. 그에 따른 법적 대응은 초기 판례(1989~1996), 1997~1998년 근로기준법 제·개정, 이후 정당화 추정적 판례로 이어진다. 그러나 경영계의 입장에서 보면 경영해고 역시, 그것의 허용이나 요건완화에도 불구하고, 해고의 하나로서 불편한 것이었다. 파견제와 기간제 등 비정규직은 해고규제를 우회하면서 상시적으로 고용을 조정할 수 있는 좋은 방법이었다. IMF 체제는 비정규직 사용을 사회화하였다. 법적 대응은 비정규직의 종류에 따라 시차가 있었다. 파견제에 관해서는 1998년 노사정합의의 첫 번째 결실로 근로자파견법이 제정되었으나 당시 비정규직의 압도적 다수를 사용했던 기간제에 관해서는 논란이 커 2006년 12월에야 관련 입법이 성공한다.

경영계에서는 오래전부터 기간제나 파견제와 같은 비정규직보다 좀 더 편리하고 효율적인 경영방식이 모색되어 왔다. 1990년대부터 미국 유학파들이 본격적으로 대기업 경영을 장악하면서 경영 모델도 일본형에서 미국형으로 바뀌었다. 대기업들은 직접고용과 종신고용에서 벗어나 미국의 최신 경영기법인 회사분리, 외주, 자영화 등 '고용 털어버리기'를 빠르게 진행한다. 업무의 외부화에도 불구하고 원하는 제품이나 서비스의 결과를 얻을 수 있는 업무수행 매뉴얼과 감시체계의 확립이 균열 일터를 가능하게 한 기술적 및 조직적 배경이 된다. 이러한 일터의 균열은 하청, 프랜차이즈, 개인사업자 등의 이름으로 우리 경제의 주요 부문으로 급속히 확산되고 있다.[4] 비정규직 입법이나 관련 논의는 균열화를 따르지 못하고 있다.

허둥되는 규율

우리나라에서 아직까지 비정규직의 중심은 기간제이고, 대다수 규율도 기간제에 집중하고 있다. 1996년의 대법원 전원합의체 판결은 이전에 원칙적으로 1년을 넘는 기간제 근로계약은 기간의 정함이 없는 근로계약이라고 본 판례를 변경하여, 1년을 초과하는 근로계약도 원칙적으로 유효하다고 보았다.[5] 현장에서 이 판결은 기간제의 자유로운 사용을 허용한 판결로 인식되었고, 판결에 곧 이은 1997년의 IMF에 따른 구조조정 등과 결합되면서 기간제 근로는 크게 증가한다. IMF 사태로 인해 탄생한 법률 중 하나가 1998년의 파

---

4) 미국에서 진행된 균열화에 관해서는 데이비드 와일 저, 송연수 역, 「균열 일터」(2015), 황소자리가 있다.

5) 대법원 1996. 8. 29. 선고 95다5783 전원합의체 판결. [1년을 초과하는 근로계약기간을 정하여 근로계약을 체결하였다 하더라도 그 계약기간의 정함 자체는 유효하다.

견법(1998.2.20. 파견근로자 보호 등에 관한 법률)이다. 파견법은 그동안 금지되었던 파견사업을 합법화한 것이긴 하였지만, 파견 대상 업무와 제한 방식이 엄격한 편이었다.

비정규직 규율에서 원칙이 무엇이고 예외가 무엇인지 혼란스러웠던 모습은 2006년 이른바 비정규직법의 제정으로 정리된다. 2006년 12월 국회는 [기간제 및 단시간 근로자보호 등에 관한 법률](기간제법)을 제정하는 한편, 파견법과 노동위원회법을 개정하여 이른바 차별시정제도를 규정한다. 이러한 법률들을 통해 한국 정부는 비정규직 규율의 기본 방향을 [사용은 자유롭게, 차별은 금지]로 잡았다. 즉 2년의 기간 내에서는 기간제를 자유롭게 사용하되, 기간제 근로자에 대한 임금 등 근로조건과 복지 등 대우에서는 차별하지 못하도록 하였다. 차별을 당한 기간제 등 비정규직 근로자는 3개월 이내에 노동위원회에 구제를 신청할 수 있도록 하였던 것이다. 기간제법 등은 시행 후 2년 동안은 일부 비정규직의 정규직으로의 전환 등 고용상 일정한 효과가 있었지만 최근에는 별다른 효과가 없어졌다. 차별 시정 역시 애초의 우려대로 지금까지 별다른 성과를 내지 못했다고 한다.

비정규직의 상황을 개선하려는 노력은 정부에 의해서도 이루어졌지만, 가시적인 효과는 법원의 판례를 통해 이루어지고 있다. 법원은 크게 두 방향에서 비정규직의 상황을 바꾸고 있다. 첫째, 기간제에서 갱신기대권 법리를 이용하여 기간제 근로자를 강하게 보호하려고 한다. 대법원은 기간제 근로계약에 갱신기대권 이론을 적용하고 있다. 종래에는 기간제 근로자가 계약 갱신을 거절당하더라도 원칙은 근로관계가 종료되고 오직 장기의 반복갱신 등을 통해 근로계약상의 기간이 단순한 형식에 불과한 경우에만 보호되었다.[6]

---

6) 대법원 2006.2.24. 선고 2005두5673 판결 등

역으로 계약에서 정해진 기간이 형식이 아니라면 보호를 받기가 어려웠다. 그러나 현재 판례는 이런 경우라도 근로자에게 갱신을 기대할 수 있는 정당한 기대권이 인정되는 경우에는 갱신 거절은 해고와 마찬가지로 무효라고 한다.[7] 둘째, 원청인 대기업과 사내하도급업체간의 관계를 불법파견으로 보아 하도급 근로자와 도급회사인 대기업 간의 근로계약관계를 인정해주고 있다. 대법원은 최근 파견제 관련 분쟁의 중심이 되고 있는 사내하도급과 관련된 몇 개의 중요한 판결들을 통해 사내하도급 근로자를 보호하고 있다. 중요한 판결로는 현대미포조선 판결(대법원 2008. 7. 10. 선고 2005다75088 판결), 예스코 판결(대법원 2008. 9. 18. 선고 2007두22320 전원합의체 판결), 현대중공업 판결(대법원 2010. 3. 25. 선고 2007두8881 판결 등) 및 현대자동차 판결(대법원 2010. 7. 22. 선고 2008두4367 판결) 등이다.

균열이 안전에 미치는 영향

'균열일터'가 가져온 가장 나쁜 결과는 생명사고 즉 생물학적 위험의 증가이다. 두 가지 원인이 특히 중요하다. 하나는 법위반의 압력이 증가한다는 점이다. 종래 직접고용하던 근로자를 하청 그것도 여러 차례의 단계를 거친 하청의 근로자로 사용하게 되면, 필연적으로 하청은 비용절감을 위한 노동법규 특히 산업안전 법규의 회피 압력을 강하게 받게 된다. 비용절감을 위해 숙련공이 아니라 초보적인 기술만 익힌 젊은 근로자를 고용하면서 사고 희생자가 갈수록 어려진다. 다른 하나는 조정능력이 약화된다는 점이다. 종래 대기업이 직접 처리하던 업무를 여러 회사에 쪼개서 도급을 줄

---

7) 대법원 2011.4.14. 선고 2007두1729 판결 등

경우, 한 사업장에 여러 하청업체의 근로자들이 모여서 공동 작업을 해야 한다. 그런데 안전업무를 조정하고 총괄할 책임은 원청이 지지 않는다. 사실 현장의 안전업무 전체를 책임지는 회사는 존재하지 않는다. 원청은 품질의 완성을 위한 지침과 조정은 매우 치밀하게 계획하고 집행하고 감독하면서도 안전업무에 대해서는 의도적으로 침묵한다. 혹시라도 있을 안전사고 시 책임을 지지 않기 위해서다. 대형 안전사고가 대기업 사업장에서 끊이지 않는 이유이다.

처음부터 다시

비정규직의 사용 비율이 과도하고 이들에 대한 차별이 심각한 한국에서는, 다시 말해 비정규직의 과도한 사용과 비정규직에 대한 차별이 계속하여 상승 작용을 하고 있는 한국에서는 비정규직의 사용 자체를 그대로 둔 채 차별시정제도만으로 비정규직 문제를 제대로 해결할 수 없다. 다시 말해 사용 규제가 1차적이고 주된 수단이 되고, 차별금지가 2차적이고 보조적인 수단이 되어야 한다.

최저임금의 획기적인 인상도 필요하다. 저임금 비정규직의 대부분은 최저임금 또는 그보다 약간 높은 수준에서 정해지고 있는데, 올해 최저임금은 시간당 6천원 정도에 불과하여 최저 생활조차 어렵기 때문이다. 외형만 독립적이고 자신의 결정에 어떠한 책임도 지지 않는 현재의 최저임금위원회에서의 결정방식보다는 정치적 책임을 질 수 있는 헌법기관(대통령, 정부, 국회)이 직접 결정하도록 해야 한다.

가장 큰 문제는 균열에 대한 적절한 법적 대응책을 내놓는 것이다. 안전업무의 직영화와 정규직화는 더 이상 미룰 수 없는 과제이다. 나아가 노동권과 사회보장권 보호에서 원청 즉 대기업의 책임을 강화해야 한다. 기업의 자유를 가장 존중한다는 미국에서 2012년 이후 이른바 공동사용자 법리를 수정하여 원청이나 프랜차이즈 가맹본부를 하청 근로자나 가맹점 근로자의 공동사용자로 인정하고 각종 노동법상 책임을 묻고 있는 사실은 매우 시사적이다.

IV. 장시간 노동과 낮아진 목소리: 정규직

장시간 노동 체제[8]

장시간 노동 체제의 극복 혹은 정상시간(정상 노동) 체제로의 전환은 시대적 과제이다. 근면과 성실이 이끌어 온 장시간 체제는 그동안 우리 경제와 사회의 발전을 이끈 중심 동력이었다. 고도성장시대 기업에게는 낮은 자본력과 기술력을 보완하여 경쟁력을 제고시키는 수단으로, 대부분의 근로자와 그 가족에게는 소득 획득의 유일한 방식으로, 우리 사회에는 인간관계를 조경하고 조율하는 핵심적인 생활방식으로 기능하여 왔다. 대다수 기업의 노동관계 시스템에서도 장시간 체제는 당연한 것이었고, 노동과 관련된 각종 규범들 예를 들어 취업규칙이나 단체협약은 물론이고 일상적인 근로자(노동조합)와 사용자의 관계도 장시간 노동 체제를 전제하였다.

최고의 장점이던 이 체제는 어느 순간 우리 모두에게 큰 짐이 되고 있다. 삶의 질을 중시하고 일과 생활을 조화시키려는 근로자 개인이나 그 가족에게도, 노동의 과정보다는 성과와 결과가 중요해진 기업에게도, 더 많은 일자리를 만들어야 하는 경제에도, 나아가

---

8) 강성태, "근로기준법상 휴식제도의 개정", 서울대노동법연구회 2016. 4월 발표문에 기초함.

다양한 문제들을 해결하기 위해 건강한 시민의 자발적이고 적극적인 참여가 더욱 중요해진 사회공동체에도 장시간 노동 체제는 먼저 극복되어야 할 과제가 되고 있다. 장시간 노동 체제는 기업시간으로의 과도한 집중 또는 기업시간과 생활시간의 현저한 불균형이라고 바꾸어 불러도 무방하다. 기업에 집중된 시간을 시민활동에 쓰도록 하자는 것은 경제적으로는 생산에 투자하던 시간을 소비로 전환시키자는 말이고 경제와 사회의 올바른 관계를 정립하자는 말이기도 하다.

「시내버스 운전사인 김씨는 작년 한 해, 월요일부터 토요일까지는 매일 12시간씩 일요일에는 8시간씩 단 하루도 쉬지 않고 버스를 운전했다. 김씨는 연장근로와 휴일근로에 미리 동의를 하였고 회사는 해당 시간의 가산임금을 지급하였다. 또 김씨는 단 하루도 연차휴가를 사용하지 않고 대신 연말에 2014년도 개근에 상응하는 연차휴가수당과 연차휴가근로수당을 회사로부터 받았다.」

위 사례는 현행법상 허용(방임)될까? 답은, 적어도 행정해석과 다수설에 따르면, 놀랍게도 '그렇다'이다. 법정기준시간은 40시간이고 연장근로의 주간한도는 12시간이긴 하지만, 시내버스와 같은 운수업은 연장근로특례사업에 속해 1주 12시간을 초과하는 연장근로가 가능하다. 이에 더하여 행정해석은 휴일근로는 연장근로의 주간한도에 포함되지 않는다고 하고, 다수설은 주휴일도 근로자의 동의가 있으면 근로가 가능하다고 한다. 나아가 현행법상 반드시 주어야 하는 연차휴가일이라는 것도 없다. 현행법은 절대적으로 금지하는 근로 혹은 절대적으로 보장해야 하는 휴식 다시 말해 사용자가 형사 처벌될 수 있는 경우로는 연장근로나 휴일근로가 강제근로에 해당하거나 사용자가 가산수당 등 관련 임금을 지급하지 않은 때로 한정하고 있다(고 한다). 위의 사례는 이런 두 가지 경우 어디에도 해당하지 않는다.

장시간 노동의 현황

근로시간법의 이런 시스템은 현실의 장시간 노동으로 연결되고
있다.

〈표 1〉 2005~2014 OECD 주요 국가의 연간 근로시간

국가/연도	2005	2006	2007	2008	2009	2010	2011	2012	2013	2014
Australia	1,730	1,720	1,711	1,717	1,690	1,692	1,699	1,679	1,663	1,664
Canada	1,747	1,745	1,741	1,734	1,702	1,703	1,700	1,713	1,708	1,704
France	1,507	1,484	1,500	1,507	1,489	1,494	1,496	1,490	1,474	**1,473**
Germany	1,411	1,425	1,424	1,418	1,373	1,390	1,393	1,374	1,363	**1,371**
Italy	1,812	1,813	1,818	1,807	1,776	1,777	1,773	1734	1,733	1,734
Japan	1,775	1,784	1,785	1,771	1,714	1,733	1,728	1,745	1,734	**1,729**
Korea	2,351	2,346	2,306	2,246	2,232	2,187	2,090	2,163	2,079	**2,124**
Mexico	2,281	2,281	2,262	2,260	2,253	2,242	2,250	2,226	2,237	2,228
Spain	1,726	1,716	1,704	1,713	1,720	1,710	1,717	1,704	1,699	1,689
Sweden	1,605	1,599	1,612	1,617	1,609	1,635	1,632	1618	1,607	1,609
United Kingdom	1,673	1,669	1,677	1,659	1,651	1,652	1,625	1,654	1,669	**1,677**
United States	1,799	1,800	1,797	1,791	1,767	1,777	1,786	1,789	1,788	**1,789**
OECD countries	1,807	1,808	1,802	1,794	1,700	1,776	1,773	1,773	1,770	**1,770**

자료 : https://stats.oecd.org/Index.aspx?DataSetCode=ANHRS 참조. 일부 국가를 제외함.

위의 〈표 1〉에서 보듯이 우리나라의 연간 근로시간은 경제협력
개발기구 국가들 중에서 가장 긴 국가들에 속한다. 2014년 기준으
로 우리나라(2,124시간)보다 연간 근로시간이 긴 국가는 멕시코와
코스타리카(2,216시간)뿐이다. 근로시간이 짧은 독일(1,371시간)보다
는 무려 753시간이나 길고 OECD 평균 1,770시간보다는 연간 354시간
즉 2.4달(우리 평균으로는 2달)이나 길다.

우리 근로시간법은 그 자체로 장시간 노동을 가능하게 한다. 특

히 세 가지가 중심적인 역할을 하고 있다. 하나는 최대시간을 특정하기 어려운 체제로 되어 있는 것이고, 둘은 근로시간 규율의 핵심을 가산임금제에 맡기고 있는 점이며, 셋은 휴식과 금전의 교환을 허용함으로써 휴일과 연차휴가 등의 이용이 법정 최저기준에 미달한다는 점이다. 특히 두 번째가 중요하다. 현행법상 근로시간의 길이는 물론이고 배치에서도 핵심적인 역할을 하는 것이 가산임금제로서, 법정기준시간(1일 8시간, 1주 40시간)을 초과한 근로와 야간(오후 10시부터 오전 6시까지) 및 휴일의 근로에 대해서는 통상임금의 50%를 가산한 임금을 지급하게 하는 제도이다. 입법자는 경제적으로 가중된 부담을 통해 사전적으로 그러한 근로들을 억제하려고 하였으나, 현실에서는 가중된 경제적 유인으로서 노사 사이에 최소고용과 최대임금의 전략적 교환이 이루어질 수 있는 이유가 되고 있다. 포괄임금제는 연장근로에 따른 경제적 부담조차 배제시킬 수 있는 제도인데, 판례는 이런 계약의 합법성을 비교적 넓게 인정하였다. 지금까지 몇 차례에 걸쳐 이루어진 근로시간법의 개선이 현실에서의 실근로시간 단축으로 연결되지 못한 가장 큰 이유도 가산임금제와 관련이 있다. 법정기준시간을 줄였지만, 그 실질은 대개 연장근로의 연장을 통한 임금시간의 확대 즉 임금인상이었다. 근로시간 개혁을 임금 인상의 수단으로 접근한 데에는 낮은 기본급 등 임금체계의 복잡성과 후진성도 한 몫을 하였다.

기업시간을 시민시간으로

기업에 집중된 시간을 개인과 가정과 사회로 돌려야 한다. 일하는 시간을 줄여서, 만나고 수다 떨고 사랑하고 연애할 시간을 확보해야 한다. 연예하고 사랑하고 애도 낳고 가정도 만들려면 시간이 절대적으로 필요하다. 그래야 우리 사회가 유지될 수 있다. 우리나라 저출산의 가장 큰 원인은 낮은 소득과 미래불안정과 함께 너무 긴 근로시간이며 그런 점에서 장시간 노동은 우리 사회의 유지를 위협하는 만성질환이다. 젊은이에게 일자리를 만들어주기 위해 줄여야 할 것도 중장년층의 임금이 아니라 근로시간이다.

장시간 노동 체제로부터 정상 노동 체제로의 전환을 위해서는 휴식 제도를 근로자의 건강보호와 여가시간 확보라는 본래의 취지에 맞게 운영되도록 해야 한다. 특히 휴식을 금전적 보상으로 전환하는 노사의 담합을 배제하여야 한다. 이른바 '노동을 둘러싼 노사 간의 견고한 담합'을 깨야 한다. 이 문제에서도 대기업부터 시작해야 한다. 과거 근로시간법의 개혁은 실근로시간 단축으로 연결되지 않고 오히려 연장근로의 연장을 통해 임금인상으로 연결되었다. 최소고용·최대근로라는 기업의 욕구와 임금소득의 증대라는 근로자의 욕구가 전략적으로 거래된 것이다. 이러한 노사담합은 근로시간법 실패의 핵심적인 원인이며, 이 문화의 형성과 전파에 큰 역할을 해 온 것이 대기업 노사관계이다. 그러므로 근로시간 단축과 휴식 증대를 위한 개혁은 장시간 노동 체제를 이끌고 있는 중심적인 대기업에서 근로시간 총량의 제한부터 시작해야 한다. 연간 근로시간이 상대적으로 긴 업종에 정책 관심과 수단을 집중하는 한편, 작년 9월 15일 노사정이 근로시간 개혁의 첫 번째 과제로 합의했던 2020년까지 연간 1,800시간 체제로의 전환을 위한 실무기구부터 구성해야 할 것이다.

구조조정에서 침묵의 강요

판례는 구조 조정과 관련된 이슈들은 노동조합이 단체교섭을 요구할 수 있는 사항이 아니고, 따라서 요구 사항의 관철을 위한 파업 등 쟁의행위는 불법이라는 본다. 가장 대표적인 판례의 내용은 다음과 같다. [정리해고나 사업조직의 통폐합 등 기업의 구조 조정의 실시 여부는 경영주체에 의한 고도의 경영상 결단에 속하는 사항으로서 이는 원칙적으로 단체교섭의 대상이 될 수 없고, 그것이 긴박한 경영상의 필요나 합리적인 이유 없이 불순한 의도로 추진되는 등의 특별한 사정이 없는 한, 노동조합이 실질적으로 그 실시 자체를 반대하기 위하여 쟁의행위에 나아간다면, 비록 그 실시로 인하여 근로자들의 지위나 근로조건의 변경이 필연적으로 수반된다 하더라도 그 쟁의행위는 목적의 정당성을 인정할 수 없다.]⁹⁾

판례는 심지어 기존 단체협약에서 구조 조정 등에 단체교섭 의무를 정하고 있는 경우에도 이를 의도적으로 단체교섭 대상에서 제외시키기도 한다. 가령 위에서 든 대법원 판결에서는 [사용자가 경영권의 본질에 속하여 단체교섭의 대상이 될 수 없는 사항에 관하여 노동조합과 '합의'하여 결정 혹은 시행하기로 하는 단체협약의 일부 조항이 있는 경우, 그 조항 하나만을 주목하여 쉽게 사용자의 경영권의 일부포기나 중대한 제한을 인정하여서는 안 되고, 그와 같은 단체협약을 체결하게 된 경위와 당시의 상황, 단체협약의 다른 조항과의 관계, 권한에는 책임이 따른다는 원칙에 입각하여 노동조합이 경영에 대한 책임까지도 분담하고 있는지 여부 등을 종합적으로 검토하여 그 조항에 기재된 '합의'의 의미를 해석하여야 한다.]고 설시하였다.

---

9) 대법원 2002. 2. 26. 선고 99도5380 판결 외 다수

경영해고 요건의 '부실 적용'

2015년 하반기는 노동개혁으로 온 나라가 몸살을 앓았는데, 가장 큰 불씨는 일반해고 또는 통상해고였다. 정부는 노동시장의 경직성이 일자리 창출을 저해하고 청년들의 고용절벽을 야기하는 원인이라고 보는 것 같다. OECD가 2013년 발표한 고용보호지수를 보면 우리나라의 개별해고 보호지수는 2.29로 OECD 평균(2.04)보다 다소 높고, 집단해고 보호지수는 1.88로 OECD 평균(2.91)보다 상당히 낮아, 종합지수는 2.17로 OECD 평균(2.29)보다 낮다.[10] 다만 OECD는 한국의 기업들이 여러 가지 방식으로 고용 조정 즉 해고의 목적을 달성하고 있다고 지적한 바 있다.[11] 그렇다면 우리나라의 실제 고용 안정성은 어느 수준인가?[12] 고용 안정성을 국제적으로 비교할 때 주로 근속년수를 사용한다. 근속년수가 길면 안정성이 높고 반대로 근속년수가 짧으면 안정성이 낮다고 본다. OECD의 통계에 따르면 2014년 기준 한국의 10년 이상 장기근속자의 비율은 20.1%로서 OECD 평균 33.3%에 비해 상당히 낮고, 1년 미만 단기근속자의 비율은 31.9%로 OECD 평균 18.1%에 비해 매우 높다.

이런 상황에서 왜 일반해고 법제화를 추진하는 것일까? 약 20년 전 지금과 비슷한 상황이 있었다. 1996년 개정 근로기준법에서 처음으로 경영해고를 입법화하던 바로 그 장면이다. 우리 대법원은 처음에는 경영해고를 엄격하게 제한하였다. '정리해고'의 정당화

---

10) OECD, Employment Outlook, 2013. 이 지수의 정확성과 신뢰성에는 의문이 많다. 강성태, "OECD 고용보호지수의 정확성과 적정성", 노동법연구 제34호(서울대노동법연구회, 2013) 참고 바람.

11) OECD, 「THE LABOUR MARKET IN KOREA: ENHANCING FLEXIBILITY AND RAISING PARTICIPATION」, 2005.

12) 황덕순, "한국의 노동시장 구조와 사회안전망 정책과제", 「사회보장법학」 제4권 2호(한국사회보장법학회, 2015) 참조.

요건을 최초로 설시한 대법원 1989. 5. 23. 선고 87다카2132 판결은 "해고를 하지 않으면 기업경영이 위태로울 정도의 급박한 경영상의 필요성이 존재"할 것을 요구했다. 그러다가 1991년경부터 입장을 선회하여 경영해고의 정당성 요건을 계속 완화하기 시작하였다. 이런 추세가 절정에 이른 1996년, 정부는 경영해고의 요건과 절차를 판례에 따라 정함으로써 구조조정으로부터 근로자를 보호한다는 명분으로 경영해고를 근로기준법에 명시한다. 이 개정법은 안기부법과 함께 1997년의 첫 두 달에 걸친 국민적 항의와 총파업으로 폐지되었으나, 경영해고 규정은 1997년 3월 제정된 현재의 근로기준법에 1996년의 규정과 크게 다르지 않게 그대로 남게 된다.

1997년 새로이 신설된 경영해고 규정은 표면적인 문구와 형식만 보면, 그 때까지의 판례보다 근로자에게 불리하지 않았다. 그러나 경영해고의 법제화는 단지 '기준과 절차의 명확화'에 그치지 않고 경영해고에 관한 사회통념을 바꾸었다.[13] 판례는 가능한 한 경영해고의 정당성을 추정하는 방식으로 관련 규정을 해석하더니 2012년에는 흑자상태에서의 경영해고도 가능하다는 판결까지 선고하였다.[14] 영향은 경영해고의 정당성 판단에만 미친 것이 아니었다. 경영해고 여부는 경영권 사항이므로 단체교섭 사항이 아니라는 판결들이 쏟아져 나왔다.[15] 이런 상황은 경영해고 관련 규정을 엉성하게 만든 입법자의 책임도 크지만, 법 규정조차 자의적으로 적용한 법원 특히 대법원의 책임도 그에 못지않다. 대법원은 경영해고 과정에서 근로자의 이익을 위해 마련된 사전협의절차를 매우 자의적

---

13) 대법원 2002. 7. 9. 선고 2000두9373 판결과 대법원 2002. 7. 9. 선고 2001다29452 판결은 이런 사회통념의 형성에 큰 역할을 한 판결들이다.

14) 대법원 2012. 2. 23. 선고 2009두15401 판결

15) 가장 유명한 판결은 한국조폐공사 사건 대법원 2002. 2. 26. 선고 99도5380 판결이다.

으로 적용하여 왔다. 근로자대표와의 사전협의가 없으면 정당성 판단에서 크게 고려하지 않으면서도,[16] 역으로 사전협의를 거친 경우에는 다른 요건들의 정당성까지 추정하였다.[17]

사라진 목소리[18]

현대 국가에서 노동조합에 관한 권리는 기본적 인권에 속한다. 근로자들에게 노동조합을 결성하고 관련 활동을 하고 그것을 유지할 자유가 없다면 근로자 대표는커녕 근로자의 어떠한 결사체도 상정하기 어렵다. 우리 헌법 역시 제정 당시부터 현재까지 한 번도 변함없이 노동조합을 단결권과 단체교섭권과 단체행동권의 가장 대표적이고 당연한 주체로서 전제하고 있다. 명시적으로 표현하지는 않았지만, 너무나 당연하여 굳이 표현할 필요가 없었겠지만, 헌법적 임의기구이다. 즉 근로자의 자유 실현을 위한 실질적 조건이 노동조합이다. 이런 이유로 헌법과 노동관계법은 물론 다른 법률에서도 노동조합은 법적 실체로서 존중되고 있다. 그러나 노동조합의 현실적 대표성은 민망한 수준이다.

우리나라 노동조합의 조직률은 〈표 2〉에서 보듯이 OECD 주요 국가 중 미국과 더불어 최하위에 속한다. 특히 2011년의 조직률은 9.9%로서 평균 50%를 상회하는 스칸디나비아 국가들에 비하면 5분의 1 혹은 6분의 1 수준이고, 이른바 신자유주의 경제정책을 견인했다는 앵글로색슨 국가들에 비해서도 평균 10% 이상 낮았으며(가령 캐나다 27.1%, 영국 25.6%, 호주 18.5% 등), 흔히 비교하는 일본의

---

16) 대법원 2003. 11. 13. 선고 2003두4119 판결 등
17) 가령 대법원 2002. 7. 9. 선고 2001다29452 판결
18) 강성태, "노동조합의 근로자 대표성에 관한 단상", 월간노동 2015. 3월호 (한국노동연구원), 47~67면 참고.

19%는 물론 미국의 11.3%보다도 낮아 조사 대상국가들 중 최하위이다. 조직률 하락은 거의 모든 국가에서 보이는 현상이지만, 우리나라의 하락 속도와 폭은 매우 빠르고 큰 편이다. 1990년부터 2011년까지 우리의 조직률은 50% 가까이 하락했는데, 같은 시기 비슷한 폭의 감소는 호주 정도(39.6%에서 18.5%로 하락)에 불과하다. 그 결과 1990년 우리나라는 조직률 17.2%로 최하위였던 미국(15.5%)보다 1.7% 높았지만, 2011년에는 조직률 9.9%로 미국(11.3%)보다도 1.4% 낮았다.

〈표 2〉 주요 국가의 노동조합 조직률 현황

(단위 : %)

	1990	2000	2010	2011
한 국	17.2	11.4	9.7	9.9
미 국	15.5	12.9	11.4	11.3
독 일	31.2	24.6	18.6	18.0
일 본	26.1	21.5	18.4	19.0
호 주	39.6	25.7	18.4	18.5
네덜란드	24.6	22.9	18.6	18.2
그리스	34.1	26.5	25.2	25.4
영 국	38.1	30.2	26.4	25.6
캐나다	34.0	28.2	27.4	27.1
노르웨이	58.5	54.4	54.8	54.6
스웨덴	80.0	79.1	68.2	67.5
핀란드	72.5	75.0	70.0	69.0

자료 : OECD, http://stats.oecd.org/ 2014.09; OECD(2014), OECD Employment and Labour Market Statistics 발췌(국제기구에서 작성한 나라별 지표는 국제비교를 위해 조정됨으로써 주요·보조 지표의 수치, 수록기간, 단위 등이 달라질 수 있음).

〈표 3〉 주요 국가의 단체협약 적용률

	단체협약 적용률(%)	주된 교섭 수준	복수 사용자에게 확장
오스트레일리아	60	기업	없음
오스트리아	99	산업	자동: 요구에 기한 확대
캐나다	32	기업	없음 (퀘벡 제외)
핀란드	90	산업(전국적 틀)	대표
프랑스	95	산업 / 기업	요구
독일	63	산업	대표
이탈리아	80	산업	없음 (임금만)
일본	16	기업	없음
한국	12	기업	없음
네덜란드	82	산업	대표
러시아 연방	62	복수	없음
스페인	80	전국 / 산업	대표
스웨덴	92	산업	없음
영국	35	기업	없음
미국	13	기업	없음

자료 : Venn, Danielle(2009), "Legislation, collective bargaining and enforcement: Updating the OECD employment protection indicators", www.oecd.org/els/working papers, pp.16~18 발췌.

노동조합의 형식적 대표성을 조직률로써 알 수 있다면, 실질적 대표성은 단체협약 적용률을 통해 짐작할 수 있다. 우리나라 전체 근로자 중 단체협약이 적용되는 근로자의 비율은 〈표 3〉에서 보듯이 12%로서, 주요 국가들(OECD 국가들 포함) 중에서 최하위이다. 이런 결과는 낮은 조직률과 함께, 단체교섭의 주된 수준이 기업이라는 점 그리고 단체협약이 조합원에게만 적용되어 사실상 복수 사용자에게 확장되는 제도가 없다는 점 등에서 나온 것으로 추측된다.

우리나라에서 노동조합의 현실적 대표성이 매우 낮은 데에는 노동법 제정 이후 줄곧 지속되어 온 노동조합의 조직과 활동에 대한 법적 제약이 큰 역할을 했다.[19] 1997년은 이런 분위기를 일신할 수 절호의 기회였다. 정부가 주창한 세계화에도 부합하고 또 OECD 가입의 조건이기도 했던 국제노동기준에 따른 노동법 개혁에 대한 기대가 높았던 때라 그동안 혼란스럽고 허약했던 근로자 대표 시스템을 혁신할 수 있는 절호의 기회이기도 했다. 당시 근로조건의 집단적 결정 시스템은 노동조합에 의한 단체협약, 노사협의회에 의한 노사협의 그리고 취업규칙에서의 불이익변경 절차가 있었고, 이러한 3중 시스템은 각각의 문제점뿐만 아니라 상호관계 등에서의 문제도 많아 이미 다양한 개선 방안이 제시되고 있었다. 그러나 결과적으로 입법자는 노동조합이나 노사협의회를 강화하는 방식도 아니고 그렇다고 취업규칙 절차를 건드리는 것도 아닌 제3의 길을 택했다. 새로운 근로자 대표 시스템인 근로자대표를 신설한 것이다. 3중 대표시스템만으로도 충분히 혼란스러운 상황에서 새로운 대표 하나를 더 만들어낸 1997년 입법자의 선택은 근로자대표는 물론 대표시스템 전반에 관한 혼란을 가중시켰다.

근로자대표 신설의 핵심적 이유는 취업규칙 불리변경 절차를 우회하려는 데 있었다. 대다수 학자들이 지적하는 근로자대표의 자격, 선출, 권한, 보호 등에 대한 입법의 불비 역시 실수가 아니라 누군가의 고의일 가능성이 매우 높다. 숱한 지적에도 불구하고 20년 가까이 법 개정이 없는 점만 봐도 이런 의심은 충분히 설득력이 있다. 어쨌든 입법자는 1997년 노동법 체제를 새롭게 하면서 근로자 대표 시스템을 노동조합을 중심으로 하거나 적어도 그 대표성을 제고하는 방향으로 고칠 수 있는 절호의 기회가 있었다. 그러나 한

---

19) 1963년 개정 노동조합법의 복수노조 금지, 1973년 개정 노동조합법의 노사협의회 설치 확대, 1980년 개정 노동조합법의 3금(복수노조·정치활동·제3자개입 금지) 및 기업별노조 강제 등은 그 대표이다.

편으로는 노동조합의 대표성이 커지면 산업평화에 위협이 될 수 있을지도 모른다는 두려움으로 인해, 다른 한편으로는 취업규칙의 불이익변경 절차를 완화해야 한다는 집착으로 인해 근로자대표라는 매우 이상한 선택을 했고, 우리 노사관계와 노동법학은 아직도 그 비용을 지불하고 있다.

2010년 근로자 대표 시스템과 노동조합 대표성에 또 한 번의 큰 변화가 있었다. 2010년 노동조합법 개정(2010. 1. 1., 법률 제8839호)에 따라 사업장 단위에서 복수의 노동조합을 설립할 수 있게 된 반면, 단체교섭에서는 2011년부터 교섭창구단일화 제도가 적용되게 되었다. 자율교섭을 주장하던 노동계로서는 복수노조라는 당연한 자유와 권리의 회복을 위해 새로운 멍에를 지게 되었다. 교섭창구단일화 제도에 따라 매우 광범위한 권한(단체교섭권, 단체협약체결권, 쟁의행위권 및 관련 구제 신청권 등)을 가지는 근로자 대표로서 창설된 것이 교섭대표노동조합이다.

이승욱 교수는 교섭창구단일화제도의 가장 큰 특징으로 우리나라의 경우는 "교섭대표노동조합이 '조합원'만을 대표한다는 점"을 들었는데,[20] 사실 이 제도의 가장 큰 단점은 바로 여기에 있다. 우리 제도가 애초에 참고했던 미국의 경우, 제도의 핵심은 전체 근로자에 대한 배타적 대표성이며 이 점이 사실 교섭창구단일화 제도의 거의 유일한 장점이었다. 그러나 조합원대표제로 입법화함으로써 2010년 제도는 소수 근로자나 취약 근로자의 보호를 포기한다. 기실 조합원만을 대표할 것이면 굳이 특정 노동조합에게 교섭권을 독점시킬 하등의 규범적 근거가 없다. 박제성 박사는, 현행 제도는 "사용자의 지원을 받는 황색노조의 출현과 교섭대표 노조의 지위를 확보하기 위한 노조 간 갈등" 등으로 인해 단체교섭의 비용을 줄인

---

20) 이승욱(2011), "교섭창구단일화 절차를 둘러싼 노동법상 쟁점", 『사법』 제15호, 사법발전재단, p.44.

다는 애초의 목적을 달성하지 못했고, "단체협약의 구속력 확대라는 규범적 목적에 접근하지"도 못했다고 지적한다.[21] 또한 현행 제도는 교섭대표노동조합의 조합원 대표성을 단체협약의 적용 범위와도 일치시켰다. 이를 통해 현행 제도에서 단체교섭은 명실상부하게 조합원만의 잔치가 되었다. 현행 조합원 대표성의 또 다른 문제는 교섭대표노동조합 결정 과정에서 나타난다. 독일처럼 산별 단일 체제에서의 조합원 대표성은 다른 노동조합의 단결권을 침해하는 일이 많지 않다. 반면에 현행 노동조합법처럼 교섭대표노동조합의 결정 절차를 참여한 노동조합들만의 조합원 수에 의존하게 되면, 미조직 근로자의 조직화보다는 다른 노동조합의 조합원을 자신의 조합원으로 만드는 것이 2배 이상 효율적이다. 요컨대, 현행 교섭대표노동조합 결정 방식은 단결권 침해적이기도 하다. 한편 현행 제도는 사실상 단체교섭을 그래서 노동조합의 주요 활동을 모두 사업장 단위로 한정하고 있다는 점에서 비판을 받을만하다. 모든 근로자 대표 즉 근로자대표, 노사협의회, 교섭대표노동조합은 모두 사업장 내 근로조건의 집단적 결정을 두고 경쟁하거나 충돌하게 된다. 반대로 사업장을 넘어서는 단위에서의 단체교섭은 교섭창구 단일화 제도에 의해 심각한 타격을 맞고 있다고 한다.

근로자 대표성의 제고

개선방향은 의외로 간단하다. 잡다한 근로자 대표를 노동조합과 종업원대표기구(노사협의회 등)라는 2원적 체제로 단순화해야 한다. 근로기준법상 근로자대표 제도는 폐지하고 현재 그것이 담당하

---

21) 박제성(2013), 「근로자대표제도의 재구성을 위한 법이론적 검토」, 한국노동연구원. p.77.

는 근로조건은 그 성격에 따라 노동조합(가령 경영상 해고)이나 종
업원대표기구(가령 탄력적 근로시간제의 도입)에게 맡기며, 취업규
칙은 근로기준법 개정을 통해 독일의 사업장협정과 같은 노사합의
에 기초한 협정으로 전환하도록 한다. 근로자 대표 제도는 노동조
합을 중심에 두어야 한다. 주지하다시피 2중 대표시스템이 원활하
게 작동하는 국가의 공통점은 노동조합 중심주의가 확고히 자리
잡아서 종업원대표기구 역시 사실상 노동조합을 중심으로 운영된
다는 점이다. 이를 위해 제반 입법에서 노동조합의 조직과 영향력
및 대표성이 확대될 수 있도록 직·간접적으로 조력할 필요가 있다.
근로조건을 법정하되 단체협약에 의해서만 그것을 낮추도록 하는
방안이나 국가입법 자체를 전국적 단체협약에 개방하는 방안에 이
르기까지 방법은 여러 가지가 있을 것이다.

　　한편, 우리 판례는 단결3권(근로3권) 보장의 목적을 근로조건의
향상을 위한 단체교섭에 집중시키면서,[22] 단체교섭권의 주체는 원
칙적으로 노동조합에 한정한다.[23] 그 결과 단결권은 단체교섭권을

---

[22] 대법원 1990. 05. 15. 선고 90도357 판결. 「근로자에게 열세성을 배제하고
　　사용자와의 대등성 확보를 위한 법적 수단으로 단체교섭권을 인정하는
　　것이야말로 근로조건의 향상을 위한 본질적 방편이라고 아니할 수 없으
　　며 따라서 그것을 위하여 단체형성의 수단인 단결권이 있고 또한 교섭이
　　난항에 빠졌을 때 그것을 타결하기 위한 권리로서의 단체행동권이 있는
　　것으로 보아야 하기 때문이다. 이로써 본다면 근로자에게 단체교섭권이
　　정당하게 확보되어 있기만 하다면 그것을 보장하는 권리로서의 단체행
　　동권은 그것이 제한된다 해도 필요한 최소한도내에서, 어쩔 수 없는 것으
　　로서 사회관념상 상당한 대상조치가 마련되어 있다고 보여질 때에는 위
　　에서 본 권리의 본질적인 내용을 침해하는 것으로 볼 수 없다고 하겠다.」
[23] 판례는 단체교섭권의 주체를 노동조합법상 노동조합에 한정하지 않는
　　다. 가령 대법원 1997. 02. 11. 선고 96누2125 판결은 「전기협이 그 설시와
　　같은 여러 가지 점에서 노동조합으로서의 실질적 요건을 갖추지 못하였
　　으므로 단체교섭권이나 쟁의행위의 정당한 주체로 될 수 있는 노동조합
　　이라고 볼 수 없다는 것이지, 노동조합법상의 노동조합이 아닌 근로자의

위한 노동조합의 조직 및 그 업무를 위한 제반 활동의 권리로 축소
되었다. 또 다른 사례는 노동조합 내 대표성에서 의존성보다 독립
성을 강조하는 방식이다. 대표라는 용어는 본래, 대표되는 사람이
나 단체(피대표)와의 관계에서, 의존성과 독립성이라는 두 가지 상
반된 의미를 동시에 가진다. 자신의 존재 기반이자 이유인 피대표
의 의사 또는 이익을 정확히 반영해야 한다는 것이 의존성이다. 자
신이 속하게 되는 곳에서 공동복리를 위해 피대표의 의사 또는 이
익에 구애되지 않을 수 있다는 것이 독립성이다. 우리 법원은 대표
의 의존성보다는 독립성을 강조해 왔다. 노동조합 대표자의 단체교
섭 권한을 침해한다는 이유를 들어 협약인준투표(단체교섭 합의안
에 대한 조합원 전체의 찬반투표)를 위법·무효라는 대법원 전원합
의체 판결은 극단적으로 근로자 대표의 독립성을 강조한 예이다.[24]

파업으로 대표되는 쟁의행위는 단체교섭의 효율적 수행을 위해
서도 필요하지만, 노사 간 대등성을 회복하고 노사 간 갈등을 자주
적으로 해결하며 나아가 산업사회를 민주화하기 위한 필수적인 수
단이다. 이를 위해서는 근로자들이 파업 등 쟁의권을 자유롭게 행
사할 수 있어야 한다. 특히 형벌의 두려움 없이 파업을 결정하고
수행할 수 있어야 한다. 현재 자유로운 파업을 어렵게 하는 가장
큰 장애는 판례가 요구하는 엄격한 쟁의행위 요건이다. 판례는 모

단결체는 무조건 단체교섭권 등이 없다는 것은 아니므로」라고 하였고,
헌재 2008. 7. 31. 2004헌바9 역시 법외노조도 「어느 정도의 단체교섭이나
협약체결 능력을 보유한다 할 것」이라고 하였다.

24) 대법원 1993. 04. 27. 선고 91누12257 전원합의체 판결. 「노동조합의 대표자
또는 수임자가 단체교섭의 결과에 따라 사용자와 단체협약의 내용을 합
의한 후 다시 협약안의 가부에 관하여 조합원총회의 의결을 거쳐야만 한
다는 것은 대표자 또는 수임자의 단체협약체결권한을 전면적, 포괄적으
로 제한함으로써 사실상 단체협약체결권한을 형해화하여 명목에 불과한
것으로 만드는 것이어서 위 법 제33조 제1항의 취지에 위반된다.」

든 쟁의행위에 대해 다음과 같은 요건을 모두 갖출 것을 요구한다. [근로자의 쟁의행위가 형법상 정당행위가 되기 위하여는 첫째 그 주체가 단체교섭의 주체로 될 수 있는 자이어야 하고, 둘째 그 목적이 근로조건의 향상을 위한 노사간의 자치적 교섭을 조성하는 데에 있어야 하며, 셋째 사용자가 근로자의 근로조건 개선에 관한 구체적인 요구에 대하여 단체교섭을 거부하였을 때 개시하되 특별한 사정이 없는 한 조합원의 찬성결정 등 법령이 규정한 절차를 거쳐야 하고, 넷째 그 수단과 방법이 사용자의 재산권과 조화를 이루어야 함은 물론 폭력의 행사에 해당되지 아니하여야 한다는 여러 조건을 모두 구비하여야 한다.]25) 특히 파업을 위한 조합원 찬반투표와 관련해서는, [조합원의 직접·비밀·무기명투표에 의한 찬성결정이라는 절차를 거쳐야 한다는 규정은 노동조합의 자주적이고 민주적인 운영을 도모함과 아울러 쟁의행위에 참가한 근로자들이 사후에 그 쟁의행위의 정당성 유무와 관련하여 어떠한 불이익을 당하지 않도록 그 개시에 관한 조합의사의 결정에 보다 신중을 기하기 위하여 마련된 규정이므로 위의 절차를 위반한 쟁의행위는 그 절차를 따를 수 없는 객관적인 사정이 인정되지 아니하는 한 정당성이 상실된다.]고 한다.26) 결국 판례는 쟁의행위의 수단과 방법에 폭력이나 파괴행위 등 불법적 요소가 없음에도 불구하고, 주체나 목적이나 절차상 조금만 문제가 있어도 곧바로 형사책임을 지울 수 있게 함으로써 파업의 자유를 매우 제한하고 있다.

업무방해죄 역시 파업의 자유를 제한하는 가장 큰 요인 중 하나

---

25) 대법원 1990. 5. 15. 선고 90도357 판결, 1991. 5. 24. 선고 91도324 판결, 1996. 1. 26. 선고 95도1959 판결, 1996. 2. 27. 선고 95도2970 판결, 1998. 1. 20. 선고 97도588 판결, 2000. 5. 12. 선고 98도3299 판결, 2001. 6. 12. 선고 2001도1012 판결 등

26) 대법원 2001. 10. 25. 선고 99도4837 전원합의체 판결

이다. 종래 한국에서 파업이 발생한 경우 검찰은 거의 대부분 업무 방해죄로 기소하였고, 법원은 위의 법리와 함께 쟁의행위는 그 자 체 위력에 의한 업무방해의 위험이 인정되어 범죄가 된다고 판단 했었다.27) 이런 판례 때문에 한국에서 불법 파업이 양산되고 있다 는 비판을 일부 수정하여, 최근 대법원은 입장을 약간 변경하였 다.28) 변경된 대법원 판결은 파업의 자유 보장이라는 점에서 종전

---

27) 기존의 입장을 보여주는 판례의 입장은 다음과 같았다. [근로자들이 집 단적으로 근로의 제공을 거부하여 사용자의 정상적인 업무운영을 저해 하고 손해를 발생하게 한 행위가 당연히 위력에 해당함을 전제로 하여 노동관계 법령에 따른 정당한 쟁의행위로서 위법성이 조각되는 경우가 아닌 한 업무방해죄를 구성한다.(대법원 1991. 4. 23. 선고 90도2771 판결, 대법원 1991. 11. 8. 선고 91도326 판결, 대법원 2004. 5. 27. 선고 2004도689 판결, 대법원 2006. 5. 12. 선고 2002도3450 판결, 대법원 2006. 5. 25. 선고 2002도5577 판결 등)]

28) 대법원 2011. 3. 17. 선고 2007도482 전원합의체 판결 [업무방해죄는 위계 또는 위력으로써 사람의 업무를 방해한 경우에 성립한다(형법 제314조 제1항). 위력이라 함은 사람의 자유의사를 제압·혼란케 할 만한 일체의 세력을 말한다. 근로자가 그 주장을 관철할 목적으로 근로의 제공을 거 부하여 업무의 정상적인 운영을 저해하는 쟁의행위로서의 파업(노동조 합 및 노동관계조정법 제2조 제6호)도, 단순히 근로계약에 따른 노무의 제공을 거부하는 부작위에 그치지 아니하고 이를 넘어서 사용자에게 압 력을 가하여 근로자의 주장을 관철하고자 집단적으로 노무제공을 중단 하는 실력행사이므로, 업무방해죄에서 말하는 위력에 해당하는 요소를 포함하고 있다. 그런데 근로자는, 헌법 제37조 제2항에 의하여 국가안전 보장·질서유지 또는 공공복리 등의 공익상의 이유로 제한될 수 있고 그 권리의 행사가 정당한 것이어야 한다는 내재적 한계가 있어 절대적인 권 리는 아니지만, 원칙적으로는 헌법상 보장된 기본권으로서 근로조건 향 상을 위한 자주적인 단결권·단체교섭권 및 단체행동권을 가진다(헌법 제 33조 제1항). 그러므로 쟁의행위로서의 파업이 언제나 업무방해죄에 해 당하는 것으로 볼 것은 아니고, 전후 사정과 경위 등에 비추어 사용자가 예측할 수 없는 시기에 전격적으로 이루어져 사용자의 사업운영에 심대 한 혼란 내지 막대한 손해를 초래하는 등으로 사용자의 사업계속에 관한 자유의사가 제압·혼란될 수 있다고 평가할 수 있는 경우에 비로소 그 집

보다는 상당히 진전된 것이기는 하지만, 그에 따르더라도 폭력이나 파괴행위를 수반하지 않는 단순 파업이 여전히 업무방해죄로 처벌될 수 있다는 점에서 한계가 있다.

V. 사회보장의 느린 발전

사회보장의 확대, 강화

우리 사회보장 입법사에서 가장 큰 사건을 꼽으라면 1999년 국민기초생활보장법의 제정과 1993년 고용보험법의 제정이 각축을 벌인다. 국민기초생활보장법은 공공부조법의 기본법인데 그 제정을 통해 공공부조는 이전 생활보호법상 시혜적 제도에서 국민이 가지는 사회보장권의 중요한 한 내용으로 변경된다. 우리나라에서 비로소 현대적 사회보장의 이념이 구체화된 입법이 등장한 것으로 볼 수 있기 때문이다. 고용보험법은 사회보험법의 막내이다. 우리나라만 그런 것이 아니라 대다수 국가에서 그렇다. 그러므로 고용보험법의 제정이란 사회보험법의 기본 체계가 완성되었다는 의미이다. 두 법률의 제정에도 87년 체제는 원인(遠因)이다.

제5공화국은 사회보험과 사회복지의 확충에 힘을 썼다. '노동억압을 보상하는 사회보호'는 권위주의 정부의 단골메뉴이기도 했지만, 급증하는 노인인구(65세 이상 노인인구의 비율은 1980년에 3.8%였지만 1993년에는 5.2%로 빠르게 증가함) 등 복지확충을 요구하는 객관적인 상황과 함께 성장의 과실을 같이 나누자는 높아진 국민

단적 노무제공의 거부가 위력에 해당하여 업무방해죄가 성립한다고 봄이 상당하다.]

의 복지요구 등이 주요 요인이었다. 1981년 아동복지법의 전면개정
및 「심신장애자복지법」과 「노인복지법」의 제정, 1982년 산재보험법
의 5인 이상 사업장으로 확대적용, 1986년 국민연금법의 제정 등으
로 이어졌다. 그러나 사회보장의 본격적 개화는 87년 체제와 함께
시작된다. 1988년 국민연금법 시행, 1988~1989년 의료보험법 개정을
통한 전국민의료보험시대의 개막, 1993년 고용보험법 제정(1995. 7.
시행), 1995년 사회보장기본법 제정, 1999년 국민기초생활보장법 제
정, 1999~2000 모든 국민의 의료보험 체계를 통합하는 국민건강보험
법 제·개정 등 일련의 입법 작업이 있었다. 이 시기 사회보험법은
근로자보험이라는 계급연대적 사회보험을 완성함과 동시에 국민연
대적 사회보험으로의 전환을 위한 첫 발걸음을 뗐다. 그리고 공공
부조법은 자선적인 빈민구제제도인 생활보호법 체제에서 권리인
기초생활보장제도로 전환하였다. 현대적 공공부조법 시대가 시작
된 것이다.

21세기 들어와 한국 사회보장법의 발전은 가속화된다. 구조조정
의 상시화, 근로빈곤의 확대, 빠른 속도의 저출산고령화 등으로 인
해 사회보장 또는 사회보호의 확충이 정부의 핵심적 과제 중 하나
가 되었다. 사회보험은 한편으로는 각 보험별로 대상의 보편성과
급여의 충실성을 제고하는 한편, 전체 사회보험의 통합 움직임이
시작되었다. 공공부조법은 수급자 요건을 완화하고 급여별 수급요
건을 달리하였고, 사회복지서비스법도 대상과 급여를 확대하였다.
특히 노인과 아동에 대한 복지 지출이 대폭 늘었다.

고용과 복지의 연계 그리고 가족

현행 사회보장법은 여러 측면에서 고용과 사회보장을 연결하고

있다. 사회보험에서 직장(또는 사업장) 가입자와 지역 가입자는 기여 또는 급여에서 상당한 차이가 있다. 또 직장 또는 당연가입 대상에서 1월간 60시간 미만자 등을 제외하고 있고, 그 수도 결코 적지 않다. 공공부조에서도 기초생활보장 급여의 핵심인 생계급여에서 근로를 조건으로 하는 경우도 있다. 고용 특히 좋은 일자리가 많다는 것은 복지의 보편성과 충실성을 높이며 지속가능성을 보증한다. 그런 점에서 고용에 관한 관심은 탈상품화가 상당히 진행된 복지국가라고 해서 결코 약하지 않다. 상대적으로 높은 고용율과 좋은 복지를 갖추었다고 하는 스칸디나비안 국가들의 예만 보아도 그렇다. 이들 국가들에서 좋은 일자리는 국가정책의 1차적 목표이다. 사실 우리 헌법도 고용에 관한 책무를 국가에 부과하여 적정한 임금이 보장되는 고용(헌법 제32조 제1항 참고)을 국가의 헌법상 의무로 정하고 있다. 고용복지가 고용을 사회보장 급여의 수급 자격과 연결시키면 안 되는 이유도 이 때문이다.

가족은 어느 사회에서나 최소 공동체이자 생활 단위이다. 현실이 그랬다. 그런 연유로 우리나라의 현행 사회보장은 대개 가족을 단위로 한다. 그런데 혼자 사는 국민이 증가하고 가구의 구성도 다양화되고 있다. 또한 가족을 사회보장의 단위로 할 필연적 이유도 없다. 특히 국민기초생활보장법상 생계급여의 수급에서 소극적으로 요구하는 부양의무자 요건은 개선이 필요하다.

사회보장의 미래

요즘 사회보장 영역만큼 요구와 갈등이 많은 분야도 드물 것이다. 저출산고령화, 노인빈곤, 청년실업, 사회보험 통합, 사회보험의 충실성과 재정건전성 등 어느 하나 쉬운 문제가 없다. 그런 만큼

계층간 세대간 의견차이의 폭이 크다. 작년에 있었던 두 가지 사건은 우리 복지의 미래에 관한 중요한 문제를 던진다.[29]

먼저 작년 봄의 공무원연금개혁이다. 사실 공무원연금개혁은 국민연금을 비롯한 우리 공적연금 개혁의 신호탄이다. 연금기금 문제뿐만 아니라, 합의문에 포함되었던 국민연금 소득대체율 50%에서 알 수 있듯이, 노후소득보장의 충실성 제고 역시 현행 공적연금의 큰 과제가 아닐 수 없다. 전자만 생각하면 보험료를 올리거나 연금액을 줄여야 하겠지만 후자 즉 공적연금이 노후생활을 위한 소득원이 되도록 하려면 연금급여의 축소는 좋은 선택지가 아니다. 이런 저런 주장이 있지만, 관건은 우리 사회에서 세금과 사회보험료를 낼 수 있는 국민 즉 담세(擔稅)인구의 충분한 확보에 있다. 이를 위해서는 특히 청년들에게 '납세 의무'를 이행할 수 있는 적정한 고용을 제공하는 일이 가장 중요하고 시급하다. 고용의 확보는 국민뿐만 아니라 현대 국가의 기본적이고 필수적인 의무이다. 또 하나는 성남시의 청년배당과 서울시의 청년수당 논쟁이다. 두 가지 점이 주목된다. 하나는 복지 대상이 청년이라는 점이다. 종래 복지논쟁의 주된 대상은 노인, 영유아, 장애인 또는 학생 등 비경제활동인구였지만, 이번에는 핵심적인 경제활동인구인 청년이 직접적인 대상이다. 다른 하나는 기본소득론을 배경으로 한다는 점이다. 물론 지금 제시된 복지수당은 규모나 정도에 비추어 기본소득을 말하기는 민망한 수준이지만, 우리 사회에서 새로운 처방의 실험이 시작된 것은 분명하다.

우리 사회보장은 계급적 연대에서 국민적 연대로 넘어가고 있다. 특히 사회보험에서 그러한 경향이 현저하다. 국민연대적 사회보험의 달성을 위해서는 각 사회보험별 적용대상의 확대(가령 산재

---

29) 두 사건에 관한 글은 「사회보장법연구」 제4권 1호와 2호의 발간사를 참고하여 작성한 것임

보험에서 특고의 가입)도 필요하겠지만, 사회보험간 연대를 제고하는 방안도 필요하다. 가령 현재 건강보험과 산재보험에서 가장 큰 차이가 요양기간 중 소득보장인데, 이를 줄이거나 없애도록 건강보험에 '상병수당' 또는 '상병급여'를 도입하는 방법이다. 또 다른 예로는 출퇴근 재해 등 근로자에게 발생하는 의료사고는 원칙적으로 산재보험에서 담당하는 것이다. 통근재해를 업무상 재해인가라는 관점에서 보는 것은 '사용자가 책임질만 한가?'라는 노동법적 관점에 따른 것이다. 사회보장법적으로 보면 산재보험이 담당할 것인가 건강보험이 담당할 것인가의 문제인데, 재정이 튼튼한 쪽에서 맡아주는 것이 사회보험간 연대를 높이는 방안이다.

VI. 사회권의 새로운 모색

현재 우리 노동시장의 근본 문제는 노동시장의 양극화가 아니라 노동 빈곤에 있다. 중산층이라는 용어의 실종에서 알 수 있듯이 소득중간 계층은 빠르게 상위소득자와 하위소득자로 분해되어 옮겨 갔다. 더 중요한 점은 하위계층으로의 편입 비율이 점차 증가하고 있으며, 심지어 상위계층에 속하는 국민도 결코 '부유'하거나 행복하지 않다는 점이다. 대기업 정규직조차 비정규직이나 협력업체 직원이 아닌 것이 오직 다행일 뿐, 빈곤과 압박 그리고 불안의 느낌에서 자유롭지 않은 것이 현실이다. 사회 전반에 짜증이 가득하다.

이런 사태는 가깝게는 2007~2009년의 대침체로부터 조금 멀게는 1997년 IMF체제 때부터 예견된 것이었다. 특히 대침체는 사회권 인식에도 커다란 변화를 미쳤다. 선진국을 중심으로 불평등과 격차에 관한 공감대가 99%의 분노로 표출되었다. 분노의 표층부 아래로 시장경제의 건강과 지속가능성에 관한 진한 의구심이 지나갔다. 이는 19세기 말부터 추진된 복지국가의 기본적 생각 즉 '사회권의 기본구상'에 관한 것이기도 했다.

인간다운 생활을 위한 경제적 자원 즉 소득을 확보하기 위해서는 사회권 중 특히 노동권과 사회보장권의 보장이 중요하다. 대다수 국민을 대상으로 한다면, 소득은 노동을 통해 해결되는 것이 가장 바람직하다. 즉 원활한 노동시장의 분배기능을 통해 적정한 생활이 유지되도록 해야 한다. 권리의 면에서 말한다면 노동권의 실현을 통해 일차적으로 해결될 수 있어야 한다. 그러나 만약 노동시장에서 충분한 소득을 얻을 수 없다면 조세나 사회보장제도가 이를 보충해야 한다. 즉 노동시장의 소득분배기능이 미흡한 경우에는 조세제도나 사회보장제도에 의한 소득재분배기능이 보충적으로 작동되어야 한다. 권리의 면에서 말한다면 노동권을 통한 해결이 곤란하거나 미흡한 상황에서는 사회보장권의 보장이 이를 보충해야 한다.

그런데 현재와 같이 빈곤이 다시 사회의 중요 문제로 되었다는 것은, 그것도 국민의 일부가 아니라 노인이나 청년과 같은 계층 전반이 그래서 사실상 국민 일반이 빈곤과 경제적 불안에 노출되어 있다면, 이는 두 가지 기능 즉 노동시장의 소득분배기능과 조세·사회보장제도의 소득재분배기능이 각각 그리고 함께 원활하게 작동하지 않고 있다는 증거이다. 권리의 측면에서 말한다면, 노동권과 사회보장권이 적정하게 보장되지 않거나 효율적으로 작동하지 않고 있다고 할 수 있다. 이와 유사한 문제는 1920년대 말부터 여러 차례 경제공황을 거치면서 제기되었다. 그러면서도 유효수요 창출을 통하든 양적완화를 통화든 사회보호의 강화를 통화든 급한 불은 꺼 왔다. 그러나 앞으로도 그럴 수 있을까에 대해서는 최근 근본적인 의문들이 제기되고 있다. 근저에는 사회권의 기본구상을 지

탱할 수 있으려면 양질의 일자리 확충이 관건인데, 그것이 지속적
으로 가능할 것인가에 관해 확신이 없기 때문이다. 스위스의 300만
원 기본소득 논의가 남 일 같지 않다.

〈참고문헌〉

강성태, "OECD 고용보호지수의 정확성과 적정성", 노동법연구 제34호, 서울
　　대노동법연구회, 2013.

강성태, "근로기준법상 휴식 제도의 개정", 노동법연구 41호, 서울대노동법
　　연구회, 2016. 9.

강성태, "근로기준법상 휴일과 연차휴가에 관한 소고", 사법 34, 사법발전재
　　단, 2015. 12.

강성태, "노동에서의 정상", 「새로운 사회경제 패러다임, 새로운 사회정책」,
　　한국노동연구원, 2012. 10.

강성태, "노동조합의 근로자 대표성에 관한 단상", 월간노동 2015. 3월호, 한
　　국노동연구원, 2015.

강성태, "비공식고용과 노동법", 노동법연구 36호, 서울대노동법연구회, 2014.

강성태, "특수고용관계와 근로기준법상 근로자성의 판단", 「노동법학」, 제11
　　호, 한국노동법학회, 2000.

강성태, "특수고용직의 노동법적 보호: 판례상 근로자 판단방식의 변화를
　　중심으로", 「노동정책연구」7(3), 한국노동연구원, 2007.

데이비드 와일 저, 송연수 역, 균열일터, 황소자리, 2015.

도재형, "입법과 사법의 사각지대, 특수형태근로종사자", 「비공식취업 연구」,
　　한국노동연구원, 2012.

로널드 드워킨 저·임수균 역, 「법과 권리」, 한길사, 2010.

박제성, 근로자대표제도의 재구성을 위한 법이론적 검토, 한국노동연구원,
　　2013.

서울대사회보장법연구회, 사회보장법연구 제4권 1호 발간사, 2016.

서울대사회보장법연구회, 사회보장법연구 제4권 2호 발간사, 2016.

안경환, 「법, 셰익스피어를 입다」, 서울대학교출판문화원, 2012.

알랭 쉬피오 저, 박제성 역, 「필라델피아 정신 : 시장 전체주의를 넘어 사회적 정의로」, 한국노동연구원, 2012.

윤애림, "ILO 고용관계 권고와 한국의 특수고용 입법논의", 노동법학 제23호, 한국노동법학회, 2006.

이병희·은수미, 비정규직법의 고용 영향 분석, 국회입법조사처, 2011. 11.

이승욱, "교섭창구단일화 절차를 둘러싼 노동법상 쟁점", 『사법』 제15호, 사법발전재단, 2011.

이승욱, "특수형태근로종사자에 대한 노동법적 보호방안의 모색", 노동법학 제23호, 한국노동법학회, 2006.

이흥재, "고용보장의 법적 구조에 관한 시론 -그 이론적 방향정립을 위한 서설적 모색-", 「서울대학교 법학」 제32권 1·2호, 서울대학교 법학연구소, 1991.

임미원, "홉스의 법 및 정치사상에 대한 재해석 가능성 - 슈미트, 아감벤, 푸코, 아렌트의 홉스 해석을 중심으로", 「법과사회」 제42호, 법과사회이론연구회 편, 2012.

장혜경 외, 「공식영역의 돌봄 노동 실태조사」, 한국여성정책연구원, 2007.

조로조 아감벤(Giorgio Agamben), 김항 옮김, 「예외상태」, 새물결, 2009.

황덕순, "한국의 노동시장 구조와 사회안전망 정책과제", 「사회보장법학」 제4권 2호, 한국사회보장법학회, 2015.

勞動政策研究·研修機構, 勞動者の法的槪念:7ケ國の比較法的考察, 勞動政策研究報告書 no.18, 2005.

C. Engels, "Subordinate Employees or Self-employed Workers?", R. Blanpain(ed.), Comparative Labour Law and Industrial Relations in Industrialized Market Economies(8th revised ed.), Kluwer, 2004.

David Weil, 「The Fissured Workplace - Why work became so bad for so many and what can be done to improve it」, Harvard University Press(2014).

OECD, THE LABOUR MARKET IN KOREA: ENHANCING FLEXIBILITY AND RAISING PARTICIPATION, 2005.

OECD, Employment Outlook, 2013.

Patrick Emmenegger 외, 「이중화의 시대」(The Age of Dualization: The Changing Face of Inequality in Deindustrializing Societies), 한국노동연구원, 2012.

Paul Kellogg, "Independent Contractor or Employee: Vizcaino v. Microsoft Corp.", 35 HOULR 1775, Houston Law Review Spring, 1999.

Venn, Danielle, "Legislation, collective bargaining and enforcement: Updating the OECD employment protection indicators", www.oecd.org/els/working papers, 2009.

https://stats.oecd.org/Index.aspx?DataSetCode=ANHRS

사회권의 복권을 위한 구상

이 준 일*

I. 들어가는 글

헌법에 다양한 사회적 기본권이 보장되어 있다는 사실을 부정하는 견해는 없는 듯하다.[1] 실제로 헌법은 기본권장(章)인 제2장(국민의 권리와 의무)에서 사회적 기본권의 범주에 포함될 수 있는 여러 가지 기본권들을 열거하고 있다. 교육을 받을 권리, 근로의 권리, 노동3권, 인간다운 생활을 할 권리, 건강하고 쾌적한 환경에서 생활할 권리(환경권) 등이 그것으로 별도로 '사회적 기본권' 혹은 '사회권'이라는 제목이 붙어 있지는 않으나 이러한 권리들을 사회적 기본권이나 사회권으로 지칭하는 데에는 이견이 없는 것으로 보인다. 논란이 없는 것은 아니지만, 심지어 국민이 쾌적한 주거생활을 할 수 있도록 노력해야 할 국가의 의무, 혼인과 가족생활의 보장 및 모성과 보건의 보호에 관한 국가의 의무로부터도 주거권이나 모성권 혹은 보건권 같은 몇 가지 사회적 기본권을 추가적으로 도출할 수 있다.[2]

---

* 고려대학교 법학전문대학원 교수, 법학박사
1) 예컨대 성낙인, 〈헌법학〉(2016), 1337면 이하; 전광석, 〈한국헌법론〉(2016), 435면 이하 참조. 전광석 교수는 범죄피해자구조청구권(제30조)도 사회적 기본권으로 분류한다.

그렇지만 여전히 사회적 기본권의 개념을 정의하는 본질적 징표는 무엇인지, 사회적 기본권에 대해서 주관적 권리의 성격이 인정될 수 있는지, 사회적 기본권이 국가작용을 평가하는 기준으로서 어떻게 작동해야 하는지에 대해서는 일치된 견해가 형성되어 있지 않다. 이 때문에 사회적 기본권은 기본권이라는 표면적 명칭에도 불구하고 실제로는 헌법상 보장되는 기본적 권리로 관철되지 않는 유명무실한 권리가 되어 버렸다. 기본권은 원칙적으로 국가작용, 특히 입법작용을 구속해야 하는데 사회적 기본권은 입법자를 통제할 수 있는 능력을 상실해 버린 것이다. 여기서 사회적 기본권이 가지는 기본권의 지위를 복원시키기 위한 시도의 필요성을 확인하게 된다. 그것은 사회적 기본권의 개념정의를 명확하게 해서 누가, 어떠한 대상에 대해서 가지는 권리인지를 밝히고, 사회적 기본권에 대해서 주관적 권리의 성격을 확고하게 인정함으로써 재판상 주장할 수 있는 권리의 지위를 부여하며, 사회적 기본권이 국가작용을 통제하는 기준으로 작동하는 구체적이고 합리적인 내용을 밝히는 것이다. 이하에서는 이러한 과제를 수행함으로써 명백하게 기본권이면서도 현실적으로 기본권의 지위를 향유하지 못하는 사회적 기본권의 복권(復權)을 가능하게 하는 하나의 구상을 제시해 보기로 한다.

---

2) 보건권 혹은 보건에 관한 권리를 인정하는 견해로 성낙인, 〈헌법학〉(2016), 1414면 이하; 전광석, 〈한국헌법론〉(2016), 486면 참조. 한편 보건권은 "건강권"으로 지칭되기도 한다. 신영전, 사회권으로서의 건강권 - 지표개발 및 적용가능성을 중심으로 -, 〈비판사회정책〉(비판과 대안을 위한 사회복지학회), 제32호(2011), 190면 이하 참조.

II. 개념적 정립을 통한 복권

1. 사회적 기본권의 개념적 혼란

사회적 기본권의 개념적 징표가 무엇인지에 대해서는 그저 사회적 기본권의 체계(헌법 제31조부터 제36조까지) 안에 포함되어 있으니 당연히 사회적 기본권이라는 식의 동어반복적 개념정의가 가장 흔한 것으로 보인다. 아니면 사회적 기본권의 개념적 징표를 제시하는 경우에조차 그 내용은 여전히 명확하지가 하다. 예컨대 경제적·사회적 약자를 위한 약자의 권리라거나[3] 사회적 정의와 실질적 평등을 구체화하는 권리라는[4] 개념정의 등이 제시되는데 도대체 경제적·사회적 약자의 권리는 무엇이고, 사회적 정의와 실질적 평등을 무엇을 의미하는지에 관한 의문이 제기될 수밖에 없다. 이처럼 사회적 기본권을 정의하는 본질적 징표가 무엇인지가 분명하게 규명되지 않다보니 사회적 기본권에 의해 주장되는 대상이 무엇이고, 사회적 기본권을 향유할 수 있는 주체가 누구인지도 확연하게 드러나 있지 않은 것이 현실이다.

명칭과 관련해서 헌법재판소는 사회적 기본권이라는 표현과 함께 "사회권적 기본권"[5]이나 "생존권"[6]이라는 표현도 사용한다. 심지어 헌법재판소는 자주 사용하고 있는 사회적 기본권의 개념정의조차 하고 있지 않다. 굳이 사회적 기본권에 대한 헌법재판소의 이해를 엿볼 수 있다면 "자유권을 수정하는 의미의 생존권(사회권)적

---

3) 성낙인, 〈헌법학〉, 제16판(2016), 1338면 참조.
4) 장영수, 〈헌법학〉, 제7판(2012) 784면 참조.
5) 헌재 2007. 8. 30. 2004헌마670, 판례집 19-2, 297, 304면 참조.
6) 헌재 2009. 2. 26. 2007헌바27, 판례집 21-1상, 61, 72면 참조.

성격"이나[7] "사회·경제적으로 열등한 지위"에 있는 사람들에게 "그
지위를 보완·강화"하는 기능[8] 혹은 "국가의 지원을 요구할 수 있는
권리"[9] 같은 표현들이다. 기본권의 최후수호자인 헌법재판소마저
그것이 수호하고자 하는 대상인 기본권의 내용조차 제대로 정의하
고 있지 않은 것이다. 사회적 기본권의 개념을 정의하는 것에 대한
헌법재판소의 소극적 태도는 사회적 기본권과 관련된 사안에서 헌
법재판소가 늘 사법자제를 넘어 수동적이고 부정적인 입장을 취하
는 것과 무관하지 않다.

2. 비판과 대안

체계적 위치에 따라 헌법 제31조부터 제36조까지에 열거된 기본
권들은 사회적 기본권에 해당하는 기본권이므로 당연히 사회적 기
본권에 포함시켜야 한다는 식의 동어반복적 설명을 하는 경우에
몇 가지 문제가 발생한다. 첫째, 이러한 기본권들에 포함된 자유권
적 성격이 부인되거나 설명하기 어려워진다. 둘째, 사회적 기본권의
체계 안에 포함된 개별적 기본권들 가운데 본질적으로 자유권의 성
격을 가지는 기본권에 대한 체계적 설명이 용이하지 않게 된다.

우선 사회적 기본권으로 분류되는 기본권의 자유권적 성격과 관
련하여 헌법재판소는 교육을 받을 권리(헌법 제31조 제1항)에 "국민
이 능력에 따라 균등하게 교육받는 것을 공권력에 의하여 부당하
게 침해받지 않는 것과 능력에 따라 균등하게 교육을 받을 수 있도
록 국가가 적극적으로 배려하여 줄 것을 요구할 수 있는 권리"가
포함된다고 본다.[10] 이것은 교육을 받을 권리에 자유권의 성격과

---

7) 헌재 2005. 11. 24. 2002헌바95 등, 판례집 17-2, 392, 402면 참조.
8) 헌재 1998. 2. 27. 94헌바13 등, 판례집 10-1, 32, 43~44면 참조.
9) 헌재 2008. 10. 30. 2005헌마1156, 판례집 20-2상, 1007, 1018면 참조.

사회권의 성격이 동시에 내포되어 있음을 뜻한다.[11] 또한 헌법재판소에 따르면 근로의 권리(헌법 제32조 제1항)는 "인간이 자신의 의사와 능력에 따라 근로관계를 형성하고, 타인의 방해를 받음이 없이 근로관계를 계속 유지하며, 근로의 기회를 얻지 못한 경우에는 국가에 대하여 근로의 기회를 제공하여 줄 것을 요구할 수 있는 권리를 말하며, … 생활의 기본적인 수요를 충족시킬 수 있는 생활수단을 확보해 주고 나아가 인격의 자유로운 발현과 인간의 존엄성을 보장해 주는 것으로서 사회권적 기본권의 성격이 강하"다.[12] 하지만 근로의 권리는 "일할 자리에 관한 권리"만이 아니라 "일할 환경에 관한 권리"도 함께 내포하고, 후자는 인간의 존엄성에 대한 침해를 방어하기 위한 자유권적 기본권의 성격도 갖는다고 한다.[13] 근로의 권리도 자유권의 성격과 사회권의 성격을 동시에 내포한다는 뜻이다.[14] 이처럼 사회적 기본권으로 분류되는 기본권들 안에 포함된 자유권의 성격은 어떻게 설명될 수 있는지, 자유권의 성격과 사회권의 성격을 동시에 가지는 기본권들의 경우에 어떠한 성격이 우선적으로 강조되어야 하는지, 반대로 사회적 기본권의 체계에 포함되지 않아 자유권으로 분류되는 기본권들 안에는 사회권의

---

10) 헌재 2012. 5. 31. 2010헌마139 등, 판례집 24-1하, 595, 611면 참조.

11) 같은 견해로 성낙인, 〈헌법학〉(2016), 1363면: "교육을 받는 것을 국가로부터 방해당하지 않을 권리인 교육의 자유까지를 포괄하는 개념으로 넓힐 경우 자유권적 성격도 동시에 가지게 되며, 그것은 곧 교육의 자유의 헌법상 근거규정이 된다."

12) 헌재 2007. 8. 30. 2004헌마670, 판례집 19-2, 297, 304면 참조.

13) 헌재 2007. 8. 30. 2004헌마670, 판례집 19-2, 297, 304면 참조.

14) 전광석 교수는 근로의 권리에 근로환경에 관한 권리가 포함된다고 하면서 근로환경에는 "각종 안전시설", "정당한 보수", "합리적인 근로조건"이 포함된다고 한다. 전광석, 〈한국헌법론〉(2016), 451면 참조. 다만 이러한 권리가 자유권의 성격을 갖는지에 대해서는 명확한 설명은 제시하지 않고 있다.

성격이 포함될 수 없는지 등의 의문들이 꼬리를 문다. 이 모든 의문들은 사회적 기본권의 개념적 징표가 명확하게 확정되지 않았기 때문에 발생하는 것들로 보인다.

다음으로 사회적 기본권으로 분류되지만 자유권을 본질로 하는 기본권과 관련하여 헌법재판소는 설립 초기에 근로의 권리와 함께 노동3권(헌법 제33조 제1항)을 묶어서 "근로기본권"이라고 지칭하면서[15] "근로기본권은 근로자의 근로조건을 개선함으로써 그들의 경제적·사회적 지위의 향상을 기하기 위한 것으로서 자유권적 기본권으로서의 성격보다는 생존권 내지 사회권적 기본권으로서의 측면이 보다 강한 것으로서 그 권리의 실질적 보장을 위해서는 국가의 적극적인 개입과 뒷받침이 요구되는 기본권"이라고 하여 노동3권의 사회권의 성격을 강조했지만 자유권의 성격을 완전히 부정하지는 않았다.[16] 이후에도 헌법재판소에 따르면 노동3권은 "근로자가 자주적으로 단결하여 근로조건의 유지·개선과 근로자의 복지증진 기타 사회적·경제적 지위의 향상을 도모함을 목적으로 단체를 자유롭게 결성하고, 이를 바탕으로 사용자와 근로조건에 관하여 자유롭게 교섭하며, 때로는 자신의 요구를 관철하기 위하여 단체행동을 할 수 있는 자유를 보장하는 자유권적 성격과 사회·경제적으로 열등한 지위에 있는 근로자로 하여금 근로자단체의 힘을 배경으로 그 지위를 보완·강화함으로써 근로자가 사용자와 실질적으로 대등한 지위에서 교섭할 수 있도록 해주는 기능을 부여하는 사회권적 성격도 함께 지닌"다.[17] 이러한 헌법재판소의 설명은 노동3권이 본질적으로 자유권의 성격을 갖지만 사회적 기본권과 동일한 목표를

---

15) "근로기본권"이라는 표현은 성낙인, 〈헌법학〉(2016), 1377면 이하에서도 사용된다.

16) 헌재 1991. 7. 22. 89헌가106, 판례집 3, 387, 420면 참조.

17) 헌재 1998. 2. 27. 94헌바13 등, 판례집 10-1, 32, 43~44면 참조.

지향한다고 이해하는 것이 합리적이다.[18] 하지만 사회·경제적으로
열등한 지위에 있는 사람들이 실질적으로 다른 사람들과 대등한
지위에 있도록 하는 기능이 사회적 기본권의 본질적 개념징표가
되는지에 대해서는 여전히 의문이 든다.

또한 마찬가지로 사회적 기본권의 체계 안에 열거되어 있는 혼
인과 가족에 관한 권리(헌법 제36조 제1항) 및 모성(동조 제3항)에
관한 권리도 자유권을 본질로 하고 있지는 않은지에 대한 의문이
제기될 수 있다. 첫째, 혼인과 가족에 관한 권리에 대해서 헌법재판
소는 "혼인과 가족생활을 스스로 결정하고 형성할 수 있는 자유를
기본권으로서 보장"하는 것으로 이해한다.[19] 이것은 혼인과 가족에
관한 권리를 기본적으로 자유권으로 이해한다는 의미다. 물론 헌법
재판소는 혼인과 가족에 관한 권리가 "인간다운 생활을 보장하는
기본권 보장의 성격을 갖는"다고 하여 사회적 기본권의 성격도 동
시에 인정하고 있기는 하다.[20] 하지만 혼인과 가족에 관한 권리의

---

18) 노동3권이 가지는 사회적 기본권의 성격에 대해서는 전광석, 사회적 기
본권의 논의구조, 〈유럽헌법연구〉(유럽헌법학회), 제14호(2013), 171면 이
하 참조.

19) 헌재 2002. 8. 29. 2001헌바82, 판례집 14-2, 170, 180면; 2013. 9. 26. 2011헌가
42, 판례집 25-2상, 610, 619면 참조. 헌법재판소는 혼인과 가족에 관한 권
리에 대해서 기본권의 성격과 함께 제도보장의 성격도 동시에 인정하면
서 헌법원리의 성격도 부여한다: "헌법 제36조 제1항은 혼인과 가족생활
을 스스로 결정하고 형성할 수 있는 자유를 기본권으로서 보장하고, 혼
인과 가족에 대한 제도를 보장한다. 그리고 헌법 제36조 제1항은 혼인과
가족에 관련되는 공법 및 사법의 모든 영역에 영향을 미치는 헌법원리
내지 원칙규범으로서의 성격도 가지는데, 이는 적극적으로는 적절한 조
치를 통해서 혼인과 가족을 지원하고 제삼자에 의한 침해 앞에서 혼인과
가족을 보호해야 할 국가의 과제를 포함하며, 소극적으로는 불이익을 야
기하는 제한조치를 통해서 혼인과 가족을 차별하는 것을 금지해야 할 국
가의 의무를 포함한다."

20) 헌재 2002. 3. 28. 2000헌바53, 판례집 14-1, 159, 165면; 헌재 2011. 2. 24. 2009

핵심은 오히려 혼인과 가족에 관한 사항에 관하여 자유롭게 결정할 수 있는 권리에 있고 이에 대한 국가의 경제적 지원은 부차적인 것이기 때문에 혼인과 가족에 관한 권리의 본질적 성격은 자유권에 있다고 볼 수 있다.[21] 둘째, 모성에 관한 권리와 관련하여 모성의 핵심은 임신과 출산인데 헌법재판소는 임신과 출산을 자유롭게 결정할 수 있는 권리를 행복추구권에서 도출되는 이른바 "자기운명결정권"으로부터 끌어낸다.[22] 하지만 모성의 보호에 관한 국가의 의무를 규정하고 있는 헌법 제36조 제3항이 모성의 보호에 관한 주관적 권리로 인정될 수 있다면 모성에 관한 주관적 권리의 내용인 임신과 출산에 관한 자기결정권도 헌법 제36조 제3항에서 도출될 수 있다. 이처럼 혼인과 가족에 관한 권리 및 모성에 관한 권리가 보여 주듯이 본질적으로 자유권에 해당하는 기본권들이 왜 사회적 기본권의 체계 안에 들어와 있는지, 이러한 기본권들이 사회권의 성격을 가졌다면 그것은 구체적으로 무엇을 의미하는지에 대한 해명이 필요하다.

사회적 기본권으로 분류되지만 자유권의 성격을 동시에 가지는 기본권 혹은 본질적으로는 오히려 자유권에 해당하는 기본권이 존재한다는 사실을 고려할 때 사회적 기본권의 본질적 개념징표를 우선적으로 확정해야 할 필요성을 다시 한 번 확인하게 된다. 자유권적 기본권이든 사회권적 기본권이든 궁극적으로 '인간의 존엄성'

헌바89 등, 판례집 23-1상, 108, 115면 참조.

21) 같은 견해로 전광석, 〈한국헌법론〉(2016), 491면: "국가는 개인의 혼인, 그리고 가족의 형성·유지에 있어서 개인의 결정을 사적인 생활영역으로서 존중하여야 한다."

22) 헌재 2012. 8. 23. 2010헌바402, 판례집 24-2상, 471, 480면: "개인의 인격권·행복추구권에는 개인의 자기운명결정권이 전제되는 것이고, 이 자기운명결정권에는 임신과 출산에 관한 결정, 즉 임신과 출산의 과정에 내재하는 특별한 희생을 강요당하지 않을 자유가 포함되어 있다."

을 실현하는 것을 목표로 한다. 헌법이 인간의 존엄과 가치를 기본 권장의 맨 앞에 내세운 이유도 그 때문이다. 인간의 존엄성이 실현 되기 위해서는 '자율성'의 확보가 필수적이라는 데 이미 오래전부 터 보편적 합의가 이루어졌다고 보이는데 이러한 자율성은 형식적 자율성뿐만 아니라 실질적 자율성까지도 확보되어야 한다. 강제나 금지와 같은 법적 의무(legal obligation)의 부과를 본질로 하는 법적 방해가 없는 상태에서 향유될 수 있는 형식적 자율성은 자유권적 기본권이 보장하고, 경제적 여건과 같은 사실적 장애가 없는 상태 에서 향유될 수 있는 실질적 자율성은 사회권적 기본권에 의해 보 장된다. 여기서 형식적 자율성을 보장하는 자유권적 기본권과 실질 적 자율성을 보장하는 사회적 기본권의 기능적 협업을 확인할 수 있다.

어쨌든 사회적 기본권의 본질은 실질적 자율성의 보장에 있으므 로 자유의 실현을 방해하는 사실적 조건, 즉 경제적 여건의 개선이 사회적 기본권의 실현을 위해 필수적이다.[23] 사회적 기본권의 대상 들은 기본적으로 경제적 혹은 재정적 여건만 보장된다면 개인들이 시장에서도 충분히 구입할 수 있는 것들이다. 다만 경제적 혹은 재 정적 여건이 부재하거나 부족하기 때문에 사회적 기본권에 기대어 국가에 대해 그러한 조건이나 여건의 제공을 요구하는 것이다. 대 표적으로 생계, 주거, 교육, 의료 등이 그런 대상에 해당한다. 정리 하자면 사회적 기본권의 본질적 개념징표는 경제적·재정적 여건만 허락된다면 국가의 도움 없이 개인들이 자유롭게 시장에서 구입할

---

23) 유사한 견해로 한수웅, 사회복지의 헌법적 기초로서 사회적 기본권: 사회 적 기본권의 개념과 법적 성격을 중심으로, 〈헌법학연구〉(한국헌법학회), 제18권 제4호(2012), 70면: "사회적 기본권은 자유를 행사할 수 있는 사실 상의 조건을 형성하고 자유행사에 있어서 실질적인 기회균등을 꾀함으 로써 자유를 실현하고자 하는 것이다."

수 있는 대상들에 대해서 가지는 권리라는 점이다. 따라서 보장의 우선순위는 있을지라도 경제적·재정적 여건만 허락된다면 국가의 도움 없이 개인들이 자유롭게 시장에서 구입할 수 있는 대상들은 사회적 기본권에 근거하여 주장할 수 있다. 다만 우선적으로 혹은 가장 시급하게 보장되어야 할 대상으로 생계, 주거, 교육, 의료를 들 수 있을 뿐이다.

그렇다면 사회적 기본권의 주체는 일차적으로 '경제적 약자', 곧 경제적 빈곤으로 인하여 국가의 도움 없이는 자신이 원하는 것을 시장에서 자유롭게 구입할 수 있는 집단이다.[24] 경제적 약자가 아닌 경우에는 국가의 도움 없이도 사회적 기본권의 대상들을 자유롭게 시장에서 구입할 수 있기 때문이다. 물론 건강보험이나 연금보험처럼 보편적으로 경험할 수 있는 사회적 위험 때문에 국민 전체를 의무적 가입대상으로 하는 사회보험도 가능하지만 이러한 사회보험이 경제적 약자에게 상대적으로 더 필요하다는 사실이 달라지지는 않는다. 아무튼 중요한 것은 빈곤선(poverty line)을 결정하는 일인데 빈곤의 개념은 절대적 개념 혹은 상대적 개념으로 정의될 수 있다. 절대적 빈곤 개념은 개별 국가에 따른 차이를 인정하지 않은 채 일정한 소득 수준 미만을 빈곤한 상태로 규정하는 것이고, 상대적 빈곤 개념은 개별 국가에 따른 차이를 전제로 개별 국가의 평균 소득이나 소득 구간에 따라 일정한 기준 이하를 빈곤한 상태로 규정한다. 따라서 절대적 빈곤 개념에 따르면 특정한 국가에 속하는 대부분의 국민이 빈곤 상태에 놓여 있다고 볼 수 있는 반면에 상대적 빈곤 개념에 따르면 특정한 국가의 평균 소득이나 소득 구

---

24) 이러한 맥락에서 빈곤의 문제를 사회적 기본권의 관점에서 해결하려는 시도는 타당하다. 이상경, 빈곤에 대한 헌법적 접근 - 사회적 기본권 및 헌법원리 실현을 통한 빈곤극복의 과제와 복지재정지출의 한계, 〈공법연구〉(한국공법학회), 제44집 제3호(2016), 34면 이하 참조.

간을 고려하여 평균 소득의 일정 비율 이하나 일정한 비율의 최하위 소득 구간에 위치한 국민이 빈곤 상태에 있다고 보게 된다.

사회적 기본권의 주체를 경제적 약자인 빈곤자로 규정한다면 사회적 기본권의 주체를 국민으로 한정시키고 외국인을 배제할 필요는 없을 것으로 보인다. 외국인도 경제적 약자라면 대한민국에 체류하고 있는 이상 국가의 지원이 필요하기 때문이다. 일반적으로 기본권의 주체성의 문제는 '기본권의 성격'에 따라 결정되고, 국민의 권리가 아니라 인간의 권리인 경우에는 기본권 주체성이 외국인에게도 인정된다.[25] 헌법재판소도 국민뿐만 아니라 "국민과 유사한 지위에 있는 외국인"은 기본권의 주체가 될 수 있다고 하면서[26] 문제가 되는 기본권이 "인간의 권리"인 경우에는 외국인도 주체가 된다고 보는 것이 일관된 입장이다.[27] 또한 체류의 불법 여부에 따라 기본권 주체성 인정 여부가 달라지는 것은 아니라고 설시하기도 한다.[28] 따라서 사회적 기본권의 본질이 자율성의 경제적·재정적 기초를 보장하는 데 있다고 이해된다면 사회적 기본권도 원칙적으로 인간의 권리로 이해될 필요가 있고,[29] 그렇다면 외국인도, 심지어 불법체류 외국인도 사회적 기본권의 주체가 될 수 있어야

---

25) 외국인의 기본권주체성 문제에 대해서는 전상현, 외국인의 기본권, 〈강원법학〉(강원대학교 비교법학연구소), 제43권(2014), 598면 이하 참조.

26) 헌재 1994. 12. 29. 93헌마120, 판례집 6-2, 477, 480면 참조.

27) 헌재 2001. 11. 29. 99헌마494, 판례집 13-2, 714, 724면; 헌재 2007. 8. 30. 2004헌마670, 판례집 19-2, 297, 303면; 헌재 2011. 9. 29. 2007헌마1083 등, 판례집 23-2상, 623, 638면; 헌재 2016. 3. 31. 2014헌마367, 공보 제234호, 610, 613면 참조.

28) 헌재 2012. 8. 23. 2008헌마430, 판례집 24-2상, 567, 574면 참조.

29) 사회적 기본권을 인권으로 이해하는 견해로 강현아, 이주노동자 자녀의 사회권에 대한 논쟁, 〈아동과 권리〉(한국아동권리학회), 제13권 제1호(2009), 69면 이하; 이은혜, 외국인의 사회적 기본권 주체성에 관한 소고, 〈법학논총〉(숭실대학교 법학연구소), 제28집(2012), 190면 참조.

한다.[30] 현실적으로는 국제법의 일반원칙인 '상호주의원칙'에 따라 외국인에 대한 사회적 기본권의 인정 여부가 결정된다고 해도, 또한 헌법도 외국인의 법적 지위는 국제법과 조약이 정하는 바에 의하여 보장된다고 규정하더라도(헌법 제6조 제2항) 사회적 기본권이 본질적으로 가지는 인권의 성격이 부인될 수는 없다. 이것은 다양한 사회적 기본권들을 인권으로 확인하고 있는 유엔의 '경제적·사회적·문화적 권리에 관한 국제협약(ICESCR)'의 정신에도 부합한다.

III. 주관적 권리의 인정을 통한 복권

1. 사회적 기본권의 법적 성격을 둘러싼 난맥상

사회적 기본권은 국가작용을 통제하는 법적 구속력이 있는지, 재판상 주장할 수 있는 주관적 권리인지, 헌법적 보장만으로 그 보호영역을 확정적으로 주장할 수 있는 확정적 권리인지 등 사회적 기본권의 법적 성격을 둘러싼 다양한 논쟁은 결국 정리하면 사회적 기본권에 대해서 주관적 권리의 성격을 인정할 것인지 여부로 수렴한다.[31] 사회적 기본권의 법적 성격을 둘러싼 논란은 사회적

---

30) 비슷한 견해로 전광석, 다문화사회와 사회적 기본권: 헌법적 접근을 위한 시론, 〈헌법학연구〉(한국헌법학회), 제16권 제2호(2010), 140면: "후자(보편적 인권)의 관점에서는 외국인을 포함하여 인간은 누구나 적어도 최저생활보장에 관한 한 자신의 체류 혹은 거주하는 공동체와 자연적 관계에 있다고 볼 수도 있다." 또한 신은주, 이주민의 사회권보장에 관한 연구, 〈한국정책연구〉(경인행정학회), 제12권 제4호(2012), 327면 참조.

31) 사회적 기본권의 법적 성격을 둘러싼 학설의 대립에 대해서는 김종보, 사회적 기본권의 구체적 권리성 여부, 〈법학연구〉(부산대학교 법학연구소), 제49권 제1호(2008), 6면 이하; 김복기, 사회적 기본권의 법적 성격:

기본권의 주관적 권리성을 중심으로 그러한 권리성에 법적 구속력을 인정하고 확정적 효력을 인정할 것인지가 핵심이기 때문이다. 사회적 기본권에 대해서 주관적 권리의 성격을 인정하면 국가의 입법작용이 사회적 기본권을 침해했다고 생각되었을 때 헌법소원심판을 청구할 수 있다. 물론 자유권과 달리 사회권의 경우에는 그것을 구체적으로 형성하는 개별적 사회복지법제의 부재를 대상으로 하는 입법부작위에 대한 헌법소원심판의 형태가 될 것이다.[32] 반면에 사회적 기본권에 대해서 주관적 권리의 성격이 부정되면 사회적 기본권은 국가의 입법작용에 의해서 법률적 권리로 구체화되었을 때 비로소 재판상 주장할 수 있는 권리가 된다. 이 경우에도 사회적 기본권은 헌법적 권리가 아니라 법률적 권리에 지나지 않기 때문에 권리구제는 헌법재판소가 아니라 일반법원이 담당하게 된다.

헌법재판소는 "헌법상의 사회보장권은 그에 관한 수급요건, 수급자의 범위, 수급액 등 구체적인 사항이 법률에 규정됨으로써 비로소 구체적인 법적 권리로 형성된다고 보아야 할 것"[33]이라고 하여 대체로 사회적 기본권의 주관적 권리의 성격을 부정하는 견해를 지지하고 있는 듯하다. 특히 헌법재판소가 사회적 기본권의 일종으로 보는 인간다운 생활을 할 권리(헌법 제34조 제1항)는 "인간의 존엄에 상응하는 최소한의 물질적인 생활의 유지에 필요한 급부를 요구할 수 있는 권리를 의미하는데, 이러한 권리는 국가가 재정형편 등 여러 가지 상황들을 종합적으로 감안하여 법률을 통하

'인간다운 생활을 할 권리'를 중심으로, 〈사회보장법연구〉(서울대 사회보장법연구회), 제3권 제1호(2014), 114면 이하 참조.

32) 같은 견해로 김복기, 사회적 기본권의 법적 성격: '인간다운 생활을 할 권리'를 중심으로, 〈사회보장법연구〉(서울대 사회보장법연구회), 제3권 제1호(2014), 131면 이하 참조.

33) 헌재 1995. 7. 21. 93헌가14, 판례집 7-2, 1, 21면.

여 구체화할 때에 비로소 인정되는 법률적 권리"다.[34] 다만 인간다운 생활을 할 권리로부터 인간의 존엄에 상응하는 "최소한의 물질적인 생활"의 유지에 필요한 급부를 요구할 수 있는 구체적인 권리가 상황에 따라서는 직접 도출될 수 있다는 예외를 인정하고는 있는 것으로 보인다.[35] 사회적 기본권의 주관적 권리성이 부정되어야 한다면 당연히 헌법소원심판청구가 각하되어야 하는데 실제로 사회적 기본권이 주장되는 많은 사안들에서 헌법재판소가 본안판단을 하고 있는 점을 고려하면 헌법재판소는 사회적 기본권의 주관적 권리성을 상당히 넓게 인정하고 있는 것으로 판단된다. 논리적 전제로서 사회적 기본권의 주관적 권리성을 일관되게 부정하면서도 현실적으로는 사회적 기본권을 주관적 권리로 인정하여 사회복지법제의 위헌성을 판단하고 있는 헌법재판소의 태도는 아무리 사법부라는 처지에서 오는 불가피한 선택이라고 해도 쉽게 납득되지는 않는다. 실제로 헌법재판소는 사회적 기본권과 관련된 대부분의 사건에서 본안판단을 한 뒤 합헌결정을 하고 있는 것도 이러한 처지와 무관하지 않은 것으로 보인다.

2. 비판과 대안

사회적 기본권은 국가에 대해서 적극적 행위를 요구하는 주관적 권리라고 해도 국가에 대해서 소극적 행위를 요구하는 자유권과 마찬가지로 잠정적(prima-facie)이고 불확정적인 권리다. 자유권의 경우에 헌법상 보장된 주관적 권리라고 해서 그것이 확정적으로 주장될 수 없는 것처럼 사회적 기본권의 경우에도 헌법상 보장된

---

34) 헌재 2004. 10. 28. 2002헌마328, 공보 제98호, 1187, 1191면 참조.
35) 헌재 1998. 2. 27. 97헌가10 등, 판례집 10-1, 15, 30면; 헌재 2003. 5. 15. 2002 헌마90, 판례집 15-1, 581, 600면 참조.

주관적 권리의 성격이 인정된다고 해서 그것만으로 확정적으로 주
장될 수 있는 권리가 아니다. 기본권은 그것이 자유권이든 사회적
기본권이든 다른 기본권이나 공익 또는 헌법적 가치를 고려하여
형량된 후에야 비로소 확정적(definitive) 권리가 될 수 있다. 기본권
은 구성요건이 충족되면 곧바로 법적 효과가 발생하는 규칙(rule)의
성격을 가지는 권리가 아니라 구성요건이 충족되어도 곧바로 법적
효과가 발생하지 않고 형량을 거친 뒤에야 확정적인 법적 효과가
결정되는 원칙(principle)의 성격을 가지는 권리이기 때문이다.36) 따
라서 자유권이든 사회권이든 동일하게 원칙의 성격을 가지는 권리
라면 자유권과 달리 사회적 기본권만 그 보호영역이 잠정적이라는
이유로 주관적 권리의 성격이 부정될 수는 없다.37) 보호영역이 잠
정적이고 불확정적인 것은 자유권이든 사회적 기본권이든 기본권
에 내재된 공통적 속성이다. 만약 사회적 기본권의 보호영역이 잠
정적이고 불확정적이라는 이유만으로 사회적 기본권에 대해서 주
관적 성격이 부정되어야 한다면 마찬가지로 잠정적이고 불확정적
인 보호영역을 가지는 자유권에 대해서도 주관적 성격이 인정될
수는 없다.

사회적 기본권은 경제적·재정적 여건의 보장 없이는 실현될 수

---

36) 기본권이 원칙의 성격을 갖는다는 점에 대해서는 이준일, '원칙'으로서의
기본권과 비례성'명령', 〈공법연구〉(한국공법학회), 제28집 제1권(1999), 79
면 이하 참조.

37) 유사한 견해로 한상희, 사회권과 사법심사 - 여전히 "생성중인 권리"의
복권을 위하여 -, 〈공법연구〉(한국공법학회), 제39집 제1호(2010), 102면:
"법언어의 불명확성은 자유권이든 사회권이든 관계없이 법일반에 항시
나타나는 현상이며 오히려 중요한 것은 그것의 해석과 적용의 관행들이
어떻게 집적되며 또 이에 대한 법공동체의 합의(의미공유)가 어떻게 형
성되는가의 문제이다."

없는 대상들에 대한 자율성을 본질로 하기 때문에 이러한 여건을 제공해야 하는 국가의 재정과 불가분의 관계를 가진다. 국가는 재정의 건전성을 유지해야 할 뿐만 아니라 한정된 재정으로 다양한 사회적 기본권을 실현해야 하는 과제를 부담한다. 사회적 기본권의 구체적 형성이 국가의 재정수준이나 경제정책에 의존할 수밖에 없는 이유가 여기에 있다. 하지만 그렇다고 해서 헌법상 보장된 사회적 기본권을 전혀 고려하지 않은 채 오로지 재정수준이나 경제정책을 이유로 사회적 기본권의 구체적 형성이 완전히 국가의 재량에 맡겨져 있다고 주장하는 것은 타당하지 않다. 사회적 기본권은 헌법이 보장하는 주관적 권리로 사회보장이나 사회복지와 관련된 정책들을 통제할 수 있어야 한다. 국민은 헌법이 보장하는 사회적 기본권을 근거로 사회보장이나 사회복지와 관련된 국가의 정책들을 감시하고 그것들이 헌법적 권리인 사회적 기본권을 침해할 정도로 재량의 범위를 일탈할 때 헌법소원심판을 통해 통제할 수 있어야 한다. 헌법재판소도 재정에 관한 의회와 정부의 권한[38]을 침해할 수 있다는 우려만으로 섣불리 헌법이 보장하는 사회적 기본권의 주관적 권리성을 부정하거나 본안판단에서 소극적 태도로 일관할 것이 아니라 헌법이 열거하는 사회적 기본권의 주관적 권리성을 명시적으로 인정할 뿐만 아니라 본안판단에서도 헌법이 사회적 기본권을 통해 요구하는 내용을 분명하게 확인해줄 필요가 있다.

---

38) 헌법은 예산안의 심의·확정권을 국회에(헌법 제54조 제1항), 예산안의 편성권을 정부에(동조 제2항) 부여하고 있다.

IV. 합리적 판단기준의 확립을 통한 복권

1. 합리적 판단기준의 부재에 대한 우려

사회적 기본권에 대해서 주관적 권리의 성격이 부정되는 근본적인 이유는 국가에 대해서 소극적 행위(부작위)를 요구하는 자유권과 달리 사회적 기본권이 국가에 대해서 적극적 행위(작위 또는 급부)를 요구하는 권리라는 데 있다. 특히 사회적 기본권이 국가에 대해서 요구하는 적극적 행위의 내용은 국가의 재정과 직결되어 있어서 자칫 헌법재판소가 사회적 기본권에 대해 주관적 권리의 성격을 인정한 뒤 이를 심사기준으로 활용하여 국가작용을 판단하기 시작하면 재정에 관한 의회와 정부의 권한을 침해할 가능성이 높아진다. 하지만 사회적 기본권이 국가작용을 판단하는 심사기준이 된다고 하더라도 그 기준을 적용하는 구체적이고 합리적인 판단기준이 구성될 수 있다면 헌법재판소가 사회적 기본권에 대해서 주관적 권리의 성격을 인정하고 적극적으로 사회적 기본권을 기준으로 국가작용을 판단한다고 해도 그것만으로 재정에 관한 국회와 정부의 권한이 침해되거나 본질적으로 위축된다고 볼 수는 없다. 따라서 사회적 기본권을 기준으로 국가작용을 판단하기 위한 구체적이고 합리적인 판단기준의 구성이 시급하게 요청된다.

헌법재판소는 행위규범과 통제규범의 이분론에 따라 판단기준으로서 사회적 기본권의 의미가 국가기관에 따라 달라진다고 본다.[39] "모든 국민은 인간다운 생활을 할 권리를 가지며 국가는 생활

---

[39] 헌법재판소는 행위규범과 통제규범의 이분론을 권력분립의 관점에서 정당화하면서 평등원칙을 적용할 때도 활용한다. 헌재 1997. 1. 16. 90헌마 110 등, 판례집 9-1, 90, 115면: "평등원칙은 **행위규범**으로서 입법자에게, 객관적으로 같은 것은 같게 다른 것은 다르게, 규범의 대상을 실질적으로

능력 없는 국민을 보호할 의무가 있다는 헌법의 규정은 모든 국가기관을 기속하지만, 그 기속의 의미는 적극적·형성적 활동을 하는 입법부 또는 행정부의 경우와 헌법재판에 의한 사법적 통제기능을 하는 헌법재판소에 있어서 동일하지 아니하다. 위와 같은 헌법의 규정이, 입법부나 행정부에 대하여는 국민소득, 국가의 재정능력과 정책 등을 고려하여 가능한 범위 안에서 최대한으로 모든 국민이 물질적인 최저생활을 넘어서 인간의 존엄성에 맞는 건강하고 문화적인 생활을 누릴 수 있도록 하여야 한다는 행위의 지침 즉 행위규범으로서 작용하지만, 헌법재판에 있어서는 다른 국가기관 즉 입법부나 행정부가 국민으로 하여금 인간다운 생활을 영위하도록 하기 위하여 객관적으로 필요한 최소한의 조치를 취할 의무를 다하였는지를 기준으로 국가기관의 행위의 합헌성을 심사하여야 한다는 통제규범으로 작용하는 것이다."[40] 이러한 이분론 자체가 전적으로 잘못되었다고 볼 수는 없지만 적어도 헌법재판소의 통제규범으로서 사회적 기본권이 가지는 기속력의 본질적 내용인 "객관적으로 필요한 최소한의 조치"가 구체적으로 무엇을 의미하고, 어떻게 결정되어야 하는지에 대해서는 해명이 필요하다. 어쨌든 헌법재판소

평등하게 규율할 것을 요구하고 있다. 그러나 헌법재판소의 심사기준이 되는 **통제규범**으로서의 평등원칙은 단지 자의적인 입법의 금지기준만을 의미하게 되므로 헌법재판소는 입법자의 결정에서 차별을 정당화할 수 있는 합리적인 이유를 찾아 볼 수 없는 경우에만 평등원칙의 위반을 선언하게 된다. 즉 헌법에 따른 입법자의 평등실현의무는 헌법재판소에 대하여는 단지 자의금지원칙으로 그 의미가 한정축소된다. 따라서 헌법재판소가 행하는 규범에 대한 심사는 그것이 가장 합리적이고 타당한 수단인가에 있지 아니하고 단지 입법자의 정치적 형성이 헌법적 한계 내에 머물고 있는가 하는 것에 국한시켜야 하며, 그럼으로써 입법자의 형성의 자유와 민주국가의 권력분립적 기능질서가 보장될 수 있다."(강조는 필자)

40) 헌재 1997. 5. 29. 94헌마33, 판례집 9-1, 543, 553~554면; 헌재 2004. 10. 28. 2002헌마328, 공보 제98호, 1187, 1191면 참조.

의 심사기준에 따르면 "국가가 인간다운 생활을 보장하기 위한 헌법적 의무를 다하였는지의 여부가 사법적 심사의 대상이 된 경우에는, 국가가 최저생활보장에 관한 입법을 전혀 하지 아니하였다든가 그 내용이 현저히 불합리하여 헌법상 용인될 수 있는 재량의 범위를 명백히 일탈 한 경우에 한하여 헌법에 위반된다"고 본다.[41] 헌법재판소가 이해하는 "객관적으로 필요한 최소한의 조치"의 이행 여부는 "입법을 전혀 하지 아니하였다든가 그 내용이 현저히 불합리"한 경우에나 판단할 수 있는 것으로 헌법적으로 요구되는 "객관적으로 필요한 최소한의 조치"의 내용이 지극히 협소하게 이해되고 있음을 확인할 수 있다.

2. 비판과 대안

사회적 기본권도 기본권이라면 헌법 제37조 제2항의 요청("필요한 경우에 한하여")에 따라 제한될 때 '비례성원칙'이 적용되어야 한다.[42] 다만 자유권의 성격을 가지는 기본권은 국가에 대해서 부작위를 요구하는 권리이고 이에 따라 기본권에 대한 국가의 제약행위가 작위의 형태로 가해지는 반면에 사회권의 성격을 가지는 기본권은 국가에 대해서 작위(급부의 제공을 포함)를 요구하는 권리이고 이에 따라 기본권에 대한 국가의 제약행위가 부작위(급부의 미제공을 포함)의 형태로 가해진다. 따라서 자유권의 성격을 가지는 기본권의 경우에는 그에 대한 제약행위가 과도하게 많아지는

---

41) 헌재 1997. 5. 29. 94헌마33, 판례집 9-1, 543, 555면; 헌재 2004. 10. 28. 2002헌마328, 공보 제98호, 1187, 1192면; 헌재 2011. 3. 31. 2009헌마617 등, 판례집 23-1상, 416, 423면 참조.

42) 비례성원칙에 대해서는 이준일, 헌법상 비례성원칙, 〈공법연구〉(한국공법학회), 제37집 제4호(2009), 25면 이하 참조.

것을 금지하는 반면에 사회권의 성격을 가지는 기본권의 경우에는 그 보호영역이 과도하게 적어지는 것을 금지한다. 다시 말해 자유권의 성격을 가지는 기본권에 대한 제약행위의 경우에는 비례성원칙이 '과잉금지원칙'으로 구체화되는 반면에 사회권의 성격을 가지는 기본권에 대한 제약행위의 경우에는 비례성원칙이 '과소금지원칙'으로 구체화된다.43) 이처럼 사회적 기본권의 경우에 비례성원칙을 적용할 때 우선적으로 고려되어야 하는 것은 비례성원칙이 자유권에 적용될 때와 달리 과잉금지원칙이 아니라 과소금지원칙의 형태로 구체화된다는 점이다.

헌법재판소는 설립초기부터 과잉금지원칙을 적용하면서 "과잉금지의 원칙은 국가작용의 한계를 명시하는 것인데 목적의 정당성, 방법의 적정성, 피해의 최소성, 법익의 균형성(보호하려는 공익이 침해되는 사익보다 더 커야 한다는 것으로서 그래야만 수인(受忍)의 기대가능성이 있다는 것)을 의미하는 것으로서 그 어느 하나에라도 저촉되면 위헌이 된다는 헌법상의 원칙"이라고 그 개념을 정의했다.44) 또한 과잉금지원칙의 세부원칙들을 "국가가 국민의 기본권을 제한하는 내용의 입법활동을 함에 있어서는 국민의 기본권을 제한하려는 입법의 목적이 헌법 및 법률의 체제상 그 정당성이 인정되어야 하고(목적의 정당성), 그 목적의 달성을 위하여 그 방법이 효과적이고 적절하여야 하며(수단의 상당성), 입법권자가 선택한 기본권 제한의 조치가 입법목적달성을 위하여 설사 적절하다 할지라도 보다 완화된 형태나 방법을 모색함으로써 기본권의 제한은 필요한 최소한도에 그치도록 하여야 하며(피해의 최소성), 그 입법

---

43) 기본권의 기능에 따른 비례성원칙의 구체화에 대해서는 이준일, 기본권의 기능과 제한 및 정당화의 세 가지 유형, 〈공법연구〉(한국공법학회), 제29집 제1호(2000), 101면 이하 참조.
44) 헌재 1989. 12. 22. 88헌가13, 판례집 1, 357, 374면 참조.

에 의하여 보호하려는 공익과 침해되는 사익을 비교형량할 때 보호되는 공익이 더 커야 한다(법익의 균형성)"라고 상세하게 설명하기도 한다.[45] 중요한 것은 과잉금지원칙은 자유권의 성격을 가지는 기본권에 대해서만 적용했다는 점과 비례성원칙과 과잉금지원칙을 사실상 동일한 것으로 이해했다는 점이다.[46] 하지만 비례성원칙은 과잉금지원칙과 함께 과소금지원칙을 포함하고, 전자는 자유권과 같은 방어권에, 후자는 사회권과 같은 급부권에 적용되어야 한다는 점을 헌법재판소는 놓치고 있다. 헌법재판소가 자유권과 관련된 사안에 대해서 과잉금지원칙으로 구체화되는 비례성원칙을 일관되게 적용해오면서도 사회권과 관련된 사안에 대해서 비례성원칙을 적용하는 데 소극적인 이유는 비례성원칙에 과잉금지원칙만 포함되는 것으로, 그에 따라 비례성원칙과 과잉금지원칙을 동일한 것으로 이해하는 데 있는 것으로 보인다.

　물론 헌법재판소는 국가의 기본권보호의무[47]와 관련된 사안에서 과소금지원칙을 적용한다. 다시 말해 헌법재판소는 권력분립의 관점에서 "과소보호금지원칙", 즉 국가가 국민의 법익보호를 위하여 적어도 "적절하고 효율적인 최소한의 보호조치"를 취해야 한다는 원칙을 기준으로 심사를 해야 된다는 것이다.[48] 사회적 기본권을 통제규범으로 적용할 때 사용했던 "객관적으로 필요한 최소한의

---

45) 헌재 1995. 4. 20. 92헌바29, 판례집 7-1, 499, 508~509면 참조.
46) 예컨대 초기 판례에서는 비례성원칙과 과잉금지원칙을 병렬적으로 언급함으로써 두 개의 원칙이 동일한 원칙인 것처럼 표현하고 있다.
47) 헌법재판소에 따르면 "우리 헌법은 제10조에서 국가는 개인이 가지는 불가침의 기본적 인권을 확인하고 이를 보장할 의무를 진다고 규정함으로써, 소극적으로 국가권력이 국민의 기본권을 침해하는 것을 금지하는 데 그치지 아니하고 나아가 적극적으로 국민의 기본권을 타인의 침해로부터 보호할 의무를 부과하고 있다." 헌재 1997. 1. 16. 90헌마110 등, 판례집 9-1, 90, 119~120면.
48) 헌재 1997. 1. 16. 90헌마110 등, 판례집 9-1, 90, 121~122면 참조.

조치"보다 과소금지원칙의 내용인 "적절하고 효율적인 최소한의 보호조치"는 확실히 입법자에게 요구하는 내용이 강화된다고 보인다. 다만 헌법재판소는 기본권보호, 즉 제3자에 의한 기본권침해로부터의 보호를 국민의 권리가 아니라 국가의 의무로 이해한다. 그러나 기본권에 대한 제3자의 침해로부터 보호받을 수 있는 주관적 권리, 즉 보호권의 구성도 가능하다. 이러한 권리는 사회적 기본권과 마찬가지로 국가에 대해서 적극적 행위를 요구할 수 있다는 점에서 공통적이다. 그렇다면 보호권과 같이 사회권의 경우에도 객관적으로 필요한 최소한의 보장이 아니라[49] 그보다 엄격한 기준인 과소보호금지원칙의 적용이 가능해진다.[50] 객관적으로 필요한 최소한의 조치는 국가에 대해 완전한 재량을 보장하는 반면에 적절하고 효율적인 최소한의 조치를 요구하는 과소금지원칙은 통제된 재량만을 보장한다. 다만 과소금지원칙에 따라 요구되는 적절하고 효율적인 최소한의 조치를 어떻게 판단할 것인지, 과소금지원칙이 비례성원칙의 한 내용이라면 과잉금지원칙에 따라 요구되는 네 가지 부분원칙은 과소금지원칙에서도 여전히 요구되는지에 대한 해명은 여전히 과제로 남는다.

기본권제한에서 비례성원칙을 적용해야 한다는 것은 헌법적 요청이다. 따라서 사회적 기본권을 제한할 때도 비례성원칙을 적용해야 하되, 다만 사회적 기본권은 국가에 대해서 적극적 행위를 요구하는 급부권이라는 점에서 과소금지원칙의 형태로 구체화된 비례성원칙을 적용해야 한다. 과잉금지원칙으로 구체화된 비례성원칙

---

49) 정극원, 헌법재판에서의 사회적 기본권의 심사기준과 그 적용, 〈세계헌법연구〉(세계헌법학회 한국학회), 제17권 제2호(2011), 160면에서는 사회적 기본권과 관련된 사법심사에서 "최소한의 보장"이 제시된다.

50) 같은 견해로 정태호, 원리모델에 의한 사회적 기본권 침해여부의 판단기준 및 심사구조, 〈헌법학연구〉(한국헌법학회), 제13권 제3호(2007), 553면 참조.

은 네 가지 부분원칙으로 구성되는데 비례성원칙이 목적과 수단의 관계 및 그와 필연적으로 연관되어 있는 목적과 목적의 관계에서 요구되는 필수적 요청을 포함하고 있다는 점에서 비례성원칙이 과소금지원칙으로 구체화되는 경우에도 비례성원칙의 네 가지 부분원칙은 그대로 요구되어야 한다. 다시 말해 사회적 기본권을 제한하는 입법의 경우에도 과소금지원칙에 따라 목적의 정당성, 수단의 적합성, 피해의 최소성, 법익의 균형성이라는 비례성원칙의 네 가지 부분원칙을 동일하게 적용해야 할 필요성이 있다.[51] 이로써 헌법재판소가 이해하는 과소금지원칙에 따른 요구인 적절하고 효율적인 최소한의 조치의 내용이 합리적으로 확인될 수 있다. 만약 헌법재판소가 과소금지원칙에 따라 사회적 기본권에서 도출될 수 있는 확정적 보호영역, 즉 적절하고 효율적인 최소한의 조치의 내용을 확인할 수 있다면 그러한 내용에 따라 본안판단을 하고 국가의 입법작용이 그러한 내용에 위반되었을 때 위헌결정을 한다고 해서 그것만으로 국가의 재정에 관한 권한을 침해했다고 볼 수는 없다. 오히려 그러한 내용을 확인하고 그러한 내용에 위반되는 국가의 입법작용을 목격한 뒤에도 합헌결정을 하는 것이야말로 헌법상 보장된 사회적 기본권을 보호하기 위한 최후의 보루로서 헌법재판소의 임무를 게을리하는 것이 될 것이다.

---

51) 과소금지원칙의 네 가지 부분원칙에 대한 상세한 설명은 이준일, 사회적 기본권에 관한 헌법재판소의 심사기준, 〈헌법재판연구〉(헌법재판연구원), 제2권 제2호(2015), 97면 이하 참조.

V. 맺는 글

사회적 기본권은 여전히 그 개념이 명확하게 정의되지 않고, 주관적 권리의 성격이 부정될 뿐만 아니라 적용에 필요한 구체적 기준이 마련되지 않아 기본적 권리의 지위를 인정받지 못한 채 자격상실의 상태에 놓여 있다. 하지만 사회적 기본권도 다른 기본권과의 관계 설정을 통해 그 개념이 비교적 명확하게 정의될 수 있고, 다른 기본권의 속성을 고려할 때 주관적 권리의 성격이 인정될 수 있으며 자유권처럼 적용에 필요한 구체적이고 합리적 기준이 제시될 수 있다. 따라서 이제는 사회적 기본권도 단지 헌법전에 문서상 인정된 권리에 지나지 않는 것이 아니라 국가작용을 통제할 수 있는 실천적 권리로 복권되어야 한다. 헌법에 대한 최종적 해석기관인 헌법재판소도 더 이상 사회적 기본권의 주관적 권리성을 부정하거나 사회적 기본권의 내용을 협소하게 인정하지 않음으로써 사회적 기본권의 복권에 힘을 실어줄 필요가 있다.

〈참고문헌〉

강현아, 이주노동자 자녀의 사회권에 대한 논쟁, 〈아동과 권리〉(한국아동권리학회), 제13권 제1호(2009), 57~85면.

김복기, 사회적 기본권의 법적 성격: '인간다운 생활을 할 권리'를 중심으로, 〈사회보장법연구〉(서울대 사회보장법연구회), 제3권 제1호(2014), 111~138면.

김종보, 사회적 기본권의 구체적 권리성 여부, 〈법학연구〉(부산대학교 법학연구소), 제49권 제1호(2008), 75~98면.

신영전, 사회권으로서의 건강권 - 지표개발 및 적용가능성을 중심으로 -, 〈비판사회정책〉(비판과 대안을 위한 사회복지학회), 제32호(2011), 181~222면.

신은주, 이주민의 사회권보장에 관한 연구, 〈한국정책연구〉(경인행정학회), 제12권 제4호(2012), 325~342면.

이상경, 빈곤에 대한 헌법적 접근 - 사회적 기본권 및 헌법원리 실현을 통한 빈곤극복의 과제와 복지재정지출의 한계, 〈공법연구〉(한국공법학회), 제44집 제3호(2016), 27~59면.

이성환, 사회권의 법적 성격, 〈법학논총〉(국민대학교 법학연구소), 제22권 제2호(2010), 133~166면.

이은혜, 외국인의 사회적 기본권 주체성에 관한 소고, 〈법학논총〉(숭실대학교 법학연구소), 제28집(2012), 169~193면.

이준일, 사회적 기본권, 〈헌법학연구〉(한국헌법학회), 제10권 제1호(2004), 449~483면.

전광석, 사회적 기본권의 논의구조, 〈유럽헌법연구〉(유럽헌법학회), 제14호(2013), 153~190면.

전광석, 다문화사회와 사회적 기본권: 헌법적 접근을 위한 시론, 〈헌법학연구〉(한국헌법학회), 제16권 제2호(2010), 105~146면.

전상현, 외국인의 기본권, 〈강원법학〉(강원대학교 비교법학연구소), 제43권 (2014), 579~611면.

정극원, 헌법재판에서의 사회적 기본권의 심사기준과 그 적용, 〈세계헌법연구〉(세계헌법학회 한국학회), 제17권 제2호(2011), 154~178면.

정태호, 원리모델에 의한 사회적 기본권 침해여부의 판단기준 및 심사구조, 〈헌법학연구〉(한국헌법학회), 제13권 제3호(2007), 539~579면.

한상희, 사회권과 사법심사 - 여전히 "생성중인 권리"의 복권을 위하여 -, 〈공법연구〉(한국공법학회), 제39집 제1호(2010), 93~133면.

한수웅, 사회복지의 헌법적 기초로서 사회적 기본권: 사회적 기본권의 개념과 법적 성격을 중심으로, 〈헌법학연구〉(한국헌법학회), 제18권 제4호(2012), 51~104면.

사회적 기본권의 법적 성격*

- '인간다운 생활을 할 권리'를 중심으로 -

김 복 기**

"권리로서의 사회적 기본권의 헌법적 보장에 아무리 많은 장애 요소가 있다 하더라도, 사회적 기본권의 이념에서 요구되는 최소한 도의 내용(그나마도 권리일 수 없다면 그것보다 줄여가면서라도)에 서조차 그 권리성을 이론적으로 충분히 구축하지 못하고 있다면, 사회적 기본권의 헌법이론에서는 사회적 기본권 이념의 현실적 실현의 긴요성과 절박함이 각인되지 못했다고 할 수 밖에 없다."(한병호, "사회적 기본권 50년" 중[1])

I. 서론

우리 헌법은 전문(前文)에서 실질적 평등사회 건설의 이념을 천명하고 제10조에서 인간의 존엄과 행복추구라는 기본권보장의 대

---

* 이 글은 「사회보장법연구」(서울대 사회보장법연구회) 제3권 제1호(2014)에 발표된 글이다.
** 서울대학교 법학대학원 부교수, 법학박사
1) 「헌법학연구」제4집 제1호, 1998, 133면.

원칙을 선언하면서, 제34조 제1항에서는 "모든 국민은 인간다운 생활을 할 권리를 가진다."라고 규정함으로써 사회적 기본권 보장의 기본원칙을 밝히고 있다.[2]

실업과 빈곤은 현대 자본주의 사회의 상존의 문제이며, 오늘날 각국의 헌법상 사회적 기본권 내지 사회국가원리에 관한 규정은 이러한 구조적 현상에 대한 반영이다. 우리 헌법상 인간다운 생활을 할 권리를 비롯한 개별 사회적 기본권에 관한 규정 역시 이러한 현대 자본주의 사회의 구조적 문제점을 국가가 적극적으로 해결하도록 하는 헌법제정권자의 의지 내지 합의의 결과라고 보아야 할 것이다.

그런데 이러한 사회적 기본권의 구체적 보장 내지 실효성 문제는 좁게는 개별 입법의 구체적 내용 및 입법방식 그리고 법집행기관의 성격과 재판의 공정성에 따라, 넓게는 기본권의 이론적 기반 및 현실적 기초, 그리고 헌정질서의 성격 즉 헌법문화의 수준과 같은 법풍토의 영향에 따라 영향을 받는다.[3]

이 논문에서는 이 중 사회적 기본권의 실효성 확보의 이론적 기반이 된다고 할 수 있는 사회적 기본권의 법적 성격 문제를 사회적 기본권의 핵심이자 사회보장수급권[4]의 연원(淵源)이 되는 '인간다

---

2) 김철수, 「헌법학개론」, 박영사, 2007, 935~936면 참조. 헌법재판소는 '인간다운 생활을 할 권리'가 여타 사회적 기본권에 관한 헌법규범들의 이념적인 목표를 제시하고 있다고 판시한 바 있다(헌재 1995. 7. 21. 93헌가14, 판례집 7-2, 20면).

3) 이흥재, "노동기본권과 사회보장수급권의 실효성", 「서울대 법학」109호, 1998, 109면; 한병호, 앞의 글, 107면 참조.

4) 사회보장수급권의 법적 성격과 관련하여 헌법재판소의 판시는 일치되고 있지 않다. 헌법재판소는 「임용결격공무원등에대한퇴직보상금지급등에관한특례법 제6조 등 위헌확인」사건에서 사회보장수급권을 헌법 제34조 제1항 및 제2항으로부터 도출되는 사회적 기본권의 하나로 보았으나(헌재 2001. 9. 27. 2000헌마342, 판례집 13-2, 433면), 「산업재해보상보험법 제5

운 생활을 할 권리'를 중심으로 관련 학설과 헌법재판소 결정례에
대한 분석을 통해 살펴보고자 한다.[5]

II. 학계의 논의

사회적 기본권의 법적 성격에 관하여는 전통적으로 프로그램규
정설과 법적 권리설이 양립하였으나, 점점 더 세분화된 학설들이
나타나고 있다. 우리나라의 경우 1963년 헌법까지만 하여도 사회적
기본권의 법적 성격에 관하여 프로그램규정설과 법적 권리설의 이
원적 대립 속에서 프로그램규정설이 주류를 이루었지만,[6] 1972년
헌법에 이르러서는 사회적 기본권에 대하여 법적 권리로의 새로운
가능성이 모색되었고,[7] 1980년 헌법에서는 사회적 기본권의 일반이
론에 대한 재검토가 시작되면서 사회적 기본권을 구체적 권리로
파악하려는 시도가 행해졌다.[8] 현행 헌법 하에서는 사회적 기본권
에 관한 일반이론에 대한 재검토가 활성화되었다.[9]

조 단서 등 위헌소원」사건에서는 이와 달리 사회보장수급권은 입법자에
의하여 형성되는 법률적 차원의 권리에 불과하다고 보았다(헌재 2003. 7.
24. 2002헌바51, 판례집 15-2상, 117~118면). 헌법상 권리와 법률상 권리의
관계 및 구별에 관하여는, 정종섭, 「헌법학원론」, 박영사, 2011, 287~291면
참조.

5) 물론 이러한 작업을 함에 있어서는 사회적 기본권이라고 불리우는 권리
내지 규정의 유형에 대한 추상적 이해와 그러한 유형에 속하는 개별적
사회적 기본권 규정에 대한 구체적 이해를 혼동하지 않도록 유의해야 할
것이다(김선택, "인간다운 생활을 할 권리의 헌법규범성" - "생계보호기준
결정: 헌법재판소 1997. 5. 29. 선고, 94헌마33결정 -",「판례연구」제9집,
1998, 5면 참조).

6) 한병호, 앞의 글, 114면 참조.

7) 한병호, 앞의 글, 116면 참조.

8) 한병호, 앞의 글, 120면 참조.

아래에서 살펴보는 바와 같이, 종래의 학설 대립은 주로 사회적 기본권의 주관적 권리성 내지 재판규범성에 관한 견해의 차이에서 비롯된다.[10]

1. 권리성 부인설

(1) 프로그램규정설(입법방침규정설)

바이마르헌법하에서 사회적 기본권은 그 자체로는 법적 구속력을 가지지 못하며 구체적 입법에 의하여 비로소 법적 구속력을 갖는 것으로 해석되었다.[11] 이 학설은 사회적 기본권에 관한 헌법규정은 구체적·현실적 권리를 부여한 규정이 아니라 국가의 사회정책적 목표 내지 정치적 강령을 선언한 것으로 국가권력에 대하여 정치적·도의적 책임을 지운 것에 불과하다는 견해이다.[12] 이 견해는 기본권규정을 권리규범과 객관적 법규범으로 분류하고, 후자를 다시 직접적으로 효력을 갖는 규범과 직접적으로 적용되지 않고 집행법률에 의한 현실화를 요하는 규범으로 나누어 후자의 것을 입법부에 대한 프로그램규정이라고 하는데, 사회적 기본권이 바로

---

9) 한병호, 앞의 글, 126면 참조.

10) 이와 관련하여 주관적 권리성을 부정하는 견해를 객관설, 인정하는 견해를 주관설이라 부르기도 한다(계희열, 「헌법학(중)」, 박영사, 2007, 708면; 김선택, 앞의 글, 3~4면 참조).

11) 계희열, 앞의 책, 708면 참조. 다만 바이마르헌법 후반기에는 이 프로그램규정도 입법자에 대한 '기준과 한계(Richtschnur und Schranke für den Gesetzgeber)'가 된다고 보았다. 즉 입법자도 프로그램규정에 반하는 정치적·정책적 결정을 할 수 없기 때문에 프로그램규정은 이런 결정에 우선할 뿐만 아니라 입법자에 대하여 법적 구속력을 갖는다는 것이다(이상, 계희열, 708~709면 참조).

12) 권영성, 「헌법학원론」, 법문사, 2009, 641면; 구병삭, 「신헌법원론」, 박영사, 1996, 605면 참조.

여기에 속한다고 한다.[13]

프로그램규정설은 그 이론적 근거로, 사회적 기본권은 국가의 사회적·경제적 역량 특히 재정적 능력에 크게 의존하는 것이므로 헌법에서 사회적 기본권을 규정하고 있는 경우에도 현실적으로 국가와 국민전체의 경제력이 미치지 못하면 그것은 단지 사회정책의 기본방침으로서 장래에 대한 정치적 공약을 선언한 것에 불과하다는 점과 사회적 기본권에 관한 헌법규정은 사회적 기본권을 법적 권리가 되게 하는 데 필요한 구체적 입법, 즉 누가, 어떤 조건하에서, 어떤 내용을, 어떤 경우에, 어떠한 절차와 방법에 따라 요구할 수 있는가 하는 점 등이 명문으로 규정되어 있지 않다는 점을 들고 있다.[14]

결국 이러한 프로그램규정설에 의하면 국가가 그 권리의 실현에 필요한 입법 또는 시설을 하지 아니하는 한 일반 국민은 그에 관한 헌법규정만으로는 국가에 대하여 그 의무이행을 재판상 청구할 수 없으며, 그에 관한 입법의 태만을 헌법위반이라 하여 사법적 구제를 구할 수 없게 된다.[15]

현재 국내에서 이 설을 명시적으로 주장하는 사람은 없는 것으로 보인다.[16]

---

13) 박일경, 「신헌법」, 법경출판사, 1990, 316면 참조.
14) 권영성, 앞의 책, 641면.
15) 권영성, 앞의 책, 641면; 문홍주, 「한국헌법」, 해암사, 1988, 301면 참조.
16) 사회적 기본권의 특성상, "헌법의 재판규범으로서의 규범적 효력이 제대로 발휘되지 못하는 현실적 제도적 상황의 시대에서는, 오히려 오늘날 폐기된 것으로 간주되다시피 하는 프로그램규정설이 논리적으로 간명하였고, 현실정합적이었다고 평가될 수 있다."는 견해가 있다. 즉 "절대적인 성장우선의 경제정책기조와 헌법재판부재의 현실에서는 사회적 기본권의 주관적 공권성에 대한 원천적인 부인, 즉 사회적 기본권은 그 실현여부와 수준이 전적으로 국가의 재정능력과 정책기조에 따라 결정되는 단순한 '입법정책의 방침'에 불과하다고 보는 것이 논리적 일관성을 견지하

(2) 객관적 규범설

객관적 규범설은 사회적 기본권을 개인의 주관적 권리가 아니라 사회적 기본권을 실현해야 할 국가의 목표나 의무를 부과하는 객관적 규범(국가목표규정, 헌법위임이나 입법위임 등)으로 이해하는 견해이다.[17] 객관적 규범설은, 개인이 사회적 기본권을 구체화하는 입법을 통하여 비로소 사회적 기본권을 행사할 수 있다는 점에서는 프로그램규정설과 같으나, 프로그램설과는 달리 사회적 기본권에 관한 규정을 국가기관을 구속하는 법적 구속력을 가지는 헌법규범으로 이해한다.[18]

면서 최소한 현실을 '해명'은 하는 입장으로 이해"된다는 것이다(이상, 이덕연, "우리는 왜 '인간다운 생활을 할 권리'를 헌법에 규정하고 있는가", 「헌법판례연구」(I), 1999, 159면 참조).

한편, 사회적 기본권과 관련하여서는 입법적으로 이미 많은 관련 법규가 제정되어 있기 때문에 오늘날 현실적으로 입법방침규정설을 둘러싼 논쟁의 큰 의미는 없으나, 이러한 논의는 헌법전체의 해석과 실천과 관련된 잠재적이지만 중요한 문제점을 내포하고 있기 때문에 그 실천적 함의를 정확히 검토해 둘 필요가 있다는 지적 및 그 내용에 대하여는, 김욱, "인간다운 생활을 할 권리", 허영박사화갑기념논문집 「한국에서의 기본권이론의 형성과 발전」, 1997, 472면 참조.

17) 한수웅, "사회복지의 헌법적 기초로서 사회적 기본권 – 사회적 기본권의 개념과 법적 성격을 중심으로 – ", 「헌법학연구」제18권 제4호, 2012, 72면. 이러한 입장에서 구체적으로, 장영수교수는 사회적 기본권을 입법자에 대한 헌법적 위임으로 보고 있고(장영수, 「헌법학」, 홍문사, 2010, 791~792면), 한수웅 교수는 국가목표규정이자 동시에 헌법위임, 특히 입법자에 대한 입법위임으로 보고 있으며(한수웅, 앞의 글, 94면), 홍성방교수도 입법위임규정이자 동시에 국가목표규정으로 이해하고 있다(홍성방, 「헌법학」, 현암사, 2008, 547면, 547면). 한편 홍성방교수는 사회적 기본권의 법적 성격과 관련하여 하나의 예외를 인정하고 있는데, 즉 생활무능력자의 생계비청구권은 인간다운 생활을 할 권리의 최소한의 내용으로서 구체적 권리로 이해하여야 한다는 것이다(홍성방, 앞의 책, 547면).

18) 한수웅, 앞의 글, 72~73면.

구체적으로 사회적 기본권이 국가목표규정(Staatszielbestimmung)이라는 견해는 사회적 기본권이 모든 국가활동에 원칙과 지침을 제시하고 명령과 지시를 통하여 특정의 방향으로 국가활동을 정향(定向)시키고 실질적 과제를 부여한다고 보며,[19] 사회적 기본권을 입법위임(Gesetzgebungsaufträge)규정으로 보는 견해는 사회적 기본권을 입법자에게 특정 내용의 입법활동을 하도록 의무를 과하는 헌법적 지시라고 본다.[20] 국가목표규정과 입법위임규정은 모두 국가에 대하여 활동의무를 부과한다는 점에서 공통점을 갖으나, 국가목표규정은 입법, 행정, 사법의 모든 국가작용을 구속하는데 반해 입법위임은 입법자만을 구속한다고 한다. 입법위임은 국가목표규정보다 강한 구속력을 갖는다고 하는데, 그 이유는 입법위임규정은 특수하고 구체적으로 표현되기 때문이라고 한다.[21] 사회적 기본권이 입법위임이라는 견해에 따르면 입법자가 내용과 범위가 정해져 있는 법정립에 대한 명시적인 헌법위임을 이행하지 않을 뿐만 아니라 또한 이러한 위임이 특정범위의 사람들의 개인적 이해관계와 관련이 있는 경우 개인은 입법부작위에 대하여 헌법소원을 제기할 수 있다고 한다.[22]

한편 사회적 기본권을 헌법위임으로 보는 견해는 우리 헌법에 규정되어 있는 사회적 기본권은 주관적 공권이 아니라, 일차적으로 기본전제를 형성하라는 입법자에 대한 구속적인 헌법위임

---

19) 계희열, 앞의 책, 709면 참조.
20) 홍성방, 앞의 책, 547면 참조.
21) 정태호, "원리(Prinzip)로서의 사회적 기본권: R. Alexy의 원리모델(Prinzipienmodel)을 중심으로", 淸庵 정경식박사화갑기념논문집「법과 인간의 존엄」, 1997, 256~257면 각주 55); 홍성방, 앞의 책, 547~548면 참조. 이러한 차이에도 불구하고 양자를 명확히 구별하기는 힘들다. 사회국가원리의 예에서 볼 수 있듯이 이 원리는 국가목표규정이면서 동시에 입법위임규정인 것이다 (계희열, 앞의 책, 710면 참조).
22) 홍성방, 앞의 책, 548면 참조.

(Verfassungsaufträge)규정이라는 입장이다.23) 여기서 헌법위임이란 국가권력에게 일정한 방향으로의 활동을 수행하여야 하는 의무를 부과하는 헌법적 명령을 말한다. 즉, 헌법위임이란 그에 표현된 국가목표를 적합한 조치를 통하여 실현하여야 할 국가기관, 무엇보다도 입법자의 객관적 의무(헌법적 입법위임)이다.24) 이 견해에 따르면 원칙적으로 입법목적의 선택의 측면에서 자유로운 입법자에게 헌법적으로 입법과정에서 고려하여야 할 구속력 있는 국가목표가 부과되며, 이와 관련된 입법자의 부작위나 의무의 명백한 해태는 헌법적으로 허용되지 않는다.25)

2. 권리설

(1) 추상적 권리설

이 학설은 헌법이 사회적 기본권을 권리로 규정하고 있기 때문

---

23) 한수웅, "헌법소송을 통한 사회적 기본권 실현의 한계", 「인권과 정의」, 1997. 1., 75면 참조.

24) 헌법위임은 독일의 문헌이나 판례에서 입법위임의 의미로 이해되고 있는 것이 보통이지만, 헌법위임은 입법만이 아니라 행정과 사법도 구속한다는 점에서 입법위임과 구별된다(계희열, 앞의 책, 710면 참조). 이에 대하여 입법위임규정은 헌법위임규정과 동의어라는 견해도 있다(홍성방, 앞의 책, 547면, 각주 722) 참조).

25) 한수웅(1997), 75면. 이 견해는 "지극히 예외적인 경우, 즉 국가가 일정 조치를 취하여야만 사회적 기본권의 내용이 최소한도로 실현될 수 있는 경우에만, 입법자의 광범위한 형성권은 구체적인 입법의무로 축소된다."(같은 글, 83면)고 하면서, "사회적 기본권의 내용을 구체화하는 입법이 존재하지 않거나 불충분한 경우 구체적 권리설이 입법부작위에 대하여 헌법소원을 제기할 수 있는 가능성을 강조하는 것도, 구체적 권리설이 - 그가 비록 사회적 기본권을 권리로 파악한다고 주장하나 - 실제에 있어서는 헌법위임으로 파악하는 결과"(같은 글, 75면)라고 주장하고 있다.

에 사회적 기본권은 법적 권리로서의 성격을 가지나 이 권리는 입법을 통해 구체화되어야만 현실적인 소구(訴求)가 가능한 구체적 권리가 된다고 한다.26)

이 견해는 그 이론적 근거로, 우선 사회적 기본권과 같이 처음부터 정비된 법체계를 가지지 아니한 기본권이 그에 관한 헌법규정만으로 사법상의 권리와 동일한 의미의 구체적 권리가 될 수 없음은 당연하지만 그렇다고 하여 사회적 기본권에 관한 규정을 곧 프로그램규정이라고 하는 것은 논리적 비약이고, 국가의 경제체제가 자본주의경제라는 것이 사회적 기본권을 권리가 아니라고 부정할 근거는 되지 않으며, 또한 보장방법이 애매하다는 점은 사회적 기본권이 권리로서 불완전하다는 것을 시사하는 것이라 할 수 있지만 그러한 사정은 비단 사회적 기본권에 국한된 것은 아니라 그 실현을 위하여 국가의 행위를 필요로 하는 그 밖의 기본권(재판청구권, 공무담임권 등)에도 해당하는 점 등을 들고 있다.27)

요컨대, 추상적 권리설에 따르면, 사회적 기본권은 비록 추상적인 것일지라도 법적 권리이며, 또 국가의 의무이행이 사법적 절차에 의하여 강제될 수 없을지라도 사회적 기본권 보장을 위한 국가적 의무는 헌법에 의거한 법적 의무라고 한다.28)

헌법소원제도가 없었던 제5공화국 헌법까지는 이 견해가 다수설의 지위에 있었던 것으로 보인다.29)

---

26) 김철수, 앞의 책, 939면 참조.
27) 권영성, 앞의 책, 641~642면; 성낙인, 「헌법학」, 법문사, 2014, 1307면 참조.
28) 권영성, 앞의 책, 642면 참조.
29) 권영성, 앞의 책, 643면; 계희열, 앞의 책, 711면; 김경수, 「생존권적 기본권으로서의 사회보장수급권에 관한 연구」, 서울대학교 석사학위논문, 1992, 37면 참조.

(2) 구체적 권리설

이 견해는 사회적 기본권에 관한 헌법규정은 그것을 구체화하는 입법이 존재하지 아니하는 경우에도 직접 효력을 가지는 규정이고 구체적 권리로서의 사회적 기본권을 보장하는 것이라는 입장으로, 사회적 기본권도 자유권적 기본권과 같이 구체적으로 입법권, 행정권, 사법권을 구속한다고 본다.[30]

이 입장의 기본논거는 다음과 같다. 첫째, 모든 헌법규정은 공동체구성원들의 헌법생활과정에서 그 내용이 반드시 실현되어야 할 재판규범이라는 점이다.[31] 어떠한 헌법규정은 재판규범이고 어떠

---

[30] 김철수, 앞의 책, 940면 참조. 그러나 이 입장이 입법이 없는 경우 헌법을 근거로 직접 구체적인 급부청구 내지 소구를 할 수 있다고까지는 보지 않는 것 같다(김종보, 「기본권의 객관적 규범성에 관한 연구 - 사회적 기본권의 법적 성격을 중심으로 -」, 부산대학교 법학박사학위논문, 2009, 140면; 김철수, 앞의 책, 940면 참조). 한편 허영교수는 우리 헌법상의 사회적 기본권을 해석하는 데 있어서는 기본권의 양면성을 특히 중요시해서 사회적 기본권이 갖는 주관적 권리와 객관적 질서의 기능적인 보완관계를 존중하여야 한다고 지적하고 있다(허영, 「한국헌법론」, 박영사, 2012, 159면).

[31] 사회적 기본권이 실효적으로 보장되기 위해서는 그것이 모든 국가기관을 직접 구속하는 직접적용 가능한 것일 뿐 아니라, 나아가 침해행위에 대한 관철가능성·강제가능성이 인정되지 않으면 안된다. 헌법을 '국가에 대한 최고의 불가침적 법규범의 체계'라고 한다면, 그러한 헌법이 그 실효성을 확보하기 위해서는 그 침해행위에 대한 제재가 필수적이라 할 수 있다. 헌법에 실정화된 사회적 기본권도 마찬가지로 그 침해행위에 대한 강제가능성이 없으면 그 실효성을 담보할 수 없다. 일반적으로 기본권의 침해행위에 대한 강제수단으로는 정치적인 강제수단과 법적인 강제수단을 생각할 수 있고, 법적인 강제수단으로는 역시 사법적 강제를 들 수 있다. 기본권에 관한 다툼은 바로 그 사법적 강제에 의하여 정치적 차원에서 법적 차원으로 고양되는 것이며, 개인도 바로 그 사법적 강제를 통하여 '부조의 객체의 지위'로부터 '부조에 대한 권리의 주체의 지위'로 고양되는 것이다(Christian E. Benz, *Die Kodifikation der Sozialrechte*, Zürich : Schulthess Polygraphischer Verlag, 1973, 169면 이하. 한병호, 「인간다운 생존의 헌법적 보장에 관한 연구 - 구체적 권리로서의 실현가능성을 중심으

한 헌법규정은 프로그램규정이라는 해석은 헌법에 그에 관한 명문이 존재하지 아니하는 한 독단적·자의적 해석일 수밖에 없기 때문이다.[32]

둘째, 사회적 기본권의 보장은 인간 존엄의 중요한 부분이며 인간 자유 실현의 기초를 의미한다는 점이다. 최소한의 인간다운 삶이 보장되지 않는 곳에서는 자유조차도 그 의미를 가지기 어렵고 궁핍한 상황에 있는 인간에게 있어 생존의 문제는 자유보다도 더욱 절박한 문제이다.[33] 즉, 경제적으로 열악한 상황에 처한 절대빈곤층에게는 자유권적 기본권이나 정치적 기본권보다 사회적 기본권의 실질적 보장이 더욱 절실한 의미를 가진다.[34]

셋째, 역사적으로 사회적 기본권은 자본주의적 생산과 분배과정에서 생긴 제모순이 점차 확대되고 경제공황 등 자본주의의 위기가 격화됨에 따라 그 모순을 해결하기 위해 국가가 사회적·경제적 제관계에 전면적으로 개입하여 국민의 사회적·경제적 생활을 보장하도록 국가에 의무 지우고, 이러한 개입과 관여가 헌법상 정당시된다는 권리구조에 입각한 것이므로, 사회적 기본권은 자본주의 자체의 요청에 의하여 헌법상 법적 권리로 보장된 것이며, 따라서 사회적 기본권의 발생 모태인 자본주의를 근거로 하여 사회적 기본권의 권리성을 부정하는 것은 자가당착이라는 점이다.[35]

로 -」, 서울대학교 박사학위논문, 1993, 167면에서 재인용).

32) 권영성, 앞의 책, 643면 참조.

33) 김문현, "인간다운 생활을 할 권리의 법적 성격", 「판례월보」 332호, 1998. 5., 11면.

34) 권영성, 앞의 책, 643면.
이에 대하여 "이러한 주장들은 사회적 기본권이 헌법에 수용된 이유를 사회적 기본권의 법적 성격과 혼동하고 있거나, 정책적 희망사항과 헌법해석론을 혼동하고 있거나 또는 우리 헌법의 기본원리는 사회국가에 한정되지 않기 때문에 헌법의 기본원리들 사이에 조화를 이루어야 한다는 것을 잊고 있다."는 비판이 있다(홍성방, 앞의 책, 545면, 각주 711) 참조).

마지막으로, 앞에서도 언급한 바와 같이 현행 헌법은 공권력의 행사 또는 불행사에 의한 국민의 기본권 침해에 대하여 헌법소원 심판을 인정하고 있다는 점이다. 즉 사회적 기본권에 관한 입법부 작위에 의하여 사회적 기본권이 침해[36]된 경우에 국민은 헌법소원 을 통하여 권리구제를 받을 수 있다.

학자에 따라서는, 위와 같은 논거를 바탕으로, 사회적 기본권은 자유권적 기본권처럼 직접효력을 가지는 완전한 의미의 구체적 권 리일 수는 없다 할지라도 적어도 일부 청구권적 기본권이나 정치 적 기본권의 일부와 동일한 수준의 '불완전한 구체적 권리' 내지 '제한된 구체적 권리'로서의 성격을 가지고 있다고 보아야 한다는 견해(불완전한 구체적 권리설)도 제기하고 있다.[37]

(3) 원칙모델에 따른 권리설

이 견해는 R. Alexy의 원칙모델에 따라 사회적 기본권은 일단은 잠정적으로(prima-facie) 개인에게 주관적 권리를 부여하지만, 이 권 리는 형량을 거친 후에야 비로소 확정적인 권리가 될 수 있다는 견 해이다.[38]

---

35) 안용교, "생존권적 기본권의 법적 성질", 「법정」, 1970. 5., 18면, 김경수, 앞 의 글, 42면에서 재인용.

36) '사회적 기본권의 침해'라는 표현과 관련하여, 구체적 권리성을 부인하는 입장에서 헌법상의 사회적 기본권은 "침해"되는 것이 아니라, 헌법적 의 무의 불이행으로 인하여 "실현"되지 못할 뿐이라는 견해가 있다(한수웅 (1997), 72면 참조).

37) 권영성, 앞의 책, 643~644면; 정만희, 「헌법강의Ⅰ」, 동아대학교 출판부, 2011, 446~447면 참조. 정만희교수는 이러한 입장을 취하면서, 이 학설과 추상 적 권리설은 사회적 기본권을 구체화하는 입법이 없는 경우 그 입법부작 위에 대한 위헌확인을 구하는 사법적 구제의 인정여부에 있어서만 차이 가 있을 뿐이라고 설명하고 있다(정만희, 앞의 책, 447면).

38) 계희열, 앞의 책, 713면; 이준일, 「헌법학강의」, 홍문사, 2013, 722~723면 참

R. Alexy는 생존권적 기본권의 규범구조를 다음과 같은 세 가지 기준, 즉 ① 개인에게 주관적 권리를 부여하는 규범인가 아니면 국가에게 객관적 의무를 부과하는 규범인가, ② 구속적 규범인가 아니면 비구속적 규범인가, ③ 권리와 의무를 확정적으로 부여하는가 아니면 잠정적으로 부여하는가에 따라 8가지로 구분한다.[39] 사회적 기본권을 이처럼 구분해보면, 확정적으로 국가에 대하여 급부를 청구할 수 있는 주관적 권리를 부여하는 구속적 규범이 개인에게 가장 강한 보호를 제공하는 사회적 기본권에 해당한다. 반대로 잠정적으로 국가가 급부를 제공할 객관적 의무만을 부여하는 비구속적 규범이 개인에게 가장 약한 보호를 제공하는 사회적 기본권에 해당한다.[40]

이와 같이 R. Alexy는 생존권적 기본권 중에도 직접적 효력을 가진 주관적 권리와 불완전한 권리, 단순한 입법방침규정 등으로 8단계로 구분하고 있는데 이는 입법이나 판례에 의하여 그 구속력이 다를 수 있음을 인정한 점에서 상대적 권리설이라고도 할 수 있다.[41]

조. 이처럼 독일 Alexy 교수의 견해에 입각하여 사회적 기본권을 주관적 공권으로 구성하는 대표적 예로는, 정태호, "원리(Prinzip)로서의 사회적 기본권: R. Alexy의 원리모델(Prinzipienmodel)을 중심으로", 淸庵 정경식박사화갑기념논문집 「법과 인간의 존엄」, 1997 참조.

39) 상세한 사항은, 계희열, 앞의 책, 714면; 정태호, 앞의 글, 243~244면 참조.
40) 계희열, 앞의 책, 714~715면 참조.
41) 김철수, 앞의 책, 939면 참조. 원리모델에 의한 사회적 기본권의 주관적 공권성 논증의 장·단점에 관하여는, 정태호, "원리모델에 의한 사회적 기본권 침해여부의 판단기준 및 심사구조", 「헌법학연구」제13권 제3호, 2007, 556~558면 참조.

III. 판례의 태도 - '인간다운 생활을 할 권리'를 중심으로

헌법재판소는 일찍이 1995. 7. 21. 선고된 「국가유공자예우등에 관한 법률 제9조 본문」사건에서 "'인간다운 생활을 할 권리'는 여타 사회적 기본권에 관한 헌법규범들의 이념적인 목표를 제시하고 있는 동시에 국민이 인간적 생존의 최소한을 확보하는 데 있어서 필요한 최소한의 재화를 국가에게 요구할 수 있는 권리를 내용으로 하고 있다."[42]고 전제하면서, "인간다운 생활을 할 권리로부터는 …… 인간의 존엄에 상응하는 생활에 필요한 '최소한의 물질적인 생활'의 유지에 필요한 급부를 요구할 수 있는 구체적인 권리가 상황에 따라서는 직접 도출될 수 있다고 할 수는 있어도, 동 기본권이 직접 그 이상의 급부를 내용으로 하는 구체적인 권리를 발생케 한다고는 볼 수 없다고 할 것이다. 이러한 구체적 권리는 국가가 재정형편 등 여러 가지 상황들을 종합적으로 감안하여 법률을 통하여 구체화할 때에 비로소 인정되는 법률적 권리라고 할 것"[43]이라고 판시한 바 있다. 즉 헌법재판소는 적어도 일정한 경우에는 최소한의 물질적 생활의 유지에 필요한 급여를 국가에 요구할 수 있는 권리가 헌법상 인간다운 생활을 할 권리로부터 도출될 수 있음을 밝혔다.[44]

---

42) 헌재 1995. 7. 21. 93헌가14, 판례집 7-2, 20면. 같은 취지의 판시로는, 헌재 1999. 12. 23. 98헌바33, 판례집 11-2, 757면; 헌재 2000. 6. 1. 98헌마216, 판례집 12-1, 640면; 헌재 2003. 5. 15. 2002헌마90, 판례집 15-1, 595면; 헌재 2004. 10. 28. 2002헌마328, 공보 98, 1191면 참조.

43) 헌재 1995. 7. 21. 93헌가14, 판례집 7-2, 30~31면. 같은 취지의 판시로는, 헌재 1998. 2. 27. 97헌가10등, 판례집 10-1, 30~31면; 헌재 2000. 6. 1. 98헌마216, 판례집 12-1, 647면; 헌재 2003. 5. 15. 2002헌마90, 판례집 15-1, 600면; 헌재 2004. 10. 28. 2002헌마328, 공보 98, 1191면 참조.

44) 정종섭교수는 인간다운 생활을 할 권리를 물질적 생활을 최소한으로 보

　나아가 헌법재판소는 「1994년 생계보호기준 위헌확인」사건[45]에서 "모든 국민은 인간다운 생활을 할 권리를 가지며 국가는 생활능력 없는 국민을 보호할 의무가 있다는 헌법의 규정은 모든 국가기관을 기속하지만, 그 기속의 의미는 적극적·형성적 활동을 하는 입법부 또는 행정부의 경우와 헌법재판에 의한 사법적 통제기능을 하는 헌법재판소에 있어서 동일하지 아니하다. 위와 같은 헌법의 규정이, 입법부나 행정부에 대하여는 국민소득, 국가의 재정능력과 정책 등을 고려하여 가능한 범위 안에서 최대한으로 모든 국민이 물질적인 최저생활을 넘어서 인간의 존엄성에 맞는 건강하고 문화적인 생활을 누릴 수 있도록 하여야 한다는 행위의 지침, 즉 행위규범으로서 작용하지만, 헌법재판에 있어서는 다른 국가기관, 즉 입법부나 행정부가 국민으로 하여금 인간다운 생활을 영위하도록 하기 위하여 객관적으로 필요한 최소한의 조치를 취할 의무를 다하였는지를 기준으로 국가기관의 행위의 합헌성을 심사하여야 한다는 통제규범으로 작용하는 것이다."[46]고 판시하여 인간다운 생활

───────────────

　장하는 권리라고 볼 때 생활무능력자의 국가에 대한 보호청구권에 있어서는 상황에 따라 구체적인 물질적 급부나 보호를 직접 청구할 수 있는 구체적 권리가 도출된다고 보고 있다(정종섭, 앞의 책, 740면).

45) 이 사건은 구「생활보호법」상 생계보호기준에 대하여 노부부가 그 위헌성을 제기한 사건이며, 현행 「국민기초생활보장법」상 최저생계비가 문제된 사건으로는 장애인이 제기한 「2002년도 국민기초생활보장최저생계비 위헌확인」사건(헌재 2004. 10. 28. 2002헌마328, 공보 98, 1187) 참조.

46) 헌재 1997. 5. 29. 94헌마33, 판례집 9-1, 553~554면. 같은 취지의 판시로는, 헌재 1999. 12. 23. 98헌바33, 판례집 11-2, 758~759면; 헌재 2001. 4. 26. 2000헌마390, 판례집 13-1, 989면; 헌재 2004. 10. 28. 2002헌마328, 공보 98, 1191면 참조.
　이 판시와 관련하여 정태호교수는 헌법재판소가 "확정적인 권리의 내용을 확정함에 있어서 지나치게 기능법적 기준에 의거하고 있을 뿐 아니라 그 경우에도 입법재량권만을 과도하게 강조하고 있어서 확정적 권리의 범위가 과도하게 축소되어 있다는 인상을 지울 수 없다."고 밝히고 있다

을 할 권리의 재판규범으로서의 성격을 확인하였다.

위에서 소개한 결정례들을 비롯하여 사회보장수급권 보장 내지 제한과 관련된 다수의 결정례들을 살펴볼 때, 적어도 헌법재판소가 인간다운 생활을 할 권리에 대하여 프로그램규정설을 취하고 있지 않음은 분명히 알 수 있다. 인간다운 생활을 할 권리에 관한 헌법재판소 판시가 다소 일관되지 못하고 인간다운 생활을 할 권리의 구체적 권리성에 의문을 품게 하는 표현[47]이 있는 것은 사실이나,[48] 기본적으로 헌법재판소는 인간다운 생활을 할 권리를 헌법소원심판청구의 전제가 되는 기본권의 하나로 인정하고 있으므로 구체적 권리설을 취하고 있는 것으로 파악함이 상당하리라 본다.[49]

관련 결정례에서도 언급되는 바와 같이 사회적 기본권은 일반적

(정태호(2007), 552면).

47) 예컨대, 「2002년도 국민기초생활보장최저생계비 위헌확인」사건의 아래와 같은 판시(후반부)를 들 수 있으며, 이러한 판시에 대한 비판으로는 김선택, 앞의 글, 26~27면; 김종수, "최저생활보장기준", 이흥재 편저, 「사회보장판례연구」, 법문사, 2010, 399~401면 참조.
"헌법 제34조 제1항이 보장하는 인간다운 생활을 할 권리는 사회권적 기본권의 일종으로서 인간의 존엄에 상응하는 최소한의 물질적인 생활의 유지에 필요한 급부를 요구할 수 있는 권리를 의미하는데, 이러한 권리는 국가가 재정형편 등 여러 가지 상황들을 종합적으로 감안하여 법률을 통하여 구체화할 때에 비로소 인정되는 법률적 권리라고 할 것이다."(헌재 2004. 10. 28. 2002헌마328, 공보 98, 1191면)

48) 이준일교수는 헌법재판소가 원칙적으로는 추상적 권리설에 따르는 듯 보이면서도 경우에 따라 예외적으로 구체적 권리설을 주장하는 듯한 표현도 발견된다고 지적하고 있다(이준일, 앞의 책, 717~719면).

49) 정태호교수는 헌법재판소가 협의의 급부권으로서의 사회적 기본권의 주관적 공권성을 인정함으로써 이를 부인하는 이른바 객관설의 입장을 채택하지 않았으며, 헌법재판을 통해서 관철될 수 있다는 의미에서 실효적으로 부장된 수준은 객관적으로 필요한 최소한의 것으로 국한시키고 있다고 보았다(정태호, "사회적 기본권과 헌법재판소의 판례", 「헌법논총」 제9집, 1998, 668~669면 참조).

으로 법률로 규정됨으로써 구체적 내용이 확정될 수 있는 것이고 입법자에게 입법형성에 대한 어느 정도의 재량이 인정되어 있다는 것은 부인할 수 없으나,[50] 헌법재판소는 사회적 기본권의 재판규범성을 명시적으로 인정하면서 상황에 따라서는 인간다운 생활을 할 권리로부터 인간의 존엄에 상응하는 생활에 필요한 '최소한의 물질적인 생활'의 유지에 필요한 급부를 요구할 수 있는 구체적인 권리가 직접 도출될 수 있다고 판시하였다. 따라서 일반적으로는 법률에 구체적인 규정에 근거하여 구체적인 수급권을 행사하여 사회보장급여를 받게 되겠지만, 그러한 법률이 없거나 법률이 있다고 하여도 인간다운 생활을 할 권리에 의하여 보장되어야 할 최저한의 생활이 확보되지 않을 때에는 '헌법상의 권리'를 행사하여 최소한 입법부작위에 대한 위헌확인이나 위헌법률의 확인 등을 구할 수 있을 것이고 이후 새로운 입법을 통하여 구체적인 수급권을 행사할 수 있는 것이다.[51]

---

50) 헌법재판소는 사회보장 내지 사회복지 영역에서 광범위한 입법형성재량을 인정하고 있다. 즉 헌법재판소는 "국가가 국민에게 '인간다운 생활을 할 권리'를 보장하기 위하여 국가의 보호를 필요로 하는 국민들에게 한정된 가용자원을 분배하는 이른바 사회보장권에 관한 입법을 할 경우에는 국가의 재정부담능력, 전체적인 사회보장수준과 국민감정 등 사회정책적인 고려, 제도의 장기적인 지속을 전제로 하는 데서 오는 제도의 비탄력성과 같은 사회보장제도의 특성 등 여러 가지 요소를 감안하여야 하는 것이어서 입법자에게 광범위한 입법재량이 부여"된다고 보고 있다(헌재 2000. 6. 1. 98헌마216, 판례집 12-1, 640면. 같은 취지 판시로는, 헌재 1996. 10. 31. 93헌바55 판례집 8-2, 462면; 헌재 1998. 2. 27. 97헌가10등, 판례집 10-1, 31면 등 참조).
51) 홍기태, "'인간다운 생활을 할 권리'와 국민기초생활보장법의 헌법적 의의", 「법조」 통권 531호, 2000. 12., 234~235면 참조.

IV. 비판적 검토

(1) 무엇보다, 우리 헌법 제34조 제1항이 "모든 국민은 인간다운 생활을 할 권리를 가진다."라고 하여 실정헌법상 명문으로 명백히 "권리를 가진다."라고 규정한 점에 비추어 볼 때 권리성을 부인하는 제학설은 기본적으로 받아들이기 어렵다.[52] 이른바 객관설은 독일처럼 헌법이 사회적 기본권을 규정하지 않고 사회국가원리만을 규정한 경우에는 그 이론적 타당성을 가질 수 있을지는 모르겠으나 우리나라처럼 개별적인 사회적 기본권을 헌법에 권리 형식으로 명시적으로 규정하고 있는 경우[53]에는 수용하기 힘들다.[54]

---

52) 강경근, "사회적 기본권의 공권으로서의 성격", 「고시계」 43권 11호, 1998. 11., 70~71면; 구병삭, 앞의 책, 607면; 김선택, 앞의 글, 18-19, 25면; 김철수, 앞의 책, 943면; 성낙인, 앞의 책, 1306면 참조. 이에 대하여 사회적 기본권이 헌법에 "권리"의 형식으로 규정되어 있다는 이유로 사회적 기본권을 개인의 주관적 권리의 관점에서 파악하는 입장에 대한 비판으로는, 한수웅(2012), 74면; 홍성방, "인간다운 생활을 할 권리(최저생활을 보장 받을 권리)", 「헌법재판 주요선례연구 3」, 헌법재판연구원, 2013, 167~170면 참조.

53) 사회국가원리를 헌법상의 기본원리로 수용하는 방법에는 세 가지가 있다. 독일기본법처럼 사회적 기본권을 규정하는 대신 사회국가원리를 명문으로 수용하는 방법, 이탈리아헌법처럼 사회적 기본권에 관한 규정과 사회국가원리를 함께 두는 방법, 우리 헌법처럼 사회적 기본권만 규정하고 사회국가원리를 명문화하지 않는 방법 등이 그것이다(허영, 앞의 책, 159면 각주 2) 참조).

54) 즉 국가목표규정설, 입법위임규정설 및 헌법위임규정설은 헌법상 사회적 기본권 규정이 없는 독일의 헌법원리규정의 해석을 차용한 것으로 사회적 기본권의 권리성을 규정하고 있는 우리 헌법의 해석으로는 적합하지 않다고 본다(계희열, 앞의 책, 715면; 김철수, 앞의 책, 943면 참조). 다만 사회적 기본권의 권리성을 부인하는 입장에서도, 우리 헌법과 같이 사회적 기본권을 규정하는 것은 일반적인 사회국가원칙의 해석을 통하여서는 얻을 수 없는 어느 정도의 실효성과 구속력을 갖게 된다고 보고 있다(한수웅(1997), 86면 참조).

물론 헌법의 사회적 기본권에 관한 규정 중에는 국가목표규정이나 헌법위임규정이 없는 것은 아니다. 예를 들면, 헌법 제34조 제6항의 "국가는 재해를 예방하고 그 위험으로부터 국민을 보호하기 위하여 노력하여야 한다.", 제35조 제3항의 "국가는 주택개발정책등을 통하여 모든 국민이 쾌적한 주거생활을 할 수 있도록 노력하여야 한다.", 제31조 제5항의 "국가는 평생교육을 진흥하여야 한다."는 규정과 같은 것이다. 그러나 예컨대 "모든 국민은 능력에 따라 균등하게 교육을 받을 권리를 가진다."는 헌법 제31조 제1항이나 "모든 국민은 근로의 권리를 가진다."는 헌법 제32조 제1항처럼 명문으로 "권리를 가진다."고 규정한 경우에는 헌법적 권리성을 인정하여야 할 것이다.[55]

(2) 다음으로 추상적 권리설은 구체적 입법이 없는 한 현실적 권리로서 사법적 구제를 받을 수 없다고 하고 있는 점에 있어서 프로그램규정설과 다를 바 없으며,[56] 권리는 있으나 구체적 청구권을 주장할 수 없다고 하는 같은 잘못을 범하고 있다.[57] 현재 우리나라는 공권력의 행사 또는 불행사에 의하여 기본권이 침해된 경우 헌법소원을 청구할 수 있도록 하였기 때문에 추상적 권리설은 이론적 기반을 찾기 어렵다고 본다.[58]

---

55) 강경근, 앞의 글, 73~74면; 김철수, 앞의 책, 943~944면 참조.
56) 계희열, 앞의 책, 716면; 권영성, 앞의 책, 643면; 김철수, 앞의 책, 944면 참조.
57) 물론 헌법규정상 형성적 법률유보조항이 있는 경우, 예를 들어 제34조 제5항의 "신체장애자 및 질병·노령 기타의 사유로 생활능력이 없는 국민은 법률이 정하는 바에 의하여 국가의 보호를 받는다."와 같은 규정은 추상적 권리규정이라고 할 수 있다(김철수, 앞의 책, 944면 참조).
58) 김철수, 앞의 책, 944면; 홍성방, 앞의 책, 544면 참조. 앞에서 언급한 바와 같이 실제로 헌법소원제도가 없었던 제5공화국 헌법까지는 추상적 권리설이 다수설의 지위에 있었다. 이와 관련하여 헌법재판소가 없었을 때에 김철수교수는 "헌법소원, 추상적 헌법재판이 인정되지 않는 나라에서"

불완전한 구체적 권리설은 "청구권적 기본권이나 정치권적 기본권의 일부와 동일한 수준의 불완전하나마 구체적인 권리"[59]라고 하고 있는데 이것이 무엇을 뜻하는지는 명확하지 않다. 만약 이 말이 입법이 되어야 비로소 구체적인 권리가 된다는 것을 의미한다면 객관설과 다를 바 없게 된다.[60] 헌법재판과 관련하여 사회적 기본권의 권리성과 재판규범성을 인정하고 있다는 점에서 이 견해가 구체적 권리설을 취하는 다른 학자들의 입장과 근본적으로 준별되는 것인지 그 자체도 의문이다.

한편 원칙모델에 따른 권리설에 대하여는 여러 가지 요소를 형량하여 그 권리성을 인정하려는 것은 사회적 기본권의 실현정도를 상대화한 것으로 해석자마다 달리 해석할 수 있는 여지를 주고 있다는 비판이 제기되고 있다.[61]

(3) 사회적 기본권은 단지 정치적 구호나 입법방침이 아닌 헌법의 명문에 의하여 규정된 국민의 구체적인 권리이다. 사회적 기본권에 의해 국민이 받을 이익은 결코 국가의 은혜 내지 사회정책상

"생존권적 기본권조항에 구체적인 재판규범으로서의 효과를 인정하여, 직접 국가에 대하여 급부청구를 할 수 있다거나 국민은 입법을 청구할 수 있고 그렇지 않으면 위헌확인을 구할 수 있다는 학설에 대해서는 과연 법원이 그러한 판결을 할 수 있을지 의문이 되지 않을 수 없다."고 하면서 추상적 권리설의 입장을 취한 바 있다(김철수, "생존권—사회복지에의 권리—", 「고시계」, 1978. 11., 51면 참조).
59) 권영성, 앞의 책, 644면 참조.
60) 계희열, 앞의 책, 716면; 김철수, 앞의 책, 945면 참조.
61) 김철수, 앞의 책, 944면; 성낙인, 앞의 책, 1306면 참조. 홍성방교수는 원칙모델에 따른 권리설에 대해, 세 가지 기준을 가지고 형량한다고 하지만 세 가지 기준이 어떤 이유에서 채택되었는지, 그리고 어떤 것을 우선적으로 적용할 것인지가 분명하지 않고, 나아가 어떤 사회적 기본권은 강한 보호를 받고 어떤 사회적 기본권은 약한 보호를 받는지 그 이유도 불분명하다고 지적하고 있다(홍성방, 앞의 책, 546면 참조).

의 시책에 수반되는 반사적 이익에 불과한 것이 아니라 법적 이익이며, 자유권의 실질화는 바로 이러한 법적 이익의 보장을 통해서만 가능하다.

사회적 기본권 조항은 그 규범내용이 불명확하기 때문에 사회적 기본권에 대한 입법조치가 없으면 법치행정의 원칙상 행정권을 직접적으로 완전히 구속하기는 힘든 것이 사실이나 그렇더라도 국가는 가능한 한 예산을 확보하여 사회적 기본권을 실현시킬 의무를 진다고 보아야 할 것이다. 국가의 재정, 즉 예산은 헌법에 구속되는 성격을 가지기 때문에 예산이 없다고 하여 사회적 기본권의 권리성을 부인할 수는 없다.[62]

무엇보다 현행 헌법은 헌법소원제도를 인정하고 있고, 헌법재판소법은 공권력의 행사 또는 불행사에 의한 국민의 기본권침해에 대한 헌법소원을 인정하고 있다. 따라서 사회적 기본권에 관한 입법부작위에 의하여 국민의 생존권이 침해된 경우에는 헌법소원을 통하여 입법부작위위헌확인과 권리구제를 받을 수 있다.[63] 즉, 헌

---

62) 김철수, 앞의 책, 945면. 사회적 기본권의 보장과 국가의 재정구조의 관계와 관련하여 근본적으로 지적하지 않을 수 없는 것이, 바로 '사회보장에 있어서의 법의 우위' 문제이다. 이러한 논의는 사회보장의 법이념인 생존권의 논리보다는 그것의 실현수단인 경제의 논리가 더욱 지배하는 사회보장의 현실에서 제기된 것으로, 이는 구체적으로 사회보장을 경제나 재정의 배려에 종속시킨 나머지 한 국가의 경제적·재정적 사정이 사회보장을 정체시키고 그 법이념의 후퇴를 가져오는 사회보장의 위기현상에서 비롯된 것이다. 여기서 "인권의 논리가 경제(재정·시장)의 논리를 제약할 수 있어도, 경제의 논리가 인권의 논리를 제약하여서는 안된다."는 것이 사회보장에서의 법 우위론의 기본 입장이다. 즉, 생존권의 구체화를 위하여 한 국가의 경제나 재정은 오히려 사회보장의 실현·확보에 맞추어서 운영되어야 한다(이하, 上村政彦, "社會保障における法の優位", 林迪廣先生還曆祝賀論文集 「社會法の現代的課題」, 法律文化社, 1983, 339, 379~382면 참조).

63) 이러한 입법부작위나 불충분한 입법에 대해 사회적 기본권이 아닌 인간

법재판소가 공권력의 불행사에 대한 헌법소원을 인용할 경우, 피청
구인은 결정취지에 따라 새로운 처분을 하도록 규정하고 있기 때
문에(헌법재판소법 제75조 제4항 참조) 국가는 사회적 기본권 침해
에 대한 인용결정이 있는 때에는 관련 입법 및 구제조치를 해야 할
의무를 진다.[64]

우리 헌법상 헌법소원은 "헌법상 보장된 기본권의 침해를 받은
자"가 그 침해를 구제받기 위해 헌법재판소에 심판을 청구하는 제
도로서, 여기서 헌법상 보장된 기본권이란 "헌법이 직접 국민에게
부여한 주관적 공권, 즉 국민의 국가에 대한 헌법적 권리"를 말한
다.[65] 즉, 헌법에 의해 직접 보장된 "주관적 공권"만이 여기서 말하
는 기본권이므로 기본권규범이라 할지라도 개인에게 주관적 공권
을 부여하고 있지 아니한 경우에는 그 규범위반을 헌법소원청구의
기초로 삼을 수 없다. 이러한 점에 있어서 사회적 기본권의 주관적

의 존엄성 침해를 이유로 헌법소원을 제기하여야 하거나 우리 헌법재판
소법 제68조 제1항의 "헌법상 보장된 기본권"을 형식적인 의미로 파악하
여 사회적 기본권을 이에 포함시켜 직접 사회적 기본권의 "침해"를 이유
로 헌법소원을 제기할 수 있다는 견해가 있다(한수웅(1997), 75면, 각주 19)
참조). 이에 대하여는, 물론 인간의 존엄성 침해를 이유로 헌법소원을 제
기할 수는 있으나 사회적 기본권을 모두 제쳐 놓고 인간의 존엄성 침해
를 이유로 헌법소원을 제기한다는 것은 다소 무리한 주장이며, "헌법상
보장된 기본권"을 형식적인 의미로 파악하여 사회적 기본권을 여기에 포
함시켜 직접 사회적 기본권의 침해를 이유로 헌법소원을 제기한다면 이
는 사회적 기본권의 권리성을 인정한 것이라고 보아야 한다는 비판이 있
다(계희열, 앞의 책, 715~716면 각주 65) 참조).

64) 김철수, 앞의 책, 945면 참조. 다만, 구체적 권리설의 입장에서도 입법이
없는 경우 헌법을 근거로 직접 소구할 수 있다고까지는 보지 않는 것과
관련하여, 개개의 국민이 사회적 기본권을 근거로 법원이나 헌법재판소
에 국가의 적극적 침해행위의 배제를 구할 수 있는지는 논의의 여지가
있다고 본다.

65) 「헌법재판실무제요」, 헌법재판소, 2008, 232~233면 참조.

공권성, 즉 권리성을 부인하면서 일정한 경우 헌법소원을 제기할 수 있다는 객관설은 헌법소송의 이론적 측면에서 볼 때 문제가 있다.

V. 결론 - 사회적 기본권의 구체적 권리성 인정의 실천적 함의

우리나라에서 구체적 권리설을 주장하는 견해의 대부분은 현행 법체계상 그 권리성의 실정법적 징표를 주로 입법부작위에 대한 헌법소원에서 찾고 있으며, 구체적 입법이 없는 상태에서 헌법을 근거로 직접적으로 소구할 수 있다고까지는 보지 않는다. 그런데 앞에서 살펴본 바와 같이 이러한 주장은 소위 객관설의 입장에서도 제기되고 있는 것이다. 즉, 주관적 권리성의 인정여부를 불문하고 우리나라의 대부분의 학설은 일정한 경우 사회적 기본권의 침해를 이유로 입법부작위에 대한 헌법소원을 인정하고 있으며, 이 부분에 한해서는 다만 그 이론적 출발점을 달리하고 있는 데에 불과한 것으로 보인다.

그런데 사회적 기본권 침해에 대한 입법부작위에 대한 헌법소원 중 진정입법부작위에 대한 헌법소원의 인정이라는 것은 그 원칙적 의의는 별론, 예컨대 「국민기초생활보장법」과 같이 인간다운 생활을 할 권리와 관련된 입법이 상당히 마련되고 있는 오늘날에 있어서는 실천적으로 큰 의미를 갖기 어렵다. 한편 사회적 기본권과 관련된 부진정입법부작위에 대한 헌법소원 역시 인간다운 생활을 할 권리를 비롯한 사회적 기본권 전반에 대하여 인정되는 이른바 '광범위한 입법재량'으로 인해 기본권 보장의 실효적 수단으로는 작동되지 못하고 있다. 이는 헌법재판소 창설 이래 사회적 기본권의 침해를 이유로 한 입법부작위에 대한 헌법소원을 인용한 사례를 찾기 어렵다는 데에서도 암시되는 바가 있다.[66]

오늘날 사회적 기본권에 대한 구체적 권리성 인정의 실천적 함의 내지 과제는 실체법적 측면에서는 '권리'로서의 사회적 기본권의 구체적 내용 내지 보호영역을 규명하고, 소송법적 측면에서는 사회적 기본권의 '제한'에 대한 보다 충실한 사법심사 방안을 모색하는 데에 있는 것은 아닐까 생각한다. 즉 사회적 기본권의 법적 성격에 관한 종래의 논의의 실질적 의미는 사회적 기본권의 보호범위론이나 사회적 기본권 제한에 대한 사법심사론[67] 영역에서 본격적으로 발현될 수 있을 것이며, 그 결실은 구체적 입법이나 사법심사의 장에서의 보장수준이나 심사강도의 모습으로 확인될 수 있을 것이다.

이는 헌법재판 실무의 경우도 마찬가지이다. 헌법재판소는 앞에서 소개한 「1994년 생계보호기준 위헌확인」사건에서 국가 스스로 설정한 '최저생계비'마저도 결국 인간다운 생활을 보장하기 위한 '객관적 내용의 최소한'이 아니라고 판단하였는바,[68] 이는 권리로서

---

66) 이는 입법뿐만 아니라 행정 영역의 경우에도 마찬가지다. 일례로, 헌법재판소는 보건복지부장관이 저상(低床)버스를 도입하지 않은 부작위가 인간다운 생활을 할 권리를 침해한다는 헌법소원심판청구를 각하한 바 있다(헌재 2002. 12. 18. 2002헌마52, 판례집 14-2, 904).

67) 사회적 기본권에 대한 사법심사에 관한 연구로는, 정태호, "원리모델에 의한 사회적 기본권 침해여부의 판단기준 및 심사구조", 「헌법학연구」제13권 제3호, 2007; 전광석, "사회적 기본권과 헌법재판", 「헌법논총」제19집, 2008; 한상희, "사회권과 사법심사 - 여전히 "생성중인 권리"의 복권을 위하여 -", 「공법연구」제39집 제1호, 2010; 정극원, "헌법재판에서의 사회적 기본권의 심사기준과 그 적용", 「세계헌법연구」제17권 2호, 2011; 한수웅, "사회복지의 헌법적 기초로서 사회적 기본권 - 사회적 기본권의 개념과 법적 성격을 중심으로 - ", 「헌법학연구」제18권 제4호, 2012; 지성수, "헌법재판소의 사회적 기본권에 대한 심사방법과 심사기준", 「헌법논총」제24집, 2013 등 참조.

의 사회적 기본권의 내용에 대한 구체적인 규명 작업 없이 광범위
한 입법재량론에 입각하여 사회적 기본권의 구체적 권리성을 사실
상 형해화시킨 대표적 사례로 볼 수 있다.[69] 모든 기본권 향유의
전제가 된다고 볼 수 있는 최저생활보장 기준에 대한 사법심사에
서 인간다운 생활을 할 권리의 구체적 권리성은 실질적으로 고려
되어야 하며, 그렇지 않을 경우 헌법상 사회적 기본권 보장의 취지
는 사실상 몰각될 것이다.

개별 사회적 기본권의 구체적 내용 규명과 헌법상 사회적 기본
권 보장의 취지를 실질적으로 담보할 수 있는 사법심사 내지 위헌
심사기준 모색을 위한 연구작업은 앞으로의 과제로 남기기로 한다.

---

68) 헌법재판소는 「1994년 생계보호기준 위헌확인」사건에서, 헌법재판소가
결정문에서 언급한 각종 급여와 부담감면을 모두 고려한 산정액이 당시
의 최저생계비에 크게 미치지 못함에도 불구하고(당시 이 사건 청구인과
같이 서울에 거주하는 70세 이상 노인의 경우 헌법재판소가 제시한 모든
급여와 감면액을 감안하여 보호수준의 최대치를 산정한다 하더라도 총
급여수준은 월99,683원(생계보호 65,000 + 월동대책비 61,000×1/12 + 노령
수당 15,000 + 버스승차권 3,600 + 상하수도기본사용료감면액 2,500 + 텔레
비젼수신료면제액 2,500 + 전화사용료 면제액 6,000, 원미만 버림)에 불과
하였으며, 이는 헌법재판소가 들고 있는 2인이 1가구를 구성하는 경우의
1994년도 1인당 최저생계비(대도시의 경우) 금190,000원에 크게 못 미치는
금액이었음) 이에 대한 아무런 구체적 기준의 제시도 없이 곧바로 최저
생계비에 미치지 못하는 생계보호수준이 인간다운 생활을 보장하기 위
하여 국가가 실현해야 할 객관적 내용의 최소한도의 보장에도 이르지 못
하였다거나 헌법상 용인될 수 있는 재량의 범위를 명백히 일탈하였다고
보기 어렵다고 판단하였다(헌재 1997. 5. 29. 94헌마33, 판례집 9-1, 555~556
면 참조).
69) 전광석교수는 이 결정이 "인간다운 최저생활에 관한 권리를 구체적인 기
본권으로 인정함으로써 헌법적 기대를 저버리지 않았지만 실현의 방법
론적 다원성이라는 실체법적으로는 내용 없는 논리를 제시하여 구체적
인 청구권성을 다시 부인하는 결과가 되었"다고 지적하였다(전광석, 앞
의 글, 752면).

〈참고문헌〉

강경근, "사회적 기본권의 공권으로서의 성격", 고시계, 43권 11호, 1998. 11.

계희열, 헌법학(중), 박영사, 2007.

구병삭, 신헌법원론, 박영사, 1996.

권영성, 헌법학원론, 법문사, 2009.

김경수, 생존권적 기본권으로서의 사회보장수급권에 관한 연구, 서울대학교 석사학위논문, 1992.

김문현, "인간다운 생활을 할 권리의 법적 성격", 판례월보 332호, 1998. 5.

김선택, "인간다운 생활을 할 권리의 헌법규범성 - 생계보호기준결정: 헌법재판소 1997. 5. 29. 선고, 94헌마33결정 -", 판례연구 제9집, 1998.

김욱, "인간다운 생활을 할 권리", 허영박사화갑기념논문집, 한국에서의 기본권이론의 형성과 발전, 1997.

김종보, 기본권의 객관적 규범성에 관한 연구 - 사회적 기본권의 법적 성격을 중심으로 -, 부산대학교 법학박사학위논문, 2009.

김종수, "최저생활보장기준", 이흥재 편저, 사회보장판례연구, 법문사, 2010.

김철수, 헌법학개론, 박영사, 2007.

문홍주, 한국헌법, 해암사, 1988.

박일경, 신헌법, 법경출판사, 1990.

성낙인, 헌법학, 법문사, 2014.

이흥재, "노동기본권과 사회보장수급권의 실효성", 서울대 법학, 109호, 1998.

장영수, 헌법학, 홍문사, 2010.

전광석, "사회적 기본권과 헌법재판", 헌법논총, 제19집, 2008.

정만희, 헌법강의 I, 동아대학교 출판부, 2011.

정종섭, 헌법학원론, 박영사, 2011.

정태호, "원리(Prinzip)로서의 사회적 기본권: R. Alexy의 원리모델(Prinzipienmodel) 을 중심으로", 淸庵 정경식박사화갑기념논문집, 법과 인간의 존엄, 1997.

정태호, "사회적 기본권과 헌법재판소의 판례", 헌법논총, 제9집, 1998.

정태호, "원리모델에 의한 사회적 기본권 침해여부의 판단기준 및 심사구조", 헌법학연구, 제13권 제3호, 2007.

한병호, 인간다운 생존의 헌법적 보장에 관한 연구 - 구체적 권리로서의 실현가능성을 중심으로 - , 서울대학교 박사학위논문, 1993.

한병호, "사회적 기본권 50년", 헌법학연구, 제4집 제1호, 1998.

한수웅, "헌법소송을 통한 사회적 기본권 실현의 한계", 인권과 정의, 1997. 1.

한수웅, "사회복지의 헌법적 기초로서 사회적 기본권 – 사회적 기본권의 개념과 법적 성격을 중심으로 - ", 헌법학연구, 제18권 제4호, 2012

허영, 한국헌법론, 박영사, 2012.

헌법재판소, 헌법재판실무제요, 2008.

홍기태, "'인간다운 생활을 할 권리'와 국민기초생활보장법의 헌법적 의의", 법조, 통권 531호, 2000. 12.

홍성방, 헌법학, 현암사, 2008.

홍성방, "인간다운 생활을 할 권리(최저생활을 보장 받을 권리)", 헌법재판 주요선례연구 3, 헌법재판연구원, 2013.

上村政彦, "社會保障における法の優位", 林迪廣先生還曆祝賀論文集, 社會法の現代的課題, 法律文化社, 1983.

국제인권법과
사회권

제 2 부

국제인권재판에서 사회권의 문제:

유럽인권재판소를 중심으로

김 성 진*

I. 들어가며

국제인권재판의 근거 규범인 국제인권법은 전통적인 국제법적인 관점에서 이질적인 규범이다. 전통적으로 국제법의 유일한 권리, 의무 관계의 주체는 국가였다. 개인은 국제법의 관심사가 아니었으며 직접적으로 어떠한 권리를 가질 수도 없었다. 그러나 제2차 세계대전의 참혹한 인권 침해는 인권의 문제를 더 이상 한 국가의 배타적인 규율 영역으로 남겨 놓아서는 안 된다는 뒤 늦은 후회를 남겼다. 이에 어떠한 국가도 뺏어갈 수 없는 개인의 보편적 권리로서의 인권을 상정하고, 이의 실질적 보장을 위한 감시체계로서의 국제인권법이 탄생, 발전해 왔다.[1]

국제인권법은 개별 인권규약에서 이의 준수 여부를 감시하는 기구[2]를 두고 개별국가들이 이들과 상호작용하는 방식으로 이루어진

---

* 헌법재판소 국제심의관 겸 헌법재판연구원 비교헌법연구팀장(헌법연구관)
 1) 이것이 국내적으로는 헌법재판의 활성화로 이어졌다.
 2) 예를 들어, 자유권 규약상 인권이사회(Human Rights Committee), 사회권 규약의 이사회(Committee on Economic, Social and Cultural Rights), 인종차별철폐

다. 구체적인 운용 방식으로는, 국가보고제도(state reporting system), 국가 간 청원제도(inter-state petition system), 개인청원제도(individual petition system) 등이 있다. 그러나 자신의 권리를 침해당한 개인이 이의 회복을 위해 강제력 있는 판결을 구하는 것을 사법적 재판으로 보았을 때, 국제인권법상 이러한 의미의 재판을 찾기는 쉽지 않다. 특히 상대적으로 일찍이 개인청원제도가 도입된 자유권 관련 조약들과 달리 사회권 관련 조약에 있어서의 이러한 움직임은 더디고 환영받지 못했다.[3] 또한 개인청원제도를 인정한다 하더라도 이를 심사하는 기관의 결정이 강제성을 갖지 못하고 권고적 성격에 그치는 경우가 많아 이를 국제인권'재판'이라고 부르기에는 무리가 있다.

이러한 의미에서 유럽인권재판소의 경험은 국제인권재판에 있어 독특하고 유익한 모델이다. 유럽인권재판소는 1959년 비상설 재판소로 설립되어 1998년 가입국 모두에 대한 강제관할권을 가지며 개인청구권이 인정되는 상설 재판소로 되기까지 약 40년의 시간이

협약상 이사회(Committee on the Elimination of Racial Discrimination), 여성차별 철폐협약상 이사회(Committee on the Elimination of Discrimination against Women), 아동권리이사회(Committee on the Rights of the Child), 고문방지협약상 이사회(Committee against Torture) 등이 있다.

3) 164개국이 가입되어 있는 '경제적, 사회적 및 문화적 권리에 관한 국제규약'('사회권 규약')만 하더라도 개인청원제도에 대해서는 오직 21개국만이 가입하였을 뿐이다. 기본적으로 국가를 잠재적 위협으로 보아 국가에 의한 간섭의 배제를 1차적 목표로 하였던 자유권 관련 규약들과 달리(이에 따라 국가는 규약에 규정된 특정한 행위를 하지 말아야 하는 소극적 의무(negative obligation)를 부담하게 된다), 사회권 관련 규약은 국가에게 개인의 생존에 필요한 기본적인 물질적 조건을 제공토록 요구함으로써(이에 따라 국가는 특정한 행위를 하여야 하는 적극적 의무(positive obligation)를 부담하게 된다) 국가에게 더 큰 부담으로 작용하였고 특히 이의 이행 여부에 대하여 개인이 제기한 청원에 대하여 심사할 수 있는 개인청원제도에는 더 소극적이었다.

필요하였다. 또한 한 해 약 6만 건 이상이 접수되어 약 5만 건 이상씩 처리되는 가장 활발한 인권재판소이기도 하다.[4] 특히 자유권을 규율하기 위해 설립되었지만 사회권 분야까지 그 판단의 범위를 넓혀 오고 있다. 이하에서는 유럽인권재판소의 개략적인 모습을 살펴본 후, 유럽인권재판소에 의해 사회권이 어떻게 보호되고 있는지를 그 실례를 통해 살펴보기로 한다.

II. 유럽인권협약과 유럽인권재판소[5]

1. 성립 배경

제2차 세계대전의 공포와 충격을 겪은 후, 두 차례에 걸쳐 세계대전의 발원지가 되었고 가장 큰 피해를 입었던 유럽 국가들에게 유럽의 평화를 보장해줄 수 있는 시스템의 구축은 선택의 문제가 아니라 생존의 문제였다. 이에 지금까지 두 가지 큰 줄기로 이러한 시스템이 운용, 발전되어왔다.

제2차 세계대전 후, 하나의 개별국가가 독자적으로 전쟁을 수행할 수 있는 물질적 토대가 되는 산업, 즉 석탄 및 철강을 비롯한 중공업을 국가 간에 공유케 함으로써 유럽의 평화를 구현하려고 했

---

4) 접수 사건이 2011년 64,400건, 2012년 64,900건, 2013년 65,800건으로 정점을 찍은 후 2014년 56,200건, 2015년 40,650건의 사건이 접수되었다. 같은 기간 2011년 52,188건, 2012년 87,879건, 2013년 93,401건, 2014년 86,068건, 그리고 2015년에는 45,576건이 처리되었다.

5) 필자의 졸고 '유럽인권재판소를 통해 살펴본 지역인권보장체계', 헌법학연구 제21권 제1호, 2015. 3., 1~48면 일부 내용을 수정, 요약하여 발췌하였음을 밝힌다.

던 것6)이 현재 연방제적 성격의 단일국가로의 이행 과정에 있는 유럽연합(European Union)이다. 이 모델은 경제적 기반을 공유케 함으로써 개별국가에 나타날 수 있는 국수주의 정권의 위협을 통제하려는 시도였으며 여기에는 현재 유럽 28개국이 가입되어 있다.

　이러한 통합국가 모델에 우호적이지 않았던 영국의 주도 하에 유럽의 항구적 평화를 위한 국가 간 기구(inter-governmental organization)로 만들어진 것이 프랑스 스트라스부르에 본부를 두고 있는 유럽평의회(Council of Europe)이다. 유럽평의회가 취한 방법은 개별국가의 자기 통제 능력을 불신하여 유럽의 공통된 가치로 추구하는 인권 및 민주주의, 법치주의에 대한 공동의 감시 체제(monitoring system)를 구축하는 것이었다.

　여기서 무엇보다도 중요한 역할을 수행하고 있는 것이 유럽인권협약(European Convention on Human Rights) 위반을 이유로 개인이 개별국가의 공권력 행사를 직접 유럽인권재판소(European Court of Human Rights)에 제소할 수 있는 개인청구권이다. 여기에는 제2차 세계대전을 일으켰던 나치정권이 유태인에 대한 차별정책을 시작하였을 때, 이에 대한 경고음을 울리고 대학살을 미연에 방지하지 못했던 국제적 시스템의 부재(不在)에 대한 반성이 담겨 있다.7) 개별국가의 아무리 선출된 권력이라 할지라도 이것이 넘어서서는 안 되는 공통의 가치를 지키는 것, 유럽인권재판소가 유럽의 헌법재판소로 불리는 이유이기도 하다.8) 여기에는 현재 EU 28개국을 포함하

---

6) The Schuman Declaration - 9 May 1950.

7) Daniel Moeckli, Sangeeta Shah, & Sandesh Sivakumaran, INTERNATIONAL HUMAN RIGHTS LAW Second Edition(Oxford University Press, 2014) 418면; Michael O'Boyle and John Darcy, The European Court of Human Rights: Accomplishments, Predicaments, and Challenges, GERMAN YEARBOOK OF INTERNATIONAL LAW Volume 52(DUNCKER & HUMBLT, 2010) 141면 참조.

8) D. J. HARRIS, M. O'BOYLE, E.P. BATES & C. M. BUCKLEY, Law of the European

여 유럽의 거의 모든 국가인 47개국이 회원국으로 가입되어 있다.[9]

2. 유럽인권협약의 보호 권리 및 이의 확장

(1) 유럽인권협약의 내용

위와 같은 역사적 배경을 가지고 유럽인권재판소의 모(母)기관인 유럽평의회가 1949년 5월 5일 런던협약(Treaty of London)이라고도 불리는 유럽평의회 규약(Statute of Council of Europe)에 의해 설립되었다.[10] 유럽평의회의 첫 번째 인권규약인 유럽인권협약[11]은 1950년 11월 4일 채택되어 1953년 9월 3일 유럽인권협약의 발효 요건인 10개국의 비준으로 발효되었다. 유럽평의회에 의해 유럽인권협약이 만들어졌으나 이제 유럽평의회에 가입하기 위해서는 반드시 유럽인권협약을 비준하여야 한다.[12] 유럽인권협약은 1950년에 만들어진 후 여러 차례 후속 의정서를 통해 보호 권리를 확장해 왔다.

유럽인권협약은 제1조[13]에서 협약 당사국은 자신의 관할에 속

Convention on Human Rights Third Edition(Oxford University Press, 2014) 4면.

9) EU가 28개국 약 5억 명의 사람에게 영향을 미친다면 유럽평의회는 47개국 약 8억 명의 사람에게 영향을 미친다. 유럽국가 중에서 유럽평의회에 가입하지 않은 국가로 벨라루스와 카자흐스탄이 있으나 이들 국가들은 민주주의나 인권의 기준이 유럽평의회의 기준에 부합되지 않는다는 이유로 가입을 거부당한 경우이다.

10) 유럽평의회는 10개국(벨기에, 덴마크, 프랑스, 아일랜드, 이탈리아, 룩셈부르크, 네덜란드, 노르웨이, 스웨덴, 영국)으로 출발하여 1989년도에는 회원국이 22개국까지 늘어났고 소련의 붕괴와 더불어 동유럽의 신생 독립국들이 대거 가입함에 따라 현재 47개 회원국으로 구성되어 있다.

11) 유럽인권협약의 공식 명칭은 '인권과 기본적 자유의 보호를 위한 유럽협약'(European Convention for the Protection of Human Rights and Fundamental Freedoms)이다.

12) Council of Europe Parliamentary Assembly Resolution 1031(1994) 9번째 단락.

13) Article 1. Obligation to respect human rights

하는 모든 사람들(everyone)에게 협약에 규정된 권리와 자유를 보장(secure)하도록 규정하고 있다. 이 조문은 2가지 점에서 유럽인권재판소의 판례에 두드러진 특징을 만들어 냈다.

먼저 협약 당사국의 협약 준수의무는 자신의 관할에 속하는 모든 사람들에 대한 것이다. 따라서 협약 당사국의 국민뿐만 아니라 협약 당사국의 관할에 속하는 모든 사람들이 협약 위반을 이유로 유럽인권재판소에 제소할 수 있다. 유럽인권재판소는 2003년 이라크 침공 후 이라크 중남부의 치안을 담당하고 있던 영국이 그곳에서 발생한 영국군에 의한 이라크 민간인들에 대한 의문의 죽음에 대하여 이라크인들(희생자의 가족들)이 제기한 사건에서 영국이 의문사에 대하여 독립적이고 효율적인 조사를 하지 않았다며 유럽인권협약 제2조 생명권 보호를 위한 적극적 보호의무를 위반하였다는 판단과 함께 배상금 지급을 명하였다.14) 또한 2012년 2월 23일 선고된 Hirsi Jamaa 사건에서는 이탈리아가 리비아를 떠나온 난민들을 공해상에서 억류하여 리비아로 돌려보내면서 이들에 대한 국제법상 난민지위에 대한 어떠한 확인도 하지 않고 비인간적인 처우에 처해질 가능성이 높은 리비아로 돌려보낸 것이 유럽인권협약 제3조의 비인간적 처우의 금지를 위반한 것이라고 판단하면서 역시 이탈리아에 대하여 배상을 명하였다.15) 이 사건 역시 난민들에 의해서 제기된 사건이었다.

The High Contracting Parties shall secure to everyone within their jurisdiction the rights and freedoms defined in Section 1 of this Convention.

14) *Al-Skeini and Others v. the United Kingdom* [GC], no. 55721/07, 7 July 2011. 이와 유사한 사건으로 네덜란드군의 이라크 내 활동과 관련하여 동일한 이유로 협약 위반을 판단하였다(*Jaloud v. the Netherlands* [GC], no. 47708/08, 20 November, 2014).

15) *CASE OF HIRSI JAMAA AND OTHERS v. ITALY* [GC], no. 27765/09, 23 February 2012.

두 번째 특징은 유럽인권협약 제1조의 보장(secure)이라는 표현을 통해 협약상 권리의 보장을 위한 당사국의 적극적 의무(positive obligation)를 도출해 냈다는 것이다.[16] 즉, 협약 당사국이 협약상 권리를 침해하지 않을 소극적 의무(negative obligation)를 가질 뿐만 아니라 적극적인 행위를 통하여 이를 보호하여야 한다는 것이다. 1979년 선고된 두 건의 사건(Marckx v. Belgium[17]과 Airey v. Ireland[18])에서 시작되어 1985년 X and Y 사건[19]을 거치면서 확립된 적극적 보호의무에 대한 판결은 초기에 유럽인권협약 제8조 사생활과 가족생활의 보호에 대한 논의로 시작하였다. 그러나 1990년대 들어 제2조 생명권, 제3조 고문(비인도적 처우)의 금지를 중심으로 확장되기 시작하여 현재에는 제10조 표현의 자유, 제11조 집회의 자유 등 모든 조문에 적용되고 있다. 더욱이 이것은 사인(private person) 간의 관계로까지 확장되고 있다. 즉 유럽인권협약상의 인권 침해가 사인에 의하여 발생하였다 하더라도 국가가 나서서 적극적으로 그러한 침해에 대처하여야 한다는 것이다. 예를 들어 Plattform "Ärzte für das Leben" v. Austria 사건에서 국가는 사인에 의한 집회의 방해에 대해서도 집회 참석자가 유럽인권협약상 집회의 권리를 보장 받을 수 있도록 합리적이고 적절한 조치를 취해야 한다고 판단하였다.[20] 나아가 유럽인권재판소는 전통적인 국가의 역할을 민간에 넘기는 민영화에 있어서도 단순히 행위 주체가 민간으로 바뀐다고 하여 국가의 책임이 면해지는 것은 아니라고 보았다.[21]

---

16) 이에 대해서는 김성진, 법률신문 2012년 5월 7일자 10면 '인권보호를 위한 국가의 적극적 작위의무' 참고.

17) *Marckx v. Belgium*, no. 6833/74, 13 June 1979.

18) *Airey v. Ireland*, no. 6289/73, 9 October 1979.

19) *X and Y v. the Netherlands*, no. 8978/80, 26 March 1985.

20) *Plattform "Ärzte für das Leben" v. Austria*, no. 10126/82, 21 June 1988.

21) *Costello-Roberts v. the United Kingdom*, no. 13134/87, 25 March 1993; *WOŚ v.*

유럽인권협약 제2조에서 제14조까지는 실체적 권리를 규정하고 있다. 제2조는 생명권(Right to life), 제3조는 고문(비인도적 처우)의 금지(Prohibition of torture), 제4조는 노예 및 강제노동의 금지(Prohibition of slavery and forced labour), 제5조는 신체의 자유와 안전에 대한 권리(Right to liberty and security), 제6조는 공정한 재판을 받을 권리(Right to a fair trial), 제7조는 죄형법정주의(No punishment without law), 제8조는 사생활과 가족생활을 존중받을 권리(Right to respect for private and family life), 제9조는 사상, 양심, 종교의 자유(Freedom of thought, conscience and religion), 제10조는 표현의 자유(Freedom of expression), 제11조는 집회 및 결사의 자유(Freedom of assembly and association), 제12조는 혼인할 권리(Right to marry), 제13조는 실효적 구제를 받을 권리(Right to an effective remedy), 마지막으로 제14조는 차별의 금지(Prohibition of discrimination)를 각각 규정하고 있다. 유럽인권협약 제14조 차별의 금지는 협약에 규정된 권리와 자유의 향유에 있어서의 차별의 금지를 말하는 것이지 일반적인 법률의 적용에 대한 모든 차별의 금지를 말하는 것은 아니라는 점에 유의해야 한다.[22]

(2) 후속 의정서의 내용

유럽인권협약의 후속 의정서는 지금까지 14차례 있었으나 이 중

POLAND, no. 22860/02, 8 June 2006 등 참조.

22) 따라서 유럽인권재판소의 차별 금지의 판단은 먼저 관련된 협약상 권리와 자유에 대한 실체적 판단이 있은 후 부가적인 형태로 이루어진다는 점에서 우리나라 헌법에서와 같이 실체적 기본권과 평등권이 상호 독립적으로 판단되는 것과 차이를 보인다. 유럽인권협약상 차별의 일반적인 금지는 2000년에 체결되어 2005년 발효된 제12의정서에 의해 비로소 보장되기 시작하였다. 그러나 지금(2016년 11월 7일)까지 이 후속 의정서에는 19개국만이 가입되어 있을 뿐이다.

실체적인 권리가 확장된 것은 제1의정서, 제4의정서, 제6의정서, 제7의정서, 제12의정서, 제13의정서로 총 6차례 있었다. 이러한 후속 의정서에는 이에 가입한 국가만 구속받는다.

1952년 3월 20일 채택되어 1954년 5월 18일 발효된 제1의정서는 재산권의 보호(Protection of property), 교육받을 권리(Right to education), 자유선거의 권리(Right to free elections)를 보장한다. 제1의정서에는 2016년 11월 현재 유럽평의회 대부분의 국가인 45개국이 가입되어 있다.23) 1963년 9월 16일 체결되어 1968년 5월 2일 발효된 제4의정서는 채무로 인한 구금의 금지(Prohibition of imprisonment for debt), 이동의 자유(Freedom of movement), 자국민 추방의 금지(Prohibition of expulsion of nationals), 외국인 집단추방의 금지(Prohibition of collective expulsion of aliens)를 규정하고 있으며 2016년 11월 현재 43개국이 비준하였다.24)

제6의정서와 제13의정서는 사형제의 폐지를 규정(제6의정서는 전시의 사형은 제외, 제13의정서는 모든 상황에서의 사형폐지)하고 있다. 1984년 11월 22일 체결되어 1988년 11월 1일 발효된 제7의정서는 외국인 추방에 관한 절차적 보장(Procedural safeguards relating to expulsion of aliens), 형사사건에 대하여 상소할 권리(Right of appeal in criminal matters), 형사사건 오심 판결에 대한 배상(Compensation for wrongful conviction), 일사부재리(Right not to be tried or punished twice)를 규정하고 있으며 2016년 11월 현재 44개국이 가입되어 있다.25)

마지막으로 2000년 11월 4일 체결되어 2005. 4. 1. 발효된 제12의정서는 앞에서 잠시 살펴본 바와 같이, 일반적인 차별의 금지(General prohibition of discrimination)를 규정하고 있다. 유럽인권협약

---

23) 모나코와 스위스만 가입되어 있지 않다.
24) 그리스, 스위스, 터키, 영국이 가입되어 있지 않다.
25) 독일, 네덜란드, 영국이 가입되어 있지 않다.

제14조가 '이 협약에 규정된 권리와 자유의 향유'(enjoyment of the rights and freedoms set forth in this Convention)에 대한 차별을 금지하고 있는 반면, 제12의정서는 제1조 제1항에서 '법에 규정된 모든 권리의 향유'(enjoyment of any right set forth by law)에 있어 차별이 안 된다고 규정하고 있으며, 동조 제2항에서는 '어느 누구도 공공당국에 의해 차별 받아서는 안 된다'고 규정(no one shall be discriminated against by any public authority)하고 있다.[26] 이에 대해서는 그 규정이 지나치게 광범위하게 적용될 위험이 있다는 각국 정부의 반발[27]이 있었으며 이에 따라 2016년 11월 현재 오직 19개국만이 비준하고 있을 뿐이다.[28]

(3) 유럽인권협약과 유럽사회권헌장

UN 인권보호체계가 자유권 규약과 사회권 규약으로 크게 나뉘어져 있는 것처럼[29] 유럽인권보호체계에 있어서도 자유권을 규정

---

26) 제12의정서 제1조 제1항과 제2항은 상호 보완적이다(제12의정서 Explanatory Report 단락 29).

27) 예를 들어 영국 정부의 경우, 이 의정서에서 규정한 '법에 규정된 권리'라는 것이 법률뿐만 아니라 판례법으로까지 적용될 수 있으며 나아가 영국이 당사국인 다른 국제협약으로까지 확대될 위험이 있다는 지적을 하였다(영국 의회 2004~2005 회기 Joint Committee On Human Rights - Seventeenth Report, 3. Instruments and Protocols not yet ratified 단락 31).

28) 유럽평의회 조약 관련 홈페이지(2016년 11월 7일 방문) (http://www.coe.int/en/web/conventions/full-list/-/conventions/treaty/177/signatures?p_auth=OUpig3i7)

29) 자유권을 강조하는 서구적 이데올로기와 사회권을 강조하는 소련을 중심으로 한 공산권 이데올로기는 UN 초기부터 계속 충돌하였으며 관련 UN 인권협약을 제정하는 과정에서도 영향을 미쳤다. 그러나 이러한 분류에 대하여 많은 비판이 있었으며 UN은 여러 차례 공식적으로 인권은 보편적(universal)이며 나누어질 수 없고(indivisible), 상호 밀접한 관련이 있으며(interrelated), 상호의존적(interdependent)이라는 점을 강조해 오고 있다

하고 있는 유럽인권협약과 사회권을 규정한 유럽사회권헌장으로 내용에 따라 구별된다.[30] UN 자유권 규약과 사회권 규약이 규정 형식과 이행 방식에서 차이가 있듯이[31] 유럽인권협약과 유럽사회권헌장도 차이를 보인다.

먼저, 유럽사회권헌장(European Social Charter, 1961년 10월 18일 체결되어 1965년 2월 26일 발효된 유럽사회권헌장은 1996년 5월 3일 개정 규약이 채택되어 1999년 7월 1일 발효되었는데 이하에서는 개정된 유럽사회권헌장을 의미)[32]은 제1조 일할 권리(The right to work)부터 제31조 주거권(The right to housing)까지 총 31개의 사회·경제적 권리로 구성되어 있다. 유럽사회권헌장에 가입하기 위해서는 중요한 9개의 권리[33] 중 최소한 6개를 받아들여야 하며, 실체적 권

(UN 총회 결의 60/251(2006) 서문 단락 3 등).

30) 이와 달리 아프리카 인권헌장(African Charter on Human and Peoples' Rights)은 자유권과 사회권을 하나의 문서에 같이 보장하고 있으며 미주인권협약(American Convention on Human Rights)은 협약 자체에서는 자유권만을 보장하고 있으나 후속 의정서를 통해 사회권을 추가하였다.

31) UN 자유권 규약과 사회권 규약은 보장하고 있는 권리의 내용적 차이 이외에도 그 이행 감시 방법에 있어 자유권 규약은 개인청원제도를 주로 활용하고 있는 반면, 사회권 규약은 국가보고제도에 주로 의존하고 있다는 차이가 있다.

32) 개정전 유럽사회권헌장에는 27개국이 가입되어 있었으나 개정된 유럽사회권헌장에는 34개국이 가입하였다(유럽평의회 47개국 중 43개국이 개정전 헌장, 개정후 헌장, 또는 양쪽 모두에 가입한 상태임). 또한 내용적인 면에서도 개정전 헌장은 18개 권리를 규정하고 있는 반면, 개정후 헌장은 31개로 보호되는 권리가 대폭 늘어났다.

33) 제1조 일할 권리(The right to work), 제5조 고용주 및 노동자의 단결권(The right to organise), 제6조 단체협약권(The right to bargain collectively), 제7조 아동과 청소년에 대한 고용상 특별한 보호(The right of children and young persons to protection), 제12조 사회보장권(The right to social security), 제13조 사회적, 의학적 조력을 받을 권리(The right to social and medical assistance), 제16조 사회적, 법적, 경제적 보호를 받을 가족의 권리(The right of the family to social, legal and economic protection), 제19조 이주 노동자와 그 가족

리 31개 중 최소한 16개를 받아들여야 한다. 이와 같이 가입국이 특정한 권리를 선택하여 가입할 수 있는 것이 유럽사회권헌장의 특징이며 유럽평의회에 가입하기 위해서는 반드시 유럽인권협약을 비준하여야 하나 유럽사회권헌장에는 반드시 가입할 필요는 없다.

또한, 유럽인권협약과 달리 이행 감시를 위한 사법적 기구가 존재하지 않으며 개인청구권도 인정되지 않는다. 그 대신 유럽사회권헌장의 이행 감시를 위한 기구로 15명의 독립적이고 공정한 전문가로 구성된 유럽사회권위원회(European Committee of Social Rights)가 있으며 가입국들이 정기적으로 제출하는 보고서를 통해 이행을 감시하고 있다. UN 사회권 규약이 개인청구제도를 도입한 것과 유사하게 유럽사회권헌장에서도 1995년 후속 의정서를 통해 집단청구제도(System of Collective Complaints)[34]를 도입하였으나 2016년 11월 현재 15개국만이 가입되어 있는 상황이다.[35]

그러나 위와 같이 유럽인권협약과 유럽사회권헌장이 구분되어 있지만 유럽인권재판소는 유럽인권협약의 적극적인 해석을 통해 사회권까지 그 보호 범위를 확대해 왔다. 예를 들어, Panaitescu v. Romania 사건에서 국내법상 무상의료의 혜택을 받을 수 있었던 청구인이 암치료를 위해 국가에게 특정 약품의 무상 제공을 요구하였으나 보건당국이 이 약품이 무상으로 제공될 수 있는 약품 목록에 포함되어 있지 않다는 이유로 이를 거부하자 유럽인권재판소에

이 보호와 조력을 받을 권리(The right of migrant workers and their families to protection and assistance), 제20조 고용과 직업에 있어 성적 차별 없이 동등한 기회와 처우를 받을 권리(The right to equal opportunities and equal treatment in matters of employment and occupation without discrimination on the grounds of sex).

34) 개인이 청구할 수 없는 대신 고용주 단체나 노동조합, NGO 등이 청구할 수 있다.

35) UN 사회권 규약의 개인청구제도에 가입된 국가도 21개국에 불과하다.

제소하였다. 이 사건에서 유럽인권재판소는 청구인이 요구한 이 약품이 청구인의 암치료에 효과가 있다는 점을 인정하는 한편, 유럽인권협약의 인권보호는 실질적(practical), 실효적(effective) 보호라는 점을 다시 한 번 강조하면서, 국가의 예산 부족이 이러한 보호의 결여에 대한 변명(excuse)이 될 수 없는 것처럼, 정부 당국이 약품목록이라는 형식적, 관료적 이유(bureaucratic grounds)로 생명권의 실질적, 실효적 보호를 거부할 수는 없다고 판단하였다.[36]

유럽인권재판소는 유럽인권협약 제2조의 생명권뿐만 아니라 제3조에서 금지한 '비인간적이고 모멸적인 처우'(inhuman or degrading treatment)의 해석, 제8조에서 보호하고 있는 사생활 및 가족생활의 존중, 제14조 차별의 금지 등을 통하여 자유권을 매개[37]로 사회권에 대해서도 그 보호의 범위를 확대해 왔다.[38]

---

36) *Panaitescu v. Romania*, no. 30909/06, 10 April 2012. 이와 같이 생명권을 통해 의료보건권 위반을 판단한 경우로 2014년 7월 17일 선고된 *Centre for Legal Resources on behalf of Valentine Câmpeanu v. Romania* [GC], no. 47848/08 참고 (세계헌법재판동향 2014년 제6호, 헌법재판연구원, 3~9면에 소개, 후술할 예정임).

37) 이와 같은 현상은 헌법상 자유권만을 규정하고 사회권을 규정하고 있지 않거나 선언적으로만 규정한 경우에 헌법재판에서도 자주 나타나는데 독일 연방헌법재판소가 인간의 존엄권에 대해 '인간의 존엄성을 위한 최소한의 생존을 보장하는 권리'라고 보거나(BVerfGE 125, 175; BVerfGE 132, 134, 세계헌법재판동향 2013년 제2호, 헌법재판연구원, 9~14면에 소개), 인도 대법원이 생명권을 '최소한의 물질적 필요의 제공'을 포함하는 것으로 본다거나(Francis Coralie Mullin v. The Administrator, Union Territory of Delhi (1981) 2 SCR 516, 529 B-F), 미국 연방대법원이 사회권의 보장을 위해 평등권을 이용하는 사례들이다(헌법재판과 사회권에 대해서는 김성진, 법률신문 2013년 11월 14일자 14면 '헌법재판과 복지' 참고).

38) 이의 구체적인 내용에 대해서는 Ana Gómez Heredero, Social security as a human right: The protection afforded by the European Convention on Human Rights, Human rights files, No.23(Council of Europe Publishing, 2007) 참고.

III. 유럽인권재판소에 의한 사회권의 보장

1. 보호되는 권리의 종류[39)]

(1) 건강권(Right to health)

유럽인권재판소는 유럽인권협약 제2조 생명권(Right to life), 제3조 비인간적인 처우(inhuman or degrading treatment)의 금지, 제8조 사생활과 가족생활을 존중받을 권리(Right to respect for private and family life)에서 각각 건강권을 도출해 내고 있다.

유럽인권재판소는 원자력 발전소에 근무하는 근로자의 방사능 노출과 그들 자녀들에게 발생한 백혈병 사이의 인과 관계가 문제된 1998년 L.C.B. 사건에서 비록 본안은 기각되었지만 건강권을 제2조 생명권에 근거하여 판단하였다.[40)] 또한 2002년 Calvelli and Ciglio 판결에서 유럽인권재판소 대재판부는 유럽인권협약상 협약 당사국에게 부과된 생명을 보호하기 위한 국가의 적극적 보호의무는 건강과 관련한 분야에서도 동일하게 적용되어야 한다고 설시하였다.[41)] Nitecki 사건에서는 국가가 생명을 살리기 위해 필수적인 의약품(life-saving drug) 비용의 지불을 거부하는 것이 유럽인권협약상 생명권 위반이 될 수 있다는 점을 시사하였다.[42)]

유럽인권협약 제3조 비인간적인 처우의 금지에서 유래하는 건

---

39) 이러한 분류는 기본적으로 GIORGIO MALINVERNI, The European Court of Human Rights, The protection of social rights, Its relationships with the European Committee of Social Rights(Edisioni Scientifiche Italiane, 2014)의 분류에 따름.

40) L.C.B. v. the United Kingdom, no. 23413/94, 9 June 1998.

41) Calvelli and Ciglio v. Italy [GC], no. 32967/96, 17 January 2002.

42) 그러나 국가가 가지는 판단의 재량을 넓게 보아 이 사건에서는 받아들이지 않았다. Nitecki v. Poland, no. 65653/01, 21 March 2002.

강권의 문제는 주로 수형자와 관련되었다. 2002년 Kudla 판결에서 유럽인권재판소 대재판부는 유럽인권협약 제3조는 국가에게 수형자의 건강을 보호할 의무를 부과한다고 보면서 국가는 수형자에게 필요한 의약품을 제공해야 한다고 보았다.[43] 2008년 Aleksanian 사건에서는 암 진단을 받고 HIV에 감염된 수형자를 제대로 치료하지 않은 것이 유럽인권협약 제3조 위반이라고 판단하면서 유럽인권재판소는 러시아로 하여금 공공병원에서 그 수형자를 적절히 치료토록 명령하였다.[44]

유럽인권협약 제8조 사생활과 가족생활을 존중받을 권리에서도 건강권이 도출될 수 있는데 1998년 Guerra and Others 사건은 가족의 건강을 위협하는 환경오염이 문제된 사건이었다. 이 사건에서 유럽인권재판소는 청구인들이 화학물을 생산하는 공장 근처에 계속 살았을 때 처하게 될 위험성에 대해 미리 통보받지 못하였다고 하면서 공해로 인해 청구인들의 가족생활을 존중받을 권리를 침해당했다고 판단하였다.[45] 임신을 지속하는 것이 임산부의 건강에 위협이 되는 경우 낙태를 허용할 것인지의 문제에 대해서도 제8조에서 유래하는 건강권과 관련하여 판단하였다. 2007년 Tysiac 사건에서 두 아이의 어머니이자 심각한 근시를 갖고 있던 청구인은 셋째를 임신하게 되자 임신을 지속하는 것이 그녀의 병을 악화시킬 것을 걱정하였다. 그녀가 상담했던 세 명의 안과 의사들은 실제로 그러한 위험이 존재한다는 것을 확인해 주었으나 이러한 이유로 낙태가 허용되어야 한다는 확인서를 발급하는 것은 거부하였다. 셋째가 태어났을 때, 그녀의 근시는 150cm 이상은 보지 못할 정도로 악화되

---

43) 이러한 원칙을 천명하였으나 이 사건의 사실 관계상 협약 제3조 위반을 발견하지는 못했다. *Kudla v. Poland* [GC], no. 30210/96, 26 October 2000.

44) *Aleksanian v. Russia*, no. 46468/06, 22 December 2008.

45) *Guerra and Others v. Italy*, no. 14967/89, 19 February 1998.

었으며 유럽인권재판소는 청구인의 유럽인권협약 제8조상 사생활을 존중받을 권리가 침해당했다고 판단하였다.[46] 2010년 A, B, and C 판결에서도 유럽인권재판소 대재판부는 이와 유사한 이유로 암으로 고통 받고 있는 산모가 의학적인 이유로 낙태를 받을 수 있는 안전하고 효과적인 제도를 마련하지 않은 아일랜드에 대하여 협약 위반 판단을 하였다.[47]

(2) 주거권(Right to housing)

유럽인권재판소는 주거권을 기본적으로 집(home)에 대한 존중을 보장하고 있는 유럽인권협약 제8조(Everyone has the right to respect for ... his home ...)에서 유래한다고 보고 있으며 재산권을 보장하고 있는 유럽인권협약 제1의정서 제1조에 근거하기도 한다.

1986년 James and Others 사건에서 유럽인권재판소는 적절한 주거가 모든 인간의 근본적인 필요라는 점, 주택시장이 시장의 원리에만 맡겨져서는 안 된다는 점을 밝혔다. 즉, 정부는 비록 주거에 대한 규제가 사인 간의 계약 관계를 간섭하는 것일 지라도 주택시장에서 사회적 정의를 실현하기 위해 개입할 수 있어야 한다고 보았다. 이 사건에서 청구인들은 21년 이상 동일한 주거지를 임대하여 주거한 경우 임차인에게 그 주거지를 구매할 수 있는 권리를 규정한 영국의 법률을 문제 삼았다. 이 규정으로 인해 자신들이 소유하던 아파트에 대한 소유권을 상실하였다는 것이다. 유럽인권재판소는 이 법률이 재산권을 보장하고 있는 유럽인권협약 제1의정서 제1조에 위반하지 않는다고 판단하였다.[48]

1989년 Mellacher and Others 사건에서는 임대료를 낮추는 법률이

---

46) *Tysiac v. Poland*, no. 5410/03, 20 March 2007.

47) *A, B, and C v. Ireland* [GC], no. 25579/05, 16 December 2010.

48) *James and Others v. the United Kingdom*, no. 8793/79, 21 February 1986.

문제되었다. 유럽인권재판소는 그러한 법률이 현대 사회에서 사회
정책의 중요한 부분을 차지하는 주택 문제와 관련이 깊으며 비례
심사에 위반되지 않으므로 재산권을 보장한 유럽인권협약 제1의정
서 제1조에 위반되지 않는다고 판단하였다.[49] 또한 1995년 Spadea
and Scalabrino 사건에서도 유럽인권재판소는 재산권보다 주거권을
우선시 하였다. 이 사건에서는 임차인이 다른 주거지를 찾을 때까
지는 쫓아내지 못하도록 규정한 이탈리아 법률이 문제되었다. 유럽
인권재판소는 그러한 제한이 유럽인권협약을 위반하지 않는다고
판단하였다.[50]

2010년 Almeida Ferreira and Melo Ferreira 사건에서 청구인 부부는
자신들이 소유한 아파트를 1980년에 임대를 주었다가 아들이 주거
할 수 있도록 2002년 임대 계약을 종료하기를 원하였다. 문제가 된
것은 20년 이상 계속하여 동일인에게 임대한 경우, 건물 소유주라
하더라도 그 임대차 계약을 일방적으로 종료할 수 없도록 규정한
포르투갈 법률이었다. 이에 대해 유럽인권재판소는 그 법률이 임차
인에게 더 두터운 보호를 제공하기 위해서 제정된 것으로 재산권
과 주거권 사이에 적절한 균형을 이룬 것이라고 판단하였다.[51]

유럽인권재판소가 인정하고 있는 주거권은 주거의 형태와는 상
관이 없다. 즉, 2013년 Winterstein and Others 판결에서 유럽인권재판
소는 여행자들을 자신들이 수년 동안 주거해온 특정 장소에서 강
제로 쫓아내는 것이 유럽인권협약 제8조의 사생활과 가족생활 그
리고 집을 존중받을 권리를 침해한다고 판단하였다.[52]

---

49) *Mellacher and Others v. Austria*, nos. 10522/83, 11011/84, 11070/84, 19 December 1989.

50) *Spadea and Scalabrino v. Italy*, no. 12868/87, 28 September 1995.

51) *Almeida Ferreira and Melo Ferreira v. Portugal*, no. 41696/07, 21 December, 2010.

52) *Winterstein and Others v. France*, no. 27013/07, 17 October 2013.

(3) 생존권(Fight against poverty)

극심한 빈곤 상황을 이유로 유럽인권협약 위반이 판단된 경우는 흔치 않았다. 1990년 Van Volsm 사건에서 전기료를 납부하지 못했다는 이유로 세 아이를 홀로 키우는 이혼녀인 청구인에게 전기 공급을 중단한 정부의 조치가 유럽인권협약 제3조의 비인간적인 처우에 해당하지 않는다고 보았으며,[53] 2001년 O'Rourke 사건에서는 수개월 동안 노숙자로 살아온 청구인이 제기한 사건에서 역시 동일한 이유로 이를 받아들이지 않았다.[54]

유럽인권재판소는 2002년 Larioshina 사건[55]과 2009년 Bunina 사건[56]에서 비록 결론을 바꾸지는 않았지만, 명백하게 부족한 사회보장(연금과 기타 국가 복지지원의 합계)은 유럽인권협약 제3조가 보호하는 인간 존엄에 상응하지 않는 비인간적인 처우에 해당할 수 있음을 시사하였다. 그러나 유럽인권재판소가 최초로 극심한 빈곤이 유럽인권협약에 위반된다고 판단한 사건은 2005년 Moldovan and Others 사건이다. 이 사건에서 집시인 청구인들은 마을 사람들의 방화에 의해 주거지를 잃고 오랜 기간 동안 극심한 빈곤 상황에서 살게 되었다. 이에 유럽인권재판소는 이러한 극심한 빈곤의 상황에서 청구인들을 살게 하는 것은 유럽인권협약 제3조와 제8조에 위반된다고 판단하였다.[57]

최근에는 이와 관련하여 난민에 대한 문제가 증가하고 있다. 2011년 M.S.S. 판결에서 유럽인권재판소 대재판부는 난민신청자에게 음식물, 주거, 최소한의 위생과 같은 가장 기본적인 필요를 충족

---

53) *Van Volsem v. Belgium*, no. 1464/89, 9 May 1990.
54) *O'Rourke v. the United Kingdom*, no. 39022/97, 26 June 2001.
55) *Larioshina v. Russia*, no. 56869/00, 23 April 2002.
56) *Bunina v. Russia*, no. 45603/05, 18 June 2009.
57) *Moldovan and Others*, nos. 41138/98, 64320/01, 12 July 2005.

시키지 못한 그리스 정부에 대해 유럽인권협약 제3조를 위반하였다고 판단하였다. 유럽인권재판소는 난민신청자들이 일정 정도의 수준의 삶을 영위할 수 있도록 재정적인 지원을 해야 할 유럽인권협약 제3조에서 유래하는 협약국의 의무가 존재한다고 설시하였다.58)

(4) 절차적 권리로서의 사회권

사회권은 유럽인권협약 제6조 공정한 재판을 받을 권리(Right to a fair trial)라는 절차적 권리에 의해 다양하게 보호되기도 한다. 즉, 사회권과 관련된 문제가 재판을 통해 다투어지는 경우 절차적 정당성이 심사될 수 있는 것이다. 1990년 Obermeier 사건은 고용주와 피고용인 사이의 계약 관계에서 피고용인의 해고가 문제된 사건이다. 이 사건에서 유럽인권재판소는 청구인이 자신의 해고에 대해 다툴 수 있는 공정한 절차를 거쳤는지를 심사하였다.59)

이렇듯 유럽인권협약 제6조의 절차적 보호에 의해 일할 권리(Right to work) 또는 불공정한 해고의 금지, 사회보장에 대한 권리(Right to social insurance),60) 연금에 대한 권리(Right to pension)61)와 같은 사회권이 보장될 수 있다.

(5) 차별금지조항을 통한 사회권 보장

유럽인권재판소는 차별을 금지하고 있는 유럽인권협약 제14조를 이용하여 사회권을 보장하기도 하였다. 1996년 Gaygusuz 사건에서 오스트리아에 합법적으로 거주하고 있던 터키 국적의 청구인은

---

58) *M.S.S. v. Greece and Belgium* [GC], no. 30696/09, 21 January 2011.

59) *Obermeier v. Austria*, no. 11761/85, 28 June 1990.

60) *Koua Poirrez v. France*, no. 40892/98, 30 September 2003.

61) *Massa v. Italy*, no. 14399/88, 24 August 1993.

오스트리아 근로자와 동일하게 고용보험을 납부하고 있었음에도 불구하고 오스트리아 국적이 아니라는 이유로 비상실업급여의 지급을 거부당했다. 이에 유럽인권재판소는 이러한 차별이 유럽인권협약에 위반된다고 판단하였다.[62]

(6) 기타

이 밖에 어떤 개인이 특정 연금에 대한 구체적인 권리를 갖는 경우 이를 유럽인권협약 제1의정서 제1조상의 재산(possession)으로 보아 보호를 요구할 수 있고,[63] 유럽인권협약 제1의정서 제2조의 교육받을 권리(Right to education)를 통해 중요한 사회권인 교육받을 권리를 요구할 수도 있다.[64]

2. 유럽인권재판소에 의한 사회권 보장 실례[65]

(1) Centre for Legal Resources on behalf of Valentine Câmpeanu v. Romania(의료 보건을 위한 국가의 적극적 보호의무 사건)[66]

1) 사건개요

이 사건 청구는 2004년 루마니아의 한 정신병원(PMH)에서 사망한 캠피누(Câmpeanu)를 대신하여 비정부기관인 법률정보센터(CLR)

---

62) *Gaygusuz v. Austria*, no. 17371/90, 16 September 1996.
63) *Wessels-Bergervoet v. the Netherlands*, no. 34462/97, 4 June 2002.
64) *Ponomaryovi v. Bulgaria*, no. 5335/05, 21 June 2011.
65) 헌법재판연구원 비교헌법연구팀이 격월로 발행하는 세계헌법재판동향 2014년 제6호와 2015년 제3호에 실렸던 두 편의 판례를 소개한다.
66) *Centre for Legal Resources on behalf of Valentine Câmpeanu v. Romania* [GC], no. 47848/08, 17 July 2014. 세계헌법재판동향 2014년 제6호, 헌법재판연구원, 3~9면.

가 루마니아 정부를 상대로 제기하였다. 출생 시 버려져 고아원에 맡겨진 캠피누는 5세에 면역결핍 바이러스(HIV) 양성이자 심각한 지적장애가 있다는 진단을 받고 "심각한" 장애 그룹에 속하는 것으로 분류되었다. 2003년 캠피누가 18세가 되자 지역 아동보호위원단은 그를 그동안 지내왔던 장애아동센터에서 캠피누 본인이나 그의 대리인의 동의 없이 PMH로의 이송을 명했다. PMH는 아동보호위원단에 HIV 감염과 정신장애 진단을 받은 사람의 치료에 필요한 시설의 부재를 이유로 캠피누를 수용할 수 없다고 알렸다. 이를 통보받은 아동보호위원단은 여러 시설들에 그를 수용할 의사가 있는 사회복지시설이나 정신병원이 있는지 알아봐 줄 것을 요청하였다.

캠피누는 2004년 2월 의료복지센터(CMSC)에 입원하게 되었는데 당시 검진기록에 따르면 그는 정신적·신체적 쇠퇴가 많이 진행된 상태로 에이즈 환자에게 필요한 항레트로바이러스 약물 투여도 받지 못한 채 영양상태도 좋지 않았고 혼자서는 먹지도 개인위생문제를 해결할 수도 없었다. 얼마 후 캠피누가 흥분 상태로 공격적인 행동을 보이자 갑작스런 행동 변화에 대한 진단과 치료를 위해 가장 가까운 정신병원이라는 이유로 그를 다시 PMH로 보냈으나 PMH는 정신과적 응급사태는 아니라는 진단을 내리고 진정제만 처방한 채 그를 같은 날 CMSC로 돌려보냈다. 캠피누의 흥분 상태와 공격적 행동이 호전되지 않자 정신과적 치료를 위해 캠피누는 다시 PMH에 보내졌지만 정신과 전문의는 없고 일반의사 둘만 있는 과에 배치되었다. PMH로 온지 일주일 후 캠피누는 CLR에서 나온 감시요원팀에 의해 침구도 없는 침대에서 파자마 상의만 입은 채 혼자 먹거나 변기사용을 할 수 없음에도 도와주는 사람도 없이 난방이 안 되는 방에 있는 모습이 포착되었다. CLR 감시요원팀은 그를 즉시 감염성 질병전문병원으로 이송할 것을 요청하였으나 PMH 매니저는 응급상황이 아니라는 이유로 이를 거부하였고, 캠피누는 같은 날 저녁

사망하였다. 루마니아법에 따르면 정신병원에서 환자가 사망한 경우 반드시 부검을 해야 했지만 PMH는 캠피누의 사체 부검을 하지 않았다.

CLR은 캠피누의 죽음에 대해 과실치사를 주장하며 루마니아 검찰에 형사고발하였다. 수사가 개시되고 과학수사보고서가 제출되었으며 캠피누의 시신은 다시 꺼내져 부검이 실시되었다. 검찰은 캠피누가 받은 치료가 적절했고 에이즈 바이러스 감염 합병증이 사망 원인이라고 판단하며 불기소 결정을 내렸다. 이 결정은 이후 파기되고 수사는 재개와 종결을 반복하였다. 수사의 재개를 명한 루마니아 법원 판결은 CMSC 수용 전 캠피누의 건강 상태에 대한 진단서가 수사기록에 포함되지 않은 점, 수용에 관여한 자들의 엇갈리는 진술, 항레트로바이러스 약물 투여가 중단된 정황이 밝혀지지 않은 점 등 많은 하자를 지적하였다. 그러나 과학수사보고서와 부검결과를 근거로 캠피누가 받은 치료와 그의 사망 간에 인과 관계가 없다는 이유로 불기소 결정이 다시 내려졌다.

CLR은 유럽인권협약 제2조 생명권, 제3조 고문 및 비인도적 처우 금지, 제13조 실효적 구제를 받을 권리 등의 위반으로 캠피누의 권리가 침해되었다고 주장하며 유럽인권재판소에 청구를 제기하였다.

2) 판결요지

① 유럽인권협약 제2조

유럽인권협약 제2조[67]는 국가가 고의로 위법하게 생명을 박탈

---

67) 제2조 생명권
   1. 모든 사람의 생명권은 법에 의해 보호된다. 어느 누구도 법에 규정된 형벌이 부과되는 범죄의 유죄확정에 따른 법원의 판결을 집행하는 경우를 제외하고는 고의로 생명을 박탈당하지 않는다.
   2. 생명의 박탈이 다음의 상황에서 절대적으로 필요한 무력 사용의 결과인 때

하지 못하도록 할 뿐 아니라 국민의 생명을 보호하기 위한 적절한 조치를 취할 것을 요구한다. 적극적 의무는 생명권이 문제되는 상황이라면 그 행위가 공적이든 사적이든 관계없이 적용된다. 이는 의료서비스 분야에서는 의료전문가들의 작위 또는 부작위(acts or omissions)에 대해 공사립을 막론하고 병원이 환자의 생명을 보호하기 위한 적절한 조치를 취하도록 강제할 규정을 만들 것을 국가에 요구한다. 이러한 적극적 의무는 정황상 피해자가 제3자의 범죄행위로 인해 실제적이고 즉각적인 위험에 처했음이 당국(當局)에 알려지거나 알려졌어야만 할 때(where it is known or ought to have been known) 발생하며, 그럴 경우 당국은 그 권한의 범위 내에서 그 위험을 피할 수 있을 것으로 합리적으로 판단되는 조치를 취해야 한다.

유럽인권협약 제2조가 보장하는 권리보호의 중요성에 비춰볼 때 생명의 박탈에 대해서는 가장 철저한 심사를 해야 한다. 보호감독 하에 있는 사람들(persons in custody)은 특히 취약한 입장에 놓여 있으며 당국은 그들을 보호할 의무가 있다. 당국이 장애인을 감호하기로 하는 경우, 장애로 인한 특별한 필요에 적합한 환경을 마련하는데 특별한 주의를 기울여야 한다. 당 재판소는 국가가 알았거나 알았어야만 할 가혹한 대우로부터 취약한 사람들을 효과적으로 보호하기 위해 특정 조치를 취할 의무를 진다고 판시하였다. 따라서 어떤 사람이 건강한 상태로 보호감독에 들어와서 후에 죽게 되면, 국가는 죽음에 이르게 된 경위에 대한 충분하고 설득력 있는 설명을 해야 할 의무를 지며, 특히 피해자의 주장이 의료기록에 의해 뒷받침되는 경우, 그 주장의 진실성에 의혹을 품게 할 증거를

에는, 이 조문을 위반하여 가해진 것으로 간주되지 않는다.
  (a) 위법한 폭력으로부터 사람을 방어하기 위해;
  (b) 합법적 체포를 하거나 합법적으로 구금된 자의 도주를 방지하기 위해;
  (c) 폭동 또는 반란을 진압하기 위한 목적으로 합법적으로 취해진 행동.

제시할 의무가 있다.

생명권을 보호할 국가의 의무는 공공장소에서 개인의 안전을 보장하기 위한 합리적인 수단을 강구하는 것뿐만 아니라, 심각한 상해나 사망의 경우 사실관계를 신속하게 확정하고 잘못을 저지른 자들이 책임을 지도록 하며, 피해자들에게 적절한 구제조치를 제공할 수 있게 하는 실효적이고 독립적인 사법체계를 마련하는 것 역시 포함한다. 또한 국가의 법이 제공하는 보호는 이론상이 아닌 실제로 실효성 있는 보호이어야 한다.

ⓐ 유럽인권협약 제2조의 실체적인 면

캄피누는 평생 국가에 맡겨져 살았다. 그가 18세가 된 이후 어떤 후견인도 임명되지 않았는데 이는 그의 정신 장애에도 불구하고 그에게 온전한 법적 행위·의사능력이 있는 것으로 추정한 것으로 볼 수 있다. 그렇다면 보건당국이 캄피누를 다룬 방식은 루마니아 정신건강법에 반한다. 루마니아 정신건강법은 의료시설의 이동에 환자의 동의를 받도록 요구하는데, 18세 이후에도 당국은 캄피누에게 동의를 구하거나 그에게 주어질 의료서비스에 관해 고지하거나 상의한 적이 없다. 또한 캄피누를 CMSC와 PMH에 보내기로 한 당국의 결정은 캄피누가 적절한 의료서비스와 지원을 받을 수 있는지보다는 어느 시설이 캄피누를 수용할 의사가 있는지에 따른 것이었다.

처음 수용된 CMSC는 정신장애가 있는 환자를 감당할 능력이 갖춰지지 않은 시설이었고, 캄피누는 결국 과거 에이즈 환자 처치에 필요한 시설 부재를 이유로 캄피누를 거부했던 병원인 PMH에 수용되었다. 당국은 적절한 진단 없이 그의 실제 건강상태는 완전히 무시하고 시설 간 이송을 결정한 것이다. 특히 주목할 점은 캄피누에게 적절한 에이즈 바이러스 관련 치료를 제공하지 않은 의료당국의 과실이다. 또한 캠피누가 지나치게 공격적이고 흥분하는 등 갑작스런 상태의 변화를 보였을 때 의료당국은 정신 병원인 PMH로의 이송을 결정하였는데, 에이즈 환자 처치 시설이 없으며 정신과전문의가 없는 과에 배치하였다. 진정제와 비타민만 주어졌을 뿐 캠피누의 갑작스런 정신상태 변화의 원인을 진단할 의학적인 검사는 전혀 행해지지 않았다.

제출된 증거를 검토하는데 있어서는 캠피누의 취약한 상태와 평생 국가가 그를 맡아왔었기 때문에 국가가 그의 치료를 책임질 의무와 그 치료에 대한 설명을 해야 할 의무가 있다는 점에 특히 주목해야 한다. 일단 캠피누가 사망에 이르는 일련의 과정들은 의료당국의 결정에 심각한 결함이 있었음을 보여준다. 또한 정부는 피해자를 대신하여 주장된 의혹의 진실성을 불식시킬만한 증거를 제시하지 못하였다. 나아가 정부는 캠피누의 사망 전 건강상태에 대한 기록 부족이나 사망원인에 대한 설명의 부족을 해명하지도 못했다. 더욱이 캠피누가 PMH에 수용되었을 당시 정부당국은 그 시설의 식량, 난방, 약물을 포함 의료직원과 자원의 부족으로 인해 그 시설의 사망자 수가 늘었음을 잘 알고 있었다. PMH가 위와 같은 상황임에도 불구하고 극심히 취약한 상태에 있었던 캠피누를 PMH로 보내기로 결정함으로써 당국은 불합리하게 그의 생명을 위험에 처하게 한 것이다. 또한 적절한 보살핌과 치료를 제공하지 않은 점 역시 그를 죽음에 이르게 한 또 다른 결정적인 요인이다.

루마니아 정부당국은 캠피누의 생명에 대하여 필요한 수준의 보호를 제공하는데 실패함으로써 협약 제2조의 실체적인 요구를 충족하지 못하였다고 판단된다.

ⓑ 유럽인권협약 제2조의 절차적인 면
당국은 책임의 소재 파악을 포함하여 캠피누의 죽음을 둘러싼

정황을 밝혀내지 못했다. 또한 루마니아법에 위반되게 캠피누 사망 후 즉시 부검을 실시하지 않았고 그를 치료한 방식에 대한 효율적인 조사도 이루어지지 않은 절차상 위반이 있다. 나아가 루마니아 법원은 기본적인 의료기록 수집에 실패하고 의료진 사이의 상반된 진술에 대해서 해명하지 못한 심각한 절차상 하자를 강조했는데, 상급법원이 그 판결을 유지하지 않아 위에 지적된 하자들이 교정되지 않았을 뿐 아니라 다루어지지조차 않았다. 짧은 논증을 통해 하급법원의 판결을 파기한 상급법원은 의료과실을 배제한 의료협회의 결정 및 과학수사보고서에 주로 의거하여 환자가 적절한 치료를 받았다고 결론지었다. 그러나 이러한 결론은 캠피누에게 주어진 치료에 관한 기록이 매우 부족하고 당시 PMH의 객관적인 상태를 고려할 때 지나치게 간결한 것이다. 2002년부터 2004년 사이 PMH에서 발생한 129명의 사망자에 대한 수사가 민형사상 책임이 있는 자를 찾아내거나 책임지게 하지 않은 채 종결된 점 역시 주목해야 한다.

루마니아 정부당국은 캠피누 사건에 대해 유럽인권협약 제2조가 요구하는 철저한 조사를 하지 못했고 그의 죽음을 둘러싼 정황에 대한 실효적인 수사를 실시하지 못하여 유럽인권협약 제2조의 절차적인 요구를 충족하지 못하였다고 판단된다.

② 유럽인권협약 제13조(유럽인권협약 제2조와 관련하여)

유럽인권협약 제13조[68]는 유럽인권협약의 권리와 자유의 실체를 실현할 구제조치가 협약국의 법질서에서 어떤 형식으로든 국가적 차원에서 취해질 것을 보장한다. 따라서 협약국마다 구제 방법

---

68) 제13조 실효적 구제를 받을 권리
　　이 협약에 규정된 권리와 자유가 침해된 모든 사람은 그 침해가 공무집행 중인 자에 의해 자행된 것이라 하더라도 국가당국 앞에서 실효적인 구제를 받는다.

에 있어서는 약간의 재량이 허용되지만 유럽인권협약에 의거한 청구의 실체를 다루는 자국 내의 구제를 제공하고 적절한 구호를 제공할 것이 요구된다. 그 구제는 법적으로 뿐 아니라 실질적으로 "실효적"이어야 한다. 생명권이나 고문·비인도적 처우의 금지와 같이 근본적으로 중요한 권리가 문제되는 경우 유럽인권협약 제13조는 배상금의 지급뿐 아니라 청구인의 수사절차에 대한 효과적인 접근을 포함하여 책임있는 자들을 찾아내고 처벌할 수 있는 철저하고 실효적인 수사를 요구한다. 유럽인권협약 제13조에 언급된 당국이 반드시 사법당국일 필요는 없으나 그 당국이 가지는 권한과 절차적 보장은 구제의 실효성 판단에 관련된다. 사법적 구제는 독립성이 강력히 보장되어야 하며, 피해자와 그 가족에게 접근이 허락되어야 하고, 판정된 배상금은 집행 가능해야 한다.

루마니아 정부는 유럽인권협약 제2조상 피해자임을 주장하는 정신장애를 가진 사람들을 구제할 수 있는 적절한 장치를 제공하지 못했다. 또한 캠피누의 사망으로 이어지는 정황에 대한 효과적인 수사를 하지 못했고, 당국의 책임이 독립적이고 공개적이며 효과적인 방식으로 밝혀질 수 있는 그 밖의 절차도 마련하지 못했다. 루마니아 정부가 적절한 구제조치의 존재를 보여주는 예로 든 수단들은 그 제한적인 효과나 절차적 안전장치의 부재로 인해 불충분하거나 실효성이 부족하다.

위와 같은 점들을 고려할 때 루마니아 정부는 생명권 위반에 관한 청구인의 주장을 독립적인 기관이 검토할 수 있게 하는 적절한 사법체계를 확보·시행하지 못하였으므로 협약 제2조와 관련하여 협약 제13조를 위반하였다고 판단된다.

③ 협약 제3조

위와 같은 판단들이 내려진 점을 고려할 때 협약 제3조 위반 및 협약 제13조와 관련한 협약 제3조의 위반에 대해 별도의 판단이 필요한 쟁점은 없는 것으로 판단된다.

(2) Asiye Genç v. Turkey(응급치료를 필요로 하는 신생아 보호를 위한 국가의 의무 사건)[69]

1) 사건개요

터키의 Burdur에 거주하는 청구인(Asiye Genç, 1976년생)은 2005년 3월 30일 진통이 있자 그의 남편과 Gümüşhane 공립병원에 갔다. 다음날 청구인은 제왕절개로 미숙아를 출산하였다.[70] 출생 직후 태어난 아기는 호흡곤란(détresse respiratoire)이 있었다. 해당병원에는 신생아 치료장치(unité néonatale)가 없어서 의사들은 100km 떨어진 Trabzon에 위치한 KTÜ Farabi 공립병원(Karadeniz 대학 부속병원)으로 아기를 이송하기로 결정했다.

2005년 4월 1일 새벽 1시 15분경, KTÜ Farabi 공립병원은 신생아 집중치료센터(unité de réanimation néonatale)에 자리가 없음을 이유로 아기의 이송을 거부하였다. 새벽 2시경 아기는 (내·외과를 겸한) 의료 및 산과센터(CMOT)로 옮겨졌다. 현장에서 당직의사는 해당센터에 아기를 위한 어떠한 인큐베이터(couveuse)도 없다고 설명하였고 청구인 부부는 다시 KTÜ Farabi 공립병원으로 돌아왔다. 그들이 KTÜ Farabi 공립병원에 도착했을 때, 의사들은 신생아 센터에 이용가능한 자리가 없어 미숙아에 대한 입원수속이 불가능하다고 하였다. 결국 아기는 Gümüşhane 공립병원으로 이송 중이던 구급차 안에서 사망하였다.[71]

---

69) *Asiye Genç v. Turkey*, no. 24109/07, 27 January 2015. 세계헌법재판동향 2015년 제3호, 헌법재판연구원, 3~7면.
70) 당시 아기는 36주였고 몸무게는 2.5kg이었다.
71) 형사예심에서 Gümüşhane 공립병원의 해당 신생아 센터에서 사용할 수

청구인은 국가가 필요한 의학적 치료를 보장해야 하는 의무를 위반하여 아기의 생명권(droit à la vie)을 보호하기 위한 적극적 의무(obligation positive)를 이행하지 않았다고 주장하였다.[72] 또한 청구인은 아기의 죽음에 대한 조사의 결함, 아기가 죽은 상황 및 아기의 죽음의 원인에 대한 사실과 책임을 밝히는 국내법의 실효성 있는 구제절차가 없음이 각각 유럽인권협약 제2조 생명권, 제3조 고문 및 비인도적 처우 금지 및 제13조 실효적 구제를 받을 권리 등에 위반되었다고 주장하며 유럽인권재판소에 청구했다.

2) 판결요지

유럽인권재판소는 유럽인권협약 제2조가 국가가 자의적이고 비도덕적인 죽음을 선동하는 것을 금지할 뿐만 아니라 자국민의 생명을 보호하기 위한 조치를 취하여야 하는 것을 요구하는 것이라

있는 인큐베이터가 하나 있었고 그 마저도 고장이 난 상태였음을 확인하였고 KTÜ Farabi 공립병원에는 19명의 아기를 수용할 수 있는 공간이 있었고 당시 분만실에 5명의 아기가 있었으므로 14명의 아기까지 수용할 수 있었다. CMOT에는 4개의 인큐베이터가 있었는데 당시 3개의 인큐베이터는 사용 중이었고 나머지 하나는 고장이 난 상태였다. 게다가 4개의 인큐베이터 모두 보조 환풍 시스템이 장착되어 있지 않았다. 이 지역에 있던 다른 두 개의 병원도 살펴보면 Fatih 공립병원은 9개의 인큐베이터 중 2개는 2005년 3월 31일 오후 3시경 이용 가능하였지만 보조환풍시스템은 장착되지 않은 것이었고 Giresun의 의료센터는 신생아센터가 아예 존재하지 않았다.

72) 청구인은 보건 정책(의료 시스템)을 운영하고 규제하는 것은 국가의 책임이라고 주장하였다. 병원이 가지고 있어야 하는 의료장비가 없다는 이유로 응급치료를 필요로 하는 신생아가 치료를 받지 못하는 것은 비정상적인 것이고 국가는 청구인 아들 사망에 대하여 책임이 있다는 것이다. 게다가 연루된 의사들에 대한 도지사의 형사기소 거부는 관련병원에 대한 처벌을 막은 것이고 동 사건에 대한 행정조사가 유럽인권협약 제2조의 요건들을 충족시키지 못했다고 주장하였다.

고 확인한다. 이러한 원칙은 공중보건 분야에서도 적용되었다.[73] 공중보건(santé publique) 분야에서 유럽인권협약 제2조가 요구하는 국가의 적극적인 의무는 무엇보다도(우선적으로) 사립 혹은 국립이건 간에 병원의 높은 수준을 보장하는 규제체제의 구축(의사들의 능력 및 교육수준)과 환자 생명의 보호를 보장하는 방법(환자의 안전을 위한 신속한 치료, 현대적인 장비보유 등을 확인)들의 채택을 전제로 한다. 그러나 체약국이 이러한 요구사항들을 충족하면, 특별히 환자치료에 있어서 의료진 일부의 판단오류 혹은 의료진들 사이의 잘못된 협조문제는 제2조의 의미에서 생명권을 보호하는 적극적인 의무에 근거하여 체약국에게 책임을 물을 수 없다.

또한 유럽인권협약 제2조는 국가가 개인의 죽음의 원인을 확인하기 위하여 효과적이고 독립적인 사법제도를 구축할 의무를 내포한다. 특히 죽음이 의심된다고 믿을만한 합리적인 근거가 있는 경우, 유럽인권협약 제2조는 즉각적으로 당국이 (발생한) 상황을 확인하기 위하여 독립적이고 공정하며 효율적인 공식조사를 개시하도록 요구한다. 이러한 맥락에서 신속하고 합리적인 사건조사는 모든 의료서비스 사용자의 안전을 위하여 중요하다. 국내법에서 규정한 보호 메커니즘이 이론만으로 존재할 때 유럽인권협약 제2조의 국가의 의무는 충족될 수 없다. 즉 현장에서 효과적으로 작동되어야 하고 불필요한 지체 없이 신속한 조사가 이루어져야 한다.

청구인은 동 사안이 해당 의료진의 단순한 부주의(과실) 혹은 판단의 오류를 넘어 환자를 치료해야 하는 의료진의 거부가 청구인 아들의 사망과 직접적으로 연관된 것이라고 주장하고 있다. 이러한 맥락에서 재판소는 국가기관이 이러한 비극을 방지하기 위하여 그들이 할 수 있었던 것을 이성적으로 수행하였는지 특히 사망한 아

---

73) Powell c. Royaume-Uni (déc.), n°45305/99, CEDH 2000-V, et Calvelli et Ciglio c. Italie [GC], n°32967/96, §48, CEDH 2002-I.

기의 생명을 보호하기 위하여 적절한 조치를 취했어야 하는 의무를 충족하는지 확인해야 한다.

사건 사실에 근거를 둔 요소들과 관련 서류들을 고려하면, 재판소는 청구인 아들의 건강상태의 심각성, 미숙아로 태어나 호흡곤란을 겪는 것, 응급치료대응의 필요성 어떤 것도 논란의 대상이 되지 않고, 반대로 병원 상호간 협력부족, 신생아 센터 내에 장비의 불충분(인큐베이터 고장), 응급의료검사의 부재라는 세 가지 상황에 의해서 위험에 처해진 것이라고 판단한다.

Gümüşhane 공립병원은 만일 다른 병원에서 청구인 아들의 입원을 거부할 경우에 대한 생명의 위험성을 무시(간과)할 수 없었다. 재판소는 이러한 위험에도 불구하고 이송결정을 하기 전에 의료진은 KTÜ Farabi 공립병원에서 치료받을 수 있게 하기 위한 필요한 조치를 취하지 않았음을 지적한다. 병원 상호간 협력의 부재에 대해서 정부는 병원의 공간 부족이 의료과실의 대상이 아니므로 의사의 책임을 야기하지 않는다고 주장하였지만 재판소는 병원 상호간의 협력실패와 어떠한 의사에 의해서도 신생아 치료가 이루어지지 않았던 점은 단순한 공간 부족에 의해서 정당화될 수 없다고 본다.

재판소는 사건이 발생한 밤에 청구인 아들이 태어난 Gümüşhane 공립병원의 유일한 인큐베이터가 고장이 나있었음을 확인한다. 동일 지역 내 다른 병원들에서 장비의 수량과 상태 역시 만족스러운 것으로 간주될 수 없다. 이것은 국가가 의료 공공서비스의 적절한 기능과 원활한 운영에 대해 충분하게 감시하지 않았음을 보여준다. 이러한 태만(결함)의 결과, 미숙아로 태어난 아기는 어떠한 누구로부터도 적절한 치료를 받지 못한 채 구급차 안에서 여러 번 왕복하다 결국 구급차 안에서 사망하고 말았다.[74] 따라서 청구인 아들은

---

74) 사망한 아기의 부검 결과, 사인은 폐출혈로 인한 질식(saignements d'asphyxie)이었다.

적절한 응급치료에 대한 접근을 박탈당한 점에서 병원 서비스 장애의 희생자로 간주되어야 한다. 아기는 의료과실이나 치료결정의 오류 때문에 사망한 것이 아니라 어느 누구도 적절한 치료를 제공하지 않았기 때문에 사망하였다.

이 사건에서 아기에게 치료를 하지 않은 해당 의료진에 대한 기소 거부는 유럽인권협약 제2조의 견지에서 문제가 있다. 동 사안의 경우는 해당 의사의 유죄가능성의 문제를 넘어 의료서비스 구현에 대해 사법기관의 판단을 살펴보는 것이 중요하다. 우리는 이러한 사건에 대해서 보건 서비스와 병원규정의 요구사항이 일치하는지 여부를 확인하는 국가기관이 있다고 기대한다. 그러나 어느 누구도 응급의 신생아 수용 시 적용되는 프로토콜 혹은 신생아 의료센터 간의 협력이 있었는지, 이러한 서비스 내에 필수적인 장비 부족에 대한 이유(특히 고장이 난 인큐베이터 수량)에 대해 밝히지 않았다. 특히 해당 사건 기록은 도지사, 검사 및 행정법원의 어떤 기관도 사망한 아기의 생명에 위험을 끼친 결정적인 요소들에 대해서 비판 또는 의문을 제시하지 않았음을 보여주고 있다.

결론적으로 필수적인 응급치료 장비의 부족이 야기한 상황과 이와 관련하여 충분한 조사가 이루어지지 않았음을 고려해 보건대, 당국이 유럽인권협약 제2조를 위반하였다고 판단한다. 아울러 청구인은 정신적인 손해를 이유로 100,000유로를 요구하였으나 물질적 피해나 금전적 피해와 비용의 상환은 청구하지 않았다. 정부는 청구인의 요구금액이 과도하다고 주장하나 재판소는 형평(衡平)에 따라 확인된 위반을 이유로 청구인이 겪은 정신적 피해에 대하여 65,000유로를 배상하는 것이 적절하다고 판단한다.

IV. 결론

국제인권재판에 의한 사회권 보장에 있어 유럽인권재판소의 경험이 중요한 것은 이것이 재판을 통한 사회권 보장에 있어 보편적인 쟁점과 교훈을 보여주기 때문이다. 유럽인권협약은 기본적으로 자유권을 규율하고 있지만 유럽인권재판소는 생명권(제2조), 비인간적인 처우의 금지(제3조), 사생활과 가족생활을 존중받을 권리(제8조) 등의 해석을 통해 사회권으로까지 그 보호 범위를 확대해 오고 있다. 이는 헌법상 자유권만을 규정하고 사회권을 규정하고 있지 않거나 선언적으로만 규정한 경우의 헌법재판에서의 경험과 유사하다. 독일 연방헌법재판소가 인간의 존엄권의 의미를 '인간의 존엄성을 위한 최소한의 생존을 보장하는 권리'라고 보며 사회권적인 판단을 하는 것과 인도 대법원이 생명권을 '최소한의 물질적 필요의 제공'을 포함하는 것으로 보아 사회권을 보호하는 것과 그 맥락을 같이 한다. 이는 사회권이 자유권과 불가분의 관계에 있음을 보여준다.

또한 유럽인권재판소는 차별금지조항(제14조)이나 절차적 보호조항(제6조, 제13조)의 적용을 통해서도 사회권을 보장해 왔다. 이 역시 사회권을 직접적으로 규정하지 않은 미국 헌법에서 미국 연방대법원이 평등권과 적법절차조항의 적용을 통해 사회권을 보호해 왔던 경험과 유사하다.

나아가 유럽인권재판소는 교육을 받을 권리(제1의정서 제2조)와 같이 직접적으로 협약에 명시된 사회권 규정을 통해서도 사회권을 보호해 왔다. 이는 남아프리카공화국과 우리나라와 같이 사회권이 헌법상 명시적으로 보장된 나라의 모습과 유사하다.

문제는 이러한 사회권이 명시적으로 규정되어 있는지의 문제가 아니라, 이를 어떻게 보호할 것인지에 대한 의지의 문제이다. 사회권이 명문의 규정으로 있든 없든 이를 적극적으로 보호하고자 한다면 보호할 수 있는 여러 가지 방법이 존재한다. 이는 부수적이고 기술적인 문제이다. 사회권을 인간의 기본적인 생존의 전제가 되는 가장 기본적인 권리로서, 타인의 우연적인 선의에 의지 않고 개인이 동등한 인간으로서 살아가기 위해 국가에게 정당하게 요구할 수 있는 권리로서 인식될 수 있기를 희망한다.

〈참고문헌〉

강경근, "사회적 기본권의 공권으로서의 성격", 고시계, 43권 11호, 1998. 11.

단행본 및 논문

김성진, "유럽인권재판소를 통해 살펴본 지역인권보장체계", 헌법학연구 제 21권 제1호, 2015. 3., 1~48면.

김성진, 법률신문 2012년 5월 7일자 10면 "인권보호를 위한 국가의 적극적 작위의무"

김성진, 법률신문 2013년 11월 14일자 14면 "헌법재판과 복지"

세계헌법재판동향 2013년 제2호, 헌법재판소 헌법재판연구원

세계헌법재판동향 2014년 제6호, 헌법재판소 헌법재판연구원

세계헌법재판동향 2015년 제3호, 헌법재판소 헌법재판연구원

Ana Gómez Heredero, Social security as a human right: The protection afforded by the European Convention on Human Rights, Human rights files, No.23, Council of Europe Publishing, 2007.

Daniel Moeckli, Sangeeta Shah, & Sandesh Sivakumaran, INTERNATIONAL HUMAN RIGHTS LAW Second Edition, Oxford University Press, 2014.

D. J. HARRIS, M. O'BOYLE, E.P. BATES & C. M. BUCKLEY, Law of the European Convention on Human Rights Third Edition, Oxford University Press, 2014.

GIORGIO MALINVERNI, The European Court of Human Rights, The protection of social rights, Its relationships with the European Committee of Social Rights, Edisioni Scientifiche Italiane, 2014.

Michael O'Boyle and John Darcy, "The European Court of Human Rights: Accomplishments, Predicaments, and Challenges", GERMAN YEARBOOK OF

INTERNATIONAL LAW Volume 52, DUNCKER & HUMBLT, 2010.

유럽인권재판소 판례 및 기타 문헌

A, B, and C v. Ireland [GC], no. 25579/05, 16 December 2010.

Airey v. Ireland, no. 6289/73, 9 October 1979.

Aleksanian v. Russia, no. 46468/06, 22 December 2008.

Almeida Ferreira and Melo Ferreira v. Portugal, no. 41696/07, 21 December, 2010.

Al-Skeini and Others v. the United Kingdom [GC], no. 55721/07, 7 July 2011.

Asiye Genç v. Turkey, no. 24109/07, 27 January 2015.

Bunina v. Russia, no. 45603/05, 18 June 2009.

Calvelli and Ciglio v. Italy [GC], no. 32967/96, 17 January 2002.

CASE OF HIRSI JAMAA AND OTHERS v. ITALY [GC], no. 27765/09, 23 February 2012.

Centre for Legal Resources on behalf of Valentine Câmpeanu v. Romania [GC], no.
47848/08, 17 July 2014.

Costello-Roberts v. the United Kingdom, no. 13134/87, 25 March 1993.

Gaygusuz v. Austria, no. 17371/90, 16 September 1996.

Guerra and Others v. Italy, no. 14967/89, 19 February 1998.

Jaloud v. the Netherlands [GC], no. 47708/08, 20 November, 2014.

James and Others v. the United Kingdom, no. 8793/79, 21 February 1986.

Koua Poirrez v. France, no. 40892/98, 30 September 2003.

Kudla v. Poland [GC], no. 30210/96, 26 October 2000.

Larioshina v. Russia, no. 56869/00, 23 April 2002.

L.C.B. v. the United Kingdom, no. 23413/94, 9 June 1998.

Marckx v. Belgium, no. 6833/74, 13 June 1979.

Massa v. Italy, no. 14399/88, 24 August 1993.

Mellacher and Others v. Austria, nos. 10522/83, 11011/84, 11070/84, 19 December
1989.

Moldovan and Others, nos. 41138/98, 64320/01, 12 July 2005.

M.S.S. v. Greece and Belgium [GC], no. 30696/09, 21 January 2011.

Nitecki v. Poland, no. 65653/01, 21 March 2002.

Obermeier v. Austria, no. 11761/85, 28 June 1990.

O'Rourke v. the United Kingdom, no. 39022/97, 26 June 2001.

Panaitescu v. Romania, no. 30909/06, 10 April 2012.

Plattform "Ärzte für das Leben" v. Austria, no. 10126/82, 21 June 1988.

Ponomaryovi v. Bulgaria, no. 5335/05, 21 June 2011.

Spadea and Scalabrino v. Italy, no. 12868/87, 28 September 1995.

Tysiac v. Poland, no. 5410/03, 20 March 2007.

Van Volsem v. Belgium, no. 1464/89, 9 May 1990.

Wessels-Bergervoet v. the Netherlands, no. 34462/97, 4 June 2002.

Winterstein and Others v. France, no. 27013/07, 17 October 2013.

WOŚ v. POLAND, no. 22860/02, 8 June 2006.

X and Y v. the Netherlands, no. 8978/80, 26 March 1985.

African Charter on Human and Peoples' Rights

American Convention on Human Rights

Council of Europe Parliamentary Assembly Resolution 1031(1994)

European Convention for the Protection of Human Rights and Fundamental Freedoms

European Social Charter

Statute of Council of Europe

The Schuman Declaration – 9 May 1950.

사회권규약의 발전과 국내적 함의[*]

이 주 영[**]

I. 서론

경제적, 사회적 및 문화적 권리에 관한 국제규약(이하 사회권규약)[1]이 채택된 후 반세기가 지났다. 사회권은 인간으로서의 존엄에 합당한 삶을 누리는 데 있어 기본적인 인권의 목록을 구성하며, 노동권, 적절한 생활수준에 대한 권리, 식량권, 교육권, 주거권, 건강권, 사회보장권 등을 포함한다. 우리나라는 1990년 사회권규약과 자유권규약을 동시에 비준하였으나, 한국에서의 인권은 주로 자유권을 중심으로 발전해 왔다. 권위주의 체제 하에서는 자유의 쟁취가 주된 화두였고, '민주화' 이후에는 권위주의 체제에서 발생했던 인권침해 문제를 해결하고, 시민적, 정치적 권리를 확장하는 것에 중심이 있었다. 한국 사회에서 사회권에 대한 관심은 1990년대 후반 이후 사회적 양극화의 가속화와 비례하여 나타났다. 사회적 약자들의 삶이 점점 더 불안정해지면서, 일자리, 주거, 교육, 의료 등 삶의

* 이 글은 국제법학회논총 61권2호 (2016.6) 125-157에 발표된 글이다.
** 서울대학교 인권센터 전문위원, 법학박사

1) International Covenant on Economic, Social and Cultural Rights, General Assembly Resolution 2200A (XXI), 1966년 12월 16일 채택, 1976년 1월 3일 발효. 2017년 1월 현재 비준국은 165개국, 서명국이 5개국이다.

기본조건이 되는 영역에 대한 사회보장과 격차 해소의 요구가 더욱 절박해진 것이다. 하지만 사회권에 대한 관심만큼이나, 사회권의 실질적인 규범력이 높아졌는지는 의문이다. '재정에 부담이 된다', '성장을 저해한다'는 논리가 국가에 의한 사회권 보장을 더디게 하였다. GDP 대비 사회복지 지출의 비중이 OECD 국가 중 최하위에 머무는 동안,[2] 한국의 상대적 빈곤율은 빠르게 악화되었다.[3] 사회적 취약계층에게 고통의 무게가 가중되었지만, 국가의 사회권 이행 의무를 감독하고 사회권 침해의 피해에 대해 구제를 제공할 수 있는 국내절차는 상당히 제한적이다.

사회권의 실현이 더욱 절실한 현 시점에서 사회권규약이 태동, 발전되어 온 과정을 면밀히 되짚어 볼 필요가 있다. 이 글은 사회권의 실현을 위해 규범과 절차의 측면에서 어떠한 논의와 노력이 경주되어 왔는지 그 역사적 과정을 세계인권선언의 채택, 사회권규약의 채택, 사회권 규범의 구체화 작업, 사회권규약 선택의정서 채택, 네 단계로 나누어 살펴본다. 국제인권법상 사회권의 발전이 유엔 차원의 권리 구제절차의 제도화에까지 이르렀다면, 국내적 차원에서 사회권 보장의 현실은 어디에 와 있을까. 이 글에서는 한국에서 사회권이 어떻게 규범화되어 있고 사법적으로 실현되는지와 관련해 헌법과 헌법재판소의 태도를 검토한다. 끝으로 사회권 침해의 피해자들이 효과적인 구제를 받을 수 있도록 국내적 규범과 제도를 정비하는 것이 사회권규약의 국내적 적용에 있어 기본적인 과제이자 사회권 실현을 위해 필요한 입법 및 행정 개선을 이끌어낼

---

2) OECD, *Social Expenditure Database (SOCX)*, http://www.oecd.org/social/expenditure. htm (최종접속일: 2016년 5월 1일); 한정수, 『부문별 사회복지지출 수준 국제비교평가』, 국회예산정책처 (2015.9) www.nabo.go.kr (최종접속일: 2016년 5월 1일).

3) 안국신, "분배, 아직 끝나지 않은 '진실 찾기'", 『한국의 경제발전 70년』 한국학중앙연구원 (2015년 11월) pp.126~128.

수 있는 효과적인 수단이 될 수 있을 것이라고 강조한다.

II. 국제인권법상 사회권 규약의 발전

1. 세계인권선언의 채택: 인권에 대한 통합적 사고

세계인권선언을 시작으로 하는 보편적 인권규범의 발전은 제2
차 세계대전 중 나치에 의한 가혹행위와 집단학살 등의 잔학행위
에 대한 성찰에서 촉발되었다는 것이 일반적인 견해이다. 하지만
국제인권규범이 태동하게 된 역사적 배경의 근저에는 빈곤과 궁핍
이 가져다 준 비참한 현실, 그러한 현실이 전체주의의 확산에 양질
의 토양을 제공한다는 것에 대한 뼈아픈 깨달음도 중요하게 자리
하고 있다.[4] 국제인권규범이 발전되어 온 맥락을 지나치게 단순화
하여 사회권은 사회주의 국가, 자유권은 자본주의 국가들의 의제였
다고 설명하는 견해가 정설처럼 받아들여져 온 것도 이러한 역사
적 맥락과 논의에 대한 이해가 불충분하기 때문이다.[5] 세계인권선
언 채택 이전 국제인권발달사에서 빼놓을 수 없는 것은 1919년 31개
연합국과 독일이 맺은 베르사이유 조약에 의해 설립된 국제노동기

---

4) Paul Hunt, Judith Bueno de Mesquita, Joo-Young Lee and Sally-Anne Way, "The Implementation of Economic, Social and Cultural Rights", *Routledge Handbook of International Human Rights Law* (2013) 545-562: p.546.

5) 윌란과 도넬리는 서방 국가들이 제2차 세계대전 후 국제인권규범의 창설 과정에서 사회권이 인권의 목록에 포함되는 것을 반대했다는 관습적 이해를 국제인권문서 성안 과정의 기록과 당시 문서들을 근거로 체계적으로 비판하고 있다. Daniel J. Whelan and Jack Donnelly, "The West, Economic and Social Rights, and the Global Human Rights Regime: Setting the Record Straight", *Human Rights Quarterly* Vol. 29, No. 4 (Nov., 2007), 908-949.

구(ILO)의 활동이다. 국제노동기구는 '부정의(不正義), 곤궁과 궁핍'
이 만연한 상황을 인식하며, '공정하고 인간적인 노동조건'의 보장
을 설립 목적으로 표방하였다.[6] 국제노동기구가 설립된 데에는 노
동자들의 권리를 인정하고 보호함으로써 공산주의의 영향력 확대
를 막고자 하였던 서구의 전략적 이해관계가 작용한 측면이 있다.[7]
설립 배경이 되었던 정치적 동기를 막론하고, 설립 이후 국제노동
기구가 결사의 자유, 노동조합 결성권, 최소 근로연령, 근로시간,
최저임금, 사회보장 등 다양한 분야에서 채택한 협약과 권고는 사
회권 규범의 발전에 중요한 토대를 형성하였다.

아직 사회권규약을 비준하지 않아 사회권에 대해 비우호적인 것
으로 알려진 미국도 일찍이 사회권의 중요성에 대해 인지하고 있
었다.[8] 루즈벨트 대통령은 1941년 연두교서에서 표현의 자유, 종교
의 자유, 공포로부터의 자유와 함께 결핍으로부터의 자유를 인간의
본질적 자유로 선언하였고,[9] '결핍으로부터의 자유'는 같은 해 루스
벨트 대통령과 처칠 영국 총리가 발표한 공동선언[10]에도 담겼다.
사회경제적 측면의 권리를 인권으로서 천명하는 것은 단지 수사에
그치는 것이 아니었다. 당시 미국 내에서 사회권을 헌법상 기본권
으로 보장하기 위한 제2권리장전(the Second Bill of Rights)이 논의되

---

6) 국제노동기구 헌장 (1919) 전문(Preamble) 중.

7) 앤드류 클래펌, 『인권은 정치적이다: 쟁점으로 보는 인권교과서』 (원제: A
Very Short Introduction: Human Rights, 박용현 역) (2007) 한겨레출판사, p.48.

8) 사회권에 대한 미국 정부의 입장은 사실 단일하지 않고, 행정부에 따라
미묘하게 변화해 왔다. Philip Alston, "Putting Economic, Social and Cultural
Rights Back on the Agenda of the United States", in William F. Schulz (ed.), *The
Future of Human Rights: US Policy for a New Era* (2008) 120-138.

9) Franklin D. Roosevelt, *"Four Freedoms Speech": Annual Message to Congress on
the State of the Union*, 6 January, 1941.

10) Franklin D. Roosevelt and Winston Churchill, *The Atlantic Conference & Charter*,
1941.

었다는 점을 주목할 필요가 있다. 루즈벨트 대통령은 1944년 연두 교서에서 '개인의 진정한 자유란 경제적 보장과 독립 없이 존재할 수 없다는 점을 우리는 명백히 깨닫게 되었다'라며 의회가 제2권리 장전을 공식적으로 입법해야 할 때라고 천명했다.[11] 제2권리장전 에 담길 권리로서 '산업, 또는 상점, 또는 농장, 또는 광산에서 유익 하고 좋은 보수의 직업을 가질 권리, 적절한 식량, 의복과 여가를 제공하기에 충분한 소득에 대한 권리, 자신과 가족이 인간다운 삶 을 누릴 수 있는 가격으로 농작물을 경작하고 판매할 수 있는 농부 의 권리, 국내외에서 부당한 경쟁과 독점으로부터 자유로운 환경에 서 거래할 수 있는, (그 규모가) 크든 작든, 모든 사업가의 권리, 인 간다운 집에 대한 모든 가족의 권리, 적절한 의료 보호에 대한 권 리와 좋은 건강을 성취하고 누릴 기회, 노령·질병·사고·실업에 기 인하는 경제적 공포로부터 적절히 보호를 받을 권리, 좋은 교육에 대한 권리'를 제안했다.[12]

미국법률협회(American Law Institute)의 위원회가 국제권리장전 초 안으로 마련한 '기본적 인권에 대한 문서(Statement of Essential Human Rights)'(1946)[13]도 인권 목록에 제11조 교육권부터 제12조 노동권, 제 13조 근로조건에 대한 권리, 제14조 적절한 식량과 주거에 대한 권 리, 제15조 사회보장에 대한 권리까지 총 5항에 걸쳐 사회권을 담고 있었다. 그에 상응하는 국가의 의무도 포함하였다. 미국, 아랍, 영 국, 중국, 독일, 이태리, 인도, 라틴 아메리카, 폴란드, 소비에트, 스

---

11) Franklin D. Roosevelt, "*Unless There Is Security Here at Home, There Cannot Be Lasting Peace in the World*": *Message to the Congress on the State of the Union*, 11 January, 1944; Cass R. Sunstein, *The Second Bill of Rights: FDR's Unfinished Revolution and Why We Need It More Than Ever*, New York: Basic Books (2004).

12) Roosevelt, *Ibid.*

13) American Law Institute, "Statement of Essential Human Rights", *Annals of the American Academy of Political and Social Science* 243 (1946).

페인 등 다양한 국가들의 헌법, 법률, 정책을 참고하여 4년간의 작업을 거쳐 발표한 것이었다. 사회가 변동하면 그에 따라 권리와 국가의 의무에 대한 이해도 확장되어야 한다는 인식이 사회권에 주목하게 하였다.[14] 이전에는 기본권론의 주된 관심이 권력을 남용하는 정부에 있었다면, 기업과 같은 경제적 권력이 개인의 교육, 일자리, 적절한 주거생활 향유의 권리를 심각하게 침해할 수 있다는 점에서 이러한 경제권력으로부터 개개인들을 보호해야 할 필요성에 착목하게 된 것이다. '이 권리들(사회경제적 권리들)들은 이미 수용되고 있는 시민적, 정치적 권리만큼이나 개개인들의 완전한 발전에 진정으로 필수적인 조건'이라고 여겨졌다.[15] 당대의 대표적인 국제법학자 윌프레드 젠크스(Wilfred Jenks)도 사회보장에 대한 권리와 같은 사회권의 중요성을 강조하였는데, 사회권은 '사람들이 자연과 가족의 직접적 원조를 받거나 그들에 의지할 수 없는 상태에서, 자신들이 통제하거나 벗어날 수 없는 사고나 재해에 놓이게 되는, 산업사회의 특별한 위험에 대한 대항'이 될 수 있다고 여겼기 때문이다.[16] '필수적 인권에 대한 문서'는 이후 유엔에 제출되어 세계인권선언 1차 초안 성안에 중요한 영향을 미쳤다.[17]

유엔인권위원회 첫 회의에서 경제사회이사회 부사무총장 앙리 로지에(Henri Laugier, 벨기에)는 '인간권리에 대한 선언은 경제사회

---

14) Daniel Whelan, *Indivisible Human Rights*, Philadelphia and Oxford: University of Pennsylvania Press (2010) p.18.

15) Charles E. Merriam, "The Content of an International Bill of Rights", *Annals of the American Academy of Political and Social Science* 243 (1946) p.14.

16) C. Wilfred Jenks, "The Five Economic and Social Rights", *Annals of the American Academy of Political and Social Science* 243 (1946) p.45. 젠크스는 '필수적 인권에 대한 문서'에 담긴 사회권 각각에 대해 사회경제적 배경과 해당 권리를 보장해야 할 국가의 의무에 대한 해설을 썼다.

17) Philip Alston and Ryan Goodman, *International Human Rights*, Oxford: Oxford University Press (2013) 280-281.

분야로 확장되어야 한다'라고 천명했고,[18] 이러한 의견에 대한 이견은 세계인권선언 성안 전 과정에서 별로 없었다고 기록된다. 유엔 인권국의 초대 국장 존 험프리(John Humphrey, 캐나다)가 준비한 첫 초안[19]부터 선언 채택까지 전 과정에서, 사회권 조항들이 필수적인 내용으로 포함되었다.[20] 그 결과, 1948년 채택된 세계인권선언은 제22조 사회권 일반 조항, 제23조 근로의 권리, 정당한 보수에 대한 권리, 노동조합결성권, 제24조 합리적 근로시간, 휴식과 여가에 대한 권리, 제25조 식량, 의복, 주택과 의료 등 적합한 생활수준에 대한 권리, 사회보장에 대한 권리, 제26조 교육권, 제27조 문화권 및 과학의 진보로 인한 혜택을 누릴 권리 등의 조항을 담게 되었다. 즉, 세계인권선언에 담긴 인권관은 국가권력의 남용뿐 아니라 실업·빈곤 등 산업사회의 위험 등에 이르기까지 인간존엄을 위태롭게 하는 여러 사회적 요인들에 대한 통합적 사고를 반영하고 있었다.

---

18) Opening Statements, Summary Record of Meetings, Commission on Human Rights of the Economic and Social Council, at 2, UN Doc. E/HR/6 (1946).

19) UN Division of Human Rights, "Draft Outline of an International Bill of Human Rights", in *Yearbook on Human Rights for 1947*, New York: United Nations (1947) 484.

20) Johannes Morsink, *The Universal Declaration of Human Rights: Origins, Drafting, and Intent*, Pennsylvania: University of Pennsylvania Press (1999) 222-32; Bard-Anders Andreassen, 'Article 22', (Asbjørn Eide et al. eds.) *The Universal Declaration of Human Rights: A Commentary*, Oxford: Oxford University Press (1993) 319-345; Ashild Samnry, *Human Rights as International Consensus: The Making of the Universal Declaration of Human Rights, 1945-1948*, Bergen: Chr. Michelsen Institute (1993)

2. 두 개의 분리된 규약:
동·서 진영 논쟁과 사회권 성격 논쟁

세계인권선언 채택 후 시작된 인권조약 성안 작업은 18년 후인 1966년 시민적 및 정치적 권리에 관한 국제규약(이하 자유권규약)과 경제적, 사회적 및 문화적 권리에 관한 국제규약(이사 사회권규약)21), 두 조약의 채택으로 결실을 맺었다. 세계인권선언은 시민·경제·사회·문화·정치적 권리 모두를 하나의 문서에 포괄하고 있는데, 이 권리들에 법적 규범력을 부여하는 조약화 작업은 왜 두 개의 분리된 문서로 그 결과가 드러났는지 그 과정에서의 주된 논의를 살펴보도록 한다.

1946년 유엔경제사회이사회는 인권 원칙의 선언, 법적 구속력 있는 조약, 이행수단으로 구성된 국제권리장전을 성안하기로 결정하였고,22) 선언이 채택되고 난 후 다음 작업은 법적 구속력을 갖춘 조약의 성안으로 자연스럽게 이어졌다. 하지만 1950년대에 들어서면서 유엔에서의 인권논의도 동·서 열강 사이의 체제 경쟁에 침윤되었다. 1950년 인권위원회는 정치·경제·사회·문화적 범주의 권리에 대한 논의는 다음 회기로 유보하고, 시민적 권리 조항과 국가의 규약 이행을 감독할 인권이사회(Human Rights Committee) 설립에 관한 조항만을 주요 내용으로 하는 규약 초안을 경제사회이사회에 제출하였다.23) 하지만 시민권만을 담은 규약 초안을 검토한 유엔 총회는 결의 421(V)을 채택해, 규약에 사회권을 포함할 것을 결정하였

---

21) UN General Assembly Resolution, 16 December 1966, UN Doc. A/RES/2200 (XXI).
22) UN Economic and Social Council Resolution 1/5 (16 February 1946) UN Doc. E/20.
23) Report to the Economic and Social Council on the Work of the Sixth Session of the Commission, Supplement #5, Commission on Human Rights, ESCOR, 11th Session, UN Doc. E/1681 (1950).

다.[24] '세계인권선언의 정신과 원칙에 기초해 규약이 마련되어야' 한다는 점, '시민·정치적 자유와 경제·사회·문화적 자유의 향유는 상호 연결되어 있고 상호 의존적'이라는 점을 근거로 들었다.[25] 하지만 경제사회이사회는 유엔 총회에 결의 421(V)을 재검토할 것을 촉구하는 결의를 찬성 11, 반대 7로 통과시켰다.[26]

미국, 프랑스, 영국, 인도, 벨기에 등 경제사회이사회 내에서 두 개의 규약을 주장한 측에서는 시민적 권리와 경제·사회·문화적 권리는 권리의 성격과 이행수단에 있어 구분된다는 점을 주된 논거로 내세웠다.[27] 이와 같은 사회권/자유권 이원론은 반세기 후 사회권규약 선택의정서 채택에 이르기까지 사회권의 권리성을 약화시키는 주장으로 빈번하게 등장한다. 즉, 이원론은 권리의 성격과 관련하여, 시민적 권리(정치적 권리 조항도 이때까지는 규약 초안에 담지 않았다.)는 사법심사가 가능하고 즉각적 이행이 가능한 반면, 사회권은 점진적으로 달성할 수 있는 목표이며 각국의 재정을 고려해야 한다며 두 범주의 권리 간 차이를 강조하였다. 이행수단에 있어서도, 국제인권규범의 위반에 대해 국제기구에 청원하는 제도가 시민적 권리에는 적합한 반면, 사회권에는 부적합하다고 주장하였다. 실무적인 측면에서, 사회권 조항을 성안하는 데는 더 많은 시간이 필요하다는 점도 제기되었다. 소련, 칠레, 멕시코, 쿠바, 폴란드, 체코슬로바키아 등 하나의 규약을 찬성하는 측에서는 인권의 상호의존성을 강조하며 두 개의 규약은 두 범주의 권리 간 서열을 암시하게 될 것이라고 비판하였다.[28] 1952년 유엔 총회는 기존 결

---

24) UN General Assembly Resolution, *Draft International Covenant on Human Rights and Measures to Implementation: Future Work of the Commission on Human Rights*, 4 December 1950, UN Doc. A/RES/421 (V).

25) *Ibid.*

26) UN Economic and Social Council Resolution 384 (XIII), 29 August 1951.

27) Whelan, *supra* note 14, pp.117~119.

의를 뒤집고 시민·정치적 권리와 경제·사회·문화적 권리를 분리하여 두 개의 규약 초안을 준비하도록 하는 결의를 찬성 27, 반대 20, 기권 3의 표결로 채택하였다.[29] 이 결정은 재론되지 않았고, 그로부터 14년이 지난 후 이 결의가 예정한 대로 두 개의 규약이 채택되었다.

세계인권선언에 담긴 권리들이 두 개의 규약으로 분리된 표면적인 배경은 권리들이 지닌 성격의 차이와 그와 연관된 모니터링 방법의 차이였다. 하지만 실질적으로는 냉전이 본격화하면서 격화된 동·서 진영 다툼의 결과라는 해석이 더 지배적이다. 초대 유엔 인권국장으로서 당시 논의과정을 함께 했던 존 험프리는 성격이 다른 권리들에 대해 각기 다른 모니터링 절차를 두는 것이 바람직하다는 견해를 가지고 있었지만, 그것이 하나가 아닌 두 개의 규약을 만들어야 할 이유라고 보지는 않았다. 그는 하나의 규약의 분리를 주도했던 미국과 프랑스가 '근시안적'이라고 보았고,[30] 두 개의 규약으로 나누는 1952년 유엔 총회 결의가 채택되자 이에 대해 '전반적으로 이데올로기적'인 결정이자 '한 걸음 퇴보'한 것이라고 평했다.[31] 사회권 규약 성안 과정에 대한 체계적인 연구로 잘 알려진 매튜 크레이븐(Matthew Craven)은 '역사적 수용, 철학적 정당화, 이행에 있어서의 강조점 차원에서 권리들 간의 차이가 분명 나타날 수 있지만, 일관되거나 단정적인 방식으로 나타나는 것은 아니'라며, '경제·사회·문화적 권리를 별개의 분리된 권리 범주로 본 것은 국제권리장전의 성안 과정에서 기본적으로 동구와 서구 간의 이데올

---

28) *Ibid.*, pp.120~125.

29) UN General Assembly Resolution, *Preparation of Two Drafts International Covenants on Human Rights*, 5 February 1952, UN Doc. A/RES/543 (VI).

30) A. J. Hobbins(ed.), *On the Edge of Greatness: The Diaries of John Humphrey, First Director of the United Nations Division of Human Rights*, vol.2, 1950~1951, Montreal: McGill University Libraries (1996) p.251.

31) *Ibid.*, p.7.

로기적 경쟁의 결과'라고 분석했다.[32] 크레이그 스코트(Craig Scott)
는 사회권과 자유권이 분리된 배경을 이행 기제를 둘러싼 이유, 정
치적 이유, 실용적인 이유로 나누어 분석하면서도, '정치적 동기는
쉽게 다른 언어로 포장될 수 있'다며 동·서 체제 경쟁이라는 배경
을 분리할 수 없음을 암시하였다.[33] 다른 한편, 사회주의권이 당시
논의 과정에서 사회권을 주창했지만, 이행의무를 감독하기 위한 기
제를 만드는 것에 대해서는 소극적인 태도를 보였던 점을 볼 때,
사회권의 규범력을 높이는 것에 대해서는 의지가 없었던 것이 아
니냐는 평가도 있다.[34] 1950년대부터 1980년대에 이르기까지 유엔
의 인권 논의가 동·서 간 체제 경쟁의 보이지 않는 포화를 피해갈
수 없었음은 분명한 사실이다. 하지만 이 시기 인권규범의 발전에
대해 사회권은 사회주의 국가, 자유권은 자본주의 국가에 의해 각
각 옹호, 발전되었다고 단순하게 설명하는 것은 당시 양측의 이데
올로기 경쟁을 비판 없이 답습하는 것이자 각각의 권리들이 인권
으로서 발전되어 온 실제 현실과 괴리가 있다는 점을 유념할 필요
가 있다.

3. 사회권규약상 인권규범의 발전

1966년 12월 16일 유엔총회에서 채택, 1976년 1월 3일 발효된 사
회권규약은 5개부에 걸쳐, 자결권, 당사국 의무의 일반적 성격, 실

---

32) Matthew C. R. Craven, *The International Covenant on Economic, Social, and
   Cultural Rights: a Perspective on Its Development*, Oxford: Clarendon Press (1995)
   p.16.
33) Craig Scott, 'The Interdependence and Permeability of Human Rights Norms:
   Towards a Partial Fusion of the International Covenants on Human Rights',
   Osgoode Hall Law Journal 27 (1989) 794-796.
34) Whelan, *supra* note 14.

체적 권리들, 국제적 이행, 비준·발효·개정 등에 관한 사항을 담고 있다. 사회권규약에 열거된 권리는 자결권(제1조), 근로의 권리(제6조), 공정한 근로조건에 대한 권리(제7조), 노동조합 관련 권리(제8조), 사회보장에 대한 권리(제9조), 임산부·어린이 및 연소자의 보호(제10조), 식량, 의복, 주택 등 적합한 생활수준을 누릴 권리(제11조), 건강권(제12조), 교육권(제13-14조), 문화와 과학 관련 권리(제15조)이다. 세계인권선언에 관련 조항이 있으나 사회권규약, 자유권규약 모두에 포함되지 않은 권리는 재산권(세계인권선언 제17조)이다. 성안과정을 보면, 인간의 존엄에 합당한 생활을 영위하는 데 있어서 재산권의 중요성, 그리고 재산권이 절대적인 권리가 아니라는 점에 대해 합의가 있었다.[35] 하지만 인권으로서의 재산권의 범위, 재산권에 대한 정당한 제한 조건을 어떻게 조문화할지에 대해 다양한 견해의 차이를 넘을 수 없어, 결국 재산권 조항 없이 규약이 채택되게 되었다.[36]

  사회권규약은 당사국 의무의 일반적 성격과 이행 감독 시스템에 있어 자유권규약과 차이를 보인다. 사회권규약 제2조 1항은 '각 당사국은 특히 입법조치의 채택을 포함한 모든 적절한 수단에 의하여 이 규약에서 인정된 권리의 완전한 실현을 점진적으로 달성하기 위하여, 개별적으로 또한 특히 경제적, 기술적인 국제지원과 국제협력을 통하여, 자국의 가용 자원이 허용하는 최대한도까지 조치를 취할 것을 약속'한다고 당사국이 이행해야 할 의무의 일반적 성격을 규정하였다. 이 조항에서 '점진적으로 달성', '자국의 가용 자

---

35) Annotations on the Text of the Draft International Covenants on Human Rights (1 July 1955), UN Doc. A/2929, paras. 195-212.

36) *Ibid*, paras. 202-212; Christophe Golay and Ioana Cismas, "Legal Opinion: The Right to Property from a Human Rights Perspective" (2010) pp.3~5, available at http://papers.ssrn.com/sol3/papers.cfm?abstract_id=1635359 (최종 접속일: 2016년 4월 22일).

원이 허용하는'이라는 문구는 사회권은 즉각적 이행이 불가능하고 재정적 고려가 필수적이기 때문에 자유권[37]과 근본적으로 다른 종류의 권리라는 이해를 낳았다. 아울러 이러한 차이는 이행 감독 시스템에도 반영되어, 자유권규약은 국가의 이행 보고,[38] 개인통보절차,[39] 국가간 진정절차[40]를 둔 반면, 사회권의 경우 규약 채택 당시 국가 보고 절차만을 예정하였다.[41] 사회권규약의 이행을 감독하는 별도의 전문가위원회도 1985년에야 유엔 경제사회이사회 결의에 의해 설치되었고,[42] 그 전까지는 경제사회이사회가 국가 보고서를 심사하였다.[43]

(1) '소극적 권리', '적극적 권리'의 이원론 비판

> 모든 인권은 보편성, 불가분성, 상호의존성과 상호관련성을 갖는다. 국제사회는 인권을 전세계적으로 공정하고 평등한 방식으로, 대등하게, 또 동일한 비중을 두고 다루어야 한다. [....] 정치적, 경제적, 문화적 체계를 떠나서 모든 인권과 기본적 자유를 신장하고 보호하는 것은 국가의 의무이다.[44]

---

37) 자유권규약은 '이 규약에서 인정되는 권리들을 존중하고 확보할 것을 약속'한다는 형태로 당사국 의무의 일반적 성격을 규정하고 있다. (자유권규약 제2조 제1항)

38) 자유권규약 제40조.

39) Optional Protocol to the International Covenant on Civil and Political Rights, Adopted by General Assembly Resolution 2200A (XXI) on 16 December 1966.

40) 자유권규약 제41조.

41) 사회권규약 제16-17조.

42) ECOSOC Resolution 1985/17, 28 May 1985, UN Doc. E/1985/85. 자유권위원회 (Human Rights Committee)는 자유권규약 제28조-제45조에 의거해 설치되었다.

43) ECOSOC Resolution 1988 (LX), 11 May 1976, UN Doc. E/C.12/1989/4 (1989) 수록. 사회권위원회의 설립 과정에 대해서는 Craven, *supra* note 32, pp.35~42.

44) World Conference on Human Rights, Vienna Declaration and Programme of Action, 12 July 1993, UN Doc. A/CONF.157/23, para. 3.

1993년 비엔나 세계인권선언 및 행동강령은 모든 권리는 동일한 가치를 가지고 있고 개인들이 한 범주의 권리만으로 온전히 인권을 향유할 수 없음을 유엔의 공식적인 입장으로 확립하였다. 자유권은 국가의 행위 억제를 요구하며 비용이 들지 않고, 사회권은 국가의 행위와 재정 부담을 요구하는 것이라며 자유권과 사회권의 차이를 필요 이상으로 강조하는 이원론은 '진정한 권리'로서의 사회권의 지위를 의문시하게 하였다. 사회권과 자유권의 이원론에 대한 비판적 논의는 1980년 미국의 철학자 헨리 슈(Henry Shue)의 『기본권(Basic Rights)』을 시작으로 본격화되었다.[45] 양 범주에 속하는 다양한 권리들이 실제 어떻게 침해되거나 집행되는지에 대한 분석은 이원론이 현실에 맞지 않는다는 것을 드러내주었다. 예를 들어, 자유권으로 분류되는 신체적 완전성에 대한 권리의 경우, 신체나 생명을 해치지 않는 것만으로 충족되는 것이 아니라, 경찰, 검찰, 법원, 교정시설뿐 아니라, 법집행 공무원에 대한 교육·훈련이 필요하고, 이러한 모든 제도를 운용하기 위해서는 상당한 재정 지출이 요구된다.[46] 다른 한편, 생존권을 보자면, 늘 국가로부터의 급부 제공을 요구하는 것이 아니라, 많은 경우, 현재의 생계수단을 위협 없이 유지할 수 있게 함으로써 보장될 수 있다.[47] 슈는 이같은 분석을 통해 자유권은 소극적 의무만을, 사회권은 적극적 의무만을 수반하는 것으로 단순하게 나눌 수 없다고 이원론을 비판하였다. 다른 한편, 권리에 상응하는 의무에 대하여 새로운 개념 틀을 제시하였는데, 모든 기본권은 권리를 박탈하지 않을 의무, 권리박탈로부터 보호할 의무, 지원할 의무, 세 차원의 의무를 수반한다고 주창한

---

45) Henry Shue, *Basic Rights: Subsistence, Affluence and U.S. Foreign Policy*, Princeton University Press (1980).

46) *Ibid.*, pp.37~38.

47) *Ibid.*, p.40.

것이다.[48]

국제사법재판소 소장, 유엔 자유권위원회 위원을 역임한 영국의 대표적 국제법학자 로잘린 히긴스(Rosalyn Higgins)도 '어떤 권리를 이행하는 데 소극적 자제가 아닌 적극적 조치를 요구한다 하더라도, 권리는 여전히 권리'라며 사회권의 인권으로서의 지위를 확언한 동시에,[49] '적극적 의무의 개념'이 시민·정치적 권리의 필수 요소가 되어가고 있다는 점도 강조했다. 유럽인권재판소의 사법접근권 관련 판례, 프라이버시권, 고문금지 등에 대한 자유권위원회의 일반논평을 예로 들며, 법률부조 제공, 법원의 지리적 접근성 증진, 프라이버시 보호를 위한 절차 마련, 고문 예방을 위한 법집행 공무원에 대한 교육·훈련, 발생한 고문행위에 대한 수사와 책임자의 처벌 등 시민·정치적 권리의 보호에도 국가의 적극적 행위가 필수적으로 요구되고 있다고 지적하였다.[50] 더 나아가 미국의 법학자 스티븐 홈스(Stephen Holmes)와 캐스 선스타인(Cass Sunstein)은 궁극적으로 모든 권리는 적극적 권리이며 비용을 수반한다는 점을 환기시켰다.[51] 모든 권리는 법률을 통해 확인, 보호되어야 하고 침해에 대한 구제가 뒤따라야 하므로, 국가의 적극적 행위와 이를 위한 재정이 뒷받침되어야 한다는 것이다.[52]

---

48) *Ibid.*, pp.35~40, 51~55.

49) Rosalyn Higgins, *Problems and Process: International Law and How We Use It*, Oxford: Oxford University Press (1995) p.100.

50) *Ibid.*, pp.100~101.

51) Stephen Homles and Cass R. Sunstein, *The Cost of Rights: Why Liberty Depends on Taxes*, New York: Norton (1999).

52) *Ibid.*, pp.43~48.

(2) 사회권에 대한 국가의 의무 명료화 작업[53]

1990년대 들어 사회권에 대한 국가 의무의 성격을 명료하게 규명하는 작업이 유엔사회권위원회와 특별보고관들을 중심으로 활발히 진행되기 시작하였다. 대표적 결과물이 사회권위원회의 일반논평 3호[54]이다. 일반논평 3호는 사회권규약 제2조 1항의 해석 지침을 통해, 사회권규약의 당사국이 부담하는 의무의 성격을 밝혔다. 그 내용은 ①'점진적 실현', 결과의 의무/행위의 의무, ②즉시 적용 가능한 권리, ③최소핵심의무, ④'가용자원의 최대한도까지' 조치를 취할 의무, ⑤존중·보호·충족의 의무 등이며, 각각의 해석은 다음과 같다.

① '점진적 실현', 결과의 의무/행위의 의무: 일반논평 3호에 따르면, 동 규약 하에서 '점진적인 실현'이라는 개념과 관련하여, 모든 권리의 완전한 실현에는 시간이 걸리지만, 그러한 실현을 위해 국가가 필요한 행동을 시작할 의무는 즉각적 성격을 갖는다. 위원회는 '해당 권리의 완전한 실현은 점진적으로 이루어가되', 당사국은 의무의 이행이라는 데 목적을 명확히 둔, 신중하고 구체적인 조치를 '규약의 효력 발생 후 합리적으로 짧은 시간 내에 밟아나가야' 한다고 하였다.[55] 사회권규약 하

---

53) 박찬운은 아래 논문에서 사회권에서의 국가의 의무와 관련해 사회권위원회의 일반논평 3호, '림버그 원칙'(1986), '마스트리히트 가이드라인'(1996) 등을 통해 발전되어 온 국제인권법적 논의를 국내에 소개하였다. 박찬운, '국제인권법에서 바라본 사회권의 법적 성격', 「인권과 정의」 Vol.364, 102-116.

54) Committee on Economic, Social and Cultural Rights (이하 CESCR), *General Comment No. 3. The Nature of States Parties' Obligations* (Fifth Session, 1990), UN Doc. E/1991/23, annex III.

당사국의 의무는 개별 권리의 완전한 실현을 달성해야 할 '결과의 의무(obligation of result)'와 이러한 결과를 실현할 수 있도록 합리적인 조치를 계획하고 시행해야 할 '행위의 의무(obligation of conduct)'가 혼합된 것이라고 할 수 있다.[56] 결과의 의무 이행 여부는 설정된 지표를 중심으로 일정 기간별 목표 달성 여부가 평가되어야 하며, 합리적인 조치를 계획하고 시행해야 할 행위의 의무는 즉시 이행되어야 한다. 즉, '점진적 실현'의 개념은 모든 사회권의 완전한 실현을 단기간 내에 달성하는 것은 어느 국가에게나 불가능하다는 점을 인식하고 국가에게 유연성을 허용하기 위한 기제로 도입되었지만, 이를 국가에게 아무런 구체적 의무도 없는 것처럼 해석하는 것은 잘못된 것이다.[57] '점진적 실현'에 대한 사회권위원회의 이러한 해석은 '경제적, 사회적 및 문화적 권리에 관한 국제규약 이행에 관한 림버그 원칙(이하 림버그 원칙)'에 바탕을 둔 것이다.[58] '림버그 원칙'은 다양한 국가의 국제인권법 전문가

---

55) *Ibid,* para. 2.

56) 국가에게 요구되는 국제법적 의무와 관련해, 국제법위원회(International Law Commission)는 특정한 행위를 행하거나 행하지 않을 의무와 특정한 상황이나 결과를 만들어야 할 의무가 있으며, 각각을 '행위의 의무', '결과의 의무'을 지칭한다고 하였다. International Law Commission, Report of the International Law Commission, *Yearbook of the International Law Commission,* Vol. II, Part Two (1977) p.12.

57) CESCR, *supra* note 54, para. 9.

58) 국제법률가위원회, 네덜란드 림버그 대학의 마스트리히트 인권센터, 미국 신시네티 대학의 어번 모건 인권연구소의 주관 하에 호주, 독일, 헝가리, 아일랜드, 멕시코, 네덜란드, 노르웨이, 세네갈, 스페인, 영국, 미국, 유고슬라비아 출신의 학자들과 유엔인권센터, 사회권위원회, 국제노동기구, 유네스코, 세계보건기구 등 국제기구 전문가들은 1986년 6월 2일부터 6일까지 모여, 사회권 규약 하 당사국의 의무의 성격, 범위, 사회권위원회의 당사국 보고서 검토 등에 대해 밀도 있게 논의하고, '림버그 원칙'을

들과 국제노동기구, 유니세프, 세계보건기구 등 사회권 관련 국제기구들의 심도 깊은 논의의 결과물로서, '점진적 실현'이라는 개념 등 사회권규약 당사국이 이행해야 하는 의무의 성격에 관해 유용한 지침을 제시한 것으로 평가된다.

② 즉시 적용가능한 권리: 사회권규약의 모든 권리가 자원의 투입과 정책 실시의 결과로 일정한 시간이 지난 후에만 실현될 수 있는 성격을 지닌 것은 아니다. 사회권위원회는 즉시 적용될 수 있는 권리의 예로 제3조(모든 사회권의 향유에 대한 남녀의 동등한 권리), 제7조(a)(i) (정당한 임금과 동일가치 노동에 대한 동일보수), 제8조 (노동조합을 결성하고 가입할 권리), 제10조 3항 (차별없는 특별보호조치에 대한 아동의 권리), 제13조 2항(a) (무상초등교육에 대한 권리), 제13조 3항 (자녀의 학교를 선택할 부모의 자유), 제13조 4항 (교육기관을 설립할 개인과 집단의 자유), 제15조 3항 (과학 연구와 창작활동의 자유)를 들었다.[59]

③ 최소핵심의무: 사회권위원회는 사회권규약 하에서 모든 당사국은 '각 권리의 최소 필요수준을 충족시킬 것을 보장하는 최소핵심 의무'를 가진다고 해석하였다.[60] 이는 경계 지점에서는 일정한 모호성을 가진다 하더라도, 각 권리마다 침해되어서는 안 되는 핵심(또는 본질)이 있다는 권리의 일반적 학설

채택하였다. 이 원칙은 이후 유엔의 공식문서로 발간되었다. "Limburg Principles on the Implementation of the International Covenant on Economic, Social and Cultural Rights", UN Doc. E/CN.4/1987/17, Annex. *Human Rights Quarterly*, Vol.9 (1987), pp.122~135에도 같은 문서가 실려 있다.

59) CESCR, *supra* note 54, para. 5.

60) *Ibid.*, para. 10.

에 부합하는 것이다.[61] 사회권위원회는 '동 규약이 이러한 최소핵심 의무를 부과하지 않는 것으로 해석된다면, 이는 본 규약의 존재 이유 대부분을 박탈하는 것과 다름없다'[62]고 하였으며, 당사국 보고서를 심사하면서 축적한 경험을 토대로 이후 개별 권리에 관한 각각의 일반논평에서 각 권리에 대한 국가의 최소핵심 의무를 제시하였다.

④ '가용자원의 최대한도까지' 조치를 취할 의무: 사회권규약 제2조 1항은 당사국에 '자국의 가용 자원이 허용하는 최대한도까지' 사회권의 실현에 필요한 조치를 취해야 하는 의무를 부과하고 있다. 해당 국가 내 자원의 제약은 이러한 의무를 이행하는 데 영향을 미친다. 사회권위원회는 이러한 현실을 인식하는 동시에, 자원에 한계가 있다고 해서 그것이 곧 '조치를 취할' 의무를 유예하거나 무효화하는 것을 정당화하지 않는다고 환기시켰다.[63] 가용자원의 한계 안에서 사회권의 향유를 최대한 가능하게 할 수 있는 조치를 마련하고 시행할 의무가 여전히 국가에 있는 것이다. 우선순위를 어디에 둘 것인가는 가용자원이 부족한 경우에 핵심적인 문제가 된다. 이에 대해, 일반논평 3호는 '우선적으로 [...] 최소핵심의무를 이행하기 위해 스스로 처분할 수 있는 자원을 활용하는 데 모든 노력'을 다 해야 한다며 최소핵심의무의 이행에 우선순위를 두어야 한다고 기준을 제시하였다.[64] 아울러, 가용자원이 극도

---

61) Joel Feinberg, *Social Philosophy*, Prentice-Hall, Inc. (1973) 79-83.

62) CESCR, *supra* note 54, para. 10.

63) CESCR, *An Evaluation of the Obligation to Take Steps to the 'Maximum of Available Resources' under an Optional Protocol to the Covenant*, 10 May 2007, UN Doc. E/C.12/2007/1, para. 4.

64) CESCR, *supra* note 54, para. 10.

로 제한되는 상황에서 특히 사회의 취약계층을 보호하기 위한 조치도 강조하였다.[65]

⑤ 존중·보호·충족 의무: 사회권위원회는 인권규범을 이행하기 위한 국가 의무의 다층성을 인식하며, 사회권 개별 권리들에 상응하는 국가의 의무를 존중(respect) 의무, 보호(protect) 의무, 충족(fulfil) 의무로 분석하는 것을 일반적인 방법으로 정착시켰다. 존중 의무는 권리를 향유하는 데 국가가 저해하는 행위를 하지 않을 의무(예: 자의적인 강제퇴거를 하지 않을 의무), 보호 의무는 제3자에 의한 인권침해를 막을 의무(예: 사기업이 노동기준을 준수하게 함으로써 노동자들의 권리를 보장할 의무), 충족 의무는 권리의 실현을 위해 적절한 입법·예산·사법 등의 조치를 취할 의무(예: 필수적인 1차 의료를 필요로 하는 사람에게 제공할 의무)이다.[66] 슈가 『기본권』에서 제시하였던 세 가지 유형의 의무, 즉 권리를 박탈하지 않을 의무, 권리박탈로부터 보호할 의무, 지원할 의무[67]를 변용한 것이다. 식량권 특별보고관이었던 아스본 아이데(Asbjorn Eide)가 1989년 식량권을 주제로 한 사회권위원회 일반 토론(General Discussion)에서 식량권에 상응하는 국가 의무를 존중·보호·충족 의무로 나누어 제시함으로써, 이에 대한 사회권위원회에서의 논의를 촉발하였다.[68] 국가의 사회권 침해 여부

---

65) *Ibid.* para. 12.

66) *The Maastricht Guidelines on Violation of Economic, Social and Cultural Rights* (adopted 22-26 January 1997, Maastricht), *Human Rights Quarterly*, Vol. 20 (1998) pp. 691~705, para. 6.

67) Shue, *supra* note 45.

68) Asbjorn Eide, "The Right to Adequate Food as a Human Right", *Human Rights Study Series No. 1*, New York: United Nations (1989).

를 판단하는 데 필요한 기준 제시 목적으로 1996년 국제인권법 전문가회의에서 채택된 '경제·사회·문화적 권리 침해에 관한 마스트리히트 가이드라인'은 존중·보호·충족 세 가지 유형의 의무를 자유권과 사회권 모두에 수반되는 국가 이행 의무의 일반적인 틀로서 제안하였다.[69] 사회권위원회는 일반논평 12호 '적절한 식량에 대한 권리'(1999)부터 그 이후 채택한 실체적 권리에 대한 일반논평들에서 각 권리에 상응하는 의무를 존중·보호·충족 의무, 세 가지 유형의 의무로 나누어 분석해 왔다.

(3) 개별 권리의 내용 구체화

당사국이 사회권 실현을 위한 의무를 효과적으로 이행할 수 있도록 돕기 위해서는, 권리의 범위와 내용을 구체화하기 위한 작업이 필수적으로 요구되었다. 사회권위원회는 당사국의 정기보고서 심사 경험을 토대로 1990년대 초반부터 개별 권리의 내용과 이에 상응하는 국가의 의무를 구체화하는 작업을 해, 일반논평으로 발표해 왔다. 사회권위원회가 2016년 4월까지 채택한 일반논평들 중 1호, 2호, 3호, 9호, 10호를 제외하고서는 각 권리에 대한 규범적 내용을 밝히는 데 그 목적을 두고 있으며, 일반논평은 그 자체로 법적 구속력을 갖고 있지 않으나 규약에 대한 권위 있는 해석 지침으로

---

69) *The Maastricht Guidelines on Violation of Economic, Social and Cultural Rights*, *supra* note 66, para. 6. 국제법률가위원회, 마스트리히트 인권센터, 어번 모건 인권연구소는 '림버그 원칙'이 유엔인권문서로 채택된 후 10년이 지난 1997년 회의를 열어, 사회권위원회의 모니터링 기능을 강화하기 위해 사회권규약 위반의 의미와 판단 기준에 대해 전문가들의 의견을 모았다. 그 결과가 '마스트리히트 가이드라인'이다.

받아들여지고 있다.[70]

　실체적 권리에 대한 일반논평들은 대체로 다음과 같은 일정한 목차에 따라 해당 권리의 내용을 상세하게 해설하고 있다. ①용어의 정의를 비롯한 해당 조항에 대한 설명, 차별금지 및 평등의 적용, 정당한 제한의 범위, ②당사국의 의무(일반적 의무, 존중·보호·충족 의무, 국제적 의무, 핵심의무), ③규약의 위반(존중·보호·충족 의무 위반), ④국가 차원에서의 이행(법률, 전략, 정책 수립과 이행, 지표와 기준 설정과 평가, 구제수단 마련 등), ⑤당사국 이외 행위자의 의무. 사회권위원회는 각 권리별로 해당 권리를 실현하는 데 필요한 재화나 서비스가 갖추어야 할 필수적인 요소도 ㉮가용성(availability), ㉯접근성(accessibility), ㉰수용성(acceptability), ㉱질(quality)[71]로 나누어 제시하여, 해당 권리의 이행 전략을 수립, 이행,

---

70) 사회권위원회는 2016년 4월까지 총 23호의 일반논평을 채택했으며, 그 주제들은 다음과 같다. 1. 당사국의 보고 (1989), 2. 국제적인 기술적 원조 조치(제22조) (1990), 3. 당사국 의무의 성질(제2조1항) (1991), 4. 적절한 주거에 대한 권리(제11조1항) (1992), 5. 장애인 (1995), 6. 노인의 경제적, 사회적 및 문화적 권리 (1996), 7. 적절한 주거에 대한 권리(제11조1항): 강제퇴거 (1997), 8. 경제제재와 경제적, 사회적 및 문화적 권리 존중의 관계 (1997), 9. 동 규약의 국내 적용 (1998), 10. 경제적, 사회적 및 문화적 권리 보호에 있어서 국가인권기구들의 역할 (1998), 11. 초등교육에 관한 행동계획(제14조) (1999), 12. 적절한 식량에 대한 권리(제11조) (1999), 13. 교육에 대한 권리(제13조) (1999), 14. 도달 가능한 최고수준의 건강에 대한 권리(제12조) (2000), 15. 물에 대한 권리(제11, 12조) (2002), 16. 경제적, 사회적 및 문화적 권리를 향유함에 있어 남녀의 동등한 권리(제3조) (2005), 17. 자신이 저자인 모든 과학적, 문학적 또는 예술적 창작품으로부터 생기는 정신적, 물질적 이익의 보호로부터 혜택을 받을 모든 이의 권리 (2005), 18. 근로의 권리(제6조) (2005), 19. 사회보장의 권리(제9조) (2008), 20. 경제적, 사회적 및 문화적 권리에 있어서의 반차별(제2조2항) (2009), 21. 문화생활에 참여할 모두의 권리(제15조1항(a)) (2009), 22. 성과 재생산 건강권(제12조) (2016), 23. 공정하고 유리한 근로조건에 대한 권리(제7조) (2016).
71) 단, 교육권에 대한 일반논평은 교육기관 및 프로그램의 필수적 요소로서

평가하는 데 유용한 기준을 마련하였다. 건강권을 예로 들자면, 보건의료 시설, 의료인력, 필수의약품과 건강 정보 등 건강권 실현에 필수적인 재화나 서비스와 관련해, 양적으로 부족함 없이 구비되도록 하여야 하며(가용성), 지리적으로나 경제적으로나 사회적으로 소외된 집단들을 포함해 모두가 차별 없이 이용할 수 있도록 해야 하며(접근성), 의료 윤리와 문화적 차이, 프라이버시, 젠더와 생애주기를 존중하는 방식으로 제공되도록 해야 하며(수용성), 과학적 및 의학적으로 적절하며 질(quality)이 보장되도록 해야 한다(질).[72]

이 절에서 서술한 바와 같이 1990년대 초부터 현재까지 사회권규약 하 당사국의 의무, 개별 권리의 내용을 구체화하는 작업은 상당한 진전을 이루었다. 사회권위원회가 국제인권법 전문가, 사회권 분야 국제기구들과의 협력을 통해 사회권의 규범적 발전을 위해 노력해 온 결과이다. 사회권의 내용이 모호하고 불확실해서 이행하기 어렵다는 주장은 국제인권논의에서는 이제 더 이상 유효하지 않다. 물론 각 당사국에서 사회권규범을 이행 적용하면서 그 내용을 한 단계 더 구체화하는 작업이 필요하지만, 이는 자유권에 있어서도 마찬가지이다. 양심의 자유, 표현의 자유, 사생활의 자유, 적법절차에 대한 권리 등 자유권에 속하는 개별 권리도 그 내용에 대한 해석이 단일하지 않다. 결국 개별 권리의 의미가 한 사회의 규범공동체 안에서 합의, 수용되는 것은 권리의 개념과 그에 따른 국가의 의무를 국내에서 해석하고 법률을 형성, 집행, 적용하는 과정, 즉 국내에서 인권규범을 이행하는 과정을 통해서이다.[73]

가용성, 접근성, 수용성, 질이라는 기준 대신, 가용성, 접근성, 수용성, 적응성의 기준을 적용하고 있다.

72) CESCR, *General Comment No. 14: The Right to the Highest Attainable Standard of Health* (Article 12 of the International Covenant on Economic, Social and Cultural Rights), 11 August 2000, UN Doc. E/C.12/2000/4, para. 12.

73) 한상희, "사회권과 사법심사-여전히 '생성중인 권리'의 복권을 위하여-",

4. 사회권규약 선택의정서의 채택

2008년 12월 10일 세계인권선언 60주년을 맞아 유엔총회는 경제적, 사회적 및 문화적 권리에 관한 국제규약 선택의정서(이하 사회권규약 선택의정서)를 채택하였다.74) 사회권규약 채택으로부터 40여년 후 비로소 사회권규약의 위반사항에 대한 통보(communications)와 조사(inquiry) 절차가 제도적으로 마련된 것이다. 개인통보제도에 관한 자유권규약 선택의정서가 자유권규약과 동시에 채택된 것에 비추어 볼 때 상당히 뒤늦은 것이다. 이는 사회권규범이 사법기관(혹은 준사법기관)에 의해 심사될 수 있는 성질의 것인지를 둘러싼 오랜 논쟁에 기인한다. 사회권의 '사법심사가능성'(justiciability)에 대한 논쟁을 검토한 후, 사회권규약 선택의정서의 내용을 검토하도록 한다.

(1) 사회권의 사법심사가능성

사회권의 사법심사가능성에 대한 부정적인 견해는 크게 사회권과 자유권의 이원론, 사법의 한계를 둘러싸고 제기되었다.75) 첫째, 사회권은 국가의 적극적인 행위와 재정을 전제로 하며 국가의 구체적 이행의무가 모호한 반면, 자유권은 국가의 불간섭/부작위를 요구하는 것으로 자원분배에 대한 고려 없이 즉각 이행이 가능하

『공법연구』 제39집 제1호 (2010.10) 93-133, p.102.

74) *Optional Protocol to the International Covenant on Economic, Social and Cultural Rights*, Adopted by the General Assembly Resolution A/RES/63/117 on 10 December 2008.

75) Malcolm Langford, "The Justiciability of Social Rights: From Practice to Theory", in Malcolm Langford(ed.) *Social Rights Jurisprudence: Emerging Trends in International and Comparative Law*, Cambridge: Cambridge University Press (2008) 3-45: pp.29~37. 한상희, *supra* note 73, pp.97~107.

기 때문에, 이러한 권리성의 차이로 인해 자유권과 달리 사회권은 사법기관 내지 준사법기관에 의해 침해 여부를 심사받기에 적합하지 않다는 것이다.[76] 하지만 앞 절에서 서술하였듯이, 사회권과 자유권이 권리의 본질에 있어 분명한 차이가 있다고 보는 이원론은 자유권과 사회권에 속하는 각각의 권리와 국가의 의무에 대한 실증적 이해를 도모하는 과정에서 그 설득력을 잃어가고 있다.[77] 예를 들어, 건강권에 대해 국가는 질병의 예방과 치료를 위한 보건의료를 제공해야 할 의무뿐 아니라, 대기, 식수원, 토양, 해양 등을 오염시키는 일에 관여함으로써 사람들의 건강을 해치지 않아야 할 의무도 있다. 다른 한편, 고문 및 가혹행위로부터의 자유에 있어, 국가는 고문 및 가혹행위를 지시, 방조하지 않아야 할뿐더러, 수사 및 신문기법의 개발, 경찰, 검찰, 교정 공무원에 대한 교육, 수용자들에 대한 적정 처우 보장 등 적극적 행위를 해야 할 의무를 지니며 이를 위한 재정 지출도 요구된다. 특정 권리를 이행하는 데 재정부담이 있다고 해서, 그것이 사법심사를 받을 수 없는 이유가 되지 않는다.

둘째, 사회권의 사법심사에 대한 부정론은 사법기관의 제도적 성격에서도 그 이유가 제시되곤 한다. 자원의 배분이 수반되는 사회정책적 문제는 선거에 의해 선출되고 선거구민에 대해 책임을 지는 입법부나 행정부가 다루어야 할 문제이며, 사법부가 이러한

---

76) E. W. Vierdag, "The Legal Nature of the Rights Granted by the International Covenant on Economic, Social and Cultural Rights", *Netherlands Yearbook of International Law*, Vol. 9 (1978) 69-105; 사회권규약 위반에 관한 개인통보제도 도입에 대한 비판과 관련하여, M.J. Dennis and D.P. Stewart, "Justiciability of Economic, Social and Cultural Rights: Should There be an International Complaints Mechanism to Adjudicate the Rights to Food, Water, Housing, and Health", *American Journal of International Law*, 98 No. 3 (2004) 462-515.

77) '3. 사회권규약상 인권규범의 발전'의 관련 논의 참조.

정책문제에 대해 심사하는 것은 민주적이지 않다는 것이다.[78] 또한, 입법부나 행정에서 내려진 정책결정에 대해 정책적 우선순위, 자원 배분 등을 종합적으로 고려하면서 합리적으로 분석하고 평가해야 하는데, 사법부가 이러한 능력을 갖추지 못하고 있다고 지적한다. 이같은 사법부의 전문성과 정보의 한계로 인해, 사회권 사안에 대한 사법심사가 전체적인 자원배분 체제의 왜곡을 낳고 소송으로 대변되지 않는 사람들의 권리와 상충하는 결과를 초래할 수도 있다는 것이다.

이러한 주장에 대해 사회권위원회는 '다양한 국가기관의 각 권한이 반드시 존중되어야 하나 일반적으로 법원이 자원에 대해 중요한 함의를 지니는 상당한 범위의 사안에 이미 관여하고 있음을 인정하는 것이 타당하다'라고 반박하였다.[79] 정보접근권, 취약계층의 공정한 재판에 대한 권리, 폭력으로부터 보호받을 권리 등 국가의 적극적 행위가 요구되는 경우, 또는 권리 침해에 대한 국가배상이 요구되는 경우, 사법부는 자유권과 관련하여 이미 자원 배분과 연관된 판단을 내려왔던 것이다.[80] 선진적인 헌법으로 국제적 평가를 받고 있는 남아프리카공화국의 헌법 채택과정에서도 사회권의 사법심사에 대한 문제가 논의되었다. 당시 남아프리카공화국의 헌법재판소는 '조문에 담긴 다수의 시민·정치적 권리도 마찬가지로 예산과 관련된 문제를 수반하지만 그로 인해 사법심사가능성이 축소되지 않는다'며, '사회경제적 권리가 거의 불가피하게 재정적 함

---

78) A An-Nai'im, "To Affirm the Full Human Rights Standing of Economic, Social and Cultural Rights", in Y Ghai and J Cottrell (eds), *Economic, Social and Cultural Rights in Practice* (Interights 2004).

79) CESCR, *General Comment No. 9: The Domestic Application of the Covenant*, UN Doc E/C.12/1998/24, para. 10.

80) C Fabre, "Constitutionalizing Social Rights", *The Journal of Political Philosophy*, (1998) 6(1), 263-284, p.282.

의를 갖는다고 해서, 그것이 사법심사를 하는 데 걸림돌이 되지 않
는다'고 천명하였다.[81]

전문성과 정보의 한계는 사법심사에 있어 근본적인 장벽이 아니
라, 증거제출명령, 참고인제도, 공개변론 등 자료와 전문지식을 동
원하기 위한 제도적 장치를 통해 충분히 극복할 수 있는 문제라 할
수 있다.[82] 사법기관 또는 준사법기관의 역할은 해당 권리를 심사
하는 기준과 절차를 마련하고 문제가 되는 국가의 행위 혹은 부작
위가 그 권리규범에 위반되는지 여부를 판단함으로써, 입법부나 행
정부로 하여금 해당 권리의 실현을 위해 법령, 정책, 예산 등 국가
행위를 개선하도록 하는 것이다. 즉, 위법성 여부에 대한 판단이라
는 사법기관으로서의 본래적 기능을 수행하는 것이지, 상호 경합하
는 정책대안들 중 하나를 선택하도록 요구되는 것이 아니다. 또한
민주적 정당성 문제와 관련해, 헌법, 법철학 분야 학자인 로베르토
가르가예야(Roberto Gargarella), 인권, 헌법 분야 학자인 샌드라 프레
드만(Sandra Fredman), 캐스 선스타인(Cass Sunstein) 등은 사회권에 대
한 사법심사가 대의민주주의라는 통상적인 정치과정에서 제대로
대변되지 않고 소외되는 사회적 소수자, 취약계층들에게 권리 구제
를 요청할 수 있는 통로를 제공함으로써, 오히려 민주주의를 확장
하는 데 기여한다고 주장한다.[83] 사법절차를 통해 해당 사회권 문

---

81) *Ex Parte Chairperson of the Constitutional Assembly: In re Certification of the
    Constitution of the Republic of South Africa*, 1996(4) SA 744; 1996 (10) BCLR 1253
    (CC), para. 78.

82) 한상희, *supra* note 73, p.103.

83) Roberto Gargarella, "Dialogic Justice in the Enforcement of Social Rights", in Alicia
    E Yamin and S Gloppen (eds) *Litigating Health Rights: Can Courts Bring More
    Justice to Health?*, Harvard University Press (2011) 232-245, p.238; Roberto
    Gargarella, "Theories of Democracy, the Judiciary and Social Rights", in Roberto
    Gargarella, P Domingo and T Roux (eds.) *Courts and Social Transformation in New
    Democracies: An Institutional Voice for the Poor?*, Ashgate (2006) 13-34, p.28; 샌

제와 관련된 법률, 정책, 예산의 근거 자료나 증거들이 공개되고, 다양한 논점, 주장과 반론이 공개적으로 제기될 수 있다는 점도 사법심사가 가져올 수 있는 이점으로 조명된다.[84] 사회권에 대한 사법심사가 입법부나 행정부가 행해야 할 정책결정과 집행의 기능을 대체하지 않으면서, 해당 사회권 문제에 대해 시민과 국가기관, 그리고 국가기관 상호 간에 민주적 대화와 숙의의 장으로서 기능할 수 있다는 것이다.

(2) 사회권규약 선택의정서

사회권규약 선택의정서는 2008년 12월 유엔 총회에서 채택되었고, 선택의정서상 발효 요건인 10개국의 비준 서약서가 기탁되고 난 3개월 후인 2013년 5월 5일 발효되었다. 그전까지는 국가의 규약상 의무 위반에 대해 피해자들이 사회권위원회로의 공식적인 진정을 통해 국제적인 차원의 구제를 요청할 길이 없었다. 지역적 차원에서는 이미 '아프리카 인간과 인민의 권리헌장'(1981)[85], '경제적, 사회적 및 문화적 권리 영역의 미주 인권협약 산살바도르 의정서'(1988)[86], '집단청원에 관한 유럽사회헌장 추가의정서'(1995)[87]에

드라 프리드먼, '제4장 사법 심사와 법원의 역할', (조효제 역) 인권의 대전환(원제: Human Rights Transformed, Oxford University Press, 2008), 교양인 (2009) 229-291; Cass R. Sunstein, *Designing Democracy: What Constitutions Do*, Oxford University Press (2001) p.223.

84) D M Brinks and V Gauri, '8. A New Policy Landscape: Legalizing Social and Economic Rights in the Developing World', in V Gauri and D M Brinks (eds) *Courting Social Justice: Judicial Enforcement of Social and Economic Rights in the Developing World*, Cambridge University Press (2008) 303-352, pp.342~349.

85) *African Charter on Human and Peoples' Rights* (1981). 아프리카 인간과 인민의 권리헌장은 자유권과 사회권 등 모든 범주의 인권을 담고 있으며, 동 헌장 제55조에 따라 개인이나 단체가 헌장 위반 사항에 대해 통보를 할 수 있다.

따라 사회권에서의 국가의무 위반에 대한 청원 절차가 마련되어 있지만, 해당 지역에 한정된 것이며 산살바도르 의정서나 유럽사회헌장 추가의정서의 경우 모든 사회권에 적용되는 것이 아니라는 한계를 갖고 있다. 개별 국가적 차원에서는 1990년대 이후 여러 나라에서 법원의 사회권 관련 판례가 대폭 늘어났다.[88] 이는 사회권의 사법적 집행이 실제로 가능함을 보여줌으로써 사회권규약 선택의정서의 채택에 긍정적인 기여를 하였고, 이제 선택의정서의 채택이 역으로 사회권에 대한 국내구제절차의 도입 및 활성화에 긍정적인 계기를 제공하리라 기대되고 있다.

사회권규약 통보제도 도입을 위한 유엔 차원의 연구와 논의는 1990년도부터 시작되었다.[89] 그 이전부터 통보제도 도입의 필요성을 제기해 왔던 국제법학자 필립 앨스턴(Philip Alston)[90]은 사회권위

---

86) *Additional Protocol to the American Convention on Human Rights in the Area of Economic, Social and Cultural Rights "Protocol of San Salvador"*, A-52 (1988). 동 선택의정서 제19조 6항은 결사의 자유와 교육권에 대해 개인진정이 가능하도록 하고 있다.

87) *Additional Protocol to the European Social Charter Providing for a System of Collective Complaints*, CETS No.158 (1995). 1996년 개정 유럽사회헌장(European Social Charter, revised, CETS No.163, 1996)에 대해 NGO 등이 집단청원할 수 있도록 하는 내용을 담고 있다.

88) Malcolm Langford (ed.) *Social Rights Jurisprudence: Emerging Trends in International and Comparative Law*, Cambridge: Cambridge University Press (2008); Fons Coomans, *Justiciability of Economic and Social Rights: Experiences from Domestic Systems*, Intersentia (2006); International Commission of Jurists, *Courts and the Legal Enforcement of Economic, Social and Cultural Rights: Comparative Experiences of Justiciability*, Geneva: ICJ (2008).

89) CESCR, Report on the Fifth Session, UN Doc. E/1991/23, para. 285.

90) Philip Alston, "Out of the Abyss: The Challenges of Confronting the New UN Committee on Economic, Social and Cultural Rights", *Human Rights Quarterly* Vol.9 (1987) 332-381; Philip Alston, "No Right to Complain About Being Poor: The Need for an Optional Protocol to the Economic Rights Covenant", in Asbjørn Eide et al.

원회 위원으로서 관련 연구보고서를 그 이듬해 사회권위원회에 제
출하였고, 사회권위원회는 선택의정서가 '규약의 실질적 이행과 당
사국과의 대화를 증진할 수 있고 경제적, 사회적 및 문화적 권리에
대한 공공의 관심을 더욱 이끌어낼 수 있을 것'이라는 기대 속에 선
택의정서에 대한 초안 작업을 지지하였다.[91] 1993년 정부대표들은
비엔나세계인권선언과 행동강령에서 선택의정서 검토 작업을 독려
한다는 공동의 입장을 밝혔다.[92] 하지만 관련된 작업은 선택의정서
의 필요성, 사회권의 사법심사가능성, 사회권위원회의 법적 지위에
관한 논의에 머무른 채 오랜 기간 진전을 보이지 못하다, 선택의정
서 성안 작업이 본격적으로 진행된 것은 2006년이었다.[93] 유엔인권
이사회의 새로운 출범과 함께, 국제인권보호시스템 강화에 대한 기
대와 열망이 한창 고조되었던 당시의 정치적 환경에 힘입은 것이
었다. 사회권규약 선택의정서에 대한 실무그룹 의장이었던 카타리
나 디 알버커키(Catarina de Albuquerque)가 첫 초안을 준비했고,[94]
2007년과 2008년 수차례 실무그룹의 심의를 거치면서 수정안이 마
련되었다.[95] 실무그룹이 회부한 선택의정서(안)은 2008년 6월 인권

(eds.) *The Future of Human Rights Protection in a Changing World, Essays in an Honour of Torkel Opshal*, Oslo: Norwegian University Press (1991) 79-100.

91) CESCR, Report of the 6th Session, para. 362, UN Doc. E/1992/23; Philip Alston, 'Establishing a Right to Petition Under the Covenant on Economic, Social and Cultural Rights', *Collected Courses of the Academy of European Law: The Protection of Human Rights in Europe*, Florence, European University Institute, Vol. IV, Book 2 (1993), p.115.

92) *World Conference on Human Rights, supra* note 44, para. 75.

93) Human Rights Council Resolution 1/3, 13 November 2006.

94) *Draft Optional Protocol to the International Covenant on Economic, Social and Cultural Rights*, Prepared by the Chairperson-Rapporteur, Catarina de Albuquerque, 23 April 2007, UN Doc. A/HRC/6/WG.4/2.

95) *Revised Draft Optional Protocol to the International Covenant on Economic, Social and Cultural Rights*, Prepared by the Chairperson-Rapporteur, Catarina de

이사회에서,[96] 같은 해 12월 유엔총회에서 만장일치로 채택되었다.[97] 이로써 사회권규약 위반에 대하여 개인 및 집단통보, 조사절차, 국가 간 통보가 가능하게 되었다.[98]

사회권규약 선택의정서 성안 과정에서 채택 바로 직전까지 쟁점이 되었던 이슈는 첫째, 통보대상 권리의 범위, 둘째, 국가 차원의 자원배분 결정이 중요하게 연관된 사안의 심사기준이었다. 두 이슈 모두, 사법심사가능성 논쟁의 연장선에 있는 문제이자, 과연 사회권규약 선택의정서가 본래의 취지대로 권리 구제에 있어 소외되어 왔던 사회경제적 취약계층들에게 국제적 차원의 청원 기회를 제공할 수 있는지를 판가름하는 핵심적인 문제였다. 첫째, 통보대상 권리의 범위와 관련해, 초안 협상과정에서 일부 국가들은 비준 시 각 국가가 통보 대상 권리를 선택할 수 있게 하자는 안을 제시하였다.[99] 이는 사회권위원회의 심사 대상이 될 수 있는 권리와 그렇지

Albuquerque, 24 December 2007, UN Doc. A/HRC/8/WG.4/2; *Revised Draft Optional Protocol to the International Covenant on Economic, Social and Cultural Rights*, 25 March 2008, UN Doc. A/HRC/8/WG.4/3.

96) *Optional Protocol to the International Covenant on Economic, Social and Cultural Rights*, Adopted without a vote at the Human Rights Council's 28th meeting, 18 June 2008, UN Doc. A/HRC/RES/8/2.

97) *Optional Protocol to the International Covenant on Economic, Social and Cultural Rights*, 10 December 2008, GA Resolution A/RES/63/117.

98) 사회권규약 선택의정서의 상세한 내용은 Irene Biglino and Christophe Golay, *The Optional Protocol to the International Covenant on Economic, Social and Cultural Rights*, Geneva: Geneva Academy of International Humanitarian Law and Human Rights, July 2013 참조. 사회권규약 선택의정서의 내용과 의의를 검토하는 국내논문으로 박찬운, "사회권규약선택의정서의 내용과 의미에 관한 소고", 「인권과 정의」 Vol.392, 2009년 4월, 125-139; 황필규, "유엔사회권규약 선택의정서의 의의와 비준 필요성", 유엔 경제적·사회적·문화적 권리 규약 선택의정서 비준 토론회 발표문 (2013년 4월 16일) 등이 있다.

99) 호주, 중국, 덴마크, 독일, 그리스, 일본, 뉴질랜드, 네덜란드, 폴란드, 러시아, 대한민국, 스위스, 터키, 영국, 미국이 이를 지지하였다. *Report of*

않은 권리가 구분되는 결과를 낳는 것이었다. NGO들과 인권이사회 다수 회원국들은 이러한 선별적 접근에 대해 강하게 반대하였다.[100] 규약의 권리들 사이에 우열을 낳을 수 있고, 피해자들에게 구제 기회를 축소할뿐더러, 사회권규약의 효과적 이행이라는 선택의정서 채택의 목적에 반한다는 것이 주된 이유였다. 다른 유엔인권조약의 통보절차에서 그러한 선례가 없다는 점도 지적되었다.[101] 결국 통보대상이 되는 권리에 제한을 두지 않는 방향으로 의견이 모여, 최종적으로 채택된 선택의정서 제2조는 규약의 모든 권리를 통보대상으로 하게 되었다. 통보대상에서 특정 인권을 배제할 수 있도록 하는 접근은 당사국에 선별적인 의무 이행을 용인하는 효과를 갖게 되며, 통보대상에서 배제된 권리 침해의 피해자들에 대해서는 국제적 구제절차를 이용할 가능성이 봉쇄되는 결과를 띠게 된다. 그러한 점에서 사회권규약상 모든 권리를 통보대상으로 둔 것은 권리의 동등한 향유를 보장한다는 기본 관점에 부합하는 것이었다.

둘째, 권리 실현에 있어 국가 차원의 자원 배분이 주요하게 작용하는 사안들은 어떻게 심사할 것인가가 또 다른 주요 쟁점이 되었

---

the Working Group's Fourth Session, 30 August 2007, UN Doc. A/HRC/6/8, para.37 참조.

100) 선별적 접근을 반대한 국가들은 다음과 같다. 벨기에, 볼리비아, 브라질, 부르키나 파소, 칠레, 에콰도르, 아프리카 그룹을 대표해 이집트, 에티오피아, 핀란드, 프랑스, 과테말라, 이탈리아, 리히텐스타인, 멕시코, 나이지리아, 노르웨이, 페루, 포르투갈, 세네갈, 슬로베니아, 남아프리카공화국, 스페인, 스웨덴, 우루과이, 베네주엘라. NGO들 중에서는 국제앰네스티, 피안(FIAN), 국제법률가위원회(ICJ) 등이 반대 의견을 표명했다. Report of the Working Group's Fourth Session, Ibid., para.33 참조.

101) 자유권규약 선택의정서, 인종차별철폐협약 제14조 1항, 여성차별철폐협약 선택의정서 등 다른 유엔인권조약의 통보절차 관련 규정들도 조약상 모든 권리를 통보 대상으로 삼고 있다.

다.102) 그 논의의 결과물이 선택의정서 제8조 4항이다. 이 조항은 다른 유엔인권조약 통보절차에서 볼 수 없는 규정으로서 '현 의정서 하에서 통보를 심의할 때, 위원회는 규약의 제2부에 따라 당사국이 취한 조치의 합리성을 심사해야 한다. 이 과정에서, 위원회는 당사국이 규약에 담긴 권리들의 이행을 위해 다양한 가능한 조치들을 채택할 수 있음을 유념해야 한다. […]'라고 심사기준과 고려해야 할 사항을 규정하고 있다. 이 조문의 심의 과정에서 미국, 중국, 인도, 영국, 일본, 폴란드 등은 '당사국이 취한 조치의 합리성(reasonableness)을 심사해야 한다'를 '국가가 취한 조치가 불합리한(unreasonable) 것인지를 심사해야 한다'로 대체하고, '국가의 재량'이라는 문구를 삽입하고자 하였다.103) '불합리성' 기준은 당사국에게는 국가행위의 정당성과 관련한 설명 부담을 현저히 낮추는 반면 권리침해의 피해를 주장하는 이에게 국가 행위의 '불합리성'을 입증하도록 부담을 키우는 효과가 있다. 국가의 적극적 의무에 대한 사회권위원회의 심사 범위를 가능한 축소하기 위해 제안된 것이었다.104) '불합리성' 기준에 대한 제안에 강한 우려가 쏟아졌다. 선택의정서 초안 마지막 독회에 이르자, 독일, 멕시코, 일부 NGO들은 아예 제8조 4항의 삭제를 제안하였다.105) 다른 통보절차에는 없는 심사기준을 명시하는 것 자체가 사회권위원회의 심사 기능을 약화시킬 것이라는 판단에 따른 것이었다. 그러자 당초 '불합리성' 기준을 주장하였던 호주, 일본, 영국, 미국 등이 '합리성' 심사기준을 지

---

102) *Report of the Working Group's Third Session* (6-17 February 2006) 14 March 2006, UN Doc. E/CN.4/2006/47, paras. 89-98.

103) *Report of the Working Group's Fourth Session, supra note 99*, paras. 95-97, 153.

104) Bruce Porter, "The Reasonableness of Article 8(4)-Adjudicating Claims from the Margins", *Nordic Journal of Human Rights*, Vol.27 (2009) 39-53, p.45.

105) *Report of the Working Group's Fifth Session* (4-8 February and 31 March-4 April 2008) 23 May 2008, UN Doc. A/HRC/8/7, paras. 169-171.

지하는 쪽으로 입장을 바꿨다.[106) 사회권위원회의 심사기준에 제한을 두는 조항이 없는 것보다는 '합리성' 기준이라도 설치하는 것이 국가의 재량을 인정하는 근거로 사용될 것이라는 내적인 기대가 있었던 것으로 보인다. 절충안으로 '합리성' 심사 기준이 채택되었다. 한편, 미국 등이 제안한 '국가의 재량'이라는 용어 대신, '위원회는 당사국이 규약에 담긴 권리들의 이행을 위해 다양한 가능한 조치들을 채택할 수 있음을 유념해야 한다'는 문구가 제8조 4항에 포함되었다. '국가의 재량'이라는 용어는 당사국의 의무 이행에 대한 심사를 회피하는 기제로서 오용될 수 있다는 우려가 강하게 작용하였다. 대신, 현 제8조 4항의 문구는 규약 이행을 위해 택할 수 있는 정책이 하나 이상일 때, 그 선택권한은 당사국에 있음을 위원회가 인지한다는 내용을 재확인한 것으로서, 남아프리카공화국 헌법재판소의 Government of Republic of South Africa v. Irene Grootboom and Others 판결문[107)(이하 구룻붐 판결)에서 가져온 것이다. 제8조 4항은 규약의 의무를 이행하기 위한 구체적 정책 결정권한이 각 당사국에게 있음을 확인하면서, 동시에 사회권위원회가 당사국의 적극적 의무 이행 여부를 심사할 수 있는 권한을 확립한 것으로 평가된다.[108)

선택의정서 채택에 앞서 사회권위원회는 어떤 기준을 통해 규약 제2조 1항 관련 국가의 적극적 의무[109)를 심사할 것인지에 대해 가

---

106) *Ibid.*

107) 2001 (1) SA 46 (CC), para. 41. "A court considering reasonableness will not enquire whether other more desirable or favourable measures could have been adopted, or whether public money could have been better spent. The question would be whether the measures that have been adopted are reasonable. It is necessary to recognise that *a wide range of possible measures could be adopted by the state to meet its obligations.*"[필자 강조]

108) Biglino and Golay, *supra* note 98, p.27.

109) 입법조치의 채택을 포함한 모든 적절한 수단에 의하여, 권리의 완전한 실현을 점진적으로 달성하기 위하여, '자국의 가용자원이 허용하는 최

이드라인을 발표하였다.[110] 이 가이드라인은 국가가 의무 이행을 위해 채택한 조치의 '합리성' 또는 '적정성'을 평가하는 기준으로 ㉮ 해당 조치가 사회권의 실현을 목표로 계획과 구체성을 갖춘 정도, ㉯당사국이 차별적이거나 자의적인 요소 없이 재량을 행사하였는지 여부, ㉰가용자원 배분에 대한 당사국의 결정이 국제인권기준에 부합하는지 여부, ㉱선택가능한 여러 정책 중 규약의 권리를 최소로 제약하는 선택을 하였는지 여부, ㉲채택한 조치의 일정, ㉳조치를 취함에 있어, 빈곤하고 소외된 개인이나 집단의 위태로운 상황이 고려되었는지, 그 조치에 차별적인 요소가 없는지, 중대한 상황 혹은 위험한 상황에 대해 정책적 우선성이 부여되었는지 여부 등을 포함하였다. 제8조 4항이 규정하는 합리성 심사의 구체적 내용은 앞으로 사회권위원회의 결정례가 점차 축적되면서 더욱 분명해질 것이다. 사회권규약 선택의정서는 2016년 5월 2일 현재 26개국이 서명, 21개국이 비준[111] 한 상태이다. 사회권위원회는 2013년 5월 발효 후 2016년 4월 현재까지 3건을 심사하였는데, 그 중 I.D.G v Spain이 사회권위원회가 최초로 다룬 사건이자 본안심사에까지 이른 유일한 사건이다.[112]

대한도까지 조치를 취할' 의무

110) CESCR, *supra* note 63.

111) 사회권규약 선택의정서 비준국은 아르헨티나, 벨기에, 볼리비아, 보스니아-헤르제고비나, 카보 베르드, 코스타리카, 에콰도르, 엘살바도르, 핀란드, 프랑스, 가봉, 이탈리아, 룩셈부르그, 몽골리아, 몬테네그로, 니제르, 포르투갈, 산 마리노, 슬로바키아, 스페인, 우루과이이다.

112) CESCR, Communication No.2/2014, 13 October 2015, UN Doc. E/C.12/55/D/2/014. 모기지 상환 불능으로 인해 집에 대해 강제경매처분이 내려져 퇴거 위기에 놓인 집 소유주가 사회권규약 제11조 1항의 주거권 침해 여부를 심사해달라고 요청한 건이다. 사회권위원회는 법원이 강제집행절차 개시 통보를 채무자인 집 소유주에게 제대로 송달하지 않은 채 강제경매처분을 내려 집 소유주가 사법절차를 통해 자신의 집을 효과적으로 방어할 수 있는 기회를 박탈하였고, 이로써 신청인의 주거권을 침해하였

III. 우리 헌법상 사회권 보장의 현실과 과제

국제인권법상 사회권은 1990년대 이후 사회권규약 하 당사국의 의무, 개별 권리의 내용을 구체화하는 작업을 통해 상당한 규범적 발전을 이루어 왔고, 선택의정서의 채택을 통해 사회권 침해의 피해를 입은 이들이 국제적 차원에서 구제를 요청할 수 있는 길도 마련되었다. 이러한 시점에서, 사회권 보장의 국내적 현실과 과제를 되짚어 보는 것은 그 어느 때보다 중요하다 할 것이다. 이 장에서는 헌법재판소의 태도를 중심으로 우리 헌법상 사회권 보장의 현실을 살펴보고, 국제인권법상 사회권 논의에 비추어 사회권 법리의 발전과 사회권 침해와 관련한 권리구제의 실질화를 위한 국내적 과제를 제안하도록 한다.

1. 헌법상 사회권의 성격

우리 헌법은 '사회국가'를 헌법의 최고원리로 확인하고 제31조(교육을 받을 권리), 제32조(근로의 권리), 제34조(인간다운 생활을

다고 판단하였다. 사회권위원회는 결정문에 직접적으로 개인통보 대상이 된 사건에 대한 권고뿐 아니라, 이와 유사한 인권침해를 방지하기 위한 법제도 개선에 대한 권고도 포함하였다. 즉, 신청인과 관련해서는 주거권 보장을 위한 절차적 보호와 적법절차 없이 집이 경매되는 일이 없도록 보장할 것을 권고하였고, 모기지를 상환하지 못해 집이 강제집행 절차에 넘어갈 위기에 있는 사람들에 대해서도 법적구제 절차에 대한 접근을 보장할 것 등 유사한 문제를 시정하기 위한 내용을 함께 권고하였다. 스페인에서는 경제위기가 발발한 2008년부터 2013년 사이 35만 가구가 모기지를 제때 상환하지 못해 집을 압류당한 것으로 추정되는 등 모기지 상환 불능으로 인해 사람들이 보금자리를 잃는 것이 심각한 사회문제이다.

할 권리), 제35조 제3항(주거권), 제36조 제2항(모성보호), 제36조 제3
항(보건권) 등 사회권을 명문으로 보장하고 있다. 헌법재판소는 헌
법이 추구하는 '사회국가'에 대해 '사회정의의 이념을 헌법에 수용
한 국가, 사회현상에 대하여 방관적인 국가가 아니라 경제·사회·문
화의 모든 영역에서 정의로운 사회질서의 형성을 위하여 사회현상
에 관여하고 간섭하고 분배하고 조정하는 국가이며, 궁극적으로는
국민 각자가 실제로 자유를 행사할 수 있는 그 실질적 조건을 마련
해 줄 의무가 있는 국가'라고 정의하였다.[113] 사회권위원회가 한국
정부의 제3차 정부보고서에 대한 최종견해에서 우려를 표하였듯이,
헌법이 보장하는 사회권의 범위가 사회권규약보다 좁은 점, 사회권
을 포함하여 헌법상 권리가 국민에게만 해당된다는 점은 향후 개
정을 통해 보완되어야 할 부분이다.[114] 하지만 이러한 한계에도 불
구하고, 우리나라 헌법은 명문으로 사회권에 속하는 권리들을 보장
한다는 점에서 분명히 전향적 성격을 지니고 있다고 할 수 있다.
또한 헌법상 사회적 기본권이 개인이 국가에게 주관적으로 주장할
수 있는 권리이고, 국가에 이행의 책임을 부담한다는 것도 헌법재
판소의 결정을 통하여 확립되었다. 판례에 따르면, 사회권 규정은
'입법부나 행정부에 대하여는 국민소득, 국가의 재정능력과 정책
등을 고려하여 가능한 범위 안에서 최대한으로 모든 국민이 물질
적인 최저생활을 넘어서 인간의 존엄성에 맞는 건강하고 문화적인
생활을 누릴 수 있도록 하여야 한다는 행위의 지침, 즉 행위규범'이
자, '헌법재판에 있어서는 다른 국가기관, 즉 입법부나 행정부가 국
민으로 하여금 인간다운 생활을 영위하도록 하기 위하여 객관적으
로 필요한 최소한의 조치를 취할 의무를 다하였는지를 기준으로

---

113) 헌법재판소 2002.12.18. 선고 2002헌마52.
114) CESCR, Concluding Observations on the Third Periodic Report of the Republic of
    Korea, 17 December 2009, E/C.12/KOR/CO/3, para.6.

국가기관의 행위의 합헌성을 심사하여야 한다는 통제규범'이다.[115)
헌법재판소는 입법부와 행정부의 행위를 구속하는 규범이자 그 행위에 대한 사법부의 심사규범으로서의 사회권의 성격을 확인한 것이다.

2. 헌법재판소의 사회권심사

이같은 천명에도 불구하고, 헌법재판소는 충족 의무를 동반하는 사회권 사안의 경우 실질적 심사를 사실상 방기함으로써 사회권이 실효성있게 규범력을 발휘하지 못하고 있는 것이 현실이다. 그 이유는 헌법재판소가 사회권 사안을 입법부와 행정부의 광범위한 재량에 귀속되는 문제로 치환하기 때문이다. 최저생계보호기준에 따른 급여가 최저생계비에 전혀 미치지 못해 헌법상의 인간다운 생활을 할 권리를 침해한다는 이유로 청구된 헌법소원이 대표적이다. 이 사건에 대해 헌법재판소는 '국가가 생계보호에 관한 입법을 전혀 하지 아니하였다든가, 그 내용이 현저히 불합리하여 헌법상 용인될 수 있는 재량의 범위를 명백히 일탈한 경우에 한하여 헌법에 위반된다'는 심사기준을 적용하였다.[116) 이에 따라 '생계보호의 수준이 일반 최저생계비에 못 미친다고 하더라도 그 사실만으로 곧 그것이 헌법에 위반된다거나 청구인들의 행복추구권이나 인간다운 생활을 할 권리를 침해한 것이라고는 볼 수 없다'며 헌법소원을 기각하였다.[117) 이러한 헌법재판소의 태도는 2002년 국민기초생활보장 최저생계비 위헌확인사건에서도 이어져, 장애인가구에 지급되는 생계급여가 최저생계비에 못 미친다 하더라도 '생활능력 없는

---

115) 헌법재판소 1997.5.29. 94 헌마33.
116) 헌법재판소 1997.5.29. 선고 94헌마33.
117) *Ibid.*

장애인가구 구성원의 인간다운 생활을 할 권리가 침해되었다고 할수 없다'고 결정하였다.[118] 이러한 결정에서 헌법재판소가 채택한 '현저한 불합리성', '재량의 명백한 일탈'을 중심으로 하는 심사기준은 사회권규약 선택의정서 성안 과정에서 일부 국가들이 사회권위원회의 심사를 형식화시키고자 하는 의도에서 제안했던 '불합리성' 기준과 같은 맥락에 있다. 헌법상 사회권의 보장을 입법부나 행정부의 폭넓은 재량 영역으로 두고 헌법재판소는 이에 대한 실질적인 심사를 기피하는 태도를 보이고 있는 것이며, 이러한 헌법재판소의 소극성은 헌법학계에서도 비판적 평가의 대상이 되어 왔다.[119]

헌법재판소는 권력분립론을 근거로 사회권에 대해 소극적 심사를 하고 있는 것으로 보인다.[120] 하지만 권력분립론은 국가권력의 남용으로부터의 인권 보장을 목적으로 하는 것이며 기관 간의 상호 감시와 견제가 그 전제가 된다. 때문에 사회권에 대한 사법심사는 중요한 자원배분 문제에 대한 숙의와 견제의 틀로서 오히려 그 중요성이 크다. 특히 심각한 사회문제가 되고 있는 빈곤 및 사회적 양극화의 심화, 혹은 해소의 실패[121]는 통상적 정치과정에서 사회

---

118) 헌법재판소 2004.10.28. 선고 2002헌마328.

119) 홍성방, "헌법재판소결정례에서 나타난 사회적 기본권", 『서강법학』 제4권 (2002) 35-59; 한상희, *supra note 73*.

120) '박한철 재판소장은 사회적 기본권을 명문으로 규정하고 있는 한국 헌법을 소개하고, 권력분립원칙 등에 따라 그동안 한국 헌법재판소가 국가가 실현할 객관적 내용의 최소한도의 보장에도 이르지 아니하는 경우에 한하여 헌법에 위반된다는 소극적인 심사를 해 왔음을 설명하였다.' 이승환 헌법연구관, "한·독일 헌법재판관 공동 세미나", 『법률신문』 (2016.3.22.)

121) 우리나라 전체 가구의 대략 20%가 절대적 빈곤 상태이고, 사회보장 혜택을 받고 나서도 대략 15% 가량의 가구가 절대적 빈곤 상태에 처해있다. 중위 소득(인구를 소득 순으로 나열했을 때 한가운데 있는 사람의 소득)의 절반도 못 버는 인구 비중을 뜻하는 '상대적 빈곤율'은 1990년대 초반 7.8%에서 2010년 14.9%, 2014년에는 17.9%로 빠른 속도로 악화되고

적 취약계층의 목소리가 제대로 대변되지 못한다는 점에 기인하는 바가 크다. 노대명은 권위주의 정부하에서는 사회권을 불온한 것으로 간주하여 그러한 욕구의 분출을 통제하였고, 민주화 이후에는 선별적으로 복지제도를 확대하는 소극적 태도를 취해 왔다고 설명한다.[122] 1997년 외환위기 이후 사회보장이 일부 확충되었지만[123] 한국의 국내총생산(GDP) 대비 사회복지 지출은 여전히 OECD 국가들 중 최하위 수준이며,[124] 빈곤율과 소득격차가 지속적으로 확대되고 고용·교육·주거 등 주요 사회권 영역에서 박탈과 격차가 심화되고 있는 것이 오늘의 현실이다.[125] 사회권위원회는 2009년 제3차

있다. 참고로, 2012년 OECD 국가들의 상대적 빈곤율 평균치는 11.7%였다. (안국신, *supra note* 3, pp.126~128) 저임금근로자 비중은 23.9%로 저임금근로자 비율에 관한 통계가 발표되고 있는 24개국 중 23번째로 높다. OECD, Wage Levels: Low Pay Percentage (2012) https://data.oecd.org/earnwage/wage-levels.htm (최종접속일: 2016년 5월 1일).

122) 노대명, "미완의 민주주의와 사회권의 위기", 『기억과 전망』, 2010년 제22권, 63-109: pp.83~84.

123) 1990년대 이후 국민연금, 고용보험제도를 비롯한 사회보험제도의 확대, 빈곤층을 위한 기초생활보장제도의 시행 등 다양한 정책들이 강구되고, 사회복지 지출도 1990년도 GDP 2.9% 수준에서 2010년 10.4% 수준으로 증가하는 등 진전이 있었다.

124) 2014년 한국의 사회복지지출 비중은 국내총생산(GDP) 대비 10.4%로 경제협력개발기구(OECD) 28개 조사대상국 중 가장 낮은 것으로 나타났다. 2014년 OECD 국가 국내총생산(GDP) 대비 사회복지지출은 21.6%이다. OECD, *supra note* 2. 국회예산정책처의 2015년도 연구에 따르면, 국가별 사회경제적 여건의 차이를 고려한다고 해도 여전히 한국의 사회복지지출은 OECD 국가들 중 최하위 수준이다. 한정수, *supra note* 2.

125) 이는 외환위기 이후 전반적으로 양질의 일자리가 감소하고 노동유연성이 확대되면서 고용불안과 저임금 문제 등 노동권이 심각하게 후퇴한 데다, 상당한 비율의 빈곤층이 소득보장제도의 사각지대에 놓여 있기 때문이다. 또한 교육이나 주거 영역에서의 사회보장이 미흡해 사교육비 및 주거비 부담과 그 지출에 있어서의 격차가 양극화 문제를 더욱 악화시키고 있기도 하다. 노대명, *supra note* 122, pp.79, 87~89; 강신욱 등, 『주

한국정부 보고서 심의 후 최종견해에서 '당사국은 아시아에서 전례
가 없는 빠른 속도의 경제 성장으로 인해 세계 제12위 경제대국이
되었으나, 이에 걸맞은 경제·사회·문화적 권리의 실현, 특히 가장
취약하고 소외된 개인 및 집단의 권리 실현을 이루지 못했'다는 점
에 대해 우려를 표한 바 있다.126) 권리 실현에 있어 국가의 재정정
책이 갖는 중요성이 점점 더 커지고 있는 점을 고려할 때,127) 재정
문제가 연관된 기본권 사안에 대해서도 사법심사를 실질화하는 것
이 중요한 과제 중 하나가 될 것이다.128)

요 소득보장정책의 효과성 평가 연구』, 한국보건사회연구원 (2015년 12
월) p.8. 이 연구에 따르면, 전체 빈곤층(중위소득 50%미만의 계층) 중 국
민연금, 기초(노령)연금, 실업급여, 국민기초생활보장제, 근로장려세제
등 5대소득보장제도 중 어느 제도의 혜택도 받지 못하는 인구의 비율이
40%가 넘는 수준이다.

126) CESCR, *supra* note 114, para. 22.

127) 유엔인권최고대표사무소는 사회권 실현에 관한 보고서에서 사회권 실
현을 모니터링하는 수단으로서 국가 예산 분석의 중요성과 방법을 검
토하였다. '모든 인권이 적극적 의무와 관련해 특히 그러하듯이, 경제적,
사회적, 문화적 권리를 달성하는 것은 예산 배정과 지출을 요구'하며,
'국가 재정규모, 배정과 지출 정도를 결정하는 수단으로서 예산은 경제
적, 사회적, 문화적 권리의 실현에 특별히 중요성을 갖는다'는 인식에
따른 것이다. Office of the High Commissioner for Human Rights, *Report of the
High Commissioner for Human Rights on Implementation of Economic, Social and
Cultural Rights*, 8 June 2009, UN Doc. E/2009/90, paras. 44-54; 예산 분석을 국
가의 인권조약이행 의무 평가에 적용한 선도적 연구로 Diane Elson,
*Budgeting for Women's Rights: Monitoring Government Budgets from Compliance
with CEDAW*, New York: UNIFEM (2006)가 있으며, 사회권 이행과 관련한
예산분석의 방법론과 사례를 검토하는 연구로 Rory O'Connell, Aoife Nolan,
Colin Harvey, Mira Dutschke, Eoin Rooney, *Applying an International Human
Rights Framework to State Budget Allocations: Rights and Resources*, London:
Routledge (2014) 등이 있다.

128) 인권 이행 의무에 부합하게 국가의 재정정책을 수행할 책임은 기본적으
로 입법부와 행정부에 있지만, 정부가 비준한 국제인권조약 이행 의무
는 입법부, 행정부, 사법부를 포함한 모든 국가기관들의 행위를 기속한

사회권 침해의 주된 피해자들이 사회적 약자라는 점도 사회권에 대한 사법심사가 실질화되어야 할 필요성을 제기한다. 사회권에 관한 입법, 정책, 예산배정은 일반적 수준에서 이루어지지만, 침해의 양상은 개인적 수준에서 구체적으로 경험된다. 사회권의 침해를 받은 개인이 구제를 모색할 수 있는 방법에는 입법청원을 하거나 행정기관에 호소하는 등의 방식이 있으나 자신의 주장에 동조하는 사람들로 다수자 집단을 형성하기 어려운 사회적 소수자나 취약계층에게는 이것이 쉽지 않은 일이다. 사회적 취약계층이 사회권과 관련한 정치적 의사결정 과정에서 제대로 대변되도록 하는 것이 가장 이상적이나, 그것이 되지 않았을 때, 사법부는 입법부와 행정부 또는 국가를 상대로 사회적 약자인 개인들이 자신의 사회권 침해를 주장하고 구제받을 수 있는 유효한 통로가 될 수 있어야 한다.[129] 이때 법원은 특정 정책을 선택하는 것이 아니라, 심사 대상이 되는 국가행위가 사회권 이행 의무에 부합하는지 여부를 심의하고 판단함으로써 이후 입법 및 행정작용에 있어서의 논의를 촉진한다는 점에서 그 고유한 역할이 있을 것이다.

3. 사회권에 대한 사법심사의 발전과제

우리 사법구조에서 사회권에 대한 사법심사가 제대로 이루어지기 위해서는, 개별 사회권의 보호영역, 권리의 본질이라 할 수 있는 최저선, 제한규범, 심사기준 등에 대한 이론적, 정책적 논의가 심도 깊게 진행되어야 한다. 사회권규약에 비추어 헌법상 사회권에 대한

다는 점을 상기할 필요가 있다. Human Rights Committee, *General Comment 31: Nature of the General Legal Obligation on States Parties to the Covenant* (2004) UN Doc. CCPR/C/21/Rev.1/Add.13, para. 4.

129) 한상희, *supra* note 73, p.107.

해석을 강화하고자 하는 관점에서 보자면, 사회권위원회가 일반논평을 통해 제시하는 개별 권리들에 대한 해석지침과 앞으로 축적될 결정례를 준거로 삼으면서, 국내적 현실을 고려하여 노동, 주거, 보건, 교육, 사회보장 등 주요 사회권의 내용을 구체화할 필요가 있다. 그 내용에는 각 권리별로 그 기준이 충족되지 않으면 인간 존엄에 합당한 삶이라 할 수 없는, 최저선이 포함되어야 한다. 이때 최저선은 침해되어서는 안 될 헌법상 권리의 본질이자, 사회권규약상 권리의 최소핵심의무의 내용을 구성하게 될 것이다. 이러한 최저기준의 실체적 내용과 사회권 보장을 위한 절차의 합리성 적극적으로 사법심사의 대상이 되어야 할 것이다. 즉, 사회권 실현을 위한 정책 및 예산 결정과 제도 운용 등의 절차적 측면이 합리적이고 형평에 맞는지를 심사하는 한편, 결정된 정책과 제도가 최저선을 실체적으로 보장하고 있는지(최소핵심의무)를 판단해야 한다는 것이다.[130] 이와 관련해, 특히 2013년 독일연방헌법재판소의 난민신청

---

130) 최소핵심의무에 대한 사회권위원회의 견해는 CESCR, supra note 54, para. 10에서 볼 수 있다. 독일연방헌법재판소는 2010년 실업자의 최저생계보장 급부 관련 결정에서 인간다운 존엄에 합당한 최저수준액을 결정하는 절차의 투명성과 적절성에 대해 세밀하게 심사하였고, 2012년 난민신청인의 최저생계보장 급부 결정에서는 생계비 결정의 절차뿐 아니라, 생계비의 적절성에 대해서도 심사하였다. BVerfG, 1 BvL 1/09, Judgment of 9 February 2010 (Hartz IV: 실업자의 최저생계보장). 판결문 영문본: 〈www.bverfg.de/entscheidungen/ls20100209_1bvl000109en.html〉 [최종 접속일: 2016년 5월 2일]; BVerfG, 1 BvL 10/10, Judgment of 18 July 2012 (난민신청인의 최저생계보장), 국문요지: '난민신청자에 대한 생활보호급부규정의 위헌성', 『세계헌법재판동향』 제2호, (2013. 8). 남아프리카공화국 헌법재판소는 합리성 심사를 택하는 대표적인 경우이며, 다음은 주요 판례들이다. *Government of South Africa v. Grootboom*, Constitutional Court of South Africa, Case CCT 11/00, 4 October 2000; *Treatment Action Campaign v. Minister of Health*, Constitutional Court of South Africa, Case CCT 8/02, 5 July 2002; *Mazibuko v. City of Johannesburg*, Constitutional Court of South Africa, CCT

인 최저생계보장급여와 관련한 판례는 여러 면에서 매우 주목할 만한 시사점을 제공한다.[131] 첫째, 급부액이 인간의 존엄성을 위한 최소한의 생존을 영위하는데 명백히 부족하지 않은지에 대한 실체적 심사와 급부액이 투명하고 적절한 절차에 따라 현실의 실제적인 필요에 근거하여 산정되었는지에 대한 절차적 심사를 겸하였다. 둘째, 최소한의 생존을 보장할 국가의 의무에 있어 국민과 외국인 사이에 차등을 두는 것을 인정하지 않았다. 셋째, 독일기본법에 근거해 심사하되, 사회보장권에 대한 국가의 의무를 논증하면서 관련 사회권규약과 아동권리협약의 조항들을 인용하였다.[132] 이는 국제앰네스티, 유엔난민최고대표사무소, 독일인권위원회(German Institute for Human Rights)가 심리 과정에 적극 참여하며 의견을 개진한 데 따른 것이다. 2015년 한국의 헌법재판소는 사회보장에 대한 헌법상 권리에 관한 종래의 헌법재판소 결정에 초점을 맞추어, 권리 침해 여부에 관한 심사기준을 검토하는 연구를 수행하였는데,[133] 고무적인 움직임이라 할 수 있다. 앞으로, 사회권 심사기준 및 절차와 관련해 사회권위원회의 접근, 사회권에 관한 심사를 적극적으로 실시한 외국 법원의 접근 등을 폭넓게 연구하여 사회적 약자들에게 권리 구제를 효과적으로 제공하면서 심의민주주의를 촉진할 수 있는 합리적 대안을 마련해 나가는 것이 바람직하다.

39/09, 8 October 2009.

131) BVerfG, 1 BvL 10/10 (난민신청인의 최저생계보장), *supra note* 130.

132) 이 결정의 의미에 대한 보다 상세한 논의는 Inga T.Winkler and Claudia Mahler, "Interpreting the Right to a Dignified Minimum Existence: A New Era in German Socio-Economic Rights Jurisprudence?", *Human Rights Law Review*, Vol.13, Issue 2: 388-401.

133) 정영훈, 『사회보장에 대한 헌법상 권리의 침해 여부에 관한 심사기준』, 헌법재판소 헌법재판연구원 (2015).

IV. 결론

사회권규약은 1990년대 이후 개별 권리의 내용과 그에 대응하는 국가 의무를 구체화하는 작업을 통해, 자유권과 사회권의 이원론, 개별 권리 내용의 모호성과 불명확성에 대한 비판, 사법심사가능성에 대한 부정론을 극복해 왔다. 사회권규범의 발전 과정에서 직면했던 도전들은 우리에게도 낯설지 않다. 한상희는 '우리 법제는 일제의 식민통치로부터 건국에 잇따른 독재체제, 군사정권으로 촉발된 권위주의 체제 등을 거치면서 반공이데올로기, 개발독재·성장이데올로기 등이 사회적 의식을 지배하는 가운데 사회권에 대한 상당한 오해가 우리 법공동체를 지배해 왔다'며 '자유권과 사회권의 이분법적 구분, 사회권과 프로그램 규정의 혼용, 자유권 이론의 맥락에서 사회권의 개념 및 의의의 재구성 및 유추, 지나치게 확장/경직된 권력분립론 등' 사회권의 법적 실현에 소극적인 국내 법리의 문제를 지적한 바 있다.[134] 사회권규약 위반에 대한 개인/집단통보제도의 도입을 통해 유엔 차원의 권리 구제 절차는 이제 마련되었다. 사회권규약의 이러한 규범적 발전은 유엔 차원에서 고립적으로 이루어진 것이 아니라, 국가나 지역인권기구 차원에서의 사회권 규범의 진화와 참고할만한 판례의 축적이 유엔에서의 인권규범의 발전과 선순환적인 관계를 형성했기 때문이다.[135] 이러한 사회권규약의 발전에 비추어 볼 때, 권리 구제의 실질화를 통해 사회권의 규범력을 높이는 것이 사회권의 국내 이행을 위한 기본적 과제 중 하나라고 여겨진다. 사회권위원회는 일반논평 제9호 '동 규약의 국내

---

134) 한상희, *supra note* 73, pp.127~128.
135) 이를테면, 사회권 관련 국내 법원들에서의 절차 및 다양한 심사기준에 대한 비교 연구가 사회권규약 선택의정서 성안 과정에서 중요한 참고 자료 역할을 하였다. International Commission of Jurists, supra note 87.

적 적용'에서 '동 규약과 관련하여 주요한 의무는 당사국이 동 규약 내에서 인정된 권리들을 실행'해야 하며, '고통받는 모든 개인이나 집단이 적절한 방식의 배상 또는 구제조치를 반드시 이용할 수 있어야 한다'고 하였다.[136] 더욱이 사회권위원회는 한국정부에 대해, '사회권규약상 권리를 실행한 국내 법원, 재판소 또는 행정당국의 결정에 관한 정보'를 사회권규약 이행에 대한 제4차 정부보고서에 담을 것을 요청하였다는 점도 상기해야 할 것이다.[137]

끝으로 사회권 침해에 대한 구제에 있어 국가인권위원회의 역할도 제고해야 할 것이다.[138] 이미 국가인권위원회는 실태 조사, 연구 수행, 지표 개발, 국가행동계획(NAP)에 대한 권고 등 사회권 분야에서 다양한 기능을 수행할 수 있다. 하지만 사회권과 관련해 조사 및 구제에 있어서는 한계가 있다. 현 국가인권위원회법은 인권침해와 차별행위에 대한 조사와 구제의 대상을 헌법 제10조에서 제22조까지의 권리에 한정하고 있어, 헌법 제31조에서 제36조에 걸쳐 규정된 사회권은 그 대상범위에 포함되지 않기 때문이다.[139] 헌법 제10조(인간의 존엄성과 기본적 인권의 보장)와 제11조(평등권)의 해석을 통해 사회권 관련 사안에 대해 피해자의 진정을 받거나 인권위가 직권으로 조사할 수 있는 것이 사실이나,[140] 국가인권위원회의 적극적 의지에 의존해야 하며 사회권 침해의 주 피해자인 취약 계층에게 이러한 한계는 구제를 요청하는 데 있어 장벽으로 작용할 수밖에 없다. 국가인권위원회는 법원에서 구제받기 어려운 인권

---

136) CESCR, *supra note* 79, paras. 1-2.
137) CESCR, *supra note* 114, para.6.
138) 사회권의 보장에 있어 국가인권위원회의 역할 전반에 대해서는 박찬운, "한국사회 빈곤층의 사회권 확보를 위한 국가의 의무와 국가인권위원회의 역할", 『한양법학』 Vol.21 (2007년 8월) 313-338 참조.
139) 국가인권위원회법 제19조, 제30조 참조.
140) 박찬운, *supra note* 138, pp.332~333.

침해 사안들에 대해 보다 유연한 문제해결의 통로를 제공할 수 있는 이점을 갖고 있으며, 이는 사회권에 대해서도 제한이 없어야 할 것이다. 이러한 점에서 국가인권위원회법을 개정해, 향후 조사와 구제 대상에 사회권을 명시적으로 포함하도록 하는 것도 사회권을 실질적인 권리로 자리매김하는 데 중요하게 기여할 것이다.

〈참고문헌〉

A An-Nai'im, "To Affirm the Full Human Rights Standing of Economic, Social and Cultural Rights", in Y Ghai and J Cottrell (eds), Economic, Social and Cultural Rights in Practice, Interights (2004).

A. J. Hobbins(ed.), On the Edge of Greatness: The Diaries of John Humphrey, First Director of the United Nations Division of Human Rights, vol.2, 1950~1951, Montreal: McGill University Libraries (1996).

Additional Protocol to the American Convention on Human Rights in the Area of Economic, Social and Cultural Rights "Protocol of San Salvador", A-52 (1988).

Additional Protocol to the European Social Charter Providing for a System of Collective Complaints, CETS No.158 (1995).

African Charter on Human and Peoples' Rights (1981).

American Law Institute, "Statement of Essential Human Rights", Annals of the American Academy of Political and Social Science 243 (1946).

Annotations on the Text of the Draft International Covenants on Human Rights (1 July 1955), UN Doc. A/2929.

Asbjorn Eide, "The Right to Adequate Food as a Human Right", Human Rights Study Series No. 1, New York: United Nations (1989).

Ashild Samnry, Human Rights as International Consensus: The Making of the Universal Declaration of Human Rights, 1945~1948, Bergen: Chr. Michelsen Institute (1993).

Bard-Anders Andreassen, "Article 22", in Asbjørn Eide et al. (eds.) The Universal Declaration of Human Rights: A Commentary, Oxford: Oxford University Press (1993) 319-345.

Bruce Porter, "The Reasonableness of Article 8(4)-Adjudicating Claims from the Margins", Vol.27, Nordic Journal of Human Rights (2009) 39-53.

BVerfG, 1 BvL 1/09, Judgment of 9 February 2010 (Hartz IV: 실업자의 최저생계보장). 판결문 영문본: 〈www.bverfg.de/entscheidungen/ls20100209_1bvl000109en.html〉(최종접속일: 2017년 1월 27일).

BVerfG, 1 BvL 10/10, Judgment of 18 July 2012 (난민신청인의 최저생계보장). 판결문 영문본: 〈https://www.bundesverfassungsgericht.de/SharedDocs/Entscheidungen/EN/2012/07/ls20120718_1bvl001010en.html;jsessionid=A892B63E1CC3899A0F53C19924926967.2_cid392〉 (최종접속일: 2017년 1월 27일).

C Fabre, "Constitutionalizing Social Rights", 6(1) The Journal of Political Philosophy (1998) 263-284.

C. Wilfred Jenks, "The Five Economic and Social Rights", 243 Annals of the American Academy of Political and Social Science (1946).

Cass R. Sunstein, Designing Democracy: What Constitutions Do, Oxford University Press (2001).

Cass R. Sunstein, The Second Bill of Rights: FDR's Unfinished Revolution and Why We Need It More Than Ever, New York: Basic Books (2004).

CESCR, An Evaluation of the Obligation to Take Steps to the 'Maximum of Available Resources' under an Optional Protocol to the Covenant, 10 May 2007, UN Doc. E/C.12/2007/1.

CESCR, Communication No.2/2014, 13 October 2015, UN Doc. E/C.12/55/D/2/014.

CESCR, Concluding Observations on the Third Periodic Report of the Republic of Korea, 17 December 2009, E/C.12/KOR/CO/3.

CESCR, General Comment No. 14: The Right to the Highest Attainable Standard of Health (Article 12 of the International Covenant on Economic, Social and Cultural Rights), 11 August 2000, UN Doc. E/C.12/2000/4.

CESCR, General Comment No. 9: The Domestic Application of the Covenant, UN Doc

E/C.12/1998/24.

CESCR, Report of the Sixth Session, UN Doc. E/1992/23.

CESCR, Report on the Fifth Session, UN Doc. E/1991/23.

CESCR, General Comment No. 3. The Nature of States Parties' Obligations (Fifth Session, 1990), UN Doc. E/1991/23, annex III.

Charles E. Merriam, "The Content of an International Bill of Rights", 243 Annals of the American Academy of Political and Social Science (1946).

Christophe Golay and Ioana Cismas, "Legal Opinion: The Right to Property from a Human Rights Perspective" (2010) 〈http://papers.ssrn.com/sol3/papers.cfm?abstract_id=1635359〉 (최종접속일: 2017년 1월 27일).

Craig Scott, "The Interdependence and Permeability of Human Rights Norms: Towards a Partial Fusion of the International Covenants on Human Rights", 27 Osgoode Hall Law Journal (1989) 794-796.

D M Brinks and V Gauri, "8. A New Policy Landscape: Legalizing Social and Economic Rights in the Developing World", in V Gauri and D M Brinks (eds) Courting Social Justice: Judicial Enforcement of Social and Economic Rights in the Developing World, Cambridge University Press (2008) 303-352.

Daniel J. Whelan and Jack Donnelly, "The West, Economic and Social Rights, and the Global Human Rights Regime: Setting the Record Straight", Vol. 29, No. 4, Human Rights Quarterly (2007) 908-949.

Daniel Whelan, Indivisible Human Rights, Philadelphia and Oxford: University of Pennsylvania Press (2010).

Diane Elson, Budgeting for Women's Rights: Monitoring Government Budgets from Compliance with CEDAW, New York: UNIFEM (2006).

Draft Optional Protocol to the International Covenant on Economic, Social and Cultural Rights, Prepared by the Chairperson-Rapporteur, Catarina de Albuquerque, 23 April 2007, UN Doc. A/HRC/6/WG.4/2.

E. W. Vierdag, "The Legal Nature of the Rights Granted by the International Covenant on Economic, Social and Cultural Rights", Vol. 9 Netherlands Yearbook of International Law, (1978) 69-105.

ECOSOC Resolution 1985/17, 28 May 1985, UN Doc. E/1985/85.

ECOSOC Resolution 1988 (LX), 11 May 1976, UN Doc. E/C.12/1989/4.

Ex Parte Chairperson of the Constitutional Assembly: In re Certification of the Constitution of the Republic of South Africa, 1996(4) SA 744; 1996 (10) BCLR 1253(CC).

Fons Coomans, Justiciability of Economic and Social Rights: Experiences from Domestic Systems, Intersentia (2006).

Franklin D. Roosevelt and Winston Churchill, The Atlantic Conference & Charter (1941).

Franklin D. Roosevelt, "Four Freedoms Speech": Annual Message to Congress on the State of the Union, 6 January (1941).

Franklin D. Roosevelt, "Unless There Is Security Here at Home, There Cannot Be Lasting Peace in the World": Message to the Congress on the State of the Union, 11 January (1944).

Government of Republic of South Africa v. Irene Grootboom and Others, 2001 (1) SA 46 (CC).

Government of South Africa v. Grootboom, Constitutional Court of South Africa, Case CCT 11/00, 4 October 2000.

Henry Shue, Basic Rights: Subsistence, Affluence and U.S. Foreign Policy, Princeton University Press (1980).

Human Rights Committee, General Comment 31: Nature of the General Legal Obligation on States Parties to the Covenant (2004) UN Doc. CCPR/C/21/Rev.1/Add.13.

Human Rights Council Resolution 1/3, 13 November 2006.

Inga T.Winkler and Claudia Mahler, "Interpreting the Right to a Dignified Minimum Existence: A New Era in German Socio-Economic Rights Jurisprudence?", Vol.13, Issue 2, Human Rights Law Review (2013) 388-401.

International Commission of Jurists, Courts and the Legal Enforcement of Economic, Social and Cultural Rights: Comparative Experiences of Justiciability, Geneva: ICJ (2008).

International Covenant on Economic, Social and Cultural Rights, General Assembly Resolution 2200A (XXI).

International Law Commission, Report of the International Law Commission, Yearbook of the International Law Commission, Vol. II, Part Two (1977).

Irene Biglino and Christophe Golay, The Optional Protocol to the International Covenant on Economic, Social and Cultural Rights, Geneva: Geneva Academy of International Humanitarian Law and Human Rights (2013).

Joel Feinberg, Social Philosophy, Prentice-Hall, Inc. (1973).

Johannes Morsink, The Universal Declaration of Human Rights: Origins, Drafting, and Intent, Pennsylvania: University of Pennsylvania Press (1999) 222-32.

Limburg Principles on the Implementation of the International Covenant on Economic, Social and Cultural Rights, UN Doc. E/CN.4/1987/17, Annex. Vol.9 Human Rights Quarterly (1987) 122-135.

M.J. Dennis and D.P. Stewart, "Justiciability of Economic, Social and Cultural Rights: Should There be an International Complaints Mechanism to Adjudicate the Rights to Food, Water, Housing, and Health", American Journal of International Law, 98 No. 3 (2004) 462-515.

Malcolm Langford (ed.) Social Rights Jurisprudence: Emerging Trends in International and Comparative Law, Cambridge: Cambridge University Press (2008).

Matthew C. R. Craven, The International Covenant on Economic, Social, and Cultural Rights: a Perspective on Its Development, Oxford: Clarendon Press (1995)

Mazibuko v. City of Johannesburg, Constitutional Court of South Africa, CCT 39/09, 8 October 2009.

OECD, Social Expenditure Database (SOCX), http://www.oecd.org/social/expenditure. htm (최종접속일: 2017년 1월 27일).

OECD, Wage Levels: Low Pay Percentage (2012) https://data.oecd.org/earnwage /wage-levels. htm (최종접속일: 2017년 1월 27일).

Office of the High Commissioner for Human Rights, Report of the High Commissioner for Human Rights on Implementation of Economic, Social and Cultural Rights, 8 June 2009, UN Doc. E/2009/90.

Opening Statements, Summary Record of Meetings, Commission on Human Rights of the Economic and Social Council, at 2, UN Doc. E/HR/6 (1946).

Optional Protocol to the International Covenant on Civil and Political Rights, Adopted by General Assembly Resolution 2200A (XXI), 16 December 1966.

Optional Protocol to the International Covenant on Economic, Social and Cultural Rights, Adopted by General Assembly Resolution A/RES/63/117, 10 December 2008.

Paul Hunt, Judith Bueno de Mesquita, Joo-Young Lee and Sally-Anne Way, "The Implementation of Economic, Social and Cultural Rights", Routledge Handbook of International Human Rights Law (2013) 545-562.

Philip Alston and Ryan Goodman, International Human Rights, Oxford: Oxford University Press (2013).

Philip Alston, "Establishing a Right to Petition Under the Covenant on Economic, Social and Cultural Rights", Collected Courses of the Academy of European Law: The Protection of Human Rights in Europe, Florence, European University Institute, Vol. IV, Book 2 (1993).

Philip Alston, "No Right to Complain About Being Poor: The Need for an Optional Protocol to the Economic Rights Covenant", in Asbjern Eide et al.(eds.) The

Future of Human Rights Protection in a Changing World, Essays in an Honour of Torkel Opshal, Oslo: Norwegian University Press (1991) 79-100.

Philip Alston, "Out of the Abyss: The Challenges of Confronting the New UN Committee on Economic, Social and Cultural Rights", Vol.9 Human Rights Quarterly (1987) 332-381.

Philip Alston, "Putting Economic, Social and Cultural Rights Back on the Agenda of the United States", in William F. Schulz (ed.), The Future of Human Rights: US Policy for a New Era (2008) 120-138.

Report of the Working Group's Fifth Session, 23 May 2008, UN Doc. A/HRC/8/7.

Report of the Working Group's Fourth Session, 30 August 2007, UN Doc. A/HRC/6/8.

Report of the Working Group's Third Session, 14 March 2006, UN Doc. E/CN.4/2006/47.

Report to the Economic and Social Council on the Work of the Sixth Session of the Commission, Supplement #5, Commission on Human Rights, ESCOR, 11th Session, UN Doc. E/1681 (1950).

Revised Draft Optional Protocol to the International Covenant on Economic, Social and Cultural Rights, 25 March 2008, UN Doc. A/HRC/8/WG.4/3.

Revised Draft Optional Protocol to the International Covenant on Economic, Social and Cultural Rights, Prepared by the Chairperson-Rapporteur, Catarina de Albuquerque, 24 December 2007, UN Doc. A/HRC/8/WG.4/2.

Roberto Gargarella, "Dialogic Justice in the Enforcement of Social Rights", in Alicia E Yamin and S Gloppen (eds) Litigating Health Rights: Can Courts Bring More Justice to Health?, Harvard University Press (2011) 232-245.

Roberto Gargarella, "Theories of Democracy, the Judiciary and Social Rights", in Roberto Gargarella, P Domingo and T Roux (eds.) Courts and Social Transformation in New Democracies: An Institutional Voice for the Poor?, Ashgate (2006) 13-34.

Rory O'Connell, Aoife Nolan, Colin Harvey, Mira Dutschke, Eoin Rooney, Applying an International Human Rights Framework to State Budget Allocations: Rights and Resources, London: Routledge (2014).

Rosalyn Higgins, Problems and Process: International Law and How We Use It, Oxford: Oxford University Press (1995).

Stephen Homles and Cass R. Sunstein, The Cost of Rights: Why Liberty Depends on Taxes, New York: Norton (1999).

The Maastricht Guidelines on Violation of Economic, Social and Cultural Rights, Adopted 22-26 January 1997, Maastricht, Vol.20 Human Rights Quarterly (1998) 691-705.

Treatment Action Campaign v. Minister of Health, Constitutional Court of South Africa, Case CCT 8/02, 5 July 2002.

UN Division of Human Rights, "Draft Outline of an International Bill of Human Rights", in Yearbook on Human Rights for 1947, New York: United Nations (1947).

UN Economic and Social Council Resolution 1/5 (16 February 1946) UN Doc. E/20.

UN Economic and Social Council Resolution 384 (XIII), 29 August 1951.

UN General Assembly Resolution, 16 December 1966, UN Doc. A/RES/2200 (XXI).

UN General Assembly Resolution, Draft International Covenant on Human Rights and Measures to Implementation: Future Work of the Commission on Human Rights, 4 December 1950, UN Doc. A/RES/421 (V).

UN General Assembly Resolution, Preparation of Two Drafts International Covenants on Human Rights, 5 February 1952, UN Doc. A/RES/543 (VI).

World Conference on Human Rights, Vienna Declaration and Programme of Action, 12 July 1993, UN Doc. A/CONF.157/23.

국제노동기구 헌장 (1919).

노대명, "미완의 민주주의와 사회권의 위기", 22 기억과 전망 (2010) 63-109.

박찬운, '국제인권법에서 바라본 사회권의 법적 성격', 364 인권과 정의 (2006) 102-116.

박찬운, "사회권규약선택의정서의 내용과 의미에 관한 소고", 392 인권과 정의 (2009) 125-139.

박찬운, "한국사회 빈곤층의 사회권 확보를 위한 국가의 의무와 국가인권위원회의 역할", 21 한양법학 (2007) 313-338.

샌드라 프래드먼, "제4장 사법 심사와 법원의 역할", (조효제 역) 인권의 대전환 (원제: Human Rights Transformed, Oxford University Press, 2008), 교양인 (2009) 229-291.

안국신, "분배, 아직 끝나지 않은 '진실 찾기'", 한국의 경제발전 70년, 한국학중앙연구원 (2015년 11월) 126-128.

앤드류 클래펌, (박용현 역) 인권은 정치적이다: 쟁점으로 보는 인권교과서 (원제: A Very Short Introduction: Human Rights) 한겨레출판사 (2007).

이승환 헌법연구관, "한·독일 헌법재판관 공동 세미나", 법률신문 (2016.3.22.).

정영훈, 사회보장에 대한 헌법상 권리의 침해 여부에 관한 심사기준, 헌법재판소 헌법재판연구원 (2015).

한상희, "사회권과 사법심사-여전히 '생성중인 권리'의 복권을 위하여-", 39(1) 공법연구(2010) 93-133.

한정수, 부문별 사회복지지출 수준 국제비교평가, 국회예산정책처 (2015.9)

헌법재판소 1997.5.29. 선고 94헌마33.

헌법재판소 2002.12.18. 선고 2002헌마52.

헌법재판소 2004.10.28. 선고 2002헌마328.

홍성방, "헌법재판소결정례에서 나타난 사회적 기본권", 4 서강법학 (2002) 35-59.

황필규, "유엔사회권규약 선택의정서의 의의와 비준 필요성", 유엔 경제적·
　　사회적·문화적 권리 규약 선택의정서 비준 토론회 발표문 (2013년
　　4월 16일).

사회권의 재정립

제 3 부

메리토크라시와 사회권*

장 은 주**

I. 들어가는 말

지난 2008년의 세계금융위기 이후 전 세계적으로 생명을 다해가는 듯이 보이는 신자유주의가 우리 사회에서는 여전히 맹위를 떨치고 있다. 우리 정부와 여당은 최근까지도 고용 유연성을 높이는 방향으로 노동법을 개악하고 공기업 및 공공기관에 대해서도 '성과연봉제'를 도입하려는 등의 정책을 고집하고 있다. 그에 대한 보수 언론 등의 지지도 만만치 않다. 그렇지 않아도 우리 사회에서는 노동에 대한 사회권적 보호 장벽이 그다지 높지도 않은데, 그마저 허물어버리려는 다양한 시도들이 끊임없이 이루어지고 있다.

물론 그러한 시도들에 맞서기 위한 노동계 등의 사회적·정치적 투쟁도 거세기는 하다. 그러나 그 장벽을 언제까지 지켜낼 수 있을지는 장담할 수 없다. 사실은 그 장벽을 더 높이 쌓아야 하지만, 그 일은 너무도 요원해 보인다. 막강한 영향력을 가진 보수 언론을 등에 업은 정부와 재계의 파상공세도 위협적이지만, 우리 사회의 문

* 이 글은 나의 논문 「메리토크라시와 존엄의 정치: 시민적 주체의 형성 문제와 관련하여」(『사회와 철학』 제32집, 사회와철학연구회, 2016)를 사회권이라는 주제에 초점을 두고 얼마간 재가공한 것이다.
** 영산대학교 자유전공학부 교수, 철학박사

화적-정치적 지형이 시민들의 사회권 보장에 반드시 우호적이지만은 않은 것처럼 보여서다. 사실 그 동안 우리 사회에서 진행된 사회권에 대한 신자유주의적 공격이 그토록 손쉽게 승리할 수 있었던 것도 바로 그런 배경 위에서였다. 그 결과가 바로 오늘날 우리 청년들이 '헬조선'이라고 한탄하는, 가령 비정규직 노동자의 비율이 거의 절반에 육박하는 암담한 현실이다.

내 생각에 그러한 지형의 배경엔 조선 시대 이래 우리 사회의 문화적 심층을 지배하고 있는 메리토크라시(meritocracy; 흔히 '능력주의'라고 번역하나 '능력자 지배체제' 정도가 더 적절해 보임)라는 대중들의 직관적 정의 이해가 있다. 이것은 간단히 말해서 '능력과 노력 또는 기여에 따른 분배'와 그에 따른 '승자독식' 및 '사회경제적 불평등'을 정당화하고 고취하는 이념이다. 바로 이런 이념이 노동법 개악이나 성과연봉제 도입 시도의 배경에서 작동하면서, 가령 '저성과자는 퇴출시켜야 한다'는 식의 명분을 만들어내고 정당화하고 있는 것이다.

이 이념의 대중적 설득력은 엄청나다. 그리고 이것은 우리 사회에서 복지나 사회권과 관련한 거의 모든 정치적 이슈에서 부정적으로 작용한다. '부잣집 애들 공짜 밥 먹일 돈으로 가난한 집 아이들 교육비를 지원하자'며 무상급식에 반대하고 나섰던 홍준표 경남지사의 포퓰리즘적 구호, 곧 '개천에서 용 나는 사회를 위하여'도 바로 그 이념과 관련이 있다. '복지가 시민들의 거지 근성만 조장한다'는 유의 익숙한 반-복지 선동도 마찬가지다.

나는 우리 사회에서 노동권을 비롯한 사회적 기본권의 확고한 보장과 더 많은 실현을 위해서는 바로 이 메리토크라시 이념에 대한 발본적-비판적 대결과 극복이 반드시 필요하다고 생각한다. 물론 이는 단지 우리 사회에서만 필요한 과제는 아니다. 이 메리토크라시 이념은 사실 자본주의 사회 일반을 지배하고 있다. 그러나 애

초 이 이념을 서구보다 앞서 발전시켰던 본원적 유교 전통을 갖고
있는 우리 사회에서는 그 이념이 아주 특별한 방식으로 지배적이고
또 그 병리나 부정적 효과도 다른 어느 사회들에서보다 심각하다.

　　내 생각에 우리 사회는 사실 제대로 된 메리토크라시적 사회는
아니다. 오히려 그 배반 현상이 두드러진다. 그럼에도 이 메리토크
라시 이념은 사회구성원들에게 무엇보다도 '자기실현의 사사화(私
事化)'를 강제하는 이데올로기로 강하게 작동하면서 사회권의 실현
을 방해하고 있다(II). 이를 극복하기 위한 세 가지 이론적-실천적
노선을 생각해 볼 수 있다. 하나는 내가 '실질적 메리토크라시'라
부르는 노선으로 통상적인 메리토크라시 이데올로기의 형식성을
폭로하고 그 실질화를 추구한다(III). 다른 하나는 '다원적 메리토크
라시'라고 부를 수 있는 노선으로 메리토크라시가 개인에 대한 사
회적 평가의 기준으로 삼는 능력이나 기여의 잣대를 다차원적으로
설정함으로써 그 병리화를 극복하려 한다(IV). 마지막으로 사회권
의 위상을 아예 메리토크라시와 독립적으로 정당화하고 확립하려
는 노선이 있을 수 있다. 여기서 중요한 것은 메리토크라시적 분배
정의의 틀과 유형을 정의롭게 규정할 수 있는 시민들 사이의 평등
과 비-지배 관계에 초점을 둔 '민주주의적 정의'를 확립하는 것이다
(V). 비록 나는 이 마지막 노선이 가장 그럴 듯하다고 여기지만, 실
천적인 차원에서는 그것만 고집할 일은 아니다. 그러나 어떤 경우
에도 사회권의 보호와 실현을 위해서는 일정한 도덕적-정치적 쟁투
가 필요하다. '존엄의 정치'로서의 인권의 정치가 절실하다(VI).

II. 메리토크라시와 '자기실현의 사사화'

메리토크라시는 부와 권력과 명예 등과 같은 사회적 재화를 어떤 사람의 타고난 혈통, 신분, 계급 따위가 아니라 오로지 능력에 따라 할당하자는 이념으로, 근대적 자본주의 사회 일반을 〈사실적이면서도 규범적으로〉 지배하고 있는 분배 정의의 한 이상이(자 그에 따른 사회체제)다.[1] 그것은 부와 권력과 명예 등과 같은 사회적 재화를 어떤 사람의 타고난 혈통이나 신분이나 계급 같은 것이 아니라 오로지 능력(기여/노력)에 따라 사람들에게 분배하거나 할당하는 것만이 정의롭다는 기본 이념을 갖고 있다. 그러니까 여기서는 능력이 뛰어난 사람들이 그렇지 못한 사람들보다 더 많은 부와 권력과 명예를 가지고 또 그런 방식의 분배야말로 정의롭다고 정당화된다.

이 이념은 근대 자본주의 사회가 출현할 때 혈통 등에 따른 봉건적 특권이나 차별을 거부하고 개인들의 노력과 기여에 대한 정당한 보상이라는 원칙을 내세우면서 민주주의의 토대로서 기능했다고 이해된다.[2] 다른 한 편 이 이념은 자본주의 사회 구성원들 사이의 불평등을 정당화하는 결정적인 규범적 원천이기도 하다. 그 불평등이 '기회의 균등'이라는 평등주의적 전제 위에서 작동하는 '능력과 노력에 따른 차등적 분배'라는 원칙의 결과라고 말이다.

그런데 이 이념은 사실 서구에서보다는 유교적 동아시아 사회에서 먼저 발전되었고 또 여기에서는 그만큼 오랜 전통으로 확고하

---

1) 이러한 이해는 다음을 참조: S. White, *Equality*, Polity Press, Cambridge, 2007, 53쪽 이하; D. Miller, *Principles of Social Justice*, Harvard University Press: Cambridge/London, 1999, 177쪽 이하; 이에 대한 나의 자세한 논의는 다음 책을 참고하라. 장은주, 『정치의 이동』, 상상너머, 2012, 특히 제3장.
2) 가령 참조: 토마 피케티, 『21세기 자본』, 장경덕 옮김, 글항아리, 2015, 8쪽.

게 자리 잡고 있었다.[3] 막스 베버의 지적처럼 유교 문화는 독자적인 힘으로 자본주의적 근대성을 창조해내지는 못했지만 단순히 전근대적이지만은 않았는데, 이 메리토크라시는 어떤 의미에서는 서구적 근대성보다 더 근대적이며 심지어 서구적 근대성의 발전에서 모범이 되었다고까지 할 수 있는 문화적 요소였다고 할 수 있다.

우리나라에서만 보면, 무엇보다도 '과거(科擧) 제도'를 통해 고려 시대의 '음서(蔭敍)' 제도를 혁파함으로써 유교적 조선 왕조의 정당화 이데올로기로서 기능하기도 했던 이 메리토크라시 이념은 근대화 과정에서도 아주 강력하게 사회적 주체들의 실천적 상상력을 사로잡으면서 우리의 근대사회 형성에 구성적으로 작용한 것처럼 보인다. 우리의 근대화 과정에서는 '입신출세주의'(입신양명)의 이념 같은 것이 서구 자본주의의 발전에서 프로테스탄티즘의 에토스가 수행했던 역할을 대신했다고 할 수 있다.[4] 유교적 메리토크라시 이념은 바로 그런 유의 입신출세주의와 결합하여 전통적인 유교적 주체들을 아주 효율적이고 적극적인 근대적 주체로 변모시키는 데 기여함으로써 자본주의적 근대화의 성공적인 완수에 결정적인 문화적 원동력으로 작용했다. 그 이념은 무엇보다도 주체들의 '자기 계발의 의지'나 '교육열' 같은 것을 강력하게 불러일으키는 방식으로 우리 근대성의 문화적 중심축의 역할을 했다고 할 수 있다.

문제는 이 메리토크라시가 노력이나 기여에 대한 정당한 보상이라는 명분을 내세우며 능력에 따라 생겨나는 아주 심각한 수준의 사회적 불평등과 배제조차 정당화할 수 있다는 것이다. 의사나 변호사가 청소부나 막노동꾼보다 훨씬 많은 돈을 벌어들이는 것은

---

3) 알렉산더 우드사이드, 『잃어버린 근대성들』, 민병희 옮김, 너머북스, 2012
4) 이는 가라타니 고진에게 빚지고 있는 인식이다. 가라타니 고진, 『근대문학의 종언』, 조영일 옮김, 도서출판b, 2006, 74쪽 이하. 그에 따르면 "입신출세주의는 근대일본인의 정신적 원동력"(75쪽)이다.

기본적으로 의사나 변호사가 되기 위해서는 청소부나 막노동꾼보다 훨씬 더 뛰어난 지적 능력이 필요하고, 또 그 능력을 연마하는 데 더 많은 시간과 노력을 들여야 하며, 또 그 바탕 위에서 사회 전체를 위해 더 많이 기여하기 때문이라는 식으로 말이다. 이렇게 메리토크라시 이념은 사회적 경쟁체제에서 승리한 자들의 이데올로기로 쉽게 변질된다. 그러니까 그것은 승자 독식을 정당화하면서 우리 사회를 '일등만 기억하는 더러운 세상'으로 만들어냈으며, 심각한 사회경제적 격차를 고착화했다. 오랫동안 매리토크라시적 유교 전통에 침윤되어 있던 우리 사회에서 그 귀결은 매우 그로테스크하기까지 한 것처럼 보인다.

그 이념은 심지어 단순히 능력에 따라 생겨나는 시민들 사이의 사회경제적 불평등을 넘어 정치적 불평등마저 정의롭다고 정당화한다. 우리 사회의 강력한 법조지배체제, 곧 주리스토크라시(juristocracy) 현상은 그 단적인 표현이 아닐까 싶다. 우리 사회에서는 이른바 '법조인'이 기소권을 이용하거나 판결을 통해 민주적 과정 너머에서 너무도 자주 그리고 너무도 깊이 정치적 과정에 영향력을 행사하고 막강한 사회적, 정치적 권력을 누린다. 또 우리 사회에서는 재벌 등이 여러 경로를 통해 너무도 강한 정치적 영향력을 행사하고 각종 이권을 매개로 한 정경유착이나 권언유착을 통해 우리 사회의 주요 정치적 아젠다를 규정하고 있다. 한마디로 우리 사회의 지배체제는 민주주의라는 외피를 쓴 사실상의 '정치적 메리토크라시'다.

메리토크라시는 이렇게 우리 사회에서 어떤 '(자기) 배반의 이데올로기'가 되고 말았다. 여기서 문제의 핵심은 사회적 재화의 분배에서 개인의 능력이나 성취 또는 기여 같은 요소의 몫이 현저하게 감소하는 가운데 상속이나 세습 또는 지대-추구에 기초한 심각한 경제적 불평등이 생겨나 고착화되면서 민주주의의 토대가 되기는

커녕 오히려 매우 반민주적인 지배체제를 내적으로 잉태했다는 것
이다. 한 마디로 메리토크라시 이념은 한국 사회에서 빈약한 민주
주의의 토대 위에서 사회적으로는 '신계급사회' 또는 '신신분사회'
를, 정치적으로는 '신귀족제' 또는 '엘리트 지배체제'를 낳고 말았
다.[5] 어쩌면 구한말 이래 우리 사회의 근현대사는 기묘한 아이러니
와 배반의 역사다. 그야말로 피땀 흘려 근대성을 쟁취해왔건만, 사
회적 지배체제라는 관점에서만 보면 결국 제자리걸음만 한 셈이다.
메리토크라시라는 근대화의 원동력이 우리의 근대성을 '재봉건화'[6]
하고 말았다. 그러니까 이 메리토크라시는 한국의 근대성에 대한
강력한 추동인자였으면서도 결과적으로는 민주주의의 외양을 띤
어떤 유사-봉건적 체제를 낳은 것이다.

　사실 조금만 돌아보면 우리 사회 곳곳에는 학연, 혈연, 지연 등
을 이용한 끈끈한 네트워크와 폐쇄적 카르텔 그리고 온갖 종류의

---

5) 우리 사회 전체에서 이런저런 형식으로 나타나는 이른바 '갑질 공화국'
　(강준만, 『개천에서 용 나면 안 된다』, 인물과사상사, 2015) 현상 역시 바
　로 이런 맥락에서 이해될 수 있다. 비록 조현아 같은 세습귀족의 갑질은
　얼핏 메리토크라시적 틀을 벗어난 강자의 자의적 지배 행위처럼 보이지
　만(조국, 「귀족과 속물의 나라에서 살아남기」, 『경향신문』, 2015년 1월 6
　일), 그것도 결국 '능력자/강자 지배체제' 또는 '승자독식의 지배체제'로
　자기-배반적으로 발전한 메리토크라시의 한 묵시록적 귀결이라고 할 수
　있다.
6) 이 개념은 본디 하버마스의 것이다. 하버마스의 이 개념은 오늘날 메리
　토크라시 이념의 전세계적인 쇠락 경향과 함께 다시 주목받고 있다. S.
　Neckel, "》Refeudalisierung《- Systematik und Aktualität eines Begriffs der
　Habermas'schen Gesellschaftsanalyse", *Leviathan*, 41. Jg., 1/2013, 39~56쪽. 또 서
　구의 선진 자본주의사회에서는 신자유주의의 확대와 더불어 나타나는
　이른바 '포스트-민주주의' 현상에서 메리토크라시 원리의 현격한 침식을
　목격할 수 있다. 콜린 클라우치, 『포스트 민주주의』, 이한 옮김, 미지북스,
　2008. 피케티의 『21세기 자본』의 논의도 궁극적으로는 동일한 현상에 대
　한 문제의식을 갖고 있다고 할 수 있다.

'반칙'을 통해 쌓아올린 '특권'의 성채가 넘쳐난다는 사실을 확인할
수 있다. 곳곳에서 보이는 '낙하산 인사' 따위나 세계 초일류 기업
이라는 삼성에서 벌어지는 불법적인 경영권 세습을 떠올려보라. 한
국의 대기업 노조들은 그 일자리마저 세습하려 한다. 바로 이런 것
들이 우리 청년 세대가 우리 사회를 헬조선이라 부르는 가장 핵심
적인 이유일 것이다.[7]

　우리 사회는 결코 제대로 된 메리토크라시 사회라고 할 수 없다.
우리 사회에서 메리토크라시의 이상은 결국 기득권 질서의 부당함
을 은폐하고 정당화하는 맥락에서 이용되고 있을 뿐이다. 메리토크
라시적으로 형성되었다기보다는 사실은 부당한 지배와 권력관계에
기초해 만들어진, 그래서 아마도 '클렙토크라시(kleptocracy; 도적盜
賊 지배체제)'라 규정해야 마땅할, 우리 사회의 '과두특권독점체제'
의 본성을 은폐하면서 그 체제가 능력에 따른 정의로운 체제라고
정당화하는 방식으로 말이다.

　그런데 진짜 심각한 문제는 메리토크라시의 이런 배반에도 불구
하고 우리 사회의 대중들은 이런 체제에 적극적으로 저항하지 않
는다는 사실이다. 그들은 오히려 바로 그 메리토크라시 이념을 내
면화해서 그 체제에 정당한 명분을 갖고 반기를 들 수 없을 것 같
다고 느낄 뿐만 아니라 심지어 그들에게 남은 유일한 선택지는 이
체제에 적극적으로 적응하는 것뿐이라고 여긴다. 우리 사회의 그
치열한 교육열, 헬조선을 한탄하는 청년들의 끝간 데 없는 스펙 쌓
기 같은 것이 대중들이 이 체제에 대응하는 일상적 방식이다. 이런
배경 위에서 대중들은 심지어 능력에 따른 사회경제적 차별과 배
제를 정당화하는 반평등주의적 의식을 스스로 깊게 내면화한다.

　우리는 이를 가령 '일간베스트 저장소'('일베')에 모인 이른바 '일

---

7) 류동민, 「능력주의 이데올로기의 위기: 탈조선의 사회심리학」, 『황해문화』,
　　2016년 봄호.

베충'을 통해 가장 분명하게 확인할 수 있다. 한 연구에 따르면,[8] 그들은 그저 무식한 우리 사회의 '루저'나 '지질이'가 아니다. 그들은 나름의 논리체계와 정의 관념을 갖추고 있는 '아주 예의바른 청년들'이다. 그러나 그들은 특히 여성, 진보·개혁 진영, 호남에 대해 강한 적대감을 드러내는데, 흥미롭게도 이것은 '무임승차 혐오'라는 조야한 메리토크라시적 정의감이 표현된 결과다. "여성은 데이트 비용을 내지 않고 남자를 등쳐먹으며, 진보는 제 능력으로 성공하는 대신 국가에 떼를 쓰고, 호남은 자기들끼리만 뭉쳐서 뒤통수를 친다." 한마디로 이들은 기여한 것보다 더 큰 보상을 요구하기에 우리 사회에서 척결되어야 한다는 것이다.

그러나 이들은 우리 사회의 극히 일부, 예외적으로 비뚤어진 청년들이 아니다. '괴물이 된 이십대의 자화상'이라는 부제가 붙은 오찬호의 책 『우리는 차별에 찬성합니다』[9]에는 그들과 크게 다르지 않은 사고방식을 지닌 평범한 이십대들에 대한 이야기가 나온다. 이들은 가령 용산참사 희생자들 같은 사회적 약자의 투쟁을 바라보며 그들이 사회에 대한 정당한 기여도 없이 공짜 대가를 바라서 싫다는 투로 거부감을 드러낸다. 마찬가지로 무임승차 혐오 정서를 강하게 내보이고 있는 것이다. 조야하고 역겨운 방식으로 표현되는 소수자나 약자에 대한 폭력적인 공격만 빼면, 저자에 의해 '괴물'이라고 지칭된 우리 사회의 이 평범한 이십대들과 이른바 일베충 사이의 거리는 그리 멀어 보이지 않는다. 저자에 따르면 이 이십대들이 그러한 인식을 갖게 된 것은 성적이나 능력에 따른 배제와 차별을 당연시하는 '학력 위계주의'에 깊숙이 포박되어 있어서다. 그것은 메리토크라시의 가장 적나라한 하위 범주다. 사실 이런 식의 사고는 우리 사회 구성원들 전반을 지배하고 있다.

---

8) 시사인, 「이제 국가 앞에 당당히 선 '일베의 청년들'」, 2014년 9월 26일 참조.
9) 오찬호, 『우리는 차별에 찬성합니다』, 개마고원, 2013.

이런 식으로 사회경제적 불평등을 정의롭다고 보는 인식이 지배적인 사회에서는 사회의 모든 성원이 기본적인 물질적 필요를 무조건적으로 충족시킬 수 있어야 한다는 사회권의 이념은 쉽게 뿌리를 내리기 힘들 것처럼 보인다. 메리토크라시 이념은 사회 성원들 사이의 심각한 사회경제적 불평등을 정당화할 뿐만 아니라 사회적 약자들의 처지가 기본적으로 '자기 탓', 곧 개개인 스스로의 잘못에서 비롯하는 것이라고 인식하게 한다. 이런 인식 위에서 보면, 사회성원들에 대한 광범위한 복지의 보장은 노력하지 않은 개인에 대한 부당한 보상이고 사회적 무임승차에 대한 잘못된 방조일 뿐이다.

이런 문화적 배경 위에서 우리 사회 성원들은 자신들의 기본적 삶의 필요를 철저하게 사적인 수준에서 해결할 것을 강요받는다. 우리 사회 성원들에게는 가장 기본적이고 중요한 인간적 필요, 곧 교육이나 주거 및 의료, 장애인이나 노약자에 대한 돌봄과 같은 필요는 기본적으로 사사로이 해결해야 할 문제다. 그런 필요의 충족은 정치공동체 차원의 문제가 아니라 일차적으로는 가족의 문제다. 개인의 자기실현의 문제가 사사화되어 모든 것이 개개인 수준의 노력과 능력과 연고 등의 문제로 인식된다. 개인의 참된 자기실현을 위한 공적, 사회적 조건의 문제는 베일에 가리고 만다.

III. 실질적 메리토크라시

개인의 사회적 존재양식과 자기실현의 문제를 철저하게 사사화하는 이런 메리토크라시의 효과에 맞서 그에 대한 '이데올로기 비판'을 감행하고 사회권의 위상을 확보하기 위한 이론적·실천적 모색이 절실하다. 메리토크라시 이념이 하나의 강력한 '생활 이데올로기'로서 작동하고 있는 우리 사회에서 그러한 모색은 우선 대중들의 일상적 신념에 대한 일정한 '내재적 비판'의 방식으로 이루어지면 좋을 것 같다. 다시 말해 사회비판이, 대중들에게는 생경할 수도 있는 철학적 성찰 같은 것을 외삽적으로 제시하는 방식이 아니라, 대중들의 신념을 잘 해석했을 때의 합리적 핵심과도 맞닿아 있음을 드러내 보일 수 있는 방식으로 이루어질 수 있다면 훨씬 더 잘 대중들을 설득할 수 있을 것이다. 이런 관점에서 세 가지 정도의 전략이 가능해 보인다.

그 가능한 노선 중의 하나는 통상적인 메리토크라시 이데올로기의 형식성을 폭로하고 그 실질화를 추구하는 것이다. 사실 메리토크라시 이념이 반드시 사회권이나 복지의 확대에 적대적이라고만 볼 필요는 없다. 사회권과 복지의 확대를 주장하는 진영에서도 그 이념은 강력하게 작동한다. 물론 여기서는 그 작동 방식이 조금 다르다고 할 수 있다. 이를 나는 '실질적 메리토크라시(real meritocray)'라고 부른다.[10]

메리토크라시 이념의 핵심 축은 '능력에 따른 차이'라는 것인데, 형식적인 기회 균등의 원칙만으로는 경쟁 관계의 출발선상에 있는 사람들이 처음부터 갖고 들어가는 능력이나 조건 등에서의 차이 문제를 해소하지 못한다. 무엇보다도 교육이나 상속, 가정환경 등과 같은 사회적 배경이 사람들 사이의 능력과 조건의 차이를 경쟁의 출발선상 이전에 처음부터 결정지을 가능성이 큰 것이다. 그리하여 서구 사회들의 '개혁주의적 좌파'(사회적/좌파/진보적 자유주의나 사회민주주의)는 그런 사회적 배경의 작용을 무화하거나 중화시킬 수 있는 어떤 사회적 평등화 체제로서의 복지국가를 요구한

---

10) 이하의 논의는 장은주, 『정치의 이동』, 앞의 책, 같은 곳 참조.

다. 우리나라에서도 꽤나 많은 사람들이 이런 노선을 택하고 있다. 우리 사회에서 제기되었던 가령 '반값 등록금'에 대한 요구나 '자사고' 폐지를 통한 '교육 불평등 해소' 요구 같은 것은 좀 더 완전하고 실질적인 기회균등이 확보되는 전제 위에서 능력에 따른 경쟁이 이루어질 수 있어야 한다는 이런 실질적-메리토크라시적 요구라고 할 수 있다.

여기서 요점은 사회적 경쟁체계 안에서 참여자들이 정말로 제대로 자신의 능력에 따라 평가받고 또 그것이 정의로운 분배 결과를 낳을 수 있기 위해서는 그런 능력 형성의 전제 조건이 되는 사회적 배경의 영향이 사람들에게 최소화될 수 있도록 해야 한다는 것이다. 다시 말해 상속의 유무나 가정환경이나 교육 정도 등과 같은 사회적 배경의 차이가 사회 성원들이 시장적 경쟁 체계에 들어가는 출발선상의 능력의 차이를 결정짓지 못하도록 해야 한다는 것이다.

그런 목표를 달성하고자 한다면 강력한 상속세 부과 같은 조치는 물론이고, 보편적인 무상 기본 교육, 아동 수당, 값싸면서도 질 좋은 주거 조건과 환경의 마련, 빈부의 차이에 영향 받지 않는 강력한 공공적 문화 향유 시스템 및 공교육 체계의 확립, 무상 의료 등 다차원적인 접근이 필요할 것이다. 다름 아니라, 광범위하게 설정되고 개별 정책들이 상호간에 연동되어 효과적으로 작동하도록 설계된, 사회적 평등화 기제로서의 복지국가 '체계'가 필요한 것이다.

이런 식의 분배 정의의 관점은 자본주의적-시장적 삶의 논리와 그 이데올로기에 익숙한 대중들에게는 매우 강력한 호소력을 가질 수 있다. 더구나 '혁명주의적 좌파'가 이끈 국가들의 비극적 실상은, 그 국가들이 파산하기 이미 오래 전부터, 자본주의 사회 일반의 광범위한 불평등에 대한 반-시장적이고 반-자본주의적인 접근법의 설득력을 거의 완전하게 사라지게 만들어버렸다. 그런 대중들에게는 정의롭다고 정당화될 수 있는 조세 체계(부유세나 강력한 상속세, 누진적 조세 체계 등) 확립과 그를 기반으로 한 광범위한 재분배적 사회 정책들 이상의 평등주의적 지향은 수용되기 힘들었을 것이다. 어쨌든 이런 식의 분배 정의에 대한 지향은 복지 정책들을 단순히 보수적이고 시혜적인 복지주의(welfarism)의 산물로서가 아니라 '모든' 시민의 이해관계에 부합하는 '정의로운 사회 보장 체계'라는 틀 속에서 정당화할 수 있게 해 줄 수 있을 것이다.[11]

그러나 이와 같은 개혁주의적 좌파의 복지국가 기획은 자본주의에 내재하는 메리토크라시적 분배 정의의 이상을 극복하지 못함은 물론이고 오히려 강력하게 전제한다는 투의 비판을 받을 수 있다. 가령 우리 사회의 '반값 등록금' 운동에서 많은 고졸자 출신들에 대한 배려는 없었다. 또 자본주의적 메리토크라시의 생산과 이윤 중심의 사회적 가치평가 체계는 전혀 건드리지 못하고 오히려 그것을 온존시키고 강화하는 역할을 한다는 비판에서도 자유롭지 못하다. 나아가 이 개혁주의적 좌파의 복지국가 기획은 지나친 경제적 평등에 대한 지향 때문에 자유의 가치를 훼손시킨다는 유의 우파의 공격에 늘 시달려 왔는데, 이런 공격은 곧잘 사회권 보장과 실현을 위한 노력을 '이해관계의 정치'나 '밥그릇 싸움의 정치'라는 늪에 빠트릴 우려가 있다. 오늘날 유럽 복지국가가 처한 위기도 이 문제와 무관하지 않으리라 생각한다.

---

11) S. Liebig/M. May, "Dimeinsion sozialer Gerechtigkeit", *Aus Politik und Zeitgeschichte*, 47/2009, 16, November 2009.

IV. 다원적 메리토크라시

어쨌든 이 실질적 메리토크라시의 노선은 그 명백한 한계에도 불구하고 능력이나 기여에 따른 분배라는 정의에 대한 직관이 지닌 강력한 대중적 설득력 때문에라도 현실정치적으로 완전히 포기되기 힘들지도 모른다. 그런데 메리토크라시의 그와 같은 직관적인 대중적 설득력은 어디에서 오는 것일까?

내 생각에 악셀 호네트(Axel Honneth)의 인정이론은 이 물음에 대해 가능한 답을 제시한다. 그 관점에서 보면 메리토크라시는 기본적으로 개인의 능력과 노력의 정도에 대한 차등적인 가치평가에 바탕하고 있는 특별한 종류의 '인정의 질서'라고 할 수 있다. 이런 접근은 우리로 하여금 메리토크라시가 지닌 대중적 호소력의 어떤 인간학적 기초를 보여줄 뿐만 아니라, 메리토크라시가 개인에 대한 사회적 평가의 기준으로 삼는 능력이나 기여의 잣대를 다차원적으로 설정함으로써 그 병리적 왜곡을 피하자는, 우리가 '다원적 메리토크라시'라고 부를 수 있는 새로운 비판적 대응 노선을 제시한다. 우리의 논의 맥락에서 필요한 만큼만 간단히 살펴보자.12)

호네트의 비판이론적 인정이론의 출발점은 다양한 사회적 관계와 제도를 사람들 사이의 상호주관적인 인정관계와 연결지어 이해하자는 데 있다. 모든 인간에게 타인과의 상호주관적 관계는 매우 중요한 의미를 지닌다. 인간의 자기이해는 상호주관적 관계를 통해서만 가능하다. 그래서 인간의 '자기실현'은 자기정체성을 형성시키는 상호주관적 맥락을 떠나서는 불가능하다고 할 수 있다. 사회의 다양한 관계와 제도는 바로 그와 같은 상호주관적 맥락이며, 거

---

12) 악셀 호네트, 『인정 투쟁』, 문성훈·이현재 옮김, 사월의 책, 2011/ 『정의의 타자』, 문성훈·장은주·이현재·하주영 옮김, 나남출판, 2009.

기에는 개개인들이 지닌 속성이나 자질 등에 대한 일정한 사회적 인정의 원리가 표현된다. 거기서 개인의 어떤 속성이나 자질 등은 긍정적으로 또 때로는 매우 높게 인정받지만 다른 어떤 속성이나 자질 등은 무시당하거나 폄훼되기도 한다. 호네트는 개인이 스스로와 맺는 실천적 자기 관계의 세 가지 층을 구분하면서, 그에 상응하는 세 가지 사회적 영역을 인간의 자기실현을 위한 결정적인 사회적 조건으로 규정한다.

그 첫 번째 층은 주체가 자신의 신체적 욕구와 필요를 구체화 가능한 자신의 한 부분으로 이해함으로써 자기 자신에 대한 관계를 맺는 것과 관련되어 있다. 이런 식으로 자신이 지닌 욕구의 가치를 확인받고 그래서 그것이 충족될 수 있다는 데 대한 믿음을 가지는 것을 "자신감(Selbstvertrauen; self-confidence)"이라 한다. 이에 대한 인정의 요구는 가족과 같은 친밀성의 사회적 관계에서 충족된다. 여기서는 '사랑'이 인정의 원리다.

실천적 자기 관계의 두 번째 형태는 주체가 사회의 다른 모든 구성원과 마찬가지로 자신이 도덕적 사려 능력이 있는 존재라는 의식을 갖는 것이다. 칸트적 전통에서 이성적 존재로서 자신이 내리는 판단의 가치에 확신을 갖는 "자존감(Selbstrespekt; self-respect)"이라 불렀던 것과 관련된 층위다. 근대 이후의 사회에서 이에 대한 인정의 요구는 민주적 법치국가에서 모든 시민이 동등하게 다양한 '권리'를 향유함으로써 실현된다. 그것은 모든 시민이 평등하게 존엄한 존재임에 대한 인정의 표현이다.

세 번째 형태의 자기 관계는, 자신이 좋은 또는 가치 있는 능력을 지니고 있다는 의식 속에서 드러난다. 이런 식으로 자신이 지닌 능력의 가치에 확신을 갖는 것이 바로 "자긍심(자부심; Selbstwertgefühl; self-esteem)"이다. 이 형식의 인정은 자본주의적 현대사회에서 개인의 능력을 평가하는 사회적 인정 영역, 곧 시장경제 영역 속에서 이루어진다. 이 영역에서는 일정한 사회적 분업체계가 산출하는 '연대'의 관점에서 개인의 능력 및 업적이나 성취의 정도에 대한 사회적 가치평가가 이루어진다. 우리가 지금껏 논의해온 메리토크라시적 인정 질서는 바로 이 영역과 관련되어 있다.

호네트의 관점에서 보면, 이런 메리토크라시적 인정 질서는 사람은 누구나 다른 모든 사람과 똑같은 권리를 누림으로써 존중받을 뿐만 아니라 사회 속에서 다른 모든 사람과 구별되는 자신만의 가치를 지닌 한 개인으로서도 인정받아야만 제대로 된 좋은 삶, 인간적인 삶을 살 수 있다는 어떤 근원적인 인간학적 사실에 뿌리를 둔 것이라 할 수 있다. 애초 중국에서 발전했던 메리토크라시 이념이 서구 사회로 전파되고 또 거기서 정치적인 차원을 넘어 경제적인 분배 정의를 위한 사실적이면서도 규범적인 이상으로 자리 잡아 다시금 전세계적으로 확대되는 과정은 바로 그런 인간학적 근거 때문에 가능한 것이었는지도 모른다. 어쨌든 그런 인정의 요구는 개인이 공동의 삶을 지속시키고 번영시키는 데 무언가 값어치 있는 역할이나 기여를 하는 소중한 존재임이 인정될 수 있어야 한다는 데 대한 요구이고, 오늘날의 조건에서는 자본주의적 시장 경제에서의 성공과 실패가 바로 그러한 인정의 결과로 이해된다고 볼 수 있다.

물론 오늘날의 자본주의적 시장 경제는 사람들의 사회적 기여에 대해 업적(능력/기여; Leistung; achievement)에 따라 공정한 보상과 인정을 해야 한다는 이 메리토크라시적 정의의 원칙을 제대로 만족시키고 있다고 볼 수 없다.[13] 자본주의 사회 일반, 특히 우리 사회의 현실적인 메리토크라시적 인정 질서는 '생산'이나 '경제적 이익'

---

13) 인정이론과 정의 개념의 연결에 대해서는 다음을 참조. J. Anderson and A. Honneth, "Autonomy, Vulnerability, Recognition, and Justice," *Autonomy and the Challenges to Liberalism, New Essays*, Cambridge University Press, 2005.

이라는 획일적 잣대에 따른 사회적 가치평가의 체계를 강요하면서
사람들의 순응을 압박하고, 일정한 성취 목표를 충족시키지 못하거
나 그 잣대에서 벗어나는 삶을 살려는 숱한 이들을 사회적으로 배
제하고 무시하며 낙인찍는다. 또 그것은 구성원들 사이의 극심한
차별과 불평등을 정당화한다. 그래서 여기서는 누구든 개인이 온전
하게 긍정적인 자기 관계를 위해 누려야 할 자신의 사회적 역할에
대한 자긍심을 얻는 것이 너무도 힘겨운 과제가 되었다. 너무 많은
사람들이 '잉여'가 되고 '루저'가 되며 '지질이'가 된다.

　그러한 사정은 심지어, 특히 청년 세대를 중심으로, 우리 사회의
많은 구성원들로 하여금 단지 좁은 차원에서의 자긍심 상실 정도
가 아니라 긍정적인 자기 관계 전체에 대한 근본적 위협으로 발전
하고 있는 것처럼 보인다.[14] 다시 말해 그들의 존재가 지닌 사회적
가치나 의미, 나아가 인간성 그 자체에 대한 전면적인 부정으로 나
아간다는 것이다.

　만약 실질적 메리토크라시의 노선조차 이러한 생산주의적 일면
화의 문제 자체는 건드리지 못한다면, 또 만약 우리가 일정한 메리
토크라시적 인정 질서가 지닌 어떤 인간학적 필연성 같은 것을 부
정할 수 없다면, 우리로서는 사회적 기여로 인정될 수 있는 개인의
속성이나 행위의 차원을 다원화함으로써 지금의 메리토크라시적
질서가 가지고 있는 이런 불의를 교정해 보려는 시도를 해 볼 수
있을 것이다. 다시 말해 생산이나 이윤 등과는 다른 차원에서 개인
의 사회적 기여를 평가할 수 있는 그런 인정의 질서를 모색해 보자
는 것이다.

　호네트는 사회적 인정의 원리가 얼마나 충분히 사람들의 '개별
(성)화'를 허용하느냐와 또 얼마나 많은 사람을 사회의 완전한 성원

---

14) 호네트가 구분한 세 가지 인정 형식은 현실에서 많은 경우 서로 밀접하
　게 얽혀서 나타날 수밖에 없으리라.

으로 '포괄(용)'할 수 있느냐를 기준으로 사회적 인정관계의 진보를 이야기할 수 있다고 본다.[15) 우리는 이러한 원칙에 따라 사회에 대한 기여라는 평가 준거를 재해석하여 그것을 단지 좁은 생산적 차원과 관련짓지 않고 그 의미 지평을 확장시킴으로써 다양한 속성을 지닌 더 많은 사람을 인정 질서 안에 포섭하는 사회의 진화 방향을 그려볼 수 있을 것이다.

여성의 가사 노동이나 돌봄 노동에 대한 사회적 재평가 과정 같은 것이 가장 비근한 예일 테다. 오늘날 우리는 여성들의 끊임없는 문제제기와 투쟁 덕분에, 아직도 충분하다고는 할 수 없지만, 그런 노동들이 좁은 의미의 이윤 창출 과정과 연결된 '유급 노동'과 대비되는 무가치한 '무급 활동'이라고만 여기지는 않게 되었다. 나아가 노동, 특히 육체노동에 대한 사회적 가치평가의 향상은 가령 청소부나 막노동꾼의 노동 조건을 획기적으로 향상시킬 수 있을 것이다. 마찬가지로 가령 인문학을 공부하거나 예술 활동을 하는 사람들은 좁은 의미에서의 사회적 생산에 대한 기여는 적겠지만 우리 사회의 정신적, 문화적 삶을 풍부하게 한다는 점에서 나름의 사회적 기여를 하고 있다고 할 수 있을 것이고, 따라서 그것에 대해 물질적 차원의 보상을 포함하여 적절한 사회적 인정을 요구할 수 있을 것이다. 이런 종류의 인정에 대한 요구는 아주 다양한 차원에서 제기될 수 있고 또 성공적으로 수용될 경우 많은 차원에서 사회의 도덕적 진보를 이끌어낼 수 있을 것이다.

그러나 메리토크라시적 인정 질서의 다원화 가능성이 무한히 열려 있을 것처럼 보이지는 않는다. 호네트 스스로도 자신이 설정한 세 번째 인정 영역의 경우 업적 원칙의 재해석을 통한 단선적인 도덕적 진보의 가능성을 이야기하기가 쉽지 않음을 고백하고 있다.[16)

---

15) 악셀 호네트·낸시 프레이저, 지음, 문성훈·김원식 옮김, 『분배냐, 인정이냐?』, 사월의책, 2014, 284쪽.

실제로 꼭 생산이나 경제적 이윤 같은 잣대가 아니더라도 모든 구성원을 포괄하면서 그들의 사회에 대한 기여를 공정하게 평가하는 체계를 가진 인정의 질서가 과연 어떤 것일지, 또, 설사 그것에 대한 상을 그려볼 수 있다 하더라도 어떻게 현실화할 수 있을지는 짐작하기 쉽지 않아 보인다. 예를 들어 태생적인 중증장애인 같은 경우는 어떨까? 그는 사회에 별다른 기여를 할 수 없기 때문에 존엄한 인간의 인정 질서에 포괄될 수 없다고 해야 하는가?

꼭 중증장애인 같은 경우가 아니더라도, 기존의 사회적 가치평가의 방식을 변화시키고 그 준거를 다원화하려는 사회적 노력이 얼마나 성공할 수 있을까? 노동에 대한 사회적 가치평가를 변화시킨다고 하더라도 그것만으로 가령 의사/변호사 직업군과 청소부/막노동꾼 직업 사이의 극심한 지위 및 임금 격차를 얼마나 완화시킬 수 있을까? 오늘날의 세계화된 경쟁 질서를 고려해볼 때, 노동운동이 그런 가치평가의 변화를 통해 임금 인상이나 고용 안정성 같은 지금도 심각하게 위협받고 있는 전통적인 목표를 얼마나 오래, 얼마나 성공적으로 추구할 수 있을까?

V. 민주주의적 정의의 우선성

내 생각에 우리는 사회가 인정하고 존중해야 할 인간의 존엄성과 가치의 보호 문제를 사회에 대한 기여라는 기준에서 일정한 방식으로 분리시키는 것이 필요해 보인다. 사회에 대한 기여라는 기준에 대한 재해석이나 그에 따른 재평가만으로는 메리토크라시적 질서 속에서 구성원들 사이의 심각한 사회적·경제적 불평등의 문

---

16) 같은 책, 288쪽 및 394쪽.

제를 근본적으로 해소하기는 힘들 것 같아서다. 가령 '공부' 대신 '축구'를 잘하는 누군가도 높은 사회적 평가를 누릴 수 있겠지만, 축구 선수들 사이의 평가 위계는 어쩔 수가 없다. 결국 사회적 평가의 체계에서 나름의 우열에 대한 평가와 그에 따른 차등적인 보상은 불가피할 것이고, 그것이 다양한 차원의 불평등을 고착화시킬 가능성을 근본적으로 회피할 수는 없는 것이다. 그래서 나는 업적 원칙 너머에서 또는 그것과는 다른 차원에서 모든 시민이 평등한 존엄성을 확고하게 누릴 수 있게끔 할 수 있는 도덕적-정치적 장치가 마련되어야 한다고 생각한다. 이 노선은 비록 메리토크라시라는 강력한 대중적 정의관의 지평을 떠나기는 하지만, 대신 모든 인간의 평등한 존엄성과 그에 따른 평등한 권리라는, 마찬가지로 강력한 대중적 호소력을 가지는 새로운 지반 위에 선다.

　사실, 호네트도 확인했지만,[17] 유럽의 복지국가 발전 과정에서도 단순한 분배 정의에 대한 추구보다는 메리토크라시적인 사회적 가치평가의 지평 너머에서, 그것과는 독립적으로 타당한, 존엄한 삶을 위한 기본적인 물질적 토대에 대한 시민들의 평등한 권리, 곧 사회권을 확보하려는 정치적 노력이 중요한 역할을 수행했다. 업적에 따라 보상하는 방식의 메리토크라시적 인정 체계가 생산주의적으로 일면화될 뿐만 아니라 또한 극심한 차별과 불평등조차 합리화하며 자기배반적으로 발전하고 있는 오늘날의 신자유주의적 질서 속에서, 이러한 노력은 더 더욱 절실하게 필요할 것처럼 보인다.

　적어도 우리가 오늘날 목도하고 있는 바와 같은 방식의 승자독식적 시장경제 체제에서 승자와 패자의 차이는 너무도 현격하다. 더구나 오늘날과 같은 지식 기반의 생산체계는 구성원들 각자의 역할에 따른 기여의 정도를 생산적 지식의 소유 여부에 따라 극단

---

17) 악셀 호네트·낸시 프레이저, 앞의 책, 229쪽.

적으로 벌어지게 할 수 있다. 여기서 다수의 구성원에 대한 체계적
인 무시와 배제는 구조적으로 불가피해 보인다. 우리는 오늘날의
신자유주의적 질서 속에서 고도화된 기술적 생산력이 결국 많은
노동자를 아예 생산 영역 바깥으로 내몰아 영구적인 실업자나 이
른바 '프레카리아트' 같은 형식으로 나타나는 숱한 '잉여'로 만들어
내고 있음을 목도하고 있다. 앞서 우리는 본원적 메리토크라시 전
통을 갖고 있는 우리 사회에서는 이런 문제가 다양한 차원에서 더
병리적으로 나타나고 있음을 확인했다.

　이런 메리토크라시의 배반에서 우리가 놓치지 말아야 할 진짜
문제는 사회적 가치평가가 불평등한 위계나 서열을 가지고 있다는
사실 그 자체보다도 그것이 쉽게 '지배'의 원천으로 전이된다는 것
이다. 우리 사회에서 이른바 '갑질'이라고 이야기되는 강자의 약자
에 대한 '사적 지배'(dominium)[18]를 일상화하며 심지어 사회적이고
정치적인 권력 체제의 재봉건화마저 초래하고 있는 것은 정확히
바로 그런 전이의 결과라 할 수 있다. 따라서 우리에게 정말로 필
요한 것은 사회의 성원들 사이의 '비-지배(non-domination)' 관계를 가
능하게 해주는 것이다. 여기서 문제는 말하자면 사회적 상호작용에
참가하고 있는 사람들 사이의 '힘/권력'의 정의다.

　메리토크라시의 배반이라는 귀결을 고려하지 않더라도, 이 메리
토크라시적 인정 질서에서 노력이나 기여 또는 능력이라는 기준에
따라 사회적 재화의 분배가 이루어지는 게 정의롭다는 발상은 그
직관적 설득력에도 불구하고 여러모로 그 타당성이 의심스럽다. 가
령 롤스는 그가 '자연적 자유체제'라고 부른 그런 질서에서 능력이
라는 기준의 도덕적 자의성을 비판했지만,[19] 내가 문제 삼고 싶은
부분은, 한 사회에서 어떤 능력을 어떤 기준에 따라 평가할 것인지

---

18) 필립 페팃 지음, 곽준혁 옮김, 『신공화주의』, 나남, 2012.
19) 존 롤스 지음, 황경식 옮김, 『정의론』, 이학사, 2003, §. 12.

가 정치적으로 결정된다는 사실이다.[20] 그러한 평가는 기본적으로
한 사회가 어떤 상태를 '좋다' 또는 '옳다'고 여기는지에 따라 달라
질 수밖에 없다. 나아가 그 사회의 구성원들이 자신들이 살고 있는
사회를 얼마나 그리고 어떤 종류의 사회적 협동이나 연대의 체계
로서 이해하는지에 따라서도 능력과 기여의 정도에 대한 평가가
달라질 것이다. 이런 것은 어떤 순수한 자연법칙이나 시장 논리의
산물도 아니고 어떤 도덕철학적 판단의 결과일 수도 없다. 그것은
결국 사회의 여러 세력이 어떤 가치들을 관철시킬지를 두고 벌이
는 일정한 도덕적-정치적 쟁투의 결과에 달려 있다고 해야 할 것이
다. 지금의 불의한 메리토크라시적 분배 규칙도 결국 정치적으로
형성된 것이며, 따라서 그것은 단지 민주적-정치적 과정을 통해서
만 변화할 수 있음을 놓치면 안 된다. 이런 관점에서도 우선적으로
필요한 것은 바로 그와 같은 차원에서 어떤 힘의 균형을 만들어내
는 것이다.

　사회적 기여에 대한 평가 방식이나 기준 등을 결정하는 민주적-
정치적 과정의 참여자들이 부당한 지배의 관계에 노출되지 않고
서로 대등한 위치에 설 수 있도록 해야 한다. 시민들의 평등한 민
주적 자율성의 활성화 없이는 메리토크라시적 인정의 정의는 확립
될 수 없다고 보아야 한다. 그래서 무엇보다도 결정적인 것은 민주
사회의 모든 구성원이 누려야 할 평등한 시민으로서의 정체성에
대한 인정의 요구라고 해야 한다. 사회적 가치평가의 질서의 틀과
양식 그 자체를 결정하는 정치의 차원에서 '시민적 평등'을 우선적
으로 확보하는 것이 더 중요하다는 말이다. 여기서 모든 시민의 일
정한 물질적 안정은 가장 기본적인 전제다. 그래야만 지배의 관계
에 노출될 위협에서 자유로울 수 있을 것이기 때문이다. 나는 그러

---

20) 장은주, 『정치의 이동』, 상상너머, 2012, 특히 제5장의 논의를 참조.

한 시민적 평등을 확립하는 것이 가장 기본적인 차원의 '민주주의적 정의'라고 생각한다.[21] 바로 이런 정의가 다른 모든 차원에 우선해야 한다.

여기서 나는 한나 아렌트가 말하는 '이소노미(isonomy)'[22]로서의 민주공화국, 곧 정치공동체를 구성함으로써 비로소 평등해지는 사람들의 정치공동체가 지닌 근본적인 도덕적 목적에 주목하고자 한다. 그 핵심은 바로 모든 시민의 평등한 인간적 존엄성을 보호하고 실현할 수 있어야 한다는 것이다. 우리의 논의 맥락에서 그것은 무엇보다도, 오늘날의 자본주의적 생산체계에서 기여의 몫이 적거나 아예 없는 (것처럼 보이는) 사람들일지라도, 누구든 민주공화국의 평등한 시민으로서 타인에 의한 사적인 지배와 정치적인 지배(imperium)에 노출되지 않을 정도의 물질적 독립을 누리면서 살아갈 수 있어야 한다는 것을 함축한다. 민주공화국이 추구하는 시민적 평등의 이념은, 비록 그 자체로 완전한 경제적 평등을 함축하지는 않더라도, 시민성의 발휘를 위협하고 지배의 관계를 만들어낼 수 있을 정도의 심각한 경제적 불평등과는 조화될 수 없는 것이다.

여기서 중요한 것은 모든 시민이 최소한의 수준에서나마 자신의 기본적인 물질적 필요를 충족시킬 수 있는 독자적인, 무엇보다도 고용관계 및 관료적 의존관계로부터 자유로운 재원을 확보할 수 있어야 한다는 것이다.[23] 그러한 재원 확보가 고용관계로부터 자유로워야 하는 것은, 시민들이 직업을 얻거나 또는 잃지 않겠다고 고용주의 부당한 자의와 횡포에 억지로 순응해야 하는 그런 모욕적

---

21) 같은 책, 같은 곳 참조.
22) 한나 아렌트 지음, 홍원표 옮김, 『혁명론』, 한길사, 2004, 97~98쪽.
23) 이런 관점은 다음에서 많은 도움을 받았다. S. White, "The Emerging Politics of Republican Democracy," *Building a Citizen Society. The Emerging Politics of Republican Democracy*, Lawrence & Wishart, 2008, 특히 12쪽을 참조.

관계에 노출될 수도 있기 때문이다. 따라서 모든 시민은 생계에 대한 걱정을 하지 않으면서 얼마 동안이라도 '고용되지 않을 자유' 또는 '노동하지 않을 자유'를 누릴 수 있어야만 그런 관계에 부당하게 희생당하지 않을 기초적인 발판을 마련할 수 있을 것이다. 또 그런 재원 확보가 관료적 의존관계로부터도 벗어나야 하는 것은, 통상적인 시혜적 복지나 '노동 복지' 같은 접근법에서처럼 복지 수혜가 '가난에 대한 증명'이나 억지스러운 '생산적 기여' 따위에 대한 요구와 결부될 때에는, 수혜 시민들이 국가 관료에 의존적이게 되어 결국 그들의 존엄성이 훼손되고 부자유로워질 수 있기 때문이다.

그래서 우리는 단순한 복지주의를 넘어서 시민의 무조건적이고 보편적인 사회적 기본권을 통해 시민들의 사회경제적 불평등의 문제에 대한 해법을 찾으려 해야 하지 않을까 한다.[24] 여기서 규범적인 요점은, 존 롤스가 '자산-소유 민주주의(property-owing democracy)'[25]를 주장하며 강조했던 것처럼, 경쟁적 시장경제가 초래할 이런저런 결과의 불평등에 대한 단순한 교정을 넘어 모든 시민이 기본적인 물질적 독립과 안정을 항상적으로 누릴 수 있도록 보장하는 데 있어야 한다는 것이다. 그래야 모든 시민이 당당하게 다른 시민들과 평등하며 자유로운 관계를 맺을 수 있고 또 실질적으로 평등한 정치적-법적 주체가 될 수 있을 것이다.

물론 오늘날의 조건에서 어떻게 그런 관심을 제도적으로 구체화할 수 있을까 하는 것은 다른 문제다. 나로서는 의료, 주거, 교육 등과 관련한 보편적 복지를 강화하는 것 외에, 국가가 모든 개인에게

---

24) 문성훈은 나와는 달리 사회적 기여라는 기준의 재해석을 통해 모든 사회 구성원을 '사회적 활동'의 주체로 인정함으로써 보편적 사회권을 보장해야 한다고 주장하고 있다. 문성훈, 『인정의 시대』, 사월의책, 2014, 특히 제6장, 305쪽 이하의 논의를 참고.

25) J. Rawls, *Justice as Fairness: A Restatement*, The Belknap Press of Harvard University Press, 2003.

매월 일정액의 소득을 보장하는 '기본소득'(Basic Income) 제도[26]나 일정한 나이에 도달한 모든 시민에게 고등교육이나 자기 사업 기회 등에 재원으로 활용할 수 있는 '기본자산'(Basic Capital)을 보장하는 제도[27] 같은 것이 진지하게 검토될 필요가 있다고 생각한다. 여기서 핵심 관심은 경쟁적 시장 경제가 초래할 이런 저런 결과의 불평등에 대한 단순한 교정('재분배')만이 아니라, 그 '출발 조건'을 최소한의 수준에서나마 인간화하고 평등하게 만들어 줄 '분배의 재구성'[28]이라고 할 수 있다. 비록 이런 유의 제안들에 대해서는 그 실현가능성을 포함하여 아직 많은 논의와 검토가 이루어져야 할 것으로 보이고 또 그 모든 것들에 대해 우리나라의 현실과 맥락을 고려하는 더 깊은 고민도 필요해 보이기는 한다. 그러나 모든 시민의 물질적 독립이라는 기본적 방향만은 흐려져서는 안 될 것이다.

VI. 존엄의 정치

비록 나는 이 마지막 노선이 가장 그럴 듯하다고 여기지만, 실천적인 차원에서는 그것만 고집할 일은 아니다. 실질적 메리토크라시의 길이든 다원적 메리토크라시의 길이든 또 민주주의적 정의의

---

26) 특히 참조: Philippe Van Parijs, *Real Freedom for All*, Oxford University Press, 1997; Robert J. van der Veen·Philippe Van Parijs, "A Capitalist Road to Communism", *Basic Income Studies*, 2006.

27) 특히 참조: Rajiv Prabhakar, "Assets and Citizenship", S. White/D. Leighton, *Building a Citizen Society*, 앞의 책, 67쪽 이하. 기본 자산이라는 표현은 화이트의 것이다. S. White, *The Civic Minimum. On the rights and obligations of economic citizenship*, Oxford, Oxford University Press, 2003, 176쪽.

28) 브루스 액커만/앤 알스톳/반 빠레이스, 『분배의 재구성: 기본소득과 사회적 지분 급여』, 너른복지연구모임, 나눔의 집, 2010.

길이든 실천적으로 유용하다면 다 좋다. 매리토크라시가 지닌 대중적 호소력은 매우 강력하며, 민주주의 정치가 이를 아예 외면할 수는 없을 것이다. 서로를 배제하고 충돌하지만 않는다면, 실천적 수준에서는 다양한 노선이 보여 줄 권리 보호를 위한 실제적 효과가 제일 중요한 준거가 되어야 할 것이다.

그러나 그 어떤 노선이든 일정한 정치적 쟁투 없이는 사회권의 제대로 된 보호와 실현은 불가능하다. 그리고 그 쟁투는 기본적으로 도덕적인 성격을 갖는다. 특히 생산이나 이윤 같은 가치의 지배에 맞서 모든 시민의 평등한 존엄성을 보호하고 실현할 수 있어야 한다는 요청을 사회적으로 또 정치적으로 타당하게 만들 수 있어야 한다. 호네트의 인정이론에 다시 기대자면, 필요한 것은 더 정의로운 새 인정의 질서를 세우기 위한 '인정투쟁'이다. 사회권을 포함하여 모든 인권의 실현은 기본적으로 사회적 인정의 결과인 것이다.[29] 나는 사회권의 실현을 위한 이러한 차원의 인권의 정치를 '존엄의 정치'라고 부르고 싶다.

인정이론적 관점에서 볼 때, 사회의 여러 제도(또는 구조)의 도덕적 질은 기본적으로 다양한 사회 집단들 사이에서 진행되는 갈등과 길항의 정도에 따라 규정되고 또 진보한다. 그것에 따르면, 사회의 다양한 제도는 그 구성원에 대한 일정한 인정의 양식을 표현하고 있다. 만약 어떤 사회제도가 특정 집단에 대해 인정을 유보하거나 거부하는 방식으로 실체화되어 있다면, 그것은 심각한 불의를 의미하고, 이런 불의는 배제된 집단의 정당한 거부와 저항을 불러일으킬 수밖에 없다. 또 바로 그런 투쟁이 불의한 사회제도가 모든 구성원의 평등한 존엄성을 인정하는 정의로운 질서로 변화할 수

---

29) 인권과 인정 개념의 연관에 대해서는 다음의 논의를 참조. 벨덴 필즈, 『인권. 인간이기 때문에 누려야 할 권리』, 박동천 옮김, 모티브북, 2013, 165쪽 이하.

있게 해준다. 이런 시각에서 보면, 자기배반적으로 발전한 메리토 크라시적 인정 질서의 토대 위에 서 있는 우리 사회의 불의도 바로 그와 같이 도덕적으로 진보한 더 정의로운 새 인정 질서를 만들어 내려는 사회적 노력과 투쟁을 조직하는 특정한 방식의 인정투쟁을 통해서 교정될 수 있다고 볼 수 있을 것이다.

한국 사회에서 오늘날 메리토크라시적 인정의 질서가 구성원들 에게 가하는 부정적인 존재규정적 힘은 너무도 압도적이고 전면적 이다. 그것은 많은 구성원들에게 경쟁 등에서 탈락하면 '사회적 죽음'에 이를 것임을 위협하면서, '불안'을 어떤 근본적인 사회존재론적 정조로서 안착시킨다. 이는 말하자면 많은 구성원들의 실존 전체를 휘어잡는다. 그리하여 그들에게 그것은 인간적 존엄성의 기초전체를 흔드는 것으로 경험된다. 이 불의의 질서에 맞서 모든 성원의 평등한 존엄성을 지키고 보장해 줄 수 있는 도덕적·정치적 노력이 절실하다.

우리 사회에 만연한 비정규직이나 청년 실업 문제를 보자. 이런 문제들은 단순히 세계화된 신자유주의적 경제 논리의 필연적 결과로 생긴 현상이 아니다. 우리 사회가 그토록 많은 사람을 불안정한 비정규직으로 내몰거나 실업 상태에 머물게 하고 있다는 것은 우리 사회의 주류 세력들이 그들을 온전한 인간적 존재로 충분히 인정하지 않음을 의미한다. 그것은 그들이 수행하는 노동의 가치에 대한 평가절하이고 또 그들이 연마해온 직업적 능력에 대한 인정을 유보한 것일 뿐만 아니라, 궁극적으로는 그들이 지닌 인간적 가치와 존엄성 그 자체를 부정하는 것이다. 이러한 상황이 신자유주의적 세계화가 강제하는 어떤 불가피한 사회적 '운명'의 결과만은 아니리라. 그것은 또한 무엇보다도 우리 사회에 존재하는 특정한 방식의, 곧 숱한 구성원들의 존엄성을 부정하는 인정 질서의 표현이다.

　여기서 우리는 한국 노동운동의 효시인 전태일의 외침이 "우리는 기계가 아니다"였다는 사실을 기억할 필요가 있다. 중요한 것은 단순히 더 많은 임금이나 노동 조건의 개선이 아니었다. 그 외침은 바로 당시의 경제 성장 과정에서 우리 사회가 묵인하고 이용했던 노동자들의 인간적 존엄성의 부정에 대한 격렬한 항의의 표현이었다. 그 이후의, 가령 1987년의 이른바 '노동자 대투쟁'도 같은 맥락에서 보아야 한다. 그 대투쟁은 궁극적으로 '공돌이'나 '공순이'로 모욕당하고 무시당하며 온전한 인간으로서의 기본적인 권리와 요구조차 부정당하던 이들의 인간적 존엄성에 대한 인정 투쟁이었다.

　헬조선이라 불리는 불의의 체제 속에서 사회적 무시와 경멸에 시달리고 있는 우리 청년 세대와 시민들도 바로 그렇게 지금까지의 사회 질서 속에서 억압당하고 무시당한 자신들의 인간적 존엄성을 인정하라는 집합적 요구와 투쟁에 나서야 한다. "우리도 인간이다"라고 외치면서 말이다. 그리하여 지금껏 경제, 생산, 효율, 이윤, 생존 등과 같은 가치들의 주장에 뒤로 밀려나 있던 존엄성, 인권, 민주주의, 배려, 연대 등과 같은 가치들의 타당성을 사회적으로 또 제도적으로 관철시키려는 근본적·민주적 인정 투쟁이 일어나야 한다. 사람들을 모욕하고 무시하며 인간적 가치들을 위협하고 존엄성을 훼손하는 불의한 인정의 질서에 맞서 모든 사람의 평등한 존엄성이 존중받고 보호받을 수 있도록 말이다.

〈참고문헌〉

강준만, 개천에서 용 나면 안 된다, 인물과사상사, 2015.
류동민, 능력주의 이데올로기의 위기: 탈조선의 사회심리학, 황해문화, 2016
　　　년 봄호.
문성훈, 인정의 시대, 사월의 책, 2014.
박상혁, 롤즈의 정의론에서 시민들의 자존감 보장과 결사체 민주주의적 발
　　　전, 철학연구, 제97집, 2000.
장은주, 정치의 이동: 분배 패러다임을 넘어 존엄으로 진보를 리프레임하
　　　라, 상상너머, 2012.
조국, 귀족과 속물의 나라에서 살아남기, 경향신문, 2015년 1월 6일.

가라타니 고진, 근대문학의 종언, 조영일 옮김, 도서출판b 2006.
자크 랑시에르, 정치적인 것의 가장자리에서, 양창렬 옮김, 도서출판 길
　　　2008.
존 롤스, 정의론, 황경식 옮김, 이학사 2003.
마이클 샌델, 민주주의의 불만, 안규남 옮김, 동녘 2012.
한나 아렌트, 혁명론, 홍원표 옮김, 한길사 2004.
브루스 액커만/앤 알스톳/반 빠레이스, 분배의 재구성: 기본소득과 사회적
　　　지분 급여, 너른복지연구모임, 나눔의 집 2010.
콜린 클라우치, 포스트 민주주의, 이한 옮김, 미지북스 2008.
윌 킴리카, 현대정치철학의 이해, 장동진 외 옮김, 동명사 2002.
필립 페팃, 신공화주의, 곽준혁 옮김, 나남 2012.
파울로 프레이리, 페다고지, 남경태 옮김, 그린비 2002.
토마 피케티, 21세기 자본, 장경덕 옮김, 글항아리 2015.

악셀 호네트, 노동과 인정, 강병호 옮김, 시민과 세계, 제15호, 2009.

악셀 호네트, 인정투쟁, 문성훈·이현재 옮김, 사월의 책 2011.

악셀 호네트, 정의의 타자, 문성훈·장은주·이현재·하주영 옮김, 나남출판 2009.

악셀 호네트/낸시 프레이저(문성훈, 김원식 역), 분배냐, 인정이냐?: 정치철학적 논쟁, 사월의책 2014.

J. Anderson and A. Honneth, "Autonomy, Vulnerability, Recognition, and Justice," *Autonomy and the Challenges to Liberalism. New Essays*, Cambridge University Press 2005.

A. Honneth, *Das Recht der Freiheit*, Frankfurt/M., Suhrkamp 2011.

Robert J. van der Veen/ Philippe Van Parijs, "A Capitalist Road to Communism", *Basic Income Studies*, 2006, Vol. 1.

D. Miller, *Principles of Social Justice*, Harvard University Press, Cambridge/London 1999.

S. Neckel, "》Refeudalisierung《- Systematik und Aktualität eines Begriffs der Habermas'schen Gesellschaftsanalyse", *Leviathan*, 41. Jg., 1/2013.

R. Prabhakar, "Assets and Citizenship", S. White/D. Leighton, *Building a Citizen Society. The Emerging Politics of Republican Democracy*, London: Lawrence & Wishart 2008.

J. Rawls, *Justice as Fairness: A Restatement*, The Belknap Press of Harvard University Press, Cambridge/Massachusetts/London 2003(3rd printing).

Philippe Van Parijs, *Real Freedom for All: What (if anything) can justify capitalism?*, Oxford University Press, New York 1997.

S. White, *Equality*, Polity Press, Cambridge 2007.

S. White, *The Civic Minimum. On the rights and obligations of economic citizenship*, Oxford, Oxford University Press 2003.

S. White, "The Emerging Politics of Republican Democracy", S. White/D. Leighton, *Building a Citizen Society. The Emerging Politics of Republican Democracy*, London: Lawrence & Wishart 2008.

사회권과 사법심사*
- 여전히 "생성중인 권리"[1]의 복권을 위하여

한 상 희*

I. 들어가기

1997년 5월 29일 헌법재판소는 한 시민단체의 공익법소송을 기각하는 결정을 내리면서 우리 헌법상의 사회권 보장조항에 대한 이해를 현저히 위축시켜 버렸다. 이 사건은 생활보호법상의 거택보호자로 지정된 노령자가 "94년 생계보호기준"이 정한 월 65,000원의 부조금으로는 전국평균 월 최저생계비 118,600원(1993년)에 훨씬 부족한 것으로, "보호의 수준은 건강하고 문화적인 최저생활을 유지할 수 있는 것이어야 한다"는 같은 법 제5조 제1항의 보호기준에 전

* 이 글은 발제자가 이미 발표한 "사회권과 사법심사 - 여전히 "생성중인 권리"의 복원을 위하여 -"(공법연구, 제39집 제1호, 2010)를 발제의 취지에 맞추어 약간의 편집과 함께 재생산한 것이다.
** 건국대 법학전문대학원 교수, 법학박사
1) 최대권, 헌법학: 법사회학적 접근, 박영사, 1989, 169면 이하. 인권에 대한 국가의무중 존중(respect)의무로부터 보호(protect)의무로의 이행문제-이는 기본권의 제3자효문제가 된다-를 기본권의 발전문제로 치환하면서 "생성중인 권리"의 개념이 형성되었다고 한다면, 그와 더불어 촉진(facilitate)과 실현(fulfil)의 의무를 다루는 사회권은 아직도 "생성중"이라는 수사를 벗어나지 못 하고 있는 실정이다.

혀 미치지 못 하며 따라서 헌법상의 인간다운 생활을 할 권리가 침
해당하였다는 이유로 헌법소원을 청구한 사건이었다. 헌법재판소
는 이에 대하여 인간다운 생활을 할 권리를 정하는 헌법규정은 입
법부 또는 행정부에 대한 경우와 헌법재판소에 대한 경우에 따라
각각 다른 의미를 가진다고 하면서, 전자의 경우에는 행위규범으로
서 작용하는 반면, 후자 즉 헌법재판의 경우에는,

> 다른 국가기관 즉 입법부나 행정부가 국민으로 하여금 인간다운
> 생활을 영위하도록 하기 위하여 객관적으로 필요한 최소한의 조치
> 를 취할 의무를 다하였는지를 기준으로 국가기관의 행위의 합헌성
> 을 심사하여야 한다는 통제규범으로 작용하는 것

이라고 판단하였다. 그리고 그 결과 "국가가 생계보호에 관한 입
법을 전혀 하지 아니하였다든가, 그 내용이 현저히 불합리하여 헌
법상 용인될 수 있는 재량의 범위를 명백히 일탈한 경우에 한하여
헌법에 위반된다"면서 이 청구를 기각하였다.[2] 헌법재판소는 "생계
보호의 수준이 일반 최저생계비에 못 미친다고 하더라도 그 사실
만으로 곧 그것이 헌법에 위반된다거나 청구인들의 행복추구권이
나 인간다운 생활을 할 권리를 침해한 것이라고는 볼 수 없다"고
단언한다.[3] "최저생계비의 체험은 저희들의 삶을 의지와 관계없이
극한의 상황으로 몰아"가는 현실[4]에 헌법재판소는 입법형성의 자

---

2) 헌법재판소 1997.5.29 선고 94헌마33 1994년 생계보호기준 위헌확인.
3) 이 결정의 태도는 이후 2002년도 국민기초생활보장최저생계비위헌확인
   사건에서도 그대로 재생산되어 장애인가구에 지급되는 생계급여가 최저
   생계비에 못 미친다 하더라도 "생활능력 없는 장애인가구구성원의 인간
   다운 생활을 할 권리가 침해되었다고 할 수 없다"는 결정을 이어진다. 헌
   법재판소 2004.10.28 선고 2002헌마328.
4) 최저생계비로 한달나기 체험단, "최저생계비는 '사회안전망'이 아닌 '가난

유라는 이름으로 헌법적 정당성을 부여하고 있는 것이다.

우리 헌법 제34조 제1항에서 규정하고 있는 인간다운 생활을 할 권리는 "국가에 대하여 인간의 존엄에 상응한 최소한의 급부를 국가에 청구할 수 있는 권리" 즉, "객관적으로 필요한 최소한의 조치"를 청구할 수 있는 권리를 의미한다. "국민소득, 국가의 재정능력과 정책 등을 고려하여 가능한 범위 안에서 최대한으로 모든 국민이 물질적인 최저생활을 넘어서 인간의 존엄성에 맞는 건강하고 문화적인 생활을 누릴 수 있어야 한다"는 것이다.[5] 하지만 이런 기본권의 내포는 곧장 이 헌법재판소의 결정에 의해 "추상적이고 상대적인 개념"으로 변형되어버리고 만다. 위의 결정에 의하면, 그 내용은 "그 나라의 문화의 발달, 역사적·사회적·경제적 여건에 따라" 달라질 수 있으며, 국가가 그것을 "구체적으로 결정함에 있어서는 국민 전체의 소득수준과 생활수준, 국가의 재정규모와 정책, 국민 각 계층의 상충하는 갖가지 이해관계 등 복잡하고도 다양한 요소들을 함께 고려하여야" 하기 때문이다. 그래서 "생계보호의 구체적 수준을 결정하는 것은 입법부 또는 입법에 의하여 다시 위임을 받은 행정부 등 해당기관의 광범위한 재량에 맡겨져 있"는 것이 되어 버리는 것이다.

하지만, 여기서 의문은 확대된다. 헌법재판소가 말하듯 인간다운 생활을 할 권리의 핵심에 "객관적으로 필요한 최소한의 조치"가 있다고 한다면 이 객관성의 판단이 어떻게 입법부 또는 행정부의 광범위한 재량여지에만 귀속되는가의 문제가 그것이다. 우리 헌법

의 포획망'이었습니다." 참여연대, "최저생계비로 한달나기" 희망UP캠페인, http://blog.peoplepower21.org/Welfare/41401 (2010. 9. 6 열람), 이 글은 이제 삭제되고 그 결과를 정리한 책이 출판되어 있다. 참여연대 사회복지위원회, 대한민국 최저생계비로 살아가기 - 누구를 위한 최저생계비인가?, 나눔의 집, 2013 참조.
5) 위의 94헌마33 결정.

제37조 제2항에서 정하듯 기본권의 본질적 내용에 대한 침해금지의 명령은 이 부분에서는 전혀 타당하지 않는 것인지, 혹은 헌법 제10조에서 말하는 기본권의 최대한의 보장의무라는 명제는 과연 이와 같은 인간다운 생활을 할 권리의 사법적 해석에는 아무런 의미를 갖지 못하는 것인지에 대해서는 헌법재판소는 입을 다물고 있다.

실제 헌법재판소의 이 결정은 두 가지의 전제위에서 이루어진다. 첫째는 인간다운 생활을 할 권리는 여타의 시민적·정치적 권리와는 다른 층위에서 해석되고 적용되어야 한다는 이분법이다. 모든 국가기관을 동일한 의미로 구속하는 전자와는 달리, 후자의 경우에는 입법부·행정부에 대한 규범력과 사법부에 대한 규범력이 구분되는 것이라고 보면서 동일한 방식으로 규정되어 있는 헌법조항에 대하여 이원적인 법효력을 부여하고자 한다. 둘째는 극단적인 소극성이다. 입법부·행정부는 이 권리들의 실현에 대해 광범위한 재량을 가지고 있는 만큼 그 반작용으로서 사법부[6]는 되도록 판단을 자제하는 소극적 태도를 보이는 것이 옳다는 입장에 서 있는 것이다.

요컨대, 헌법재판소는 정책판단과 법판단을 구분하고 전자는 입법부·행정부에, 후자는 사법부에 전유하는 것이라고 보면서, 무엇이 인간다운 생활이며 어떻게 하는 것이 이를 보장하라는 헌법명령에 합치되는가의 판단에 대하여는 법판단의 대상이 아니라는 입장을 거듭 반복한다.[7] 하지만 이런 판단은 국제인권법의 기준과는

---

6) 이 글에서 「사법부」라 함은 주로 헌법재판소를 염두에 둔 것이다.
7) 실제 사법자제의 관행을 제시하였던 Baker v. Carr(369 U.S. 186)에 의하면 사법부가 다른 국가기관의 행위에 대하여 판단을 억제하는 경우는 6가지 뿐이다:①헌법상 다른 정치적 기관의 고유권한임을 헌법상 명문으로 규정하고 있는 경우, ②그 문제를 해결할 수 있는, 법적으로 발견가능하고 적용가능한 기준이 결여되어 있는 경우, ③명백하게 비사법적 재량의 행사를 통해 정치적으로 이루어지는 최초의 결정에 의하지 않고는 판단을 내릴 수 없는 경우, ④권한을 가진 다른 국가기관에 대한 존경심을 잃지

자못 거리가 있다. 1986년의 '사회권규약 이행에 관한 림버그 원칙 (Limburg Principles)'을 거쳐, 사회권규약위원회가 발표한 1990년의 일 반논평 3, 1998년의 일반논평 9 등에서는 이러한 이분법 자체의 오 류를 지적하고 사회권의 사법적 집행가능성에 대한 국제적 합의를 도출한 바 있다. 뿐만 아니라 1997년의 '사회권의 침해에 관한 마스 트리히트 가이드라인(Maastricht Guidelines)은 사회권의 보장에 있어 서도 세 가지의 국가의무 즉 존중(respect), 보호(protect), 실현(fulfil)의 의무가 여전히 타당함을 선언하고 이에 더하여 사회권의 실현을 위한 국가의 행위의무(obligation of conduct)뿐 아니라 일정한 결과를 야기하여야 할 의무 즉 결과의무(obligation of result), 국가의 부작위 에 의한 의무위반(violations through acts of omission)의 문제들을 규범 적 차원에서 거론하고 있다. 특히 이 가이드라인에서 제시되고 있 는 최소한의 핵심의무(minimum core obligations)는 우리 사법부가 취 하고 있는 본질성이론 혹은 "최소한도의 내용" 보장[8]의 법리와 크 게 다를 바 없다. 단지 가이드라인은 이 핵심의무에 대하여 즉각적 실현의 의무를 부가하고 있음에 반하여 우리 헌법재판소는 그 판단 조차도 입법부와 행정부에 일임하고 있다는 차이만 있을 뿐이다.[9]

이렇듯 국제사회는 경제적·사회적·문화적 권리(이하 「사회권」)

않고서는 독립적인 해결책을 제시할 수 없는 경우, ⑤이미 이루어진 정치 적 결정에 무조건적으로 따라야 할 예외적인 필요가 있는 경우, ⑥여러 국가기관이 하나의 문제에 대하여 다양한 해결책을 제시함으로써 혼란 을 야기할 가능성이 있는 경우. 하지만, 사회권에 관한 헌법재판소의 사 법자제는 이 어떤 경우에도 해당되기 어렵다. 가장 가깝기로는 ②의 요건 이나 이 또한 최소핵심심사 내지 본질성심사-이는 법판단이다-를 회피하 는 이유가 되지 않는다.

8) 헌법재판소 1999. 4. 29. 선고 97헌마333.

9) *The Maastricht Guideline on Violations of Economic, Social and Cultural Rights*, 1997, para. 6(존중·보호·실현의 의무), 7(행위와 결과의 의무), 9(최소핵심 의무), 14(작위에 의한 침해), 15(부작위를 통한 침해) 참조.

의 구체적 실현문제를 법적 문제로 고양하여 현실적인 구속력을 부여하는데에 합의하고 있다.[10] 특히 이 가이드라인은 각국의 사법부에 대하여 당해 국가가 이러한 사회권을 침해하지 않도록 통제하고 특히 자신들이 내린 판결이 해당 국가의 의무위반을 용인하거나 정당화하는 결과를 낳지 않도록 각별한 주의를 기울일 것을 촉구하고 있다. 그리고 사법부가 이 사회권과 관련한 판결을 내릴 때에는 "국제인권법이나 지역인권법의 관련 규정들을 해석의 지침으로 고려해야 한다"라는 권고까지 하고 있다.[11]

　이 글은 이런 국제적인 흐름이 우리 사법부의 법판단에 제대로 반영되지 않고 있다는 비판을 바탕으로 한다. 우리 사법부도 사회권에 관한 구속력 있는 명령을 내릴 수 있으며 또 그러해야 한다는 점을 제시해 보고자 하는 것이다. 물론 법리의 차원에서뿐 아니라 현실적으로도 이미 우리 사법부는 사회권에 관한 판단을 내려 왔다. 각종의 노동관련사건이나 환경사건, 성차별사건, 교육차별사건 등 전통적으로 사회권의 범주로 분류되어 왔던 제반의 사건들에서 권리침해의 여부를 법원 혹은 헌법재판소가 판단해 왔었다. 이 글은 이런 부분을 문제 삼고자 하는 것은 아니다. 오히려 사회권의 적극적 실현 즉, 국가적 배려와 부조, 원조가 필요한 부분에서 사법부가 입법부 또는 행정부로 하여금 일정한 행위로 나아가도록 명령하고 강제하는 취지의 사법판단을 할 수 있을 것인지의 문제를 이 글에서 다루고자 한다. 이를 위해 먼저 사회권에 대한 사법심사

---

10) M. Langford에 의하면 조사대상인 29개의 국가·국제인권조직에 있는 사법기관 및 준사법기관에서 사회권에 관하여 거의 2000건에 달하는 판결을 내리고 있다고 한다. M. Langford, "The Justiciabilit if Social Rights: From Practice to Theory", in: M. Langford, eds., *Social Rights Jurisprudence: Emerging Trends in International and Comparative Law*, Cambridge: Cambridge University Press, 2008, p.3.

11) ibid., para. 24

의 가능성에 대한 이론적 분석들을 검토하고 왜 사회권의 문제가
정치의 영역을 떠나 사법부를 통해 다루어져야 할 필요가 있는 것
인지를 설명한다. 이어 다른 국가들에서 사법부가 사회권을 다루는
예들을 살펴보고 그 사례들을 통해 우리의 현실에서 사회권정책(계
획 및 집행)에 대한 위법성 혹은 위헌성의 판단이 가능할 것인지,
만약 가능하다면 그 집행의 형식은 어떻게 이루어져야 하는지를
살펴 보고자 한다.

II. 사회권과 사법심사가능성의 문제

2.1. 사법심사의 가능성

1) 부정설

사회권의 구체적 실현에 대하여 "광범위한 재량"의 권한을 가진
입법부 또는 행정부가 한 행위-작위 또는 부작위-에 대하여 사법
부가 그 위법성을 심사할 수 있는가? Roosebelt대통령이 1941년 미의
회에서 낭독한 "네 가지 자유에 관한 일반교서"에서 '결핍으로부터
의 자유(freedom from want)'가 선언되고 1944년 1월의 열 한 번째 교
서에서 "궁핍한 인간은 자유로운 인간이 아니다"라고 선언하였지만
국제인권법의 역사는 사회권을 자유권으로부터 분리시키고, 전자
에 대한 법적 구속력의 박탈이라는 이분법적 규율체제로 나아가고
자 하는 시도로부터 출발하였다. Steiner & Alston[12]이 잘 지적하듯,
미국을 비롯한 서구국가들은 자유권은 강제가능하며 즉시 실현가

---

12) H. J. Steiner, and P. Alston, *International Human Rights in Context*, Oxford:
    Clarendon Press, 2008, pp.269~278 참조.

능한 구체적 권리인 반면, 사회권은 당해 국가의 가용한 자원을 고려하면서 점진적으로 실현되어야 할 하나의 프로그램적 성격의 것이라는 주장을 펼쳤다. 양자의 통합과 일원화된 집행기구를 주장하는 사회주의진영 혹은 신생독립국가들의 요청을 뿌리치고 두 개의 상호 독립된 인권협약이 만들어지게 된 것도 이 때문이다. 그리고 이때부터 사회권에 대하여는 사법부가 개입하는 것은 법리적으로나 법정책적으로도 타당하지 않다는 담론이 서구사회를 중심으로 확산되어 오늘에 이른다.

① 자유권·사회권 이분론

이 부정적 입장은 크게 세 가지의 관점에 터 잡고 있다. 그 첫째는 사회권과 자유권은 본질적인 차이를 가지며 이로 인하여 사회권은 사법적 판단에 적합하지 않게 된다고 본다. 즉, 사회권은 적극적인 국가행위를 전제로 하여 국가가 일정한 배려나 급부 혹은 보장을 할 때에 비로소 실현될 수 있는 것이라고 본다. 반면 자유권은 국가의 부작위를 전제로 하는 것인 만큼 즉시 실행이 가능할 뿐 아니라 어떠한 국가행위가 자유권의 침해에 해당하는지 아닌지의 판단 또한 명확한 만큼 재판을 통하여 그 이행을 강제할 수 있는 것이라고 본다. 즉, 사회권은 정책판단의 대상인 반면 자유권은 법판단의 대상이며, 나아가 사회권은 국가가 구체적으로 어떠한 이행의무를 지고 있는지 특정되어 있지 않으며 당해 국가의 현재상태 나아가 그 권리의 주장자가 처한 현재의 상황, 여건 그리고 그를 위한 각종의 자원배분의 문제 등이 종합적으로 고려될 때에야 비로소 그 의무의 내용이 정해질 수 있는 것이라고 한다.

이러한 이분법적 사고는 특히 I. Berlin의 자유론에서도 재확인된다. 그에 의하면 자유는 소극적 자유와 적극적 자유로 이분된다. 전자는 개인들이 다른 사람에 의해 방해받지 아니하고 직접적인 강제 없이 행동할 수 있는 영역에서 나타나는 자유이며, 후자는 "자신의 선택에 의해 사고하고 의욕하며 행동하는 존재로서 그 선택에 책임을 지며, 자신의 생각과 목적에 의거하여 그러한 행동들을 설명할 수 있을 때" 구현되는 도덕적 자율성(moral autonomy) 또는 자유의지(free will)로서의 자유를 의미한다.13) 이런 구분에 의하면 두 권리는 그 본질상 사법심사에 적합한 것과 그렇지 않은 것으로 양분된다.

② 사법의 한계론14)

둘째의 논거는 사법심사가 이루어지는 체제 자체의 한계에 착안한다. 여기에는 세 가지의 한계가 있다: 정당성의 한계, 능력의 한계, 그리고 집행의 한계.

우선 사법부는 선거등에 의하여 구성되고 또 선거구민에게 직·간접적으로 책임을 지는 입법부나 행정부와는 달리 그 민주적·정치적 정당성을 갖지 못 하기 때문에 정책문제가 본질을 이루는 사회권을 심사하기에 적합하지 않다고 본다. 즉, 정치적으로 결정되고 또 정치적으로 책임을 져야 하는 정책문제, 특히 자원을 어떻게 배분하는가의 문제는 민주적인 과정을 통해 이루어져야 하는 것이며, 그러한 과정은 입법부 또는 행정부가 가장 적합한 형태로 갖추고 있다고 보는 것이다. 요컨대 민주적 정당성을 갖추지 못 한 사법부가 정책문제를 이리저리 재단하는 것은 그 자체 비민주적이라고 본다.

---

13) Isaiah Berlin, "Two Concepts of Liberty," in: Isaiah Berlin, *Four Essays on Liberty*, Oxford: Oxford University Press, 1969, p.118, 31.

14) 이에 대하여는 E. C. Christiansen, "Adjudication Non-Justiciable Rights: Socio-Economic Rights and the South African Cosntitutional Court," *Columbia Human Rights Law Review*, Vol. 38, No. 2, 2007. 인용은 http://ssrn.com/abstract=999700, (2010. 9. 7. 확인) III. A. c.에서 함.

능력의 한계는 보다 기술적인 관점에서 이 문제를 다룬다. 이에
는 우선 당사자성의 한계가 있다. 사법심사는 소송의 절차를 취하
게 되는데, 당사자주의적인 소송구조가 일반적인 상황에서는 사회
권의 주장은 항상 개별적이고 구체적인 사건 속에서만 이해되고
또 심리·심판될 수밖에 없다는 한계를 가지게 된다. 즉, 사회권의
문제는 전국가적 자원배분의 문제와 직결되는 등 체계적이고 종합
적·포괄적으로 실시되어야 함에도 불구하고 개별적·구체적으로 이
루어지는 사법심사의 방식으로는 이러한 요청을 충족시키기 어렵
다는 것이다. 또한 설령 그 사법심사가 이루어진다 하더라도 어떤
하나의 사건에서 발견되는 정의 또는 형평성이 반드시 전체적인
정의나 형평성을 의미하는 것은 아니며 경우에 따라서는 전체적인
맥락을 간과한 채 개별적·구체적 정의만을 추구하다보면 국가재정
의 파산이나 자원배분체제의 왜곡 등 심각한 문제를 야기할 수도
있게 된다.[15)]

마지막으로, 정보의 한계는 사법심사의 효율성을 현저히 축소시
키는 한계를 이룬다. 대체로 사법부의 구성원들은 법전문가일 따름
이지 경제나 사회복지 등의 전문가는 아니다. 즉 사법부의 구성원
들에게는 사회권의 구체화에 필요한 정보나 그 분석을 위한 전문
적 지식이 부족하며 따라서 입법부나 행정부에서 내려진 정책결정
(그것이 적극적 결정이든 소극적 결정이든)을 합리적으로 분석하고
평가할 능력이 부족하다는 것이다. 그리고 이러한 능력부족은 사법
부로 하여금 사회권에 대한 평가기관으로서의 위상을 거부하게 만
든다.

---

15) 이는 후술하듯 남아프리카공화국에서 사회권에 대한 사법심사를 함에
   있어 국제적 기준인 최소핵심심사를 마다하고 합리성심사로 일관하는
   가장 큰 이유가 된다.

③ 집행의 한계

이는 권력분립의 틀에서 파생되는 사법심사의 한계가 된다. 설령 사법부가 사회권에 대하여 판단할 수 있고 또 그에 기하여 판단에 임하였다 하더라도, 사법부가 입법부 또는 행정부에 대해 그 판단을 강제할 유효한 방법이 없다는 것이다. 이에 의하면, 사법부가 기존의 사회권보장수준에 대한 위법성의 판단을 하더라도 그것을 교정하기 위한 대안을 마련하기에는 적절하지 않은 면이 적지 않다. 권력분립의 원칙에 의할 경우 사법부가 행정부나 입법부에 일정한 작위를 명령할 수는 없으며 따라서 그 위법상태의 교정에 대해 사법부가 주체적으로 할 수 있는 일이 극도로 제한된다.16) 뿐만 아니라 어떠한 작위를 명령하더라도 사회권의 성격상 일회적인 행위로 위법성을 제거할 수 있는 것이 아니라 지속적이고 장기적인 이행이 담보되어야 하는데 사법부는 이러한 지속적인 감시와 통제를 위한 자원도 능력도 갖추지 못 하고 있다.17)

결국 민주적·정치적 정당성도 전문적 정보와 판단능력도 갖추지 못 한 사법부는 사회권에 대한 적절한 판단을 내릴 수 없으며 설령 그것이 가능하다 하더라도 개별이익과 전체이익의 상충가능성이 항존할 수밖에 없는 절차와 구조로 인하여 그것이 바람직하지도 않으며 나아가 이런 판단을 강제하고 집행할 수 있는 유효한 수단조차도 존재하지 않는 것이 현실이라고 보는 것이다.

---

16) 이에 대하여는 R. Gargarella, P. Domingo, and T. Roux, "Rights and Social Transformation: Concluding Reflections," in: Gargarella, R., P. Domingo, and T. Roux, *Courts and Social Transformation in New Democracies: An Institutional Voice for the Poor?*, Hampshire: Ashgate Publishing Ltd., 2006 참조.

17) S. Freedman, 조효제 역, 인권의 대전환, 교양인, 2009, 231~232면.

2) 비판

① 이분법의 문제

하지만, 이러한 부정설은 오늘날 그 의미를 점점 상실해가고 있다. 1993년의 비엔나 인권선언 및 행동강령은 자유권과 사회권의 구별 자체가 무의미함을 공식적으로 선언한 대표적인 예이다.

> 모든 인권은 보편성, 불가분성, 상호의존성과 상호관련성을 갖는다. 국제사회는 인권을 전세계적으로 공정하고 평등한 방식으로, 대등하게, 또 동일한 비중을 두고 다루어야 한다. (……) 정치적, 경제적, 문화적 체계를 떠나서 모든 인권과 기본적 자유를 신장하고 보호하는 것은 국가의 의무이다.[18]

뿐만 아니라 사회권규약위원회의 일반논평 9(1998)에서도 사회권규약의 다수 규정은 "즉각적 이행이 가능"하며 "사회권을 그 정의에 따라, 법원의 힘이 닿지 않는 곳에 두려는 이런 엄격한 분류의 채택은 자의적이며, 두 인권규약들이 서로 불가분의 관계이며 상호의존적이라는 원칙에서 어긋나는 것이다. 이는 또한 사회 내에 가장 취학하고 혜택을 받지 못 하고 있는 집단들의 권리를 보호하는 데 있어 법원의 역할을 현저하게 축소시키고 있을 따름이다"[19]라고

---

18) *Vienna Declaration and Programme of Action*, A/CONF. 157/23, 12 July 1993, para.5.

19) General Comment, 9(1998), para.10. 필리핀의 경우에는 헌법에서 별도의 법률유보를 하지 않는 한 사회권조차도 직접 효력을 가져서 별다른 국가행위를 거치지 않고서도 사법심사가 가능하다고 한다. 그리고 이에는 건강권(1987년 헌법 제2조), 노동의 보호, 노동3권 등(제8조), 교육을 받을 권리(제14조), 가족구성권(제15조) 등이 포함된다고 한다. D. A. Desierto, "Justiciability of Socio-Economic Rights: Comparative Powers, Roles, and Practices in the Philippines and South Africa," *Asian-Pacific Law & Policy Journal*, vol.11 No.1,

선언한 바 있다. 요컨대 세계인권체제하에서는 더 이상 사회권과 자유권의 구분은 무의미한 상태가 되었다.[20]

실제 I. Berlin의 소극적 자유와 적극적 자유의 구분도 서로 중첩적인 것으로 구성된다. 예컨대 고문을 받지 아니할 권리도 국가에 의한 고문금지라는 명령 하나만 보면 소극적 자유에 해당하겠지만, 국가로 하여금 국민 모두에게 고문은 비인간적 행위로서 인간의 존엄을 파괴하는 인권침해행위임을 교육시키고 이를 전 생활영역에서 방비하기 위한 교육과 홍보를 실시하며, 나아가 공무원 모두에게 그 금지와 예방의 의무를 이행하게끔 실천행동으로 나아가도록 하는 데에까지 이르게 되면 이는 소극적인 수준을 넘어 적극적인 어떤 것이 되고 만다. Birlin이 말하는 자유의지의 실현조건으로서의 고문금지가 구성되는 것이다. 한마디로 "모든 인권은 일련의 적극적, 소극적 의무들을 포함한다."[21]

이는 우리 헌법 제10조에 의해 재확인된다.[22] 이에 의하면 "국가

2009, pp.134~140.

20) 이 점에서 "국제적으로 사회적 기본권을 국가의 목표나 의무를 규정하는 하나의 헌법적 규정양식으로 보고 있으며 권리성을 인정하고 있지 않다"고 한 서술(한수웅, 헌법학, 법문사, 2011, 901쪽)은 그 인식상의 타당성이 별도로 증명되어야 할 필요가 있어 보인다.

21) International Commision of Jurists, 박찬운 등 역, 경제적, 사회적 및 문화적 권리의 사법집행: 사법심사가능성 비교연구, 14면.

22) 사실 우리 헌법재판소는 사회권과 관련한 대부분의 위헌결정은 평등권, 재산권 등의 자유권과 연관시켜서 논리구성을 하고 있다. 하지만, 그렇다고 해서 이런 경향이 사회권을 부정하는 근거(한수웅)가 되거나 혹은 사회권과 자유권이 분리되는 논거로 거론될 수는 없다. 사법과정에서의 법의 선택은 수단의 문제이지 그 대상되는 법현상의 본질에 관한 것이 아니기 때문이다. 오히려 이러한 경향은 양자가 결합되는 대표적인 사례로 처리되어야 할 것이다. 예컨대, 부부의 재산이나 소득을 합산하여 과세하는 사건들은 재산권이라는 자유권의 문제와 연관을 가지나 헌법재판소는 이를 주로 사회권의 범주에서 논의되고 있는 혼인관계의 문제로 전환하여 판단한 바 있음을 주목할 필요가 있다.

는 개인이 가지는 불가침의 기본적 인권을 확인하고 이를 보장할 의무를 진다."고 하여 자유권·사회권의 이원적 구분을 명기하지 않고 있을 뿐 아니라, 모든 기본권 즉 헌법 제10조에서부터 제37조 제1항에 이르는 모든 기본권을 '최대한' 실현하고 보장하여야 할 국가의무를 부과하고 있다. 아울러 헌법 전문에서는 "정치·경제·사회·문화의 모든 영역에 있어서 각인의 기회를 균등히 하고, 능력을 최고도로 발휘하게 하며, …… 안으로는 국민생활의 균등한 향상을 기하고"라는 선언을 함으로써 국가적 보호, 실천의 의무 대상이 되는 기본권을 모든 기본권으로 확산시키고 있다.[23)

일부에서는 사회권의 내용들이 애매하고 불확실하여 입법부나 행정부에 의한 구체화작업이 선행되어야 비로소 집행가능한 것이 된다고 하면서 이 때문에 사회권의 사법심사가능성은 소극적일 수밖에 없다는 주장을 펴기도 한다.[24) 하지만, 이 또한 법발전 내지는 법형성의 단계의 문제일 따름이다. 법언어의 불명확성은 자유권이든 사회권이든 관계없이 법일반에 항시 나타나는 현상이며 오히려

---

23) 실제 헌법을 체계적, 통일적으로 해석하는 틀에 의하자면 우리 헌법에 대한 해석의 출발점은 헌법 제1조 제1항 "대한민국은 민주공화국이다"이어야 한다. 그리고 이 규정이 가지는 공화주의적 성격을 감안한다면 자유권과 사회권의 구분은 애당초 무의미해진다. 공화주의 틀에서 자유란 "비지배"의 상태 혹은 "비자유"가 아닌 상태를 의미하며 이 비자유의 원천은 자율적 삶을 억압하는 제반의 권력현상-정치뿐 아니라 경제, 사회, 문화적 권력을 포함한다-에 있기 때문이다.

24) 더불어 자원배분의 문제도 마찬가지로 유의미하지 않다. 사회권의 경우 그 실현을 위해 상당한 자원이 배분되어야 하는 것은 사실이나, 자유권의 경우에도 자원배분이 수반되지 않으면 실현될 수 없는 경우가 대부분이다. 예컨대 인신의 자유를 보장하기 위해서는 그에 상응하는 형사사법체계를 구축하여야 하며, 재판을 받을 권리의 실현을 위해서는 법원과 법관의 증설이 필요하며, 표현의 자유 또한 다양한 표현능력을 함양하기 위한 교육제도의 확보를 비롯하여 언론매체의 설치, 방송통신망의 구축 등 수많은 투자가 필요하게 된다.

중요한 것은 그것의 해석과 적용의 관행들이 어떻게 집적되며 또
이에 대한 법공동체의 합의-의미공유-가 어떻게 형성되는가의 문제
이다.[25] 실제 적법절차라든지 평등, 행복추구권, 사생활의 자유 등
의 개념들은 주거권이나 건강권에 못지 않게 다양하고도 중첩적인
의미를 가진다. 절대적 기본권이라고 일컬어지는 변호인의 도움을
받을 권리조차도 수많은 해석과 적용례 그리고 입법형성에 의하여
그 내용이 결정된다.[26]

② 사법능력의 문제

그 외 나머지 부정론의 논거들은 대부분 사법본질적인 문제라기
보다는 제도설계의 문제로 환원된다. 당사자성의 한계는 집단소송
제도의 도입여부와 직결되며 경우에 따라서는 우리 헌법재판소법
이 취하고 있는 헌법소원과 같이 구체적 소송에 대한 결정의 효력
을 추상적·일반적인 것으로 규정하는 등의 방식으로 해결가능하다.
구체적 규범통제와 추상적 규범통제의 결합방식을 통해 얼마든지
처리가능하다는 것이다.[27] 그래서 헌법재판, 법률소원, 입법부작위

---

25) 위의 글, 20면. 실제 J. W. Nickel, 조국 역, 인권의 좌표, 명인문화사, 2010,
   195~198면은 교육을 받을 권리와 적정절차에 대한 권리를 헌법에 명문화
   해 놓고도 입법자가 그 구체화법률을 제정하지 아니한 경우를 대비시키
   면서 이때의 법관의 역할은 서로 달리 볼 이유가 전혀 없음을 논증함으
   로써 사회권과 자유권의 구분론 자체를 부정한다.
26) 이에 대하여는 한상희, 변호인의 도움을 받을 권리: 비교법제적 분석, 일
   감법학, 2010 참조. 실제 사회권의 애매성·불명확성은 그것이 사법자제의
   이유가 되기 보다는 오히려 사법자제로 인하여 사회권의 의미내용을 보
   다 구체화하고자 하는 법학계·법률계의 노력이 누락된 탓이 크다. 이에
   ICJ는 *Bangalore Declaration and Plan of Action*, 1995에서 사회권의 법적 의미
   를 보다 구체화할 필요성을 선언하고 있다. ibid., para. 18(2)(위의 박찬운
   역, 위의 글, 21면 참조). 참고로 이 선언에서는 "독립된 사법부는 사회권
   의 효과적인 실행을 위해 필수불가결하다"고 단언하고 있다. para.14
27) 이는 일종의 외부효과(Externality)의 문제인 바, 그 극복의 방안은 개방적

소원 등의 경우 개별적 사건을 계기로 사법심사가 촉발되나 그 판단효과는 당해 법률 혹은 입법부작위 차제에 대하여 미치게 하면 당사자성의 문제는 극복될 수 있는 것이다.[28]

정보의 문제 또한 절차법적 문제로 환원될 수 있다. 여기서는 청구인(혹은 원고)과 피청구인(혹은 피고)간의 대립당사자주의적 체제의 문제만으로 처리할 것이 아니라 양자간의 협력적, 공화적 방식의 절차를 마련하는 것으로 그 문제의 상당부분을 극복할 수 있게 된다. 예컨대, 직권주의적 절차를 취하고 있는 우리 헌법재판소법의 현 체제상 헌재의 증거제출명령 등의 제도를 활용하거나 혹은 공개변론, 참고인제도 등을 통해 결정을 위한 자료·자원을 확보하는 한편 전문가의 분석·평가능력을 활용하는 체제로써 처리될 수 있는 것이다. 뿐만 아니라 오늘날의 정보지식사회의 구조하에서는 대부분의 사회권판단에 대한 전문성의 흠결은 얼마든지 보완 가능하다.

문제는 사안을 분석·평가하는 전문성의 문제가 아니라는 점에 있다. 무엇을 어떻게 분석하고 어떻게 평가하는가는 자료와 전문지식을 어떻게 동원하는가에 달려 있을 뿐 그 자체 중요한 본질적 장애사유는 되지 않는다. 오히려 더 중요한 것은 이렇게 판단되는 다

구조로써 처리하는 것이 최적이라 할 수 있다. 후술하는 바와 같이 추상적 규범통제에 적합한 형태의 소송구조를 도입할 필요는 있다. 즉, 공익적 입장에서 소송에 참여할 수 있도록 보조참가제도등을 확대하는 등 개방적 소송구조를 취하든지 혹은 시민배심과 같은 심의적 변론구조를 확보하는 등의 장치가 필요하다는 것이다.

28) 고봉진("재분배, 사회권, 인정," 법철학연구 제15권 제3호, 2012, 119~142면)은 사회권을 "원칙으로서의 사회권"과 "규칙으로서의 사회권"을 구분하면서 전자는 국가의 보장의무의 대상인 반면 후자는 실현가능한 최소한의 기준으로서의 사회권을 의미하는 것으로 지체없이 충족시켜야 한다고 본다. 실제 사회권의 본질에 관한 객관설은 이런 사회권-뿐 아니라 기본권 모두가 가지는의 양면성을 나름 단순화하고 있다고 할 것이다.

양한 평가들중 어느 것을 선택하고 어느 것을 버릴 것인가라는 가
치판단 혹은 정책선택의 문제인 것이다. 그리고 바로 이 부분에서
우리 헌법재판소는 입법부나 행정부에 "광범위한 재량"을 부여하면
서 스스로의 직무를 방치해 버린다. 하지만 여기서도 사법부의 법
판단이 내려질 수 있는 여지가 없지 않다. 실제 사회권의 법리에서
요구되는 사법적 판단의 대상은 상호 경쟁하는 정책대안들 중에
어느 하나를 선택하는 것이 아니라, 어떻게든 선택된 정책대안이
사회권의 최소핵심(소위 minimum core standard) 혹은 본질적인 부분
을 침해하고 있는지, 또는 그 수단과 목적-결과간에 법적 합리성이
결여되어 있는 것은 아닌지의 여부이다.[29] 어떠한 정책대안으로 인
하여 법체계가 견디기 어려운 사회권의 누락, 결여 혹은 침해가 존
재하게 되는지의 여부는 보다 순수한 의미에서의 법판단이며 이는
사법부의 본래적 기능에 해당하는 것이다.[30]

---

29) 이에 남아프리카공화국의 헌법재판소도 합리성의 판단에 대한 확고한
   기준선을 그어둔다. 그에 의하면 "보다 바람직하거나 보다 우호적인 조
   치들이 채택가능하였는가 혹은 공적 자금들이 보다 잘 이용될 수 있었는
   가"가 아니라 "국가가 취한 입법조치 혹은 기타의 조치들이 합리적인가
   (reasonable)"가 판단의 기준이 되어야 한다고 하면서, 이때 합리적이라는
   판단은 그 계획(programme)이 구성(conception)에서뿐 아니라 집행에 있어
   서도 합리적이어야 한다고 하였다. 아울러 부적절한 자원배분, 관료들의
   비효율성이나 무능력, 인프라의 부족은 비합리적이라는 판단 요인이 된
   다고 하였다. Government of Republic of South Africa v. Irene Grootboom and
   Others 2001 (1) SA 46 (CC). 이 사건은 사유지에서 무단주거하던 청구인이
   강제퇴거조치를 당하게 되자 주거권(헌법제26조, 국가는 점진적 실현의
   무를 짐) 및 아동의 주거권(헌법 제28조, 국가는 즉각적 실현의 의미를
   짐) 침해를 이유로 청구한 것이다. 이 사건의 결정과정에 관한 설명은 알
   비 삭스, 김신 역, 블루드레스, 일월서각, 2012, 제7장 참조.
30) 이 점과 관련하여 인도의 대법원이 응급의료시설을 제대로 구비하지 아
   니한 국가에 대하여 사회권위반을 선언하면서 "이러한 편익을 제공하기
   위하여 재정적 자원이 필요하다는 것은 사실이다. 그러나 이와 동시에
   국가가 국민들에게 적절한 의료조치를 제공해야 한다는 헌법적 의무 역

③ 집행의 문제

집행의 문제 또한 법제도의 문제에 한정될 수 있다. 후술하는 인도나 남아프리카공화국의 예에서 보듯, 법원이 입법부나 행정부에 대하여 일정한 작위의무를 명하고 그 이행을 보고받으며 감시하는 체제를 구축하는 것으로 이 문제를 처리할 수 있다는 것이다. 즉, 사회권위반의 국가행위(입법·집행, 처분 등)를 위법한 것으로 선언하고 그에 따라 일정한 국가행위에 대한 의무화선언(의무화결정)을 하거나 혹은 일정한 작위의무를 선언(의무이행결정)하는 것과 그 후속조치로서 입법부나 행정부에 대하여 보고하고 이 보고결과를 모니터하는 방식으로 장래의 국가행위에 대한 감시·감독의 체제를 구축하는 등의 방법이 존재하기 때문이다. 물론 이는 입법 혹은 헌법개정의 작업31)이 필요할 수도 있을 것이나 어찌 되었든 그것은 사법본질적인 문제가 아니라 제도적 수준에서의 구조화작업의 문제라는 점은 변함 없다.

실제 권력분립의 문제는 사법소극주의를 이끄는 가장 강력한 이론적 장치가 되어 있으나, 이 또한 자의적이라는 비판을 면하기 어렵다.32) 실제 권력분립의 체제하에서도 입법부와 행정부는 그것이

시 경시될 수 없다"고 단언하고 기소된 가난한 자에 대한 무료법률구조를 제공하여야 할 국가의 헌법적 의무를 재정적 제약을 이유로 기피할 수 없다는 종래의 판결을 인용하면서 "인간의 생명을 보호하기 위하여 의료 원조를 제공하는 국가의 헌법적 의무의 수행"도 마찬가지여야 한다고 판단하였다. Supreme Court of India, Pashim Banga Khet Samity v. State of West Bengal, Case No. 169, May 6, 1996, para.16: ICJ, 전게역서, 109면에서 전재
31) 남아프리카공화국 헌법 제172(1)(b)조 헌법재판소에 "정당하고 형평적인 (just and equitable)" 모든 명령을 내릴 수 있는 권한을 부여하고 있음을 참조할 만하다.
32) 남아프리카공화국의 헌법재판소도 사회권에 대한 사법심사는 권력분립의 원칙에 반하는 것이라는 주장에 대하여 "법원이 평등, 표현의 자유, 공정한 재판을 받을 권리와 같은 자유권을 강제함에 있어서도 법원의 명

의원내각제든 대통령제든 불문하고 하나같이 상호 긴밀한 협력/견제체제를 이룬다. 권력간의 경계에 해당하는 부분은 명확한 장벽이 구성되어 있는 것이 아니라 모호한 회색지대가 존재하면서 서로 편의적으로 넘나들 수 있도록 하고 있다. 입법위임이나 인사청문화, 국정감사·조사, 예결산과정에서의 협력관계 등 다양한 부분에서 상호 중첩되는 기능들을 수행하고 있는 것이다. 그러나 그럼에도 불구하고 정작 이들과 사법부의 관계에 대하여서만 철저한 권력분립을 요구하는 것은 이론적으로도 타당성이 결여되어 있을 뿐 아니라 현실적으로도 그리 바람직하지는 않다.[33]

결국 사회권을 자유권과 구분하여 논의하는 것은 사법의 본질에도 부합하지 않으며 세계적인 추세에도 적절한 것이 아니다. 양자의 통합적인 인식을 가로막고 사회권에 대한 사법심사를 가로막는 대부분의 장벽들은 제도설계의 문제로 환원되며 그것도 우리나라의 경우 상당부분 헌법재판제도로서 극복가능한 것이기도 하다. 설령 현행법제로 인하여 어려움이 있다 하더라도 그 법제의 개정을

령은 늘 권력분립의 원칙과의 관련성이 있었다"고 하여 자유권의 경우에도 사회권과 마찬가지의 문제가 발생함을 지적하였다. 그리고 이로부터 "사회·경제적 권리를 권리목록에 포함시킨다고 하여 법원에 부여된 직무가 권력분립의 원칙에 위배된다고 말할 수 없다"고 단언한다. Constitutional Court of South Africa, Case CCT 23/96, Certification of the Constitution of the Republic of South Africa, Sep. 6, 1996, para.77: ICJ, 전게역서, 108면에서 전재

33) 이러한 논지로 권력분립론의 수정을 도모하는 입장을 협동모델(cooperative model)이라고 한다. 즉, 각 국가기관들 상호간의 '헌법적 대화'를 통해 지속적인 상호작용관계를 유지하면서 권력의 집중을 방지하고 보다 탄력적인 국가구성을 도모하는 것이다. Liebenberg, S., "South Africa's Evolving Jurisprudence on Socio-Economic Rights," *Socio-Economic Rights Project*, CLC, UWC, 2002, p.4 참조. 또한 권력분립론에 의한 사회권의 사법심사가능성을 부정하는 입장의 오류를 밝힌 것으로는 Gargarella, R., P. Domingo, and T. Roux, "Rights and Social Transformation: Concluding Reflections," in: Gargarella, R., P. Domingo, and T. Roux, op.cit., 참조.

통하여 그것을 치유할 일이지 이를 빌미로 사회권을 형해화시키는 우를 범해서는 아니 될 것이다. 만에 하나 그러한 변화가 헌법적으로 문제된다면 이는 헌법개정의 문제로 치환하여야 할 것이다.[34]

2.2. 왜 사법부인가?

이 지점에서 하나의 의문이 제기될 수는 있다. 사회권의 실현을 왜 입법부나 행정부에 일임하지 않고 이런 저런 한계를 부릅쓰면서까지 사법체제를 통하여 하고자 하는가? 그 이유는 간단하다. 사회권의 실현으로 인해 수혜받는 당사자들은 사회적 소수자이며 이들은 대부분 정치과정에서 소외되는 계층이다. 즉, 민주적으로 대변되기 어려운 계층, 집단의 구성원이 사회권을 수요하는 주된 주체로 등장한다. 선거나 정당, 여론 등 다른 정치과정과는 달리 사법과정은 이들이 유효하게 자신의 목소리로써 자신의 권리를 주장할 수 있게 한다.

대체로 사회권에 관한 국가행위는 일반적·추상적 수준에서 이루어진다. 생계기준이나 최저생계비의 결정 등은 그 대표적인 예이다. 하지만, 그 침해의 현실은 개인적·구체적 수준에서 경험된다. 국회와 같은 곳에서 집단적 의사결정이 이루어진 결과로, 구체적이고 개별적인 생활주체 즉, 개인이 인간다운 생활의 권리를 제대로 구현하지 못하는 상황이 벌어지는 것이다. 물론 이렇게 사회권의

---

34) 실제 사회권의 또 다른 권위자인 T. Marshall은 사회권을 시민권의 한 부분 내지는 한 단계적 국면으로 이해한다. 물론 그의 사회권론은 민주주의와 복지국가의 결합요청을 수용하기에 여전히 미흡한 것이기는 하지만, 그럼에도 불구하고 사회권의 사법적 실천은 본질의 문제가 아니라 제도의 문제라는 것을 잘 보여준다. 이와 관련하여는 김윤태, "토마스 험프리 마셜의 시민권 이론의 재검토-사회권, 정치, 복지국가의 역동성," 담론201, 제16권 제1호, 2013, 5~32면 참조.

침해를 받은 '개인'은 그 구제를 모색하기 위해서는 집단적 결정의 방식(입법 등 정치적 결정) 혹은 행정적 결정의 방식(행정기관에의 호소 및 일정한 행정작용의 유도)을 취할 수도 있다. 하지만, 이는 다수결의 과정을 거쳐야 하는 정치체제의 특성상 자신의 주장에 동조하는 사람들로써 다수자집단을 형성하여야만 가능하게 된다. 입법청원을 하거나 진정을 하거나 어쨌든 의원의 다수를 확보하여야 하며 행정권력의 담지자를 설득 혹은 압박할 수 있어야 한다. 문제는 사회권이 침해되었다고 주장하는 개인의 입장에서는 이런 능력을 확보하는 것은 그리 쉬운 일이 아닐 뿐더러 그러한 결정을 위한 절차 자체에 접근할 수 있을지조차 확실하지 않는 경우가 대부분이 된다는 점에 있다.

반면 소송의 방식은 적당한 법리의 구성작업만으로도 얼마든지 자신의 문제에 대한 심층적 심리와 판단을 구할 수 있게 된다. 개인의 이니티어티브로써 얼마든지 일정한 심판, 판단의 절차를 개시할 수 있다는 말이다. "사법부는 정치기관의 결정에 의해 심각하게 영향을 받거나 잉여화된 사람들로부터 불판을 접수하는 것이 그들의 주된 기능이기 때문에 법관은 특히 [공적 토론을 추동하는 결정적인 엔진으로서의] 과업에 잘 어울린다."라고 하는 R. Gargarella[35]의 판단은 사법부가 '개인'의 권리구제수단으로서는 가장 효율적이고 가시적인 기관이라는 점을 잘 대변한다.

또 하나 사법절차가 가지는 몇 가지 특성은 이런 사회권의 구제절차로서의 사법절차의 장점을 구성한다. 공개재판의 원칙을 선언하고 있는 헌법 제109조는 당사자주의의 절차를 취하고 있는 재판구조와 함께 가장 적절한 사회적 아젠다를 구성하는 틀을 이룬다. 즉, 사법절차는 언론 등을 통해 사회적 주의를 집중시키며

---

35) Roberto Gargarella, 2006, p.28.

사회적 이슈를 공적인 관심사로 고양시키기에 가장 손쉬운 수단이 될 뿐 아니라, 심리의 공개를 통해 당해 사회권이슈에 대한 다양한 논점과 근거, 주장과 반론 등을 종합적으로 대중들에게 제공할 수 있다는 장점을 가진다. 사회권의 문제를 사회적 의제로 설정하는 아젠다 세팅의 가장 유효한 공간을 사법부가 제공하고 있는 것이다.[36)

이 점은 다시 사법절차가 가지는 절차적 공정성의 기제에 의하여 더욱 강화된다. 소수자인 사회적 약자가 사법절차속에서는 피고인 행정부 혹은 입법부와 대등한 입장에서 주장과 반박을 하며 증거와 정보를 획득, 공개할 수 있게 되는 것이다. 물론 이에는 그에 상응하는 입증책임의 법리 및 증거개시제도 등과 같은 법제정비가 필요하지만, 그런 변화가 없다 하더라도 일반적인 절차나 과정을 통해서는 알 수 없었던 자료·증거들이나 혹은 국가측의 반론, 주장들을 접할 수 있는 기회가 유효하게 확보된다.

또한 사회권에 관하여 합리성·효율성에 관한 정책선택이 아니라 법적합성여부에 관한 결정의 절차로 기능하는 사법절차는 승자독식의 구조로 인하여 더욱 그 결정의 효과를 강화시키게 된다. 즉 승소자는 자신의 주장에 대한 법적 정당성의 확보가 용이하며, 나아가 가장 확실한 형태의 권리구제를 받게 된다. 즉, 소송대상이었던 처분등 국가작용의 근거가 되는 법령, 정책, 예산 등에 대한 위법성선언이 이루어져 그 침해의 원인 자체가 소멸하거나, 혹은 이를 바탕으로 입법개선 혹은 행정개선의 작업이 이루어질 수 있기도 하다.[37)

---

36) 이 점에서 헌법재판소에서 이루어지는 공개변론은 사법부의 민주성 부족이라는 비판을 극복하기 위해서라도 반드시 필요한 절차 중의 하나이다.
37) 경우에 따라서는 이렇게 고양된 사회적 주의를 바탕으로 소송에서는 패하더라도 그에 상응하는 입법개선을 확보할 수도 있다. 예를 들어 노동조합의 경우 제3자개입금지를 규정한 법규정에 대한 위헌주장은 헌법재판소에 의해 기각되었지만, 향후 국회가 이 조항을 삭제하는 입법개선을

적어도 사법절차는 사회권의 실현을 위한 최선의 과정은 되지 않을지는 모르나, 사회적 약자인 개인들이 입법부와 행정부 또는 국가를 상대로 자신의 사회권을 주장할 수 있는 가장 유효한 방법 중의 하나가 되기도 한다. 물론 그것만으로는 별다른 사회변화 혹은 법제발전을 도모할 수 없을지는 모르나, 적어도 이를 계기로 새로운 법단계로 나아갈 수 있는 사회적(경우에 따라서는 정치적) 터전을 확보할 수 있다.[38]

III. 사회권에 대한 사법심사와 사법적 통제: 예

1) 사회권과 사법심사

사회권에 대한 사법심사의 가능성은 이론적 제안에만 그치지 않는다. 실제 사회적 안전망이 채 구비되지 못한 개발도상국들에서는 입법이나 행정의 과정에서 배려되지 못한 사회적 약자들에 대한

이루기도 하였다.

38) 이와 관련하여 Ran Hirschl, *Towards Juristocracy*, Cambridge: Harvard University Press, 2004, ch.4는 인권 특히 사회권을 헌법의 차원으로 명문화 혹은 제도화하더라도 그것의 사법심사과정을 통해서는 사회정의의 개선에 별 도움이 되지 않았다고 주장한다. 하지만, 이 분석은 몇 개의 사회권관련 판결을 통해 소득분배의 편향성 개선여부(특히 GINI계수의 변화여부)를 측정하는 방식을 사용하는 무리를 범하고 있어 그 분석의 결과를 신뢰하기 어렵다. 환언하자면 GINI계수의 경우 그에 영향을 미치는 요인들이 너무도 많으며 사법작용-그중에서도 사회권과 관련한 사법작용-이 이에 미치는 영향의 강도를 다른 변수들의 영향강도와 구분하고 후자를 통제하는 가운데 사법결정과 GINI계수의 변화와의 관계를 규명하였어야 했으나, Hirschl의 분석은 이런 변수통제를 아예 하지조차 않음으로써 그 주장의 근거를 스스로 상실해 버리고 말았다.

구제방식으로 사법부가 적극적인 법판단을 행하는 경우가 적지 않다. UN의 사회권위원회를 비롯하여 그동안 국제적인 인권기준으로 등장하였던 사회권의 법적 구속력의 문제가 구체적인 사건에 대한 사법판단을 통해 다시금 그 법적 의미를 현실적 구속력이라는 수준으로 재구성되고 있는 것이다. 이하에서는 이러한 예들을 중심으로 사회권에 대한 사법심사가 어떻게 이루어지고 있으며 그 심사의 기준과 사법판단의 내용을 살펴 볼 것이다.

최근 집중적으로 나타나고 있는 사회권에 대한 사법판단은, 우선 ①사회권을 직접적으로 인정하면서 그에 구속력있는 판단을 내리는지 아니면 자유권 등 다른 기본권으로부터 사회권적 의미를 가지는 결정을 이끌어내는지에 따라 강한 심사와 약한 심사로 구분되며, ②심사의 기준과 관련하여 최소핵심(minimum core)심사와 같은 객관적 기준을 사용하여 보다 일반적인 법판단을 이끌어내고자 하는지 아니면 합리성(rationality)심사의 방법으로 구체적이고 형평적인 결정을 지향하는지, 그리고 ③심사의 결과로 입법부나 행정부의 행위가 위법함을 확인하는 수준에 그치는지 아니면 일정한 의무의 존재를 선언하거나 혹은 일정한 행위를 명령하는 방식으로 결정에 이르는지 등의 구분이 이루어진다.

2) 약한 심사 v. 강한 심사

사회권을 구성하는 방식에 착안한 이 명명법은 그리 적절해 보이지는 않지만 일종의 2분법적 유형화 수준에 입각한 것 정도로 보면 될 듯 하다. 약한 심사의 방식은 헌법에서 별도의 사회권 규정을 두지 않거나(미국 등) 혹은 사회권과 관련한 규정이 있어도 그것을 권리의 방식이 아니라 국가의무 또는 헌법상의 국가이념의 형태로 규정하고 있는 경우에 이루어진다. 여기서는 사회권이라는 권리목록을 별도로 인정하기보다는 다른 기본권-특히 생명권-으로 부터 파생되거나 그에 내포되는 권리로 사회권을 선언한다.

인도는 이런 약한 심사가 이루어지는 대표적인 경우이다. 인도 의 헌법은 자유권에 관한 사항들은 헌법의 명문규정으로 권리화하 고 있지만, 사회권과 관련한 사항들은 권리가 아니라 국가의무조항 으로 변형시켜 규정하고 있다.[39] 즉, 인도 헌법에 의하면 국가로부 터 사회적 배려를 받을 국민의 지위는 권리가 아니라 국가의무의 이행으로 인하여 얻게 되는 일종의 반사적 이익 내지는 하나의 특 권(privilege)에 지나지 않는다. 그러나 그럼에도 불구하고 인도의 대 법원은 사회권에 관한 청구에 대하여 법의 부재를 이유로 그 판단 을 회피하지 않는다. 오히려 헌법상의 생명권규정(제21조)[40]을 원 용함으로써 사회권에 관한 법리를 구성한다. 즉, 헌법에서 기본권 으로 보장되는 생명권은 인간으로서 존엄한 삶을 살아갈 권리를 의미하는 것이고 따라서 여기에는 존엄(dignity), 생활조건(living condition), 건강(health) 등의 내용이 포함된다고 보는 것이다.

그 대표적인 사건이 Shantistar Builders v. Naryan Khimalal Totome & Others[41]이다. 여기서 인도대법원은 헌법에서 보장하고 있는 생명권

---

39) 인도 헌법 Part IV가 이에 해당하는 것으로, 사회질서 및 안정을 도모함으 로써 인민의 복지를 증진시켜야 할 의무(제38조), 평등의 실현의무(제39 조), 기본적인 생활조건을 충족시켜야 할 의무(제43조), 노동자들의 경영 참여를 촉진하여야 할 의무(제43A조) 등을 정하고 있다. 특기할 만한 것 은 이 Part IV에서 정하는 사항에 대하여는 법원에 제소할 수 없도록 하고 있어(제37조 "The provisions contained in this Part shall not be enforceable by any court") 이에 관한 사법심사는 헌법적으로 배제된다.

40) 원문은 다음과 같다: 21. Protection of life and personal liberty.—No person shall be deprived of his life or personal liberty except according to procedure established by law.

41) 1 SCC 520(1990). 이 사건은 노숙자들을 강제퇴거시킨 시청과 그 권한의

은 인간으로서의 존엄성이 확보된 삶을 살아갈 권리를 의미한다고 보면서 이에는 적절한 영양과 의복에 대한 권리와 주거지(shelter)에 대한 접근권 등이 포함된다고 선언하였다. 즉, 이 판결에 의하면 합리적인 수준에서의 주거는 인간발전과 '생명권'의 충족을 위해 필수불가결한 것이 되는 것이다.

Chameli Singh & Others v. State of Up & Anr[42] 역시 위의 판결과 유사한 사안을 다루고 있는 것으로 주거지(shelter)에 대한 권리는 생명권의 핵심적 요소라고 단언하고 있다. 즉, 인간의 품위를 유지할 수 있는 수준의 주거를 확보하지 못하게 되는 것은, 평등권, 경제적 정의, 주거에 대한 기본권, 인간으로서의 존엄과 생명권 그 자체 등 헌법이 구현하고자 하는 모든 목표들을 좌절시켜 버리는 것과 마찬가지가 된다고 하였다. 이에 인도 대법원은 "어떤 조직된 사회에서도 인간(human being)으로 살아갈 권리는 인간의 동물적인 욕구를 충족시키는 것만으로 보장되는 것이 아니다. 그 사람이 자신을 개발할 수 있는 모든 편의(facilities)를 확보하고 자신의 성장을 가로막는 제약들로부터 자유로울 때에만 그것이 보장된다. 모든 인권은 이런 목표를 달성하기 위하여 고안되었다."고 보는 것이다. 이 판결은 d에 더하여 생명권의 내포로서 식량에 대한 권리, 물에 대한 권리, 건전한 환경에 대한 권리, 교육권, 의료처치(medical care)에 대한 권리 등도 포함시키고 있다. Olga Tellis v. Bombay Municipal Corporation[43] 사건은 생계(livelihood)에 대한 권리도 생명권에 포함되는 것이라고 선언하면서 도시개발을 빌미로 직업을 구하기 위해 대도시 주변의 포장도로에서 노숙하는 자들을 강제퇴거시키는 것은 생명권을 침해하는 것이 된다고 하였다.[44]

위임을 받은 업체를 상대로 주거권을 주장하면서 제기되었다.
42) 2 SCC 549(1996).
43) 3 SCC 545(1985).

　　미국 연방대법원의 Pottinger v. City of Miami[45] 사건도 이와 유사한 맥락에 선다. 마이애미 시 당국이 도시계획의 실시를 위해 경찰을 동원하여 노숙자들을 강제퇴거시키는 것 자체는 별다른 판단을 하지 않았지만, 경찰이 이 노숙자들을 체포하고 그들의 물건을 파괴하는 것은 잔인하고도 이례적인 형벌에 해당할 뿐 아니라, 이러한 단속과정에서 적법절차에 대한 권리 및 프라이버시권을 침해하는 한편 자유롭게 여행할 수 있는 권리가 내포되어 있는 평등보호조항을 위배하여 그 강제퇴거행위는 위법하다고 판단하였다.

　　ICJ의 보고서는 이런 형태의 판결양상들을 다음의 표와 같이 정리한다.[46]

발동된 자유권	보호되는 사회권
생명권	건강·식량·물·교육권
고문/굴욕적인 처우로부터의 자유	건강·주거권
사생활 가족생활에 대한 권리	건강·주거권
재산권	사회보장·주거권, 토착민의 조상대대의 토지에 대한 집단적 권리
아동에 대한 보호	건강·식량·교육권
거주·이전의 자유	주거권, 토착민의 조상대대의 토지에 대한 집단적 권리
결사의 자유	노동조합 결성 및 가입권, 집단교섭권
강제·강요 노동으로부터의 자유	노동권/공정한 노동조건에 대한 권리

---

44) 이 판결은 방글라데시 대법원에 의해 원용되어 ASK and Ors v. Government of Bangladesh and Ors, 19BLD (1999)의 주된 내용을 이룬다. 이 판결 또한 생계의 권리가 생명권에 의해 보호된다고 보았다.

45) 810 F.Supp. 1551(1992).

46) ICJ, 전게역서, 89면. 실제 이런 식의 간접적 인정은 사회권규정을 별도로 두고 있지 않는 유럽인권협약을 인해 유럽인권재판소가 주로 취하는 심사방식이 된다. 자세한 것은 ICJ, 전게역서, 제4장 참조.

사회권을 직접 인용하면서 이를 권리목록에 포함시키는 강한 심사의 예는 굳이 들 필요는 없을 것이다. 다만, 아르헨티나의 Viceconte, Mariela Cecila v. Argentina Ministry of Health and Social Welfare, Poder Judiciale de la Nacion[47] 사건은 강한 심사에 해당됨에도 불구하고 상당히 특이한 법리를 취한다. 이 사건은 유행성출혈열을 위한 백신(Candid-1)을 생산하던 사기업이 수익성이 없다는 이유로 생산중단하기로 하자 이에 반발하여 원고인 M. Viceconte가 정부가 이 백신을 계속 생산할 것을 청구한 것으로, 대법원은 아르헨티나 정부에 대하여 출혈열로 고통받고 있는 350만의 사람들에 대한 보호수단을 강구하도록 조치할 것을 결정하였다. 여기서 아르헨티나 대법원은 이 건강권을 자국의 헌법에서 도출하지 않고 경제적·사회적·문화적 권리에 관한 국제협약(ICESCR) 제12조 (2)(c)에서 도출하였다. 국제인권법으로부터 직접 사회권을 도출하여 자국의 법제로 수용하고 있는 것이다.[48]

3) 최소핵심심사(Minimum Core Test) v. 합리성심사(Rationality Test)

사회권에 대한 심사기준의 문제는 상당히 민감한 것이 된다. 계쟁중인 사회권의 최소한의 핵심요소를 추출, 그것의 실현/침해여부를 심사하고자 하는 최소핵심(Minimum core)심사는 UN사회권위원회

---

47) Case No. 31.777/96, 1998.
48) 물론 이런 국제법의 원용은 당해 헌법체계에서 국제법의 지위를 어떻게 정하는가에 따라 달라질 수도 있다. 예컨대 변형주의를 취하는 경우에는 별도의 이행법이 존재하지 않는 한 이런 식의 직접 원용은 불가능할 것이다. 다만 우리나라의 경우 수용주의를 취하는 만큼 법원의 사회권판단은 직접 이러한 국제조약들을 근거로 이루어질 수도 있다.

뿐 아니라 대부분의 사법체계에서 원용하는 기준[49]으로 ①객관적 기준에 의한 예측가능한 판단이 가능하다는 점, ②핵심부분의 결여가 있는 경우 국가는 가동자원이 부족하다는 사실을 입증해야 할 책임을 지게 된다(입증책임의 전환)는 점에서 사회권의 보호수준이 보다 고양되는 등의 장점을 가진다.[50] 하지만, 비록 본질론(Essence approach), 동의론(consensus approach), 의무론(obligation approach) 등과 같은 여러 이론이 있음에도 불구하고 구체적인 상황에 임하여서는 무엇이 본질, 핵심인지, 누가 그것을 판단하고 동의하여야 하는지, 의무의 순서는 어떻게 해서 결정되는지가 명확하지 않다는 단점을 가진다.

컬럼비아 헌법재판소가 내린 한 건강권관련 판결[51]은 질병에 걸린 경우 치료를 받는 것이 건강권의 핵심적인 내용을 이루는 것이라는 전제하여 HIV/AIDS 바이러스검사·항체검사라든가 암치료, 기타 적절한 치료가 컬럼비아 자국내에서 불가능할 경우 국가의 배려에 의해 해외에서 치료를 받을 수 있도록 하여야 하며, 이는 즉

---

49) 최소핵심과 관련하여는 Nickel, 앞의 역서, 제9장 참조.

50) 뿐만 아니라 이러한 최소핵심에 해당하는 부분은 점진적 실현이 아니라 즉시 실현되어야 할 의무를 지게 된다. 여기서 특기할 만한 사실은 이렇게 이루어지는 입증책임의 전환은 입법부 또는 정부로 하여금 자신들의 정책선택의 이유와 과정에 대한 설명을 하도록 함으로써 그들의 책무성(accountability)을 강화하는 효과를 거두게 한다는 점이다. 이 점은 캐나다의 Eldridge v. British Columbia(3 SCR 624, 1997 CanLII 327 (SCC)) 사건에서 국가가 수화통역에 대한 비용을 건강보험에서 부담하지 않도록 한 조치에 대하여 그 이유를 설명할 것을 요구하면서 강조된 사항이다.

51) CC Decision T-760, 2008. 제1조에서 사회국가임을 선언하고 있는 컬럼비아 헌법은 제86조에서 공권력에 의하여 자신의 기본권이 침해된 사람은 헌법재판소에 그 기본권에 대한 임시적인 보호영장(acción de tutela: writ of protection)을 청구할 수 있게끔 하고 있다. 자세한 것은 M. Sepúlveda, "Columbia: The Constitutional Court's Role in Addressing Social Justice," in M. Langford, op.cit., pp.144~162 참조.

292 제3부 사회권의 재정립

시 집행되어야 한다고 선언하였다.

마찬가지로 인도의 경우 Paschim Banga Khet Mazdoor Samity & Others v. State of West Bengal and Anor[52]사건에서 대법원은 사고를 당한 피해자가 응급의료조치를 받을 권리는 생명권에서 파생되는 건강권의 핵심요소라 하였다. 그래서 6개에 이르는 국가병원이 시설부족 등을 이유로 청구인에 대한 응급의료조치를 하지 않은 것은 건강권의 핵심적인 내용을 침해한 것으로 국가는 그 손해에 대하여 배상하여야 할 책임이 있다고 판단하였다. 또한 People's union for Civil Liberties v. Union of India & Others[53]사건에서는 국가에 곡물의 재고가 누적되어 있음에도 불구하고 가뭄으로 인한 기아자가 나타나도록 방치한 것은 생명권에서 파생되는 식량권을 침해한 것이라고 판단하였다. 그리고 이러한 식량권의 최소핵심을 보호하는 것은 노인이나 미망인, 장애를 가진 성인 등 스스로를 부양할 능력이 없는 사람은 무료로 식량을 받을 권리를 인정하는 것으로 이어진다. 더불어 이 대법원은 특히 초등학교에서의 300칼로리 이상, 12그램 이상의 단백질이 포함된 무상점심급식을 200일 이상 실시하는 것 등은 식량권의 최소핵심에 해당하는 것이라고 선언하였다.

이러한 태도는 미국에서도 유사하게 전개된다. 세금감시를 주로 하는 한 NGO가 뉴욕주를 상대로 학교교육에 배정된 주예산이 적다는 이유로 교육권이 침해되었다고 제소한 Campaign fo Fiscal Equity v. State of N.Y[54] 사건에서 연방항소법원은 기본적인 문자해득, 계산, 구술능력 등은 투표하고 배심원으로 봉사하기 위한 가장 기본적인 시민적 능력인 만큼 그러한 능력을 교육받을 권리는 교육권에 있어 헌법적 최소한 내지는 최저선(floor)에 해당한다고 판단하고 주

---

52) AIR SC 2426, 2429(1996).

53) Writ Petition (Civil) No. 196 of 2001.

54) 100 N.Y.2d 893(2003).

의회는 그를 위한 예산을 배정할 것을 명령하였다.[55]

　이에 반하여 합리성심사는 구체적인 사건에 따라 그때그때 형평적 판단을 내림으로써 사회권에 대한 심사를 대신한다. 남아프리카공화국은 사회권위원회의 권고에도 불구하고 최소핵심심사를 취하지 않고 합리성심사로 일관하는 대표적인 경우이다.[56] 헌법재판소는 Government of Republic of South Africa v. Irene Grootboom and Others[57] 사건의 판결에서 사회권위원회의 권고에 따르지 않는 이유를 설시한 바 있다. 여기서 헌법재판소는 대체주거지를 마련하지 않은 채 철거, 주민을 추방한 조치는 그 주민의 주거권을 침해한 것이라고 판단하면서도, 남아프리카공화국의 현재 상황을 고려할 때 최소핵심심사기준은 채택하기 어렵다고 선언하였다. 헌법재판소는 그 이유로 사회권위원회의 최소핵심심사기준의 내용이 분명하지 않으며 그에 관한 정보가 부족하기 때문이라고 하였다. 하지만, 현재의 남아프리카공화국의 경제능력 등 제반상황을 고려할 때 이렇게 전면적이고 객관적인 판단기준을 적용할 때 그 사회권의 실현이 현실적으로 불가능하게 될 것이라는 판단이 그러한 입장의 토대를 이루는 것으로 보인다.

　이런 맥락에서 남아공의 헌법재판소는 정부가 재개발처분을 하고자 할 때 주거를 절실하게 필요로 하는 사람들을 합리적으로 고려하여야 할 필요가 있다고 하면서 이 심사를 합리성 심사로 대체하고 이를 사례별(case-by-case)판단하여야 한다고 하였다. 현상으로서의 퇴거처분은 주거권을 침해한 것이지만, 그렇다고 해서 즉각적

---

55) 최종적으로는 학교운영지원경비로 47억불에서 56.3억불, 그리고 기금으로 92억불을 책정할 것을 명하였다. 이 과정에 대한 개략적인 소개로는 http://www.escr-net.org/caselaw/caselaw_show.htm?doc_id=400701 (2010. 9. 6 열람) 참조.

56) 남아공의 사회권판결의 동향에 대해서는 강승식, 전게논문 참조.

57) 2001 (1) SA 46 (CC).

으로 시정의무를 이행하여야 하는 것은 아니며, 오히려 정부는 가용한 자원의 범위내에서 점진적으로 이를 개선하여야 할 의무를 가진다고 판단하였다. 그리고 이러한 논거를 바탕으로 견딜수 없는 생활환경 또는 위기상황으로 인해 적절한 주거에 대한 접근의 권리를 실현하여야 할 절박한 필요를 가지는 사람들에게 주거지를 마련해 주는 것을 포함하여 정부는 포괄적인 프로그램을 수립, 집행할 것을 명령하기에 이른다.

또 다른 사건인 Minister of Health v. Treatment Action Campaign[58]은 HIV가 출산과정에서 모체로부터 태아로 이전하는 것을 방지하는 Nevirapine이라는 약의 시술을 그 임상실험을 하는 특정병원에만 한정한 것은 산모 및 신생아의 건강권(생명권)을 침해한 것이라고 판단한 사건이다. 이에 대하여 헌법재판소는 정부에게 임상실험병원 외에도 Nevirapine의 시술을 가능케 하도록 지체 없는 조치를 취할 것을 명령하였지만, 그렇다고 해서 이런 시술을 받을 권리가 건강권의 핵심내용이라는 판단은 하지 않는다. 오히려 헌법재판소는 최소핵심기준에 의한 심사를 배제하면서 만일 그 심사기준을 취할 경우 당연히 "핵심"적인 서비스를 즉각적으로 모든 사람에게 제공하여야 한다는 결론에 이르게 되나 그것은 남아프리카공화국의 당시의 실정상 도저히 불가능한 만큼 이러한 판단을 하지 않는다고 하였다. 헌법재판소는 여기서 사법부는 무엇이 최소핵심기준인지를 결정하는데 필요한 광범위한 사실상 및 정치적인 조사를 하기에 적합한 제도가 아니라고 설시하고 있는 것이다.[59]

최소핵심심사기준을 취하는 인도나 합리성심사기준을 취하는

---

58) (No. 2) 2002(5) SA 721 (CC).
59) 하지만 남아프리카공화국에서도 고등법원등을 중심으로 물에 대한 권리에 대해 최소핵심기준에 의한 심사를 하는 등 점차 객관적 기준으로 이행하는 추세에 있다 한다.

남아프리카공화국이나 모두가 다 사회권에 대한 사법심사의 가능성을 폭넓게 열어두고 있는 국가이다. 하지만 그 심사기준에 따른 판단기준은 상당한 차이를 보인다. 실제 최소핵심심사기준은 ①권력분립의 문제와 더불어, ②권리의 구성요소들간이 우선순위를 정하는 것은 자원배분의 왜곡을 야기할 가능성을 안고 있으며, ③사실에 집중하는 합리성판단에 비해 법리에 충실한 최소핵심심사는 향후의 사법판단에 있어 재량의 여지를 확보하지 못하는 문제를 안게 되며, ④남소의 가능성 또한 존재한다. 그리고 ⑤여러 사회권들이 얽혀 있거나 복수의 당사자가 관련되는 등 복합적인 결정을 내리기에는 법원의 자원과 능력이 부족하다는 한계로 인하여 자원이 부족한 국가에서는 섣불리 취하기 어려운 심사기준이기도 하다. 더구나 최소핵심에 해당하는 것은 즉각적으로 실행하여야 할 국가의무까지 부가되는 상황에서는 더욱 주의하지 않을 수 없게 된다. 자칫하면 자원배분의 비효율성으로 확산될 수 있기 때문이다.

그러나 그렇다고 해서 합리성심사모델이 보다 우월하거나 수월한 것만은 아니다. 이에 의할 경우 판결의 기속력이 당해 사건에만 한정됨으로써 사회권소송의 의미를 상당히 약화시켜 버리고 만다. 즉, 기판력을 사실상 확산시킴으로써 소송의 경제 내지는 제도의 개혁이라는 일반적 효과를 거두어내기가 곤란하게 되는 것이다.

엄밀히 보자면 최소핵심심사기준이 가지는 문제점들은 대부분 변론과정 내지는 결정의 과정에서 걸러질 수 있다. 사법심사는 권리구제라는 기능과 더불어 정부의 정책·입법에 대해 개인이 구체적인 사건을 통해 도전하고 이에 대한 판단을 함으로써 정부에 대한 견제와 통제가능성을 확보하는 제도라고 한다면 그 판결의 기속력이 보다 확장될 수 있는 객관적 심사기준-최소핵심심사-를 취하는 것이 바람직하다. 다만, ②와 ⑤의 한계가 문제로 될수 있는 만큼 그것을 극복하여 최소핵심심사의 방법 또는 기판력의 확장을 통한 제도개선-특히 제도의 합법성, 적법성을 고양시키는 틀을 마련할 필요가 있다.

이와 더불어 아르헨티나에서 집단적 유지처분청구소송(collective amparo action)제도를 도입하여 구체적인 사건에 관한 소송의 결과가 동일성을 가지는 집단 전체에 그 효력을 미치는 한편 그것이 법으로서의 구속력을 가지도록 헌법개정을 한 것은 이런 맥락에서 바람직하다. 사법의 한계라고도 할 수 있는 구체적 사건성의 문제를 집단소송의 방식으로 극복하고 실질적으로 사회권에 관한 추상적 규범을 확보하는 좋은 방안이 되고 있는 것이다.[60]

4) 사법적 집행의 가능성: 특히 적극적 조치에 대한 사법 판단의 예

사회권에 관한 사법심사에 있어 사법부가 내릴 수 있는 판단은 크게 사후적·교정적 판단과 사전적·형성적 판단으로 대별할 수 있다. 전자 즉 사후적·교정적 판단은 어떠한 입법행위 또는 행정작용이 있고 난 연후에 사후적으로 그 행위의 위법성 여부를 판단하는 것이다. 물론 이에는 부작위-입법부작위 및 행정부작위-에 대한 사후적 평가도 포함된다. 이런 영역에서의 사법판단은 그 행위의 무효화선언(위헌법률판결, 처분의 취소판결 혹은 부작위위법확인 등)을 비롯하여 그 행위를 무가치한 것으로 선언하고 그 행위자를 처벌하는 방법, 보상·배상이나 원상회복·장애제거 등의 방법으로 위법한 현존재를 제거하는 것, 나아가 경우에 따라서는 일정한 잠정상태를 존속/제거하기 위한 유지처분을 내리는 것 등의 방법으로

---

60) 아르헨티나의 1994년 헌법은 이 집단적인 유지처분(collective amparo action)을 도입함으로써 이를 통해 Viceconte판결을 이루어낼 수 있었다고 한다. Sh. Verma, op.cit., p.65f. 참조.

이루어진다. 하지만, 이러한 방식들은 자유권의 경우와 큰 차이가 없다는 점에서 여기서는 그 설명을 생략한다.

사전적·형성적 판단의 경우는 위의 경우와 전혀 다른 국면에서 펼쳐진다. 그것은 어떤 방식으로 이루어지는가의 문제보다는 과연 그것이 가능한가의 문제가 선행되기 때문이다. 즉, 사법부는 국가의 (진정·부진정) 부작위에 대한 위법판단에 그치지 않고 입법부나 행정부로 하여금 향후 일정한 적극적 조치를 할 것을 명령하거나 기존의 상태에 대한 개선명령을 내릴 수 있을 것인가? 실제 인도나 남아프리카공화국을 비롯하여 미국, 아르헨티나 등 분석의 대상이 되는 거의 대부분의 국가에서는 정도의 차이는 있으나 이 점에 대하여는 긍정적인 입장을 보인다. 즉, 사법부가 입법부나 행정부에 대하여 일정한 작위명령을 하는(일종의 의무화판결 내지는 의무이행판결) 형성적 기능을 수행하고 있는 것이다.

대체로 이렇게 사법부가 형성적인 개입을 하는 경우 그 방법으로는 ①입법부 또는 행정부가 취하여야 할 행동을 특정하여 명령하는 방식, ②특정한 가이드라인을 제시하고 이에 따라 입법부 또는 행정부가 구체적인 집행내용을 결정하도록 문제를 회부하는 방식, ③입법부 또는 행정부에 대하여 향후의 계획 또는 그 계획의 집행여하를 법원 또는 법원이 지정하는 제3의 기관에 보고하게 하고 이를 심사, 평가하는 방식 등이 있다. 이하에서는 이를 순차적으로 살펴보기로 한다.

① 구체적인 행위·처분의 명령

이 방식의 사법판단은 아르헨티나 대법원이 판결한 Defensoria de Menores NRO3 v. Poder Ejecutivo Municipal[61]사건이 대표적이다. 납과

---

61) Agreement 5, Superior Justice Court, Newquen, 2 March 1999.

수은으로 오염된 하천으로부터 아동과 청소년들의 건강권을 보호하고 깨끗한 물에 대한 권리를 보장하기 위해 원고측이 제기한 유지처분청구소송에 대하여 아르헨티나대법원은 원고의 청구를 인용하면서 다음의 사항들을 주정부에 대하여 명령하였다: ①주정부는 해당지역의 가정에 대하여 그 구성원 1인당 100리터의 마실 수 있는 물을 공급하고, ②안전한 상태로 그 물을 저장할 수 있는 수단을 제공할 것, ③이 명령은 48시간 이내에 집행되어야 하며, 지하오염원을 밝혀내어 처리할 때까지 지속되어야 할 것, ④물은 모든 아동과 그 가족들에게 공급되어야 하며 그들이 그 지역의 유효한 거주자인지의 여부는 불문할 것 등이 그것이다. 실제 이는 유지명령의 형태로 임시조치가 취해진 것이기는 하지만, 그럼에도 불구하고 사법부가 행정부에 대하여 실질적인 작위명령을 내린 것에 다름아니다.

　　이런 방식은 인도의 대법원도 마찬가지로 즐겨이 사용한다. Bandhua Mukti Morcha v. Union of India and Ors[62] 사건에서 대법원은 국가가 최저임금법, 채무상환(강제)노동(폐지)법 등을 제정하고서도 그것의 집행을 지체하고 있는 것은 위법하다고 판단하면서, 정부는 ①기업에 고용된 모든 아동들에게 기업들로 하여금 의무교육을 제공하게 하거나 혹은 정부가 기업들과 더불어 의무교육을 실시할 것, ②기업에 고용된 아동들에게 정기적인 건강검진을 실시할 것, ③이 아동들에게 영양이 있는 음식의 제공 등을 위한 단계들을 진전시켜 나갈 것 등을 명령하였다.

　　전술한 Olga Telis 사건 또한 적극적 의무이행판결을 내린다. 여기서 대법원은 도시개발을 이유로 노숙자들을 강제퇴거시키는 것은 합법이라 판단하였다. 하지만, 이 판단과 더불어 대법원은 ①

---

62) AIR 1984 SC 802.

1976년 인구조사카드를 가진 거주자에 대하여는 거주공간에 제공되어야 하며, ②20년 이상 된 슬럼의 경우에는 공공목적을 의해 그 토지가 필요한 경우에만 퇴거시킬 수 있되, 이 경우에 대체거주지를 마련해 주어야 하며, ③재정착에 최우선적 고려가 주어져야 하며 ④몬순기에는 퇴거시켜서는 아니 된다는 명령을 부가시켜서 판결에 임하고 있다.

이런 방식은 방글라데시도 마찬가지여서 전술한 ASK and Ors v. Government of Bangladesh and Ors은 재개발을 위해 슬럼을 철거하는 경우에도, ①정부는 슬럼거주자들의 재정착을 위한 기본지침 또는 pirot project 수립해야 하며 ②재개발계획은 거주인들이 대체 주거지를 확보할 수 있는 능력에 따라서 단계적으로 집행되어야 하며 ③ 철거 이전에 합리적인 시간을 부여하여야 하며, ④안전을 위해 철도나 도로 측면에 형성된 슬럼은 철거되어야 하나 그 거주자들은 지침에 따라 다른 곳에 재정착할 수 있게끔 하여야 한다고 판시하고 있다.[63]

비록 사법판단의 우월성이 강조되는 영미법체계에서 일반적으로 나타나는 양상이기는 하나, 이런 방법을 통해 사법부는 입법부나 행정부에 대하여 일정한 작위를 명령하면서 사회권보장을 보다 실질적으로 이루어내는 성과를 보인다. 물론 이를 위해서는 의당 사회권의 보장수준은 최소핵심심사기준의 예에서 보듯 객관적으로 확정할 수 있어야 하며 이는 결국 사실판단이 아니라 법판단으로 개념화되어야 한다.

---

63) 이런 식의 적극적 판결은 미국에서도 없지 않아 Brown v. Board of Education II(1955)는 학교에서의 인종통합방법으로 스쿨버스를 운행할 것을 명한다.

② 위법성시정을 위한 계획의 수립 또는 집행의 촉구

이에 반하여 남아프리카공화국에서는 단순한 의무화결정 내지는 의무존재확인의 수준에 머문다.[64] 전술한 Grootboom사건은 그 대표적인 예이다. 헌법재판소는 정부가 추진하고 있는 주택개발프로그램이 그 대상지역에 거주하던 사람들이 적절한 주거에 접근할 수 있도록 한 헌법상의 권리를 제대로 보장하지 못 한 것이라고 보고 이를 위법 선언하였다. 주택을 절박하게 필요로 하는 사람들에게 단기적이고 일시적인 구제조치를 제공하지 못하였기 때문에 헌법상의 합리성의 요청을 위반한 것이라고 본 것이다. 하지만 헌법재판소는 별다른 이행명령을 내리지 않은 채 이러한 점-단기적이고 일시적인 구제조치-을 고려하여 주택프로그램을 재정립, 시행할 것을 촉구하는 수준에 머문다.

TAC사건은 이보다는 조금 더 개입하는 편이다. 국가가 HIV감염예방약물을 시술할 수 있는 병원을 제한한 조치는 간단하고 저렴하게 생명을 구할 수도 있는 의료에의 접근권이 박탈당한 것이라고 하면서, 국가는 ①공공병원과 보건소 등에서 Nevirapine의 사용을 금지한 제한조치를 지체 없이 제거하고 그 약물의 사용을 허용하고 촉진하도록 하며 ②HIV 양성임신부에 대한 검사와 상담을 위한 포괄적 정책이 제대로 이행되지 아니한 상태를 교정하는 조치를 취할 것을 명령한다. 건강권에 대한 장애상태를 제거하기 위한 적절한 수단의 선택을 헌법재판소가 하지 않고 정부에 일임한 것이다.

캐나다의 연방대법원이 내린 Eldridge v. British Columbia[65] 결정 또

---

64) 헌법에서 행정부나 입법부에 대한 이행명령권을 법원에 부여하고 있음에도 불구하고 남아프리카공화국에서 이런 식의 소극적인 태도를 보이는 이유는 권력분립론에 충실하다기 보다는 오히려 남아프리카공화국이 가용할 수 있는 자원의 한계에서 연유하는 것으로 보인다.

한 마찬가지다. 이 사건에서 연방대법원은 의료보험의 대상에서 청각장애인이 진료를 받을 때 수화통역인의 도움을 받는 경우를 제외하여 그 수화통역인을 사용하는 비용에 대한 의료보험비를 지급하지 않게 한 것은 건강권을 침해한 것이라고 판단하였다. 더불어 연방대법원은 이 의료보험체계에 대하여 어떠한 이행을 명하는 유지명령을 내리지 않고 정부로 하여금 그 위헌성을 교정할 수 있는 정책수단을 선택, 집행할 것을 촉구하는 수준에서 판결을 종료하였다.

인도의 경우에도 유사한 사건들이 있다. 그중에서도 Abmedabad Municipal Corporation v. Nawab Khan Gulab Khan[66]사건은 도시의 혼잡지역에서 도로에 노숙하는 자들을 퇴거시키는 것은 합헌이라고 판단하면서도 이에 부가하여 수입과 기회, 지위에 있어서의 불평등을 최소화하기 위한 사회·경제적 정의를 확립하는 것은 국가의 의무임을 분명하게 선언하였다. 대법원은 국가는 사회·경제적 정의를 현실화하여 유의미하고 결실 있는 형태로 실현하여 모든 사람들이 인간으로서의 존엄과 지위의 평등 그리고 끊임없이 자신의 우수성을 향상시킴으로써 삶을 살아갈 가치 있는 것으로 만들 수 있도록 해야 할 의무를 가진다고 선언하였다. 나아가 대법원은 이러한 의무를 이행하기 위하여 국가는 사람들의 생활을 정착시키고 그들에게 주거지를 제공함으로써 그들의 생명권을 유의미한 것으로 만들기 위해 노력하고 국가의 부와 자원을 분배함으로써 이들에게 적절한 시설과 기회를 마련하여야 할 헌법상의 의무를 가진다고 판시하였다. 요컨대 도시개발에서 어쩔 수 없이 주거권을 침해당하는 사람들에게 국가는 적절한 주거제공조치를 취하여야 할 의무가 있음을 선언하고 있는 것이다.

65) 3 SCR 624, 1997 CanLII 327 (SCC).
66) 11 SCC 123 (1997).

MC Mehra v. State of Orissa[67]은 건강권에 관한 것이다. 대법원은 하수를 방치함으로써 하천오염이 야기되고 이로 인해 수인성 전염병이 창궐하도록 한 것은 위법하다고 판단하고, 이러한 위법성을 제거하기 위하여 국가에 대하여 수질오염을 예방하고 통제하며 인간의 소비에 공급되는 물의 완전성을 유지할 수 있는 필요한 단계 조치를 취할 것을 명령하는 판결을 내렸다.

이런 판결의 경우에는 앞의 경우와는 달리 어떠한 부작위 혹은 방치행위가 위법함을 선언하면서 그러한 위법성을 제거하기 위한 국가의무를 포괄적으로 제시하고 그 이행을 촉구하지만, 구체적인 정책대안의 선택은 정부에 일임하는 방식을 취한다. 즉, 국가행위의 구체적인 목표는 법원이 판단, 제시하면서 그에 이르는 수단의 선택은 정부의 재량권에 일임하는 것이다. 물론 여기서 법원이 제시하는 '구체적인 목표'의 구체성은 사건마다 달라진다. TAC사건의 경우에는 정부가 추구하여야 할 목표-정책의 결과를 분명하고도 보다 상세하게 제시하고 있는 반면, Eldridge사건의 경우에는 막연하게 위법성을 제거하기 위한 일정한 조치를 취할 것을 명하는 수준에 머문다. 환언하자면 이런 의무화판결은 앞서 설명한 의무이행판결과 질적으로 구분되는 것이라기보다는 법원이 관련된 정책과정에 어느 정도로 개입하는가라는 양의 차이에 지나지 않는다고도 할 수 있다. 즉 목표의 구체화수준, 그리고 중간목표의 제시여부, 나아가 수단의 선택범위의 지정여부 등에 따라서 이 양자의 구획이 이루어질 따름이라는 것이다.

③ 보고와 감시

권력분립의 원칙은 경우에 따라 법원의 이행명령 혹은 의무화판

---

67) AIR 1992 On 225.

결을 무력화시킬 수도 있다. '명령'적 성격의 판결-대체로 유지처분의 형식을 띤다-이 내려지더라도 일회성으로 종결되는 사법판단의 성격상 그 명령 이후의 이행과정에 대하여 어떠한 강제장치를 확보하기 어렵기 때문이다. 이에 대하여 법원이 스스로 의무화명령이나 이행판결의 이행여부에 대한 감시자 내지는 감독자가 되어 그것을 담보하는 경우도 있다. 전술한 아르헨티나의 Viceconte사건은 가장 대표적인 예이다. 이 사건에 법원은 주기적으로 청문절차를 열어 보건부장관으로 하여금 법원에 출석하여 백신생산이 진척되는 정도를 보고하도록 명령하였다. 나아가 국가옴부즈만(National Public Ombudsman)으로 하여금 정부가 취하는 개선과정에 관한 정보를 수집하고 감독(supervise)하도록 하였다.[68] 일회성의 사법판단이 가지는 한계를 보고와 감시의 체계를 통해 극복하고 자신이 내린 판결의 실효성을 담보하고 있는 것이다.[69]

---

68) 이는 보기나름으로는 UN인권이사회의 특별절차 특히 특별보고관(Special Rapportuers)제도와 유사한 방식이라 할 수 있다. 제3자 내지는 제3의 기관으로 하여금 이행여부 및 그 과정을 모니터링하고 그 결과를 법원에 보고하게끔 한 후 이에 대하여 법원이 평가하는 과정은 UN의 그것과 크게 다르지 않다. 이에 관한 간단한 설명으로는 Office of the United Nations High Commissioner for Human Rights, "Special Procedures of the Human Rights Council," http://www2.ohchr.org/english/bodies/chr/special/index.htm#code (2010. 9. 6 열람) 참조.

69) 실제 이 판결은 세 가지 점에서 진보를 야기하였다는 평가를 받는다: ① 청구인이었던 시민단체와 옴부즈만 등이 법원을 통하여 정책수립과 집행의 과정에 참여할 수 있게 하여 종국적으로는 시민과 국가간의 대화의 통로를 마련하였다는 점, ②지방법원의 차원에서도 사회권을 심사할 수 있게 하여 사회권의 실효성을 강화하였다는 점 ③법원이 자원 및 재정의 배분과 집행에 관여할 필요가 있음을 보이는 한편, 이를 통해 정부와 법원 간의 대화 즉, 정치적 판단과 법적 판단의 조화가능성을 열어 두었다는 점(이는 소위 「헌법적 대화」를 의미한다) Sh. Verma, "Judiciability of Economic Social and Cultural Rights Relevant Case Law," *The International Council on Human Rights Policy*, Geneva, 15 March 2005, p.67.

이런 양상은 인도의 경우에도 비슷하게 나타난다. Bandhua사건에서 고용된 아동들에게 교육과 건강검진실시, 음식제공 등의 의무를 이행할 것을 명한 대법원은 당해 행정기관으로 하여금 주기적으로 법원에 의무의 이행상황 및 노동조건의 개선 조치에 대하여 보고하도록 강제하였다. 이런 보고는 현재까지 진행중이라고 알려져 있다.

미국의 CFE v. State of N.Y사건은 이 점에서 상당히 특이하고도 강력한 통제방식을 취한 예가 된다. 1993년에 시작되어 13년에 걸친 기나긴 법정논란 끝에 뉴욕주가 교육재정을 충분히 제공하지 못하여 교육을 받을 권리를 침해하였다고 본 이 사건에서 항소법원(Court of Appeals)은 2004. 7. 30.까지 적절한 예산배정조치를 취하도록 명령하였으나 정부가 이를 제대로 이행하지 않았다. 이에 법원은 3명의 심사관(referee)을 선임하여 Panel을 구성, 기본적인 교육권을 실현하기 위해 필요한 적정예산을 산정하여 법원에 보고할 것을 명했다. 법원은 이 패널의 보고를 바탕으로 주정부에 대하여 학교운영비로 55억 달러, 교육기금으로 92억달러를 마련할 것을 명령하였고 이 금액은 항소법원에서 다소 조정된 후 2006. 4. 1. 주의회의 예산법으로 통과되었다.[70] 한 NGO의 청구를 바탕으로 법원이 심급을 바꾸어가며 주정부와 주의회를 통제하고 이 과정에서 교육권을 실현할 수 있는 물적 여건을 현실적으로 확보해 나간 것이다.

---

70) 최종적으로는 2006. 11. 최소한 20억달러의 교육예산을 배정하는 것으로 결정이 났다. 자세한 경과는 Campaign for Fiscal Equity 홈페이지 특히 이 소송과 관련한 자료들을 제시하고 있는 http://www.cfequity.org/static.php?page=historyoflawsuit&category=resources(2010. 9. 6 열람) 참조.

IV. 정리 및 우리 사법체제의 적용

1) 현실

이상에서 살펴본 바와 같이 사회권에 대한 사법심사는 오늘날 빈발하는 현상이다. 사법부가 사회권을 국가의 적극적 개입을 청구하는 권리로 이해하면서 입법부나 행정부에 대하여 일정한 의무의 이행을 명하거나 혹은 의무의 존재를 선언하는 것은 더 이상 이례적이라든가 혹은 어떤 특수한 법제에 한정된 예외적 현상이라고 할 수는 없다. 오히려 그것은 정도와 방식의 차이는 있지만, 이미 세계적인 추세로 이행되고 있다고 할 것이다. 물론 의무의 이행을 담보하기 위한 제반의 장치들은 유지명령제도나 법원모독죄체제가 잘 발달한 영미법체계하에서 보다 효과적으로 작동될 수 있는 것으로 보인다. 하지만, 대륙법제라고 해서 이러한 집행강제의 틀들을 원용하거나 도입할 수 없는 것은 결코 아니다. 중요한 것은 그러한 기본권실현을 향한 입헌적 의지이다.

부연하거니와 사회권에 대한 사법심사가능성의 문제는 상당부분 극복된 것이라고 볼 수 있으며 이는 우리나라의 경우도 부분적으로는 동일한 선언을 할 수 있다. 즉, 이미 헌법재판소는 인간다운 생활권71)에서부터 혼인·가족제도의 보장72)에 이르기까지 다양한 사회권에 대한 사법심사를 해 왔다. 다만 이 대부분의 사건들은 사

---

71) 예컨대 전술한 94헌마33 사건.
72) 예컨대 분만급여의 제한에 대해 합헌이라고 판단한 헌법재판소 1997. 12.24 선고 95헌마390 의료보험법 제31조 제2항 위헌확인. 하지만 아쉬운 것은 이런 사회권관련 사건에서 위헌결정이 난 사례는 거의 없다는 점이다. 우리나라의 사회안전망이 비교적 열악한 상황이라는 것이 일반적인 평가임을 감안할 때 헌법재판소의 소극성이 유난하다고 여겨질 정도이다.

회권에 대한 소극적 침해 즉 이미 입법화 또는 제도화되어 있는 사회권체제가 구체적인 사건에 있어 어떻게 당사자의 권리나 이익을 침해하는가에 한정되어 있다. 그러다 보니 많은 사건들이 평등권침해의 문제로 환원되어 버리거나 청구인적격이 결여된 것으로 각하되어 버리고 있다.[73]

문제는 국가의 적극적 조치가 필요한 영역 즉 국가의 촉진·충족의 의무와 관련한 영역에 대한 헌법재판소 또는 법원의 적극적 개입이 거의 없다는 점이다. 대부분의 경우 입법재량 내지는 행정재량의 문제로 치환해 버리고 헌법재판소 또는 법원은 이에 대한 스스로의 판단을 거부하고 있는 것이다. 그러다 보니 구체적인 사회권들의 개념이나 그 효력범위에 대한 판단조차 추상적이거나 관념적인 수준에 머무르고 만다. 요컨대 자유권관련 판단에서 흔히 볼 수 있는 기본권의 보호영역론이 사회권에 와서는 거의 제시되지 않고 단순한 개념규정 정도에 헌법재판소의 판단이 종결되고 있는 것이다.

헌법재판소의 이런 소극성 내지는 자제는 여러 가지 요인이 복합된 결과일 것이다. 여기서는 그 중에서 몇 가지만 지적하고 그 대안을 모색해 보기로 한다.

---

73) 장애인들이 이동권을 주장하며 저상버스를 도입 운행할 것을 청구한 사건에서 "사회적 기본권은, 국가의 모든 의사결정과정에서 사회적 기본권이 담고 있는 국가목표를 고려하여야 할 국가의 의무를 의미한다"고 하여 그 공권으로서의 성격 자체를 희석시켜 버린 판결은 이의 대표적인 예에 해당한다. 헌법재판소 2002.12.18. 선고 2002헌가52 저상버스도입의 무불이행 위헌확인.

2) 문제

헌법재판소의 이런 소극성은 그들의 지나친 자제주의에 기인하겠지만 그와 함께 우리의 헌법이론들이 사회권을 자유권과 대비되는 선상에서 바라보면서 이를 비교적 소극적으로 규정하는 경향에서 비롯된다고도 할 수 있다. 즉, 헌법학계에서 사회권의 현실적 실천을 위한 적절한 이론이나 실천원리들을 제대로 제시하지 못 함으로써 헌법재판소의 사회권결정들이 관념으로만 떠돌게 방치하였다는 비판도 가능한 것이다.

그 대표적인 예가 "사회적 기본권의 법적 성격"론이며 특히 '객관설'과 '주관적 공권론'은 사회권의 법적 성격을 자유권적 관념 속에 한정시키는 역할을 수행한다.

먼저 객관설의 문제점부터 살펴본다. 최근 헌법학계에서는 사회적 기본권의 법적 성격과 관련하여 소위 객관설이라는 이름 아래 프로그램규정성, 국가목표규정성, 입법위임규정설 등의 이론들을 제기하고 있다. 사회권을 개인에게 부여된 법력(法力)이라는 관점보다는 오히려 그러한 개인들을 배려하고 보호하여야 할 국가책임 내지는 국가의무의 관점에서 파악하고자 하는 입장이다. 하지만 이는 구체적인 사회적 기본권조항을 갖지 못한 독일 기본법의 체제에서 사회국가원리를 어떻게 구현할 것인가와 관련하여 제시되는 독일에 특유한 이론일 따름이다. 그러다 보니 이렇게 이질적인 제도를 우리 헌법의 이론으로 포섭하는 과정에서 약간의 부작용이 도출된 위험을 발생시킨다. 독일과는 달리 우리나라의 경우 분명한 명문규정으로 국민의 기본적 자유와 권리로서 사회권들이 선언되어 개인의 주관적 공권성을 명백히 하고 있다는 점이 오히려 더 강조되어야 함에도 불구하고 이 이론은 권리(rights)를 특권(priviliges)으

로 변형해 버릴 가능성을 안고 있다는 것이다.74)

　사회적 기본권에 대한 주관적 공권성을 인정하는 입장도 문제는 여전히 남아 있다. 대체로 지금의 헌법학계는 사회권을 ('불충분한') 구체적인 권리로 보는 입장으로 수렴되는 듯 하다. 즉, 사회권의 경우에는 "사회적 기본권의 최소한도의 내용마저 보장하지 않은 경우에 한하여 헌법에 위반"된다고 할 수 있으며, 그 최소한도의 내용을 초과하는 수준을 보장하는 것에 대해서는 "입법자는 광범위한 형성의 자유를 누린다."75) 하지만 그럼에도 불구하고 그 이론을 구성하는 담론구조는 상당부분 '자유권적' 시각에 한정되어 있다. 권리의 항의적·소극적 성격에 강조점을 두면서 적극적·형성적 성격은 '부차적인 것' 혹은 '충분하지 못함의 근거가 되는 것'이라는 전

---

74) 한수웅(전게서, 899~914면)은 이 객관설의 대표격에 해당한다. 하지만 그의 분석을 자세히 보면 권리설에서 말하고자 하는 사회권의 내용 상당수를 자유권의 영역을 끌어들여 설명하면서 그 나머지 부분들을 '사회권'이라는 범주로 엮으며 국가(입법자)의 형성의무의 관점에서 해석해 내고자 노력한다. 예컨대, 과외금지사건이나 학교선택권사건 등에서 언급되는 학부모의 자녀교육권의 헌법적 근거는 "헌법의 자유권에서 찾아야 할 것이며, 혼인과 가족생활을 보장하는 헌법 제36조제1항에 헌법적 근거를 두고 있다고 보아야 한다."(920면)고 설명하는 방식이 그것이다. (왜 굳이 그렇게 하면서까지 사회권의 헌법적 위치를 지워나가야 하는지 그 메타이론적 이유가 무엇인지라는 점이다.) 물론 이런 해석론이 과연 사회권을 명문으로 규정하고 있는 우리의 헌법체계에 부합하는 것인지는 또 다른 분석이 필요하겠으나, 분명한 것은 이렇게 함으로써 사회권과 자유권의 경계는 보다 희석되며 한수웅 교수가 부정하고자 하였던 자유권·사회권의 1원적 해석 틀이 오히려 더욱 강화되는 결과를 야기한다는 점이다.
75) 헌법재판소 1999. 4. 29. 선고 97헌마333. 하지만 이런 결정에도 불구하고 헌법재판소가 사회적 기본권의 질적 보장수준에 대하여 그것이 최소한도의 내용조차도 보장하지 않는 것이라는 이유로 위헌결정을 내린 것은 아쉽게도 거의 발견할 수가 없다. 그리고 이렇게 소극적인 헌법재판소의 태도로 인하여 우리나라에서 사회적 기본권의 보장수준에 대한 헌법재판사례가 최소의 수준으로 줄어들고 있는 듯 하다.

제를 기저에 깔고 있는 것이다. 실제 권리의 실현과 관련한 국가의
의무에는 존중(respect)·보호(protect)·실현(fulfil)의 세 가지가 있지만,
"구체적 권리"의 논의는 존중의 의무가 주된 권리요소로 자리잡고
그 외곽을 보호의 의무 즉 기본권의 제3자효라는 논의틀이 둘러싸
는 구성으로 이루어진다. 그러다보니 실현의 의무 즉 촉진(facilitate)
과 충족(fulfil)의 의무는 대부분의 논의에서 제외되거나(이는 국가의
무와 같은 객관설로 이행하는 경우도 있다) 혹은 부차적인 것(입법
재량 또는 행정재량론)으로 논외 처리되는 양상을 보이지 않을 수
없다. 요컨대, "불충분한" 구체적 권리, 혹은 "입법에 의하여 구체화
될 필요" 등을 언급하면서 그 입법의 지침(법적 구속력있는)을 부여
함에는 소극적인 태도를 보이고 있는 것이다.[76]

이런 논의구조로 인하여 사회권의 실질적 부분들은 헌법이론의
이름으로 형해화되어 버리고 만다.[77] 사회권에 관한 국가의무는 통

---

76) 문제는 이런 논리구조로 인해 국가의 정책(특히 자원배분과 관련한), 예
산 등에 의한 사회권침해가 발생하는 경우에는 달리 대처할 방안이 없어
진다. 사회권의 실현에 가장 중요한 요소가 자원 특히 예산이라고 하면
서도 예산에 의한 사회권침해에 대하여는 속수무책인 아이러니가 발생
하게 되는 것이다. 그리고 이 과정에서 사회권의 공동(空洞)화 현상은 불
가피하게 된다.

77) 엄밀히 보자면 초중등교육과정에서 표준어규정의 준수를 강제하는 것에
대한 헌법재판소의 판단은 사회적 기본권에 관한 논의를 회피하는 또 다
른 경로를 보여준다. 실제 이 사건의 경우 부모의 자녀교육권이라는 기
본권의 보호영역이 어느 정도이며 이에 대한 국가적 제한이 타당한 것인
가가 주된 논점이 되어야 할 것이나 헌법재판소는 이를 "학교제도에 관
한 국가의 규율권한과 부모의 교육권이 서로 충돌하는 경우"의 문제로
논점을 전환하여 "국가 공동체의 통합과 원활한 의사소통을 위하여 표준
어 규정으로 교과용 도서의 내용을 제작하는 것을" 선택하는 입법자의
재량문제로 환원시켜 버렸다. 자녀교육권이 가지는 "최소한도의 내용"에
대한 고려는 배제되어 있는 것이다. 헌법재판소 2009. 5. 28. 선고 2006헌
마618

상적으로 국가의 가용자원을 최대한으로 활용할 수 있는 범위내에 서 점진적으로 실현하는 것으로 이해되고 있다. 하지만, 보다 엄밀 히 말하자면 이 점진적 실현의 의무의 대상은 단순한 "사회권"이 아니라 "사회권의 완전한 실현(full realization)"이다.[78] 오히려 사회권 의 상당부분은 즉각적으로 실현되어야 한다. 즉, 국가는 ①현재상 황이 허용하는 범위내에서 최대한, 즉각적으로 사회권을 실현하여 야 하며, ②권리의 실현상황을 정기적으로 점검하여야 하며, ③이러 한 권리가 모든 사람에게 평등하게 실현되도록 하여야 할 의무를 지게 된다.[79] 전술한 최소핵심의 개념은 이 점을 의미한다. 각 사회 권들이 가지는 본질적인 부분들은 그것이 존중이나 보호의 영역에 존재하건 아니면 촉진이나 충족의 영역에 해당하건 현재 이 시점 에서 최대한 그리고 즉각적으로 실현되어야 하는 것이다. 만약 그 렇지 못한 경우에는 그 한도내에서 그것은 위헌적인(즉, 사회권침 해적인) 상황이 발생하게 되는 것이다.

더불어 자유권의 경우에도 동일한 분석을 할 수 있다. 자유권이 라고 해서 오로지 항의적 소극적 성격만으로 충만되어 있는 것은 아니기 때문이다. Birlin이 말하는 적극적 자유는 물론, 소극적 자유 의 목록에 해당하는 재판을 받을 권리, 인신의 자유 등등 고전적인 자유들도 전술하였듯이 그것이 완전하게 집행되기 위해서는 국가 의 막대한 투자를 필요로 한다.[80] 이 지점에서 독일식의 국가재정

---

78) 이 ICESC 제2조제1항은 다음과 같다: Each State Party to the present Covenant undertakes to take steps, (……) to the maximum of its available resources, with a view to **achieving progressively the full realization of the rights** recognized in the present Covenant (…… 강조는 인용자)

79) Freedman, 조효제 역, 인권의 대전환, 203~204면 참조.

80) 예컨대 국가인권위원회는 1평이 채 안 되는 교도소의 징벌방에 수형자를 3명씩이나 수용하는 것은 그들의 인권을 침해하는 것이 된다고 결정한 바 있다. 경향신문, "인권위, 법무부 장관에 교도소 과밀수용 시정 권고",

유보설을 취하면서 그것을 법판단의 대상에서 제거하거나 소극적인 태도로 나아가는 것은 논리의 비약이 된다.[81] 자유권의 보호영역이 점차 확장되는 한편 사회권 또한 본질보호의 수준으로 보다 강화되고 있는 현 시점에서 양자의 본질적 차이는 거의 해소되다시피 한 점을 고려하지 않은 채 무리하게 양자에 적용되는 법리를 이질화 시키고자 하기 때문이다.

사회권의 법적 실현에 있어 또 다른 장애로 작용하는 것이 권력분립론이다. 이 논거는 비교적 단순하다. 즉, ①법원은 행정청 혹은 행정청에 대한 감독기관이 아니며, ②따라서 행정소송법의 해석상 행정처분에 대한 변경은 불가능하며[82] ③처분에 대한 제1차적 판단권은 행정기관이 가지기 때문이라고 한다. 그리고 대법원 역시 이와 유사한 관점에서 법원이 행정부나 입법부에 대하여 일정한 명령을 하는 것은 바람직하지 않다고 판단한다.(대판 1990. 10. 23, 90

---

http://news.khan.co.kr/kh_news/khan_art_view.html?artid=201007091048491&code=9 40100 (2010. 9. 7 열람) 이를 시정하기 위해서는 징벌방을 확대하거나 증설하여야 하며 이 또한 재정적 투자가 필요하게 된다. 실제 모든 권리의 실현은 사회정책 집행(social policy implimentation)의 문제를 야기하게 된다. 그리고 대부분의 경우 이는 정도의 차이에 불과하다. S. Liebenberg, op.cit., p.3.

81) 실제 이런 식으로 국가재정의 소요를 이유로 사회권의 사법적 집행가능성을 유예하고자 하는 입장은 수많은 비판의 대상이 되어 왔다. 특히 자유권의 경우에도 재정수요가 존재함에도 불구하고 그것은 간과되는 반면 사회권의 경우에는 그 재정수요 자체를 이유로 법적 성격을 부정하는 것은 자기 모순에 해당한다고 본다. P. Bailey, "The Right to an Adequate Standard of Living: New Issues for Australian Law," in: M. Jones & P. Kriesler, eds., *Globalizaton, Human Rights, & Civil Society*, St. Leonards, NSW: Prospect Media Pty Ltd, 1998, p.23.

82) 그 근거 중의 하나가 행정소송법 제4조로 여기서는 행정소송의 종류로 취소소송, 무효등확인소송, 부작위위법확인소송만 열거하고 있기 때문에 처분의 변경과 같은 적극적 판단을 법원이 할 수 없다고 본다.

누5467; 대판 1995. 3. 10, 94누14018[83] 등)

이런 논거는 곧장 사법부의 사법자제로 이어진다. 여기서 헌법재판소의 논거는 비교적 단순하다. "사회보장수급권은 …… 사회적 기본권에 속한다. 그런데 이와 같이 사회적 기본권의 성격을 가지는 의료보험수급권은 국가에 대하여 적극적으로 급부를 요구하는 것이므로 헌법규정만으로는 이를 실현할 수 없고 법률에 의한 형성을 필요로 한다."[84] 즉, 「①사회보장수급권은 사회적 기본권이다 → ②사회적 기본권은 법률에 의한 형성을 필요로 한다 → ③따라서 사회보장수급권의 합헌성 여하에 대한 판단은 헌법재판소가 할 수 없다」라는 단순논리가 지배하게 되는 것이다. 이는 전술한 94년 생계보호기준 사건에서 제시하였던 사법자제의 논거를 보다 단순화한 것으로 사회권의 내용을 결정하는 것은 헌법재판소가 아니라 "입법부 또는 입법에 의하여 다시 위임을 받은 행정부 등 해당기관의 광범위한 재량"이라고 함으로써 스스로의 사법적 판단권을 방기한 셈이 되어 버렸다.

하지만, 이러한 논의구조는 전술한 바와 같이 이론적으로도 타당하지 않을 뿐 아니라, 헌법재판소 자체적인 논리구조에서도 적합하지 않은 것이 된다. 헌법재판소는 이미 최소핵심기준(독일 Existenzminimum)을 채택하고 있음[85]에도 불구하고 이 사건에서 헌

---

83) "그와 같은 부작위는 현행 행정소송법상의 부작위위법확인소송의 대상이 되지 아니한다고 판단하고, 나아가 피고에게 압수물 환부를 이행하라는 청구에 관하여는 현행 행정소송법상 행정청의 부작위에 대하여 일정한 처분을 하도록 하는 의무이행소송은 허용되지 아니한다는 이유로 이 사건 소를 각하하였던 바, 이를 기록과 대조하여 살펴보면, 원심의 위와 같은 사실인정과 판단은 옳다고 여겨지고, 거기에 소론과 같은 법리오해의 위법이 있다고 할 수 없다."

84) 헌법재판소 2003.12.18. 선고 2002헌바1 구 국민의료보험법 제41조 제1항 등 위헌소원 (국민건강보험법 제48조 제1항 제1호)

85) 예컨대 인간다운 생활을 할 권리는 "인간적 생존의 최소한을 확보하는

법재판소는 ①'인간다운 생활'이라는 법적 개념을 추상적·상대적 개념으로 환원하여 그 내용규정을 회피하는 한편, ②생계보호수준의 결정에 대한 인간의 존엄성판단을 선행하기 보다는 오히려 그의 물적 조건-재정과 자원 등-에 대한 고려를 선행하고 있으며, ③ 입법부 혹은 집행부의 재량에 대한 거의 백지위임을 하다시피할 정도로 지나치게 그에 의존하고 있다. 그리고 그 결과 ④"생계보호의 수준이 일반 최저생계비에 못 미친다고 하더라도 그 사실만으로 곧 그것이 헌법에 위반된다거나 청구인들의 행복추구권이나 인간다운 생활을 할 권리를 침해한 것이라고는 볼 수 없다"라는 논리·근거부재의 독단으로 이어지게 된다. 헌법재판소가 처음에 제기하였던 전제, 인간다운 생활을 할 권리의 최소핵심 내지는 본질성에 관한 인용과 생계보호기준의 최소핵심침해여부에 대한 판단유보가 서로 모순하는 상황이 벌어지는 것이다.

3) 대안

사회권의 실현이라는 문제는 사회복지수준에 반비례하여 그 중요성이 강조된다. 사회복지수준 내지는 사회적 안전망이 제대로 구비되지 못 할수록 사회적·경제적 약자에 대한 배려와 관심의 필요성이 더욱 커지게 된다는 것이다. 그리고 이 부분에서 법적 정의-평등의 요청은 가장 중요한 법문제로 등장한다.

실제 자유권과 사회권의 구분은 점점 더 의미가 없어진다. 사회권의 사법심사가능성을 차단하는데 이용되었던 권력분립론은 목적 (인권보장)과 수단(권력통제)의 전도를 야기하는 셈이 되어 불합리하다. 특히 권력과 권력간의 경계영역에서는 분립의 틀보다는 상호

데 있어서 필요한 최소한의 재화를 국가에 요구할 수 있는 권리를 내용으로 하고 있다"고 판단한 바 있다. 헌법재판소 2003.5.15 2002헌마90 국가유공자등예우및지원에관한법률시행령 제22조 등 위헌확인.

감시와 견제의 틀이 더 중요하다는 점에서 사법권에 의한 입법·행정권의 통제장치인 사법심사제도를 더 이상 배제할 근거가 되지는 못 한다. 더구나 세계인권체제에서는 사회권과 자유권의 불가분성을 강조하면서 이미 사회권에 대한 법적 집행가능성 내지는 법적 구속력을 인정하고 있다. 이런 점들을 모두 감안한다면 OECD국가들 중에서 사회적 안전망 혹은 사회복지수준이 최하위에 있는 우리나라의 경우86) 이런 사회적 부정의를 야기하고 있는 입법부와 행정부를 통제하기 위해서라도 사회권에 대한 사법부의 적극적 개입이 절실하게 요청된다. 이에 이를 위한 몇 가지 개선방안을 제시해 보면 다음과 같다.

① 사법적극주의의 요청:

헌법재판소는 이미 사회권의 영역에 있어서조차 최소핵심심사 내지는 본질성심사를 하고 있음은 전술하였다. 하지만, 그 실질을 들어다보면 최소핵심 내지는 본질부분의 판단조차도 헌법재판소가 직접 하는 것을 회피하는 모습을 보인다. 관념적으로는 '생존의 최소한을 확보하기 위한 최소한의 재화를 요청할 권리'라는 개념을 제시하면서도 그 실체적인 판단은 입법재량 내지는 행정재량에 일임해 버리는 논리적 흠결을 야기하고 있는 것이다.

실제 최소핵심부분여부의 판단은 사실판단 혹은 정책판단이 아

---

86) 한국보건사회연구원의 '2007년도 한국의 사회복지 지출 추계와 OECD 국가의 노후소득보장체계'에 의하면 2007년도 우리나라 사회복지 총지출은 GDP 10.01%로 20% 이상의 수준에 있는 다른 국가들에 비하여 가장 열악한 실정이라고 한다. 더구나 사회적 양극화의 정도, 노인들의 절대빈곤율, 복지지출에 대한 조세부담율, 공공복지의 비율 등 대부분의 복지항목에서 낮은 편을 보인다고 한다. 한국일보, "사회복지 지출액 OECD 39% 수준," 2009.11.15, http://news.hankooki.com/lpage/society/200911/h2009110522021184100.htm (2010. 9. 7 열람).

니라 법판단이다. 따라서 이 부분에 대하여 사법자제를 하는 것은
법리적으로도 타당하지 않을 뿐 아니라 엄밀히 보자면 헌법재판소
의 직무유기에 해당하기조차 한다. 실제 헌법재판소는 공무원연금
수급권에 관하여 다음과 같이 판단한 적이 있다.

> 연금수급권과 같은 사회적 기본권을 법률로 형성함에 있어 입
> 법자는 광범위한 형성의 자유를 누린다. 국가의 재정능력, 국민 전
> 체의 소득 및 생활수준, 기타 여러 가지 사회적·경제적 여건 등을
> 종합하여 합리적인 수준에서 결정할 수 있고 그 결정이 현저히 자
> 의적이거나, 사회적 기본권의 최소한도의 내용마저 보장하지 않은
> 경우에 한하여 헌법에 위반된다고 할 것이다.(1999. 4. 29. 선고 97헌
> 마333)

여기서 헌법재판소는 자의적으로 형성된 입법이나 "최소한도의
내용"에 대한 보장이 결여된 입법에 대해서는 위헌선언을 할 것을
명확히 하고 있다. 즉, 그에 관한 판단은 정책판단의 범주를 넘어
법판단의 수준으로 포섭가능함을 인정하고 있는 것이다. 그리고 이
러한 판단은 너무도 당연하다.[87] 문제는 그럼에도 불구하고 여전한

---

87) 물론 한수웅교수는 이를 비판하는 입장에 있을 것이다. 하지만 권리설을
저촉규범으로서의 기본권이라는 맥락에서 이해하면서 사회권 규정들이
저촉규범으로서의 성격을 가지기 어렵다고 보는 한수웅교수의 논거는
개인적 자유주의 혹은 자유지상주의의 관점과 결합될 경우 헌법의 "법적
의미"를 지나치게 협애화시키게 될 우려를 안고 있다는 점에서 그리 바
람직하지는 않아 보인다. 예컨대, 헌법재판소가 사보험과 사회보험의 차
이를 규정하면서 "사회연대의 원칙은 사회보험에의 강제가입의무를 정
당화하며, 재정구조가 취약한 보험자와 재정구조가 건전한 보험자 사이
의 재정조정을 가능하게 한다"라고 판단하였을 때, 그 외견상의 명령은
저촉여부의 판단에 기하는 것이지만, 이 판단의 실질적인 내용을 이루는
것은 사회보험에서의 사회연대의 원칙이라는 새로운 형성적 규칙(rule)이

헌법재판소의 사법자제이다. 이 부분에 대하여는 사법자제로 일관할 것이 아니라 헌법재판소가 적극적으로 개입하여 스스로 그 내용을 판단하고 평가의 기준들을 확립, 위법여부를 가려야 함을 헌법재판소가 채 인식하지 못하고 있는 데서 문제가 발생한다.[88]

더불어 이렇게 확정되는 최소핵심을 바탕으로 입증책임의 분배(최소핵심부분의 불이행에 관한 입증은 청구인이, 그 불이행(혹은 부작위)의 정당성-법적, 재정·경제적, 사회적 정당성-에 대한 입증책임은 피청구인인 국가가 부담하게 함), 정당화요건강화(이 부분에 대한 불이행을 정당화하기 위하여는 긴요한 국가목적의 달성을 위한 경우에만 다른 대안을 다 고려하였음을 입증한 다음에야 불

다. 그리고 바로 이러한 점이 헌법을 사법법에서 정치법으로 전환시키는 터닝 포인트가 된다. 실제 사회권의 개념을 자유권과 구분하는 입장에서도 사회권이 복지국가의 중요한 구성인자임을 감안하여 그 의미를 새로이 이해하고자 하는 입장도 있다.(전광석, "복지국가의 보편화와 독자화 - 50~60년대 서구 복지국가발전의 배경과 현상," 한국사회정책 제16집 제1호, 2009, 41~80면 참조).

88) 사실 이 점에서 중학교 급식경비 일부를 학부모로 하여금 부담하게 한 것은 위헌은 아니라는 헌법재판소의 결정(2012. 4. 24. 선고 2010헌마164)은 나름의 의미를 가진다. 이 결정에서는 "학교 급식이 교육적 성격을 갖고 있다 하더라도, 급식활동으로 얻을 수 있는 교육적 측면은 기본적이고 필수적인 학교 교육 이되에 부가적으로 이루어지는 식생활 및 인성교육으로서의 보충적 성격을 가지므로 의무교육의 실질적인 균등보장을 위한 본질적이고 핵심적인 부분이라고 까지는 할 수 없고"라고 한다. 입법자의 결정과는 무관하게 헌법재판소가 스스로 교육의 내용(본질적이고 핵심적인 부분)에 대하여 판단을 하면서 급식활동은 교육의 핵심영역이 아니라 주변영역에 존재함을 적극적으로 판단하고 있는 것이다. 실제 헌법재판소는 이런 식으로 헌법학계에서 주로 입법정책의 관점으로 돌리고 있는 사항들을 법판단의 대상으로 수용하면서 스스로 핵심영역과 주변영역 또는 그렇지 않은 영역의 구획을 하는 경우가 적지 않다. 그리고 바로 이런 의미에서 우리 헌법재판소는 사법자제가 아니라 상당히 많은 부분 사법적극주의의 틀을 취하고 있다고 할 수 있다.(물론 이러한 현상은 많은 경우 사법관의 지배juristocracy의 폐해로써 비판받고 있기도 하다)

이행이 정당화 될 수 있도록 함), 자원의 조달노력의무 강화 등의
조치를 할 수 있도록 하여야 할 것이다. 그리고 이 부분에 대하여
는 국가의 즉각적 이행을 명령하는 사법개입도 기대된다.

그 외 사회권항목의 본질/핵심부분을 초과하는 부분에 대하여는
합리성의 심사기준을 적용, 처리하는 것이 바람직하다. 즉, 개별적,
구체적 타당성을 바탕으로 형평적 판단을 할 필요가 있다는 것이
다. 이렇게 할 경우 최소핵심부분에 관한 판단은 주문에 담아 객관
적 기판력을 확보하고, 합리성심사의 결과에 해당하는 것은 방론으
로 하여 그 기판력의 확대를 막도록 하는 것이 일견 타당해 보인다.

② 의무이행결정제도의 도입

사법결정을 통한 사회권의 현실적 실현을 위해서는 무엇보다 절
실한 것이 의무이행결정(판결)제도이다. 헌법재판소 또는 법원이
헌법의 범위내에서 적절한 구제수단이라고 판단하는 정책수단들을
직접 선택하고 이를 입법부나 집행부에 명령하는 체제가 요청되는
것이다. 물론 이를 위해서는 헌법재판소법, 행정소송법 등의 개정
이 필요하고 경우에 따라서는 개헌까지 수반될 필요가 있기도 하
다. 하지만, 그렇다고 해서 그러나 현행 법령의 해석만으로는 아무
것도 할 수 없는 것은 아니다. 헌법재판소의 경우 부작위에 대한
위헌판단의 수준을 넘어 적어도 의무화판단(사회권이행을 위한 프
로그램의 형성·집행의 의무 등)으로 나아갈 수 있는 여지는 분명히
존재하며, 그것이 여의치 않다 하더라도 부작위위헌판단을 하는 과
정에서 일정한 정책수단들을 방론으로 제시하는 등 자신의 의견을
강력하게 표출할 수 있는 방법은 얼마든지 존재한다. 그리고 바로
이렇게 가시화되는 정책수단들은 사법과정(의무화결정 등 법적 의
무가 발생하는 경우) 또는 정치과정(여론 등의 과정)을 통해 새로운

사회권정책으로 변형될 수 있는 기회를 확보하게 된다.

또 하나 사법판단의 실효성을 확보하는 방법으로 사법적 감시·감독의 체제를 구축할 필요가 있다. 법원이나 헌법재판소가 입법부 또는 행정부의 사회권 불이행조치에 대해 위헌판단 및 의무화판단(나아가 의무이행판단)을 하면서, 일정기간 정기적으로 그 이행의 내용, 정도, 집행여하 등을 보고하게 하고 이를 평가하는 체제는 도입할 필요가 있다는 것이다(이는 법원·헌재의 판결·결정의 이행에 관한 것인 만큼 권력분립의 원칙에 대한 위반이라 할 수 없다). 이러한 제도는 영미법체계의 법원에 인정되는 injunction과 같은 제도적 틀에서는 수월하게 설계될 수 있지만 우리 법제와 같은 대륙법 체계에서는 그리 만만한 것은 아니다. 하지만, 그럼에도 소송법 등의 개선작업을 통해 가처분·가집행의 제도를 보다 확대, 강화하는 정도로써 얼마든지 그에 상당한 효과를 얻을 수 있게 된다.[89]

그리고 이렇게 형성되는 감시·감독의 체계에서, 법원이 구체적인 이행명령을 내린 경우에는 법원이 직접 감시·감독의 역할을 감당해도 될 것이나, 의무화명령 혹은 단순 입법(집행)개선명령을 내린 때에는 법원이 직접 하기보다는 국가인권위원회(혹은 특별조사관)으로 하여금 그 역할을 담당하게 하는 것-즉 국가인권위가 보고를 받고 분석·평가한 다음 그 결과를 법원에 보고-이 바람직해 보인다. 물론 이런 제도개선은 헌법개정사항이 아니라 소송법·헌법재판소법, 국가인권위원회법의 개정으로 가능하다.

---

89) 현재 국가상대 가처분의 가능성에 대해서는 찬반양론이 있으나 그의 입법화를 위한 행정소송법개정안이 현재 많은 논의를 받고 있다.

③ 법원·헌재절차의 개방, 심의민주주의적 절차의 구축[90]

법원이나 헌법재판소의 절차를 개방하고 보다 많은 시민참여가 가능하도록 만드는 것은 굳이 사회권의 문제가 아니더라도 오늘날의 민주화추세에서는 시급히 요청되는 사항이다. 여기에 더하여 사법절차의 민주화는 사회권 이행에 관한 법원의 정치적 정당성, 정책적 전문·기술성의 문제를 극복함에 있어 최선의 대안이 되기도 한다. 이에 법원이나 헌법재판소는 가능한 한 폭넓게 그 절차를 개방하여 참고인제도의 활용, 공개변론의 개시뿐 아니라 공개청문제도 또한 도입하여 시행할 필요가 있음

이러한 절차개방은 무엇보다도 어떠한 국가행위에 대한 위법성 여부의 판단에 있어서라기 보다는 오히려 사회권이행정책·프로그램 혹은 그 명령의 선택을 위한 절차와 관련하여 더욱 절실하게 요청된다. 즉 법원에 부족된 전문적 분석·평가의 능력을 보완하는 수단이자 동시에 그 정책수단에 관한 전문가·시민들의 의견을 수렴함으로써 보다 합리적이고 효율적인 정책수단을 선택해 내는 방식으로서 절차개방이 의미를 가지게 되는 것이다. 이를 위해서는 배심제나 참심제는 나름 의미있는 장치가 될 수도 있다. 하지만 보다 바람직한 방식으로는 시민배심(citizen's jury)제도를 원용하는 것이다. 현재 우리 법원이 시험적으로 취하고 있는 국민참여형재판제도와 전문가의 변론참여가 결합된 형태로 법원의 법판단 뿐 아니라 일정한 의무이행결정 혹은 의무화결정의 내용에 대한 판단까지 같이 할 수 있는 장치가 그것이다. 여기서는 일반인들로 구성되는 재판원 앞에서 원·피고뿐 아니라 각종의 전문가들이 참고인 혹은 증인의 형태로 논점에 관하여 변론하며 경우에 따라서는 서로 공격

---

90) 이에 관하여서는 Gargarella, op.cit, pp.27~29; 특히 이 심의민주주의의 법정에서의 실현가능성을 강조하고 있는 Freedman, 전게역서, 353~361면 참조

과방어의 수순을 넘어 서로 토론의 형태로 의견을 수렴하는 과정
으로까지 나아갈 수 있도록 한다. 그리고 이런 과정을 결과를 바탕
으로 이 재판원들이 법관과 더불어 평의를 하는 절차가 바로 이 시
민배심의 형태이다.[91]

④ 집단소송제도의 도입 및 당사자적격의 확대

당사자적격의 확대(보조참가제도의 확충 포함)와 집단소송제도
의 도입은 전술한 바와 같이 사회권을 사법부가 심사함에 있어 직
면하게 되는 당사자성의 한계를 극복하기 위한 것이다. 즉, 사회적
약자들을 보호하기 위한 사회권의 특성상 그 관련소송은 동일한
생활조건에 있는 사람들 모두에 포괄적으로 효력을 가지도록 하고
당사자적격을 대폭 완화하여[92] 가능한 한 다양한 층위의 사회적
약자들이 사법부를 통해 그 권리의 구제를 도모할 수 있도록 하는
것이 바람직하다.

---

91) 이는 법원의 배심제도를 정치나 행정의 영역에 응용한 시민배심제도
   (citizen's jury)를 다시 법원으로 수입하는 형식이 된다. 이에 관하여는 D.
   Beetham, *Democracy: a beginner's guide*, Oxford: Oxford University Press, 2005,
   pp.140~142 참조. 기존의 배심과 다른 것은 전문가들의 참여가 변론의 형
   식을 취하되 이들의 논의는 대립당사자주의의 틀보다는 전문적 판단을
   위한 상호 협의 및 숙려(deliveration)의 틀에서 이루어진다는 것이며, 결정
   과정에서는 평의에 법관이 참여하고 법관은 평의의 결과에 반드시 구속
   되지는 않는다는 점이다.
92) 이는 현재의 사회권이론이 가지는 한계 때문에 더욱 그러하다. 즉, 사회
   권이 구체적인 권리로 완전하게 인정되지 않고 또 형성적인 성격의 청구
   에 대하여는 더욱 당사자성을 인정하지 않는 현실에서는 사회권에 대한
   유의미한 사법판단이 개시되기 어려운 실정에 빠지고 만다. 이를 시정하
   기 위해서라도 당사자성의 문제는 보다 폭넓게 인정할 필요가 있다.

V. 결론

우리 법제는 일제의 식민통치로부터 건국에 잇따른 독재체제, 군사정권으로 촉발된 권위주의 체제 등을 거치면서 반공이데올로기, 개발독재·성장이데올로기 등이 사회적 의식을 지배하는 가운데 사회권에 대한 상당한 오해가 우리 법공동체를 지배해 왔다. 자유권과 사회권의 이분법적 구분, 사회권과 프로그램규정의 혼용, 자유권이론의 맥락에서 사회권의 개념 및 의의의 재구성 및 유추, 지나치게 확장/경직된 권력분립론 등 사회권의 독자적인 실현을 소극적으로 바라보는 법리가 거의 일반화되다 시피 하였다.

하지만, 앞서도 거듭 밝혔듯이 이러한 분별론들은 오늘날 거의 그 실효성을 상실하였다. 인권의 영역에서조차 1970년대 냉전체제하에서 제기되었던 세대론-제1세대인권, 제2세대인권 및 제3세대인권론이 그 위력을 상실하고 오히려 존중, 보호, 실현이라는 권리의 기능적 측면에서의 접근이 더 많은 지지를 획득해 가고 있는 실정을 감안한다면 더욱 이러한 분별론의 무의미성은 부각될 것이다.

요컨대 사회권의 법적 실현 특히 사법부를 통한 사회권의 실현은 OECD제국 중 사회적 안전망이 가장 열악한 우리의 현실에서 보다 인간다운 삶이 보편화되는 사회를 만들기 위해서라도 절실하게 요청되는 부분이기도 하다. 입법부와 행정부가 성장주의 혹은 시장주의에 함몰되어 쉽사리 자원배분의 결정을 하지 않는 상황에서 사회적인 약자들이 그나마 자신의 권리를 호소할 수 있는, 가동가능한 통로는 사법부뿐이기 때문이다. 보기 나름으로는 이러한 요청은 이론적 수준을 넘어 현실적인 수준-사회정의의 실현이라는 측면에서 더욱 절실한 것이 된다.

문제는 이런 사법권의 확대는 어떻게 가능할 것인가라는 점이다. 최근 관심대상이 되고 있는 헌법개정의 작업은 가장 확실한 개선방안으로 부각된다. 헌법개정의 국면이 되면 사회권의 재정비와 더불어 사회권이행을 위한 헌법구조의 정비도 이루어져야 한다는 것이다. 이를 위해서는 먼저 사회권의 법적 이행 특히 사회권에 대한 사법심사가능성을 명문으로 규정하고 이 사법절차를 민주화하는 헌법개정안을 마련할 필요가 있다.

즉, ①의무이행판결·결정권의 확대 및 시민참여적 사법절차, 법관의 독립과 시민감시체제의 구축 등의 문제가 처리되어야 하며, ②국가인권위원회의 헌법적 지위를 분명히 하는 한편 그 업무범위를 사회권 등 모든 인권영역으로 확장시키는 한편, ③인권위과 법원, 헌재가 서로 협력체제를 구축, 총괄적 인권보장시스템을 구성할 필요가 있으며, 나아가 ④사회권과 관련한 국가의무조항 또는 법률유보조항들을 정비하여 모든 사회권들이 모든 사람의 헌법적 권리(기본권)로 구성될 수 있도록 하여야 한다.

물론 굳이 헌법개정의 국면까지 기다릴 필요는 전혀 없다. 몇 가지의 법개정 혹은 관례의 형성, 또는 경우에 따라서는 법해석만으로도 얼마든지 사회권에 대한 사법적 실현의 가능성을 확보할 수 있다.

문제는 이런 변화의 의지가 얼마나 우리 법공동체에서 활성화되어 있는가이다. 사실 사회권의 이행에 있어 법적 측면은 그 작은 부분 중의 하나에 불과하다. 그럼에도 그것은 사회권의 최소한(floor)을 이룬다는 점에서 결코 놓칠 수 없는 것이기도 하다.

그리고 이 사회권이 제대로 보장될 때에 비로소 인간의 존엄과 가치는 그 현실적 의미를 확보할 수 있게 된다. 어쩌면 바로 이 부분에서 새로운 '헌법에의 의지'가 더욱 절실하게 요구될지도 모르겠다. "인권의 진리는 (……) 역설적일 수 있지만, 그럼에도 불구하고 여전히 자명하다."[93]는 명제는 언제나 타당하기 때문이다.

---

93) L. Hunt, 정진성 역, 인권의 발명, 돌베개, 2009, 245면.

〈참고문헌〉

D. A. Desierto, "Justiciability of Socio-Economic Rights: Comparative Powers, Roles, and Practices in the Philippines and South Africa," Asian-Pacific Law & Policy Journal, vol.11 No.1, 2009.

D. Beetham, Democracy: a beginner's guide, Oxford: Oxford University Press, 2005.

E. C. Christiansen, "Adjudication Non-Justiciable Rights: Socio-Economic Rights and the South African Cosntitutional Court," Columbia Human Rights Law Review, Vol. 38, No. 2, 2007.

H. J. Steiner, and P. Alston, International Human Rights in Context, Oxford: Clarendon Press, 2008.

Isaiah Berlin, "Two Concepts of Liberty," in: Isaiah Berlin, Four Essays on Liberty, Oxford: Oxford University Press, 1969.

Liebenberg, S., "South Africa's Evolving Jurisprudence on Socio-Economic Rights," Socio-Economic Rights Project, CLC, UWC, 2002.

M. Langford, "The Justiciabilit if Social Rights: From Practice to Theory," in: M. Langford, eds., Social Rights Jurisprudence: Emerging Trends in International and Comparative Law, Cambridge: Cambridge University Press, 2008.

P. Bailey, "The Right to an Adequate Standard of Living: New Issues for Australian Law," in: M. Jones & P. Kriesler, eds., Globalizaton, Human Rights, & Civil Society, St. Leonards, NSW: Prospect Media Pty Ltd, 1998.

R. Gargarella, P. Domingo, and T. Roux, "Rights and Social Transformation: Concluding Reflections," in: Gargarella, R., P. Domingo, and T. Roux, Courts and Social Transformation in New Democracies: An Institutional Voice for the Poor?, Hampshire: Ashgate Publishing Ltd., 2006.

Ran Hirschl, Towards Juristocracy, Cambridge: Harvard University Press, 2004.

Sh. Verma, "Judiciability of Economic Social and Cultural Rights Relevant Case Law,"
  The International Council on Human Rights Policy, Geneva, 15 March 2005.

The Maastricht Guideline on Violations of Economic, Social and Cultural Rights, 1997.

Vienna Declaration and Programme of Action, A/CONF. 157/23, 12 July 1993.

International Commision of Jurists, 박찬운 등 역, 경제적, 사회적 및 문화적 권
  리의 사법집행: 사법심사가능성 비교연구, 2009.

S. Freedman, 조효제 역, 인권의 대전환, 교양인, 2009.

J. W. Nickel, 조국 역, 인권의 좌표, 명인문화사, 2010.

L. Hunt, 정진성 역, 인권의 발명, 돌베개, 2009.

고봉진, "재분배, 사회권, 인정," 법철학연구 제15권 제3호, 2012.

김윤태, "토마스 험프리 마셜의 시민권 이론의 재검토-사회권, 정치, 복지국
  가의 역동성," 담론201, 제16권 제1호, 2013.

전광석, "복지국가의 보편화와 독자화 - 50~60년대 서구 복지국가발전의 배
  경과 현상," 한국사회정책 제16집 제1호, 2009.

참여연대 사회복지위원회, 대한민국 최저생계비로 살아가기 - 누구를 위한
  최저생계비인가?, 나눔의 집, 2013.

최대권, 헌법학: 법사회학적 접근, 박영사, 1989.

한상희, "사회권과 사법심사 - 여전히 "생성중인 권리"의 복원을 위하여 -",
  공법연구, 제39집 제1호, 2010.

한상희, 변호인의 도움을 받을 권리: 비교법제적 분석, 일감법학, 2010.

한수웅, 헌법학, 법문사, 2011.

이 시대가 요구하는 헌법재판소의 인권철학*
-사회권의 사법심사강화를 위한 전제-

박 찬 운*

I. 글머리에-헌재는 인권철학을 가지고 있는가?-

1. 통진당 사건과 인권철학

헌법재판소(헌재)는 1987년 설립된 이래 지금까지 우리 인권발전
에 많은 기여를 했다. 30여 년이 되어가는 현 시점에서 헌재가 기본
권 수호를 위한 사법기관으로서 중요한 역할을 해나가고 있다는
데에는 이론이 없을 것이다. 하지만 헌재가 진정한 헌법수호기관으
로서의 소임을 다하기 위해서는 앞으로도 나아가야 길이 멀고도
멀다. 헌법재판소는 위헌법률심사를 중심으로 헌법재판을 하는 곳
이므로, 재판관들은 구체적 사건의 해결을 도모하는 일반법원의 법
관들보다, 넓은 시야의 헌법적 가치를 추구하지 않으면 안 된다. 그

---

* 이 논문은 2016년 6월 24일 서울대 법학연구소 공익인권법센터 등이 주최
한 심포지엄 '사회권의 현황과 과제'에서 발표된 원고를 수정한 것이며,
《법과 사회》 제52호(발행일 2016년 8월 31일)에 게재되었음을 밝힌다.
** 한양대 법학전문대학원 교수(인권법), 법학박사, 변호사.

런 면에서 헌재야말로 순수한 정책사법기구라고 말할 수 있다. 헌법적 가치란 다름 아닌 헌법의 이념이자 목적과 관련된 것이지만, 객관적으로 실재한다기보다는, 재판관의 세계관이 반영된 주관적 관념이다. 이 주관적 관념으로서의 세계관은 헌법을 어떤 관점에서 보는가에 따라서 달라질 수밖에 없고, 그것은 바로 헌법 본질에 대한 입장을 의미하니, 하나의 헌법철학이라고 해도 무방할 것이다. 헌법재판이란 재판관들의 이 헌법철학에 따라 결론이 달라질 수밖에 없다.

기본권과 관련된 헌법판단은 '인권에 대한 재판관의 (헌법)철학' (다른 말로 하면 '인권철학'이라 할 수 있음)과 깊은 관련이 있다. 모든 헌재결정이 인권철학의 반영일 수는 없겠지만, 사회적 논쟁의 대상으로 떠오른 사건이라면, 알게 모르게 다소간의 인권철학이 반영되는 건 당연하다 할 것이다.

우선, 우리 헌재의 헌법철학(인권철학)이 어떤 식으로 나타나는지 한 사건을 통해 구체적으로 알아보자. 2013년 우리사회를 뜨겁게 달군 사건 중 하나는 통진당 정당해산 사건이었다.[1] 이 사건 결정문을 읽어보면, 비록 8:1로 심히 기울어진 결론이었지만, 다수와 소수의 견해 차이는 팽팽했다는 것을 알 수 있다. 그것은, 적어도 표면적으론, 재판관들이 갖는 헌법철학이 가져온 결과였다. 양쪽은 민주주의, 사회주의, 자유, 사상, 진보, 소수자 등에 관한 이해에 있어서 상반된 철학을 보여주었으며, 그에 따라 극과 극의 결론을 내어 놓았다.

이 사건의 결론을 가른 재판관들의 철학을 우선 관용이라는 각도에서 보자. 다수의견은 불관용의 논리를 구사하면서 통진당을 우리 헌법이 용인할 수 없다고 하였고, 소수의견은 관용의 논리를 구

---

1) 헌법재판소 2014. 12. 19. 2013헌다1.

사하면서 통진당을 헌법 내로 수용하고자 했다. 결정문 중 이런 부분이 잘 드러난 곳을 살펴보자. 그 차이를 특별히 설명할 필요는 없다. 결정문만 보면 대번에 알 수 있다.

불관용의 철학

"민주주의는 자유로운 의견과 비판, 모든 사상과 문화를 허용하고 보장하며, 또 반드시 그렇게 해야 한다. 이것이야말로 우리 인류가 발전시켜온 민주주의의 최고의 장점이고 가치이기도 하다. 그러나 <u>민주주의 자체를 부정하고 그 근본을 무너뜨리려는 행위에 대해서는 단호히 대처해야 한다.</u> '우리들과 우리들의 자손의 안전과 자유와 행복'의 바탕인 자유민주주의의 존립 그 자체를 붕괴시키는 행위를 관용이라는 이름으로 무한정 허용할 수는 없는 것이다....피청구인 주도세력에 의해 장악된 피청구인 정당이 진보적 민주주의 체제와 북한식 사회주의체제를 추구하면서 대한민국의 자유민주주의체제를 부정하고 그 전복을 꾀하는 행동은 <u>우리의 존립과 생존의 기반을 파괴하는 소위 대역(大逆)행위로서 이에 대해서는 불사(不赦)의 결단을 내릴 수밖에 없다. 이는 단순히 옳고 그름이나 좋고 나쁨의 문제가 아니라, 존재와 본질에 관한 문제이기 때문이다.</u>"[2]

관용의 철학

"<u>우리 사회의 민주주의가 더욱 발전되기를 희망한다면, 다수의 정치적 이념과 부합하지 않는 정견에 대해 더욱 개방된 자세를 견지할 필요가 있다.</u> 정치적 의사표현의 자유는 누구에게나 중요하지만 특히 정치적 소수자들일수록 더욱 큰 의미를 가지기 때문이다.

---

2) 헌재 2014. 12. 19. 2013헌다1, 안창호, 조용호 재판관 다수의견 보충의견 (밑줄은 필자가 함).

정치적 다수자들의 처지에서 보면, 설령 자신이 직접 정치적 의사 표현을 하지 않는다 하더라도, 자신의 생각은 이미 사회적으로 널리 공유되어 현실에서 제도적으로 구현되고 있는 경우가 많고, 나아가 굳이 본인이 아니더라도 다른 누군가가 자신의 생각을 대변해 줄 가능성도 크다. 그에 반해 정치적 소수자의 지위에 있는 사람들은, 자신들의 생각을 직접 표현하거나 실천하지 않는다면 그들의 의견은 결코 사회적으로 의미 있게 드러낼 수 없는 상황에 처해 있다. 우리 사회는 그들의 생각이 표현될 기회를 보장해 주어야 하고, 그들을 정치적으로 대변해 줄 이른바 진보정당의 필요성도 그만큼 더 절실하다. 또한, 사회의 소수 의견은 다수 의견이 건강하게 유지되는 데에도 필수적이다. 사회의 주류적 견해가 언제나 옳다면 다행스러운 일일 것이나, 실상 인간들이 모여 살아가는 사회는 잠재적인 오류들로부터 자유롭지 못하다."[3]

2. 헌재는 인권철학을 가지고 있는가

미 연방대법원은 인권철학을 가진 법률가로 구성되었다는 평가를 받는다. 이것은 임명절차에서 피지명자의 인권철학이 비중 있게 논의되고, 청문절차는 그것을 확인하는 절차로 운영되는 데에서도 알 수 있다. 연방대법원 대법관후보자의 이념적 성향은 상원의 임명동의 여부를 가늠하는 데 중요한 기준으로 작용해왔다.[4] 임명권자인 대통령은 피지명자가 자신과 정치적 견해를 같이 해주길 기대하고 그에 맞는 헌법철학을 갖고 있는 법률가를 임명한다.[5] 예컨

---

3) 헌재 2014. 12. 19. 2013헌다1, 김이수 재판관 반대의견(밑줄은 필자가 함).
4) 강승식, "미국 상원 인사청문절차에서의 법관후보자 이념적 성향 검증", 「세계헌법연구」, 세계헌법학회 한국학회, 제21권제3호, 2015, 219쪽.
5) 일반적으로 미국 대통령이 연방대법원 대법관이나 연방법원 법관 후보

대, 레이건 대통령은 연방대법원에 파월 대법관 사퇴로 공석이 발생하자 보크를 후임 대법관후보자로 지명하였다. 파월은 당시 이념적으로 분열된 연방대법원에서 부동표(swing vote)를 행사한 대법관이었다. 이런 점에 주목해 당시 상원에서는 낙태, 프라이버시와 같은 쟁점에 대해 보크가 지나치게 보수주의적 입장을 취하고 있다는 비판이 쏟아졌다.6)

하지만 그런 대통령의 의도가 모두 관철되는 것은 아니다. 미 헌정사에선 그 바람을 저버린 대법관이 꽤 많았다. 대표적인 사람이 얼 워렌이다. 그는 공화당 대통령 아이젠하워가 공화당의 보수적 정치이념을 대법원에서 실천해주길 바라면서 대법원장으로 임명된 사람이었다.7)

그럼에도 그에 의해 지도된 이른바 워렌 코트는, 아이젠하워의 기대와는 달리, 미국 역사상 가장 진보적인 인권판결을 내려 미국 역사를 바꾼 대법원으로 통한다. 인간적으론 워렌이 아이젠하워를

자를 지명하는 데 있어서 고려하는 사항으론 정치적 충성도, 연방대법관이나 연방법관으로서의 자질, 법정책학적 인식, 다수를 대변할 수 있는 기질이나 확신이라고 한다. 이들 고려사항 중에서도 가장 중요한 것은 정치적 충성도라고 할 수 있다. 그런 이유로 미국 대통령은 아예 공개적으로 자신이 속한 정당출신 연방대법관 및 연방법관으로 임명함으로써 자신이 추구하는 정책목표를 달성하려고 한 사례가 많다. 김형남, "미국 대통령의 연방대법관 지명과 헌법적 문제", 「미국헌법연구」, 미국헌법학회, 제17권 제1호, 2006. 2, 78쪽.

6) 강승식, 앞의 글, 같은 쪽.
7) 아이젠하워 대통령이 얼 워렌을 대법원장으로 임명한 것은 워렌이 유명한 보수적 인사였기 때문이었다. 워렌은 캘리포니아 주지사 시절 일본에 의해 진주만이 공격을 당하자 캘리포니아 거주 일본인들을 강제로 캠프에 구금시킨 인물이었다. 아이젠하워는 대통령 퇴직 후 자신이 워렌을 임명한 이유는 그가 과격한 진보적 법철학을 가지지 않았을 것이라고 생각했기 때문이었다고 말한 바 있다. Bernard Schwartz, A Histroy of the Supreme Court, Oxford University Press, 1993, pp.263, 285.

배신한 것이지만, 그로선 자신의 인권철학을 실천했을 뿐이다. 이런 현상은 워렌 이후 버거, 렌퀴스트 그리고 현재 로버츠 대법원장에게서도 마찬가지다. 이들도 임명권자인 닉슨이나 부시의 정파적 견해를 따를 것으로 예상했으나 임명된 후에는 결국 자신의 길을 걸었고, 걸어가고 있다. 그들에겐 법률가로서의 인권철학이 정파적 이해관계보다 더 중요하기 때문이다.

우리 헌재는 어떤가? 통진당 사건을 비롯해 정치적 파장을 초래하는 사건들의 결정이, 과연 진정한 의미에서, 개개 재판관들의 인권철학에 기초한 결론이었다고 자신 있게 말할 수 있을까? 그것보단 임명절차에서 어떤 배경으로 임명되었는가가 그 차이를 만들었다고 말하는 게 정확하지 않을까.[8] 헌재 설립 이후 지난 28년간 수많은 헌재결정들이 있었지만, 그들 결정에서 재판관의 인권철학을 발견하긴 대단히 어렵고, 그것을 볼 수 있는 소수의 사건마저도, 재판관들이 정파적 이해관계를 뛰어넘지 못했다고 말한다면, 지나친 비판일까?

3. 헌재의 인권철학은 왜 중요한가

국민의 헌재에 대한 여망은, 헌재가 우리 사회의 중요한 이해관계 충돌을[9], 헌법의 해석을 통해 종국적 해결(final solution)을 원한

---

8) 임지봉 교수는 헌재의 통진당 결정을 분석 비판하면서 "(통진당) 결정은 법리적인 면에서 여러 문제점들이 드러나는 결정으로서 법리를 차분하게 적용한 '사법적 판단'이라기 보다는 인용의견을 낸 8인 재판관들의 정치적 성향을 강하게 드러낸 '정치적 판단'으로 평가할 수 밖에 없다"고 하였다. 임지봉, "헌법재판소의 통합진보당 해산결정에 대한 분석과 평가", 「법학논총」, 숭실대학교 법학연구소, 제33집, 2005. 1, 2쪽.
9) 이것이 바로 '헌법문제에 관한 다툼'이며, 바로 정치규범으로서의 헌법에 관한 다툼을 말한다.

다. 헌법재판은 일종의 정치형성재판으로서의 특성이 있기 때문에 그 판단결과는 한 정치체의 정치질서와 직결된다. 따라서 이것은 일반적인 사법작용처럼, 국민의 일상생활에서 나타나는 여러 가지 법적 분쟁을 해결하는 기술적 성격의 단순한 법 인식 작용이 아니다.[10] 그것은 고도의 철학적, 가치 인식적 성격의 법 인식 작용이 될 수밖에 없다. 이런 이유로 헌법재판은 헌법적 가치를 둘러싸고, 일련의 사상과 이념이 각축전을 벌리게 된다.

고도의 헌법철학에 기초한 결정은 단순히 그 결론만이 아니고, 그 결론에 이른 과정 또한 중요하다. 정치형성을 하기 위해선 재판 결과의 논리적 과정을 보여주지 않고서는 국민을 설득하기 때문이다. 이런 이유로 헌재결정문은 결정의 결론뿐만 아니라 그 결론에 도달한 논리적 과정을 적절히 보여주지 않으면 안 된다. 이 과정에서 재판관들은 헌법철학에 입각해 자신의 입장을 설명해야 한다.

또한 우리 헌법이 선출권력 아닌 법률전문가로 구성된 사법기관에게, 선출권력을 견제할 수 있도록 한 이유를 생각할 필요가 있다. 그것은 '정파적 이해관계에 좌우되지 않는 공정한 판단'이라는 또 다른 헌법적 가치를 추구했기 때문이었다. 그렇다면 그 '정파적 이해관계에 좌우되지 않는 공정한 판단'은 어떻게 알 수 있을까. 나는 재판관 개개인의 확고한 인권철학이 결정문에 적절히 표현될 때 그것이 가능하다고 생각한다. 인권철학에 근거한 결정의 논리가, 결정문에 품위 있는 수사로 펼쳐질 때, 공정한 판단이라는 평가를 받을 수 있다는 것이다.

이하에서는 우리 헌재가 기본권의 수호기관으로서의 사명을 다하기 위해서, 우선 일반론으로서, 이 시대에 요망되는 인권철학을

---

10) 허영, 『한국헌법론』(전정12판), 박영사, 2016, 869쪽.

정리해 볼 것이다.[11] 이어 이를 바탕으로 특별히 헌재가 그동안 상대적으로 관심을 덜 보인 사회권의 재판규범성[12]을 강화하기 위해서 어떤 인권철학이 필요한지를 살펴볼 것이다. 헌재에서 이런 인권철학이 발견되지 않는다면 기본권으로서의 사회권은 앞으로도 상당기간 종이 위의 권리일 수밖에 없다. 나아가 이런 철학이 헌재에서 확고한 흐름으로 자리 잡기 위해선, 구조적이고도 현실적 차원에서, 헌재의 인권철학을 살펴볼 필요가 있다. 이것이 바로 헌재구성 등과 관련된 문제이다. 헌재구성을 어떻게 변모시켜야 '인권철학을 갖춘 헌법기구'로 평가받을 수 있을까?

---

11) 이런 논의가 학술적으로 무슨 의미가 있는가 하고 회의할 수도 있다. 단순히 희망사항에 불과하다는 비판을 받을 수도 있다. 하지만 우리 헌재가 좀 더 강력한 인권수호기관으로 자리매김하기 위해선 언젠가는 아래에서 보는 인권철학이 강력한 흐름으로 나타나지 않으면 안 된다. 따라서 이하의 논의는 그런 헌재를 만들어나갈 때 고려되어야 할 철학으로 생각하면 일정한 의미가 있으리라 생각한다. 향후 헌재 재판관을 임명하는 과정에서 후보자들에 대해 이런 것들이 점검되면 철학 있는 헌재를 만드는 데 도움이 될 것이다.

12) 이 말은 사회권의 사법심사가능성과 관련 있다. 전통적으로 사회권은 재판규범으로선 적절치 않다고 여겨졌다. 하지만 이 논문에선 사회권의 재판규범성을 강조하면서 기본권의 실효성을 높여야 한다는 전제 하에 헌재의 적극적 역할(사법심사가능성)을 강조한다.

II. 이 시대가 요구하는 헌재의 인권철학 일반론[13]

1. 공존의 인권철학

(1) 공존에 대하여

헌재에게 요구되는 첫 번째 인권철학은 공존의 철학이다. 이 철학의 규범적 근거는 대한민국을 구성하는 모든 국민(때론 외국인까지)은 동등한 인권의 주체로서 인간으로서의 존엄한 가치를 누려야 한다는 헌법원리이다. 헌법 제10조의 인간으로서의 존엄성과 행복추구권을 단순히 추상적·일반적 기본권으로서 이해하지 않고, 그것을 구체화 하는 것이 헌재에게 주어진 임무라고 할 때, 그 출발은 바로 이 철학에서 시작해야 한다.

공존은 사회구성원 사이에서, 타인에 의한 종속이나 배제를 허용하지 않고, 모든 구성원이 독립과 자유를 기초로 자신의 삶을 영위하는 것을 의미한다. 사회적 약자나 소수자가 인간으로서 존엄과 가치를 지니며 행복을 추구할 수 있는 당연한 존재로 인정받기 위해서는 이 공존의 인권철학으로 무장되지 않으면 안 된다.

불원간 헌재는 동성애, 동성결혼, 장애인, 외국인, 난민 등 사회적 약자 및 소수자가 제기한 여러 가지 헌법문제를 판단하지 않으면 안 될 것이다. 이 때 공존의 인권철학은 그런 문제에 대해 정확한 이해와 해결책 도모에 이론적 근거를 제공할 것이다.

---

13) 이하에서는 기본권 해석을 통한 인권수호기관으로서 헌재가 갖춰야 할 일반적인 인권철학을 논의한다.

(2) 공존의 철학과 에리히 프롬

공존의 철학은 에리히 프롬의 주저 『소유냐, 존재냐』를 통해서도 이미 오래 전에 확인된 것이다.[14] 그는 위 책에서 인간 내부에는 소유적 실존양식과 존재적 실존양식이라는 두 가지 성향이 있다고 한다. 전자는 소유하고자 하는, 자기 것으로 하려는 성향으로서, 궁극적으로 살아남고자 하는 생물학적 소망에서 뻗어 나온 힘이다. 한편, 후자는 존재하고자 하는, 나누어가지고 베풀고 희생하려는 성향으로서, 인간실존의 특유의 조건에서, 특히 타자와 하나가 됨으로써 자신의 고립을 극복하려는 타고난 욕구에서 나온 성향이다.[15] 모든 인간은 이 두 가지 성향을 가지고 있으나 대개는 둘 중 하나가 우세한 경향으로 나타나 사회를 지배한다. 이 중 소유적 실존양식은 자신의 재산을 지키기 위해 타인을 배제하고 정복하며 약탈하는 인간사회를 만들지만, 존재적 실존양식은 타자와 하나가 되며, 나눔을 장려함으로써 지상에 평화를 가져온다.[16]

이 두 삶의 방식에서 프롬은 존재적 실존양식이 지배하는 사회를 지향해야 한다고 주장한다. 그는 존재적 실존양식이야말로, 우리 모두가 공존하기 위한, 이 시대가 요구하는 철학이다. 프롬은 존재적 실존양식의 사회를 만들기 위한 전제조건은 구성원 모두의 참여를 보장하는 것이라고 말한다.[17] 정치적 참여민주주의가 완전

---

14) 에리히 프롬은 1900년 독일 프랑크푸르트에서 태어나 사회학, 심리학, 철학을 공부했고, 1922년 하이델베르크 대학에서 박사학위를 받았다. 1928년에서 1931년까지 프랑크푸르트 심리분석 연구소의 연구원으로 있다가 나치 치하에서 1934년 미국으로 망명하여 예일대학, 뉴 헤이번 대학, 뉴욕대학, 멕시코 국립대학 등지에서 강의했다. 20세기를 대표하는 사회심리학자로 통한다.
15) 에리히 프롬(차경아 옮김), 『소유냐, 존재냐』, 까치, 2011, 148쪽.
16) 에리히 프롬, 위의 책, 110, 115쪽.
17) 에리히 프롬, 위의 책, 244~255쪽.

히 보장되어 사회구조의 주인이 되지 않고서는 권리문서(예컨대 헌법)에 기록된 어떤 자유도 온전히 누릴 수 없기 때문이다.

프롬의 존재적 실존양식은 인간적 사회주의라는 차원에서도 이해할 수 있다. 그가 말하는 소유적 실존양식은 자본주의 체제 하에서의 사람들이 생존하는 기본적 존재양식이고, 거기에서 자본주의의 병폐는 내재하고 있다. 사회주의는 생산수단을 사회화해 자본주의를 극복하려고 했지만 그것도 따지고 보면 소유권의 변혁을 통해서만 사회변혁을 찾은 것으로 아직 소유에 대한 집착을 버리지 못한 것으로 본질적으론 자본주의 사회의 사고방식(소유적 존재양식)과는 다를 바가 없는 것이었다. 따라서 자본주의를 진정으로 극복하는 사회주의는 소유에 대한 개개인의 집착을 극복하고 인간 개개인이 진정한 의미에서 인간이 되는 데에 존재한다. 이를 위해선 사유재산을 중심으로 모든 문제를 재산권의 문제로 환원시키는 것이 아니라, 노동자의 경영참여와 공동경영, 권한의 분산, 노동과정에서의 인간의 구체적 기능에 초점을 맞추지 않으면 안 된다고 프롬은 생각한다.[18] 이것이 바로 프롬이 말하는 인간적 사회주의이며, 그것이 곧 존재적 실존양식이라고 할 수 있다.

(2) 공존권의 탄생

공존의 철학은 이제 공존권(right of coexistence)이란 새로운 개념의 인권을 탄생시켰다.[19] 서구인권사상은 통상 자유주의적 1세대 인권, 평등주의적 2세대 인권, 집단적·연대주의적 3세대 인권으로

---

18) 박찬국, "인간주의적 사회주의라는 유토피아에 대한 보수주의적 입장에서의 일고찰-에리히 프롬의 인간주의적 사회주의 사상을 중심으로-", 「시대와 철학」, 한국철학사상연구회, 11권1호, 2000, 116쪽.

19) 이 용어가 이제껏 학문적 차원에서 사용된 것을 보지 못했다. 이 용어는 이 논문을 통해 필자가 실험적으로 작명한 것임을 밝힌다.

발전해 왔다.[20] 이런 흐름을 다른 각도에서 살피면, 인권의 역사는 (개인적) 자유권(right of freedom)을 탄생시킨 이후, 지난 2세기 동안 격렬한 논쟁을 거친 끝에, 사회 공동체에 속한 모든 구성원이 평화와 공존 속에서 살아가는 것을 하나의 권리로 받아들이게 되었다는 것이다. 공존권(right of coexistence)이란 바로 이런 권리철학을 규범적 차원에서 뒷받침하는 개념이다.

고전적 자유권은 자본주의의 발달과 더불어 재산권을 중심으로 발단한 권리개념이다. 고전적 자유주의 인권관을 대표하는 사상가 로크가 중시한 권리는 생명, 자유, 재산권이었던 바, 그중에서도 그에게 가장 중요한 권리는 재산권이었다. 유산자 계급에겐 생명도, 자유도 자유로운 재산확보를 위한 도구였다고 볼 수 있다. 유산자 계급에겐, 그들의 지위확보와 그 유지를 위해 재산은 필수불가결한 것이었기에, 그것에 대한 절대불가침의 권리가 필요했다. 로크에 의하면 국가라는 것도 재산을 보전하기 위해 만들어진 도구에 불과한 것이었다.[21]

그렇게 해서 자본주의는 꽃을 피웠지만, 시간이 가면서, 계급간의 갈등은 불가피해졌다. 사회적 약자와 소수자가 발생했고, 그들에게도 인권이란 것이 주어졌지만, 그것은 종이 위의 권리에 불과했다. 경제적 능력이 없는 그들로서는 권리문서에 기재된 권리목록은 그림의 떡이었던 것이다.

공존권은 19세기 후반 평등권의 부상과 20세기 사회권 그리고 2차 대전 이후의 연대권 등을 통해 우리가 확인할 수 있는 인권개념

---

20) 박찬운, 『인권법』(제2개정판), 한울, 2015, 39쪽 이하.
21) 존 로크(강정인, 문지영 옮김), 『통치론』, 까치, 1996, 83쪽. 로크는 이에 대해 이렇게 말한다. "어떠한 정치적 사회도 그 자체 내에 재산을 보존할 권력 그리고 이를 위해서 그 사회의 모든 범죄를 처벌할 수 있는 권력을 가지지 않고서는 존재하거나 존속할 수 없다."

이다. 이 권리가 추구하는 것은 모든 사회적 약자 및 소수자의 존재 그 자체를 인정함과 동시에 그것을 인권의 수준으로 격상시키자는 것이다. 그렇게 함으로써 사회 공동체의 모든 구성원이 인간으로서의 존엄성 및 행복추구권을 누릴 수 있는 것이다.

2. 민주공화국의 인권철학

헌재에 요구하는 두 번째 인권철학은 '대한민국은 민주공화국'이라는 헌법규정(제1조 제1항)의 의미를 제대로 살려야 한다는 것이다. 민주공화국의 의미와 본질에 알맞게 헌재는 기본권 해석을 하지 않으면 안 된다.[22]

(1) 대한민국은 민주공화국

일반적으로 민주공화국에서 민주는 국체로, 공화는 정체로 이해되고 있다. 국체로서의 민주는 제2항의 '모든 권력은 국민으로부터 나온다'라는 주권재민과 연결되는 것으로 대한민국의 기본 틀이라고 할 수 있다. 이것에서 우리나라는 주권이 왕(왕정)이나 소수 귀족에게 귀결(귀족정)되는 국가체제를 허용하지 않는다. 국가의 일반의사는 국민에 의해 직접 혹은 그의 대표자에 의해 간접적으로

---

22) 물론 이런 철학을 이야기하면, 이것이 왜 '지금' 이 시대의 인권철학으로 강조되어야 하느냐고 반문할 수도 있다. 왜냐하면 '민주공화국'의 철학은 우리나라가 민주공화국인 이상 모든 시대에 헌재가 갖추어야 할 철학이기 때문이다. 필자가 이것을 이 시대의 인권철학으로 특별히 강조하는 것은 그 '모든 시대'에 갖추어야 할 가장 기본적인 철학이 헌재에서 종종 실종되었다고 느끼기 때문이다. 헌재는 가장 기본적인 인권철학을 보다 분명히 필요가 있다. 그와 같이 볼 때 앞서 본 통진당 사건의 다수의견(불관용의 국가주의)은 아래에서 보는 민주공화국의 철학적 입장에선 받아들이기 어렵다.

표현되지 않으면 안 된다. 여기서 말하는 국민은 단순한 국적개념의 국민이 아니라 한 국가사회의 구성원인 모든 시민이다. 따라서 사회적 약자나 소수자를 배제시키는 것은 대한민국의 국체에 반하는 것이다.

(2) 공화주의

정체로서의 공화는 국가를 운영하는 기본방침이 공화정 혹은 공화주의라는 것이다. 문제는 공화정 혹은 공화주의가 무엇이냐이다. 이것은 공화주의 역사적 발전에 따라 다양한 의미가 있어 한마디로 정의하기 어렵지만, 로마의 키케로가 공화국을 '공공의 것'(res publica)라고 말한 이후 전통적으로 인정되는 개념으로 설명하면, 공화주의란 '공동의 이익을 추구하기 위해, 공동의 일을 결정하는 데 참여하는 시민정신'이라고 할 수 있고, 공화국은 공동의 이익을 구현하기 위해 공동의 지배가 법치를 통해 실현되는 나라라고 할 수 있다.[23] 이런 공화주의는 구성원이 누구로부터 예속되거나 복종을 강요당할 때는, 그 실현이 불가능하므로 당연히 자유로운 시민을 전제로 한다. 이렇게 볼 때, 공화주의는 다음 3가지 요소에 의해 지지되는 이념이라고 할 것이다.[24]

자유

국민이 주인인 나라에서 개개 국민은 자유를 누려야 한다. 자유는 한 개인이 독립적(주체적)으로, 자신의 뜻대로 살 수 있음을 의미한다. 이것은 누구로부터의 억압도 거부하고, 원치 않는 지배에서 해방되지 않으면 안 된다는 것을 의미한다. 우리 공화국의 이념

---

23) 조승래, "지금 왜 공화주의인가?", 「미국사연구」, 한국미국사학회, 34집, 2011, 1쪽.
24) 김경희, 『공화주의』, 책세상, 2009, 80쪽 이하 참고.

은 국민에게 단지 자유를 선언하는 것만으로는 안 되며, 국민들이 실제로 이 자유를 향유하도록 하지 않으면 안 된다. 이를 위해서는 국민에게 이 자유를 누릴 수 있는 능력이 중요하다. 어떤 인간도 역량이 없다면 그 앞에 놓인 자유를 향유할 수 없다. 따라서 국가는 국민이 자유를 실질적으로 누릴 수 있도록 그 기초를 만드는 데 주력해야 한다.

법치주의

공화정은 인치가 될 수 없다. 거기에선 개인에겐 자유가 보장되며, 주종적, 예속적 지배관계가 허용되지 않는다. 이러한 자유를 누리기 위해선 개인이나 특정집단의 자의적 지배를 제어할 수 있어야 한다. 이것을 가장 효과적으로 가능케 하는 것이 법치주의다. 법이라는 객관적으로 공적인 기준이 확립되어 있을 때, 공동체 구성원들은 자신의 행위와 결과를 쉽게 예측할 수 있기 때문이다.[25] 물론 여기에서의 법치는 국민이 직접 혹은 그 대표자가 만든 법에 의한 통치일 뿐만 아니라 단순히 다수가 소수를 지배하거나, 소수가 다수를 지배하기 위한 수단이 아니라 공동체가 합의한 가치를 실현하는 목적적 수단이어야 한다(실질적 법치주주의).

공공선과 시민적 덕성

공화정에선 모든 사람이 자신의 이익만 추구해서는 안 된다. 자유를 누리면서도 공동체 전체의 공공의 이익이 될 수 있는 가치를 추구하지 않으면 안 된다. 공공의 이익은 오로지 다수의 이익을 의미하는 것은 아니다. 비록 소수의 입장에 해당되는 것이라도 전체 사회가 평화롭게 공존할 수 있는 것이라면, 그것이 공공의 이익이

---

25) 김경희, 위의 책, 84쪽.

될 수 있다. 시민은 이런 공공의 이익에 복무하겠다는 마음가짐을
가져야 하며, 바로 이것이 그 공동체의 영속과 발전을 위한 시민적
덕성이다. 이러한 이념은 정치 공동체가 각 구성원들과 각 계층 간
의 의견 조율을 통해 공동의 이익을 추구하는 공존의 이념이기도
하다.[26]

(3) 민주공화국을 완성하는 인권철학

공화주의를 위와 같이 이해할 때, 헌재는 국민 개개인이 참다운
자유를 누릴 수 있게 하고, 전 사회적으로 실질적 법치주의가 넘치
며, 공공선과 시민적 덕성이 사회의 가치가 되도록 헌법을 적용하
고 해석해야 한다. 헌재가 이런 공화주의 이념을 분명히 할 때 비
로소 대한민국은 진정한 민주공화국으로 한 걸음 앞으로 나갈 수
있을 것이다.

3. 기술적 철학으로서의 '시적 정의'

헌재의 결정은 사법부의 판단이기 때문에 법리적 논리가 무엇보
다 중요하다. 하지만 그 결정문은 단지 법률가들만을 위한 문서가
아니다. 국민을 설득해야 하는 역사적 문장이기도 하다. 따라서 그
서술 방법에도 일정한 기술(記述)적 철학이 필요하다. 오로지 딱딱
한 법률적 판단만이 아니라, 결론에 도달하기 위해 사용된 논리를
감성적으로 이해(설득)시키는 문학적 장치도 필요하다는 것이다.
그런데 우리 헌재 결정문은 어떤가? 너무 기계적이고, 너무 편협한
기술이라는 것을 부인하기 힘들다.

이와 관련하여 미국 연방대법원 판결을 보면 흥미 있는 기술방

---

26) 김경희, 위의 책, 89쪽.

법을 발견한다. 심심찮게 대법관들이 문학적 서술을 한다는 것이다. 예컨대, 워렌 코트의 중심 인물이었던 윌리엄 더글라스는 판결문에서 곧잘 셰익스피어 작품을 언급하였다. 그만 아니라 윌리엄 브레넌, 폴 스티븐스, 샌드라 오코너와 같은 대법관들도 셰익스피어의 열성팬이었고, 얼마 전 작고한 안토닌 스칼리아도 셰익스피어 전문 법률가 중 하나였다.[27)]

바람이 있다면, 우리 헌재결정문에서도 재판관들의 휴머니티를 볼 수 있는 기술적 철학이 고민되었으면 좋겠다. 특정 재판관이 그 역사적 결론에 도달하기 위하여, 어떤 인간적 고민을 했는지를 문학적 서술로 볼 수 있다면, 결정문을 읽는 독자에겐 그것만으로도 신뢰 이상의 감동을 줄 것이다. 그러나 그것은 재판관들의 단순한 문학적 소양으로만 가능한 게 아니다. 그것은 공감능력을 바탕으로 한 문학적 소양일 때에만 비로소 의미가 있다. 마사 누스바움은 『시적 정의』에서 공감에 기초한 문학적 상상력이 훌륭한 재판관의 조건임을 이렇게 강조한다.

> "휘트만이 보여주듯, '시적 정의'는 꽤 많은 비문학적 장치들—전문적인 법률지식, 법의 역사와 판례에 대한 이해, 적합한 법적 공평성에 대한 세심한 주의 등—을 필요로 한다. 재판관은 이 모든 것을 고려하는 훌륭한 재판관이어야 한다. 하지만 충분히 이성적이기 위해 재판관들은 공상과 공감에 또한 능해야 한다. 그들은 자신들의 기술적인 능력뿐만 아니라, 휴머니티를 위한 능력까지도 배워야 한다. 이 능력 없이는, 그늘의 공평성은 우둔해질 것이고 그들의 정의는 맹목적이 될 것이다. 이 능력 없이는, 자신들의 정의를 통해 말할 수 있기를 추구했던 "오랫동안 말이 없던" 목소리를 들은 침묵

---

27) 안경환, 『윌리엄 더글라스 평전』, 라이프맵, 2016, 263쪽.

속에 갇힐 것이며, 민주적 심판의 "태양"은 그만큼 장막에 가려질 것이다. 이 능력 없이는, "끝없는 노예 세대들"이 우리 주변에서 고통 속에서 살아갈 것이며, 자유를 향한 희망은 점점 줄어들 것이다."[28]

III. 사회권 보장을 위한 패러다임 전환[29]

1. 사회권의 성격에 관한 학계 및 헌재의 입장

사회권이란 용어가 주로 국제인권법적 차원에서 사용된다면 국내에서 이와 관련된 개념은 헌법상의 기본권 중 강학상 사회권적 기본권 혹은 생존권적 기본권 이라고 하는 것들이다. 국내의 헌법학자들은 이들 기본권의 주관적 공권성(사법구제가 가능한 주관적 권리)에 대해서 그동안 프로그램 규정설, 추상적 권리설, 불완전 구체적 권리설 등을 주장하면서 기본적으로 그 구체적 권리성을 인정하지 않았다.[30] 일부 학자는 "우리 헌법에 규정되어 있는 사회적 기본권은 주관적 공권이 아니라 일차적으로 기본전제를 형성하라는 입법자에 대한 구속적인 헌법위임규정"[31]으로 이해하기도 하지만 이런 견해도 주관적 공권성을 인정하지 않는 것은 결국 같다고

---

28) 마사 누스바움(박용준 옮김), 『시적정의』, 궁리, 2015, 252쪽.
29) 이하에서는 위에서 본 헌재의 일반적 철학에 기초하여, 헌재가 사회권 보장을 위해 적극적 역할을 하기 위해서, 어떤 구체적 철학이 필요한지에 대해 정리해 본다.
30) 사회권의 헌법적 성격에 관한 논의는 다음 논문을 참고할 것. 홍성방, "헌법재판소결정례에 나타난 사회적 기본권," 『서강법학연구』, 4권, 2002. 5, 35~60쪽.
31) 홍성방, 『헌법학』(개정판), 현암사, 2003, 541쪽.

할 수 있다.

최근 학계의 상황은 사회권을 일률적으로 프로그램 권리니 추상적 권리니 하는 식으로 보아 그 권리성을 부정하는 학자는 보기 드물다. 허영 교수는 '인간다운 생활을 할 권리'의 경우 단순히 국민의 기본권적 시각에서만 그 법적 성격을 평가할 것이 아니고, 사회국가를 실현시켜야 되는 국가의 구조적 원리, 국가의 존립근거, 국가의 당위적인 과제 등의 관점에서 이해해야 한다고 하면서 이 권리의 권리성을 보다 전향적으로 인정하려고 한다.[32]

김철수 교수는 여기에서 한 발짝 더 나아가 사회권의 구체적 권리성을 분명히 인정한다. 김 교수에 의하면 생존권(사회권)은 헌법에 명문으로 규정된 국민의 권리인 이상, 만약 개개의 국민에 대한 국가의 구체적 행위가 있고, 그것이 건강하고 문화적인 최저한도의 생활을 침해하고 있는 경우, 개개의 국민의 생존권에 기하여 법원이나 헌법재판소에 소송이나 헌법소원을 통하여 그러한 국가의 적극적 침해행위의 배제할 수 있는 것은 당연하다고 한다.[33]

이와 같이 사회권의 법적 성격에 대해서는 과거에는 구체적 권리성을 부정하는 게 다수 입장이었으나 현재는 점차 권리성을 구체적으로 인정하는 입장으로 넘어가고 있다고 할 수 있다.[34]

---

32) 허영, 앞의 책, 560~561쪽. 허영 교수는 "... 적어도 '궁핍으로부터의 해방'을 보장하고 실현시키지 못하는 국가는 가장 본질적인 국가의 의무를 이행하지 못하는 것이 되어 그 존립근거 내지 정당성의 문제가 될 수 있다. 이 때 국민은 국가기관의 헌법침해를 이유로 국가의 법적 정치적 책임을 추궁할 수 있으리라고 본다."라고 말하는 데, 이것은 '인간다운 생활을 할 권리'를 구체적 법적 권리로 본다는 것을 전제한 것 같다.

33) 김철수, 『헌법학신론』(제21전정신판), 박영사, 2013, 949~950쪽. 김교수의 이런 견해는 뒤에서 보는 사회권에 대한 국가의 의무 중 '존중의 의무'(obligation to respect)를 국가가 위반했을 때 즉시 사법적 구제가 가능하다는 논리와 유사하다고 본다.

34) 홍성방, 앞의 책, 538쪽.

사회권의 법적성격에 관한 헌법재판소의 입장은 일관되지 않다
는 것이 대체적 평가다.[35] 하지만 지난 20년 간 헌재가 결정한 사건
을 전반적으로 평가하건대, 헌재가 바라보는 사회권의 법적 성격은
빈약하기 짝이 없다. 헌재는 인간다운 생활을 할 권리(헌법 제34조1
항)를 중심으로 사회권의 성격에 관하여 견해를 밝혀 왔다. 헌재는
인간다운 생활을 할 권리가 법률에 의하여 구체화할 때 비로소 인
정되는 법률상의 권리라고 보고 있으며[36], 헌법상의 사회보장권도
그에 관한 수급요건, 수급자의 범위, 수급액 등 구체적인 사항이 법
률에 규정됨으로써 비로소 구체적인 법적 권리로 형성되는 권리라
고 보고 있다.[37] 이러한 입장은 법률에 의하여 구체화 되지 않은
사회권은 주관적 공권성을 갖기 어렵다는 이야기다. 이는 사회권이
헌법상 기본권이지만 실상은 자유권과는 본질적으로 다른 명목상
의 기본권이라는 것과 다르지 않은 입장이다. 그럼 이런 사회권에
서 국가의 의무란 무엇일까. 사회권에서의 국가의 의무와 관련한
헌법재판소의 입장은 장애인의 이동권과 관련하여 제기된 '저상버
스 도입의무 불이행 위헌확인' 사건[38]을 통해 분명히 알 수 있다.
이를 알 수 있는 헌재 결정의 주요 부분을 보면 다음과 같다.

『사회적 기본권(헌법 제31조 내지 제36조)이 국가에게 그의 이
행을 어느 정도 강제할 수 있는 의무를 부과하기 위해서는, 국가의
다른 과제보다도 사회적 기본권이 규정하는 과제를 우선적으로 실
현하여야 한다는 우위관계가 전제가 되어야 하는데, 사회적 기본권
에 규정된 국가의 의무가 그렇지 못한 국가의 의무에 대하여 입법

---

35) 홍성방, 위의 책, 538쪽.
36) 헌법재판소 1995. 7. 21. 93헌가14; 1998. 2. 27. 97헌가10; 2000. 6. 1. 98헌마
    216; 2003. 5. 15. 2002헌마90; 2004. 10. 28. 2002헌마328.
37) 헌법재판소 1995. 7. 21. 93헌가14; 2003. 7. 24. 2002헌바51.
38) 헌법재판소 2002. 12. 18. 2002헌마52.

과정이나 정책결정과정에서, 무엇보다도 예산책정과정에서 반드시 우선적 이행을 요구할 수가 없다. 사회적 기본권과 경쟁적 상태에 있는 국가의 다른 중요한 헌법적 의무와의 관계에서나 아니면 개별적인 사회적 기본권 규정들 사이에서의 경쟁적 관계에서 보나, 입법자는 사회·경제정책을 시행하는 데 있어서 서로 경쟁하고 충돌하는 여러 국가목표를 균형있게 고려하여 서로 조화시키려고 시도하고, 매 사안마다 그에 적합한 실현의 우선순위를 부여하게 된다. 국가는 사회적 기본권에 의하여 제시된 국가의 의무와 과제를 언제나 국가의 현실적인 재정·경제능력의 범위 내에서 다른 국가과제와의 조화와 우선순위결정을 통하여 이행할 수밖에 없다. 그러므로 사회적 기본권은 입법과정이나 정책결정과정에서 사회적 기본권에 규정된 국가목표의 무조건적인 최우선적 배려가 아니라 단지 적절한 고려를 요청하는 것이다. 이러한 의미에서 사회적 기본권은, 국가의 모든 의사결정과정에서 사회적 기본권이 담고 있는 국가목표를 고려하여야 할 국가의 의무를 의미한다.」

이 결정에서 알 수 있듯이 우리 헌재는 아직 사회권을 하나의 국가 목표로 이해하고 있으며, 이것과 관련된 국가의 의무란 국가의 의사결정과정에서 그것을 고려해야 하는 의무로 받아들이고 있다. 이는 우리 헌재가 헌법상의 사회권을 바라보는 인식을 적나라하게 나타내는 것이라 할 수 있다. 사회권이 헌법상의 기본권이며 이에 따른 국가의 의무가 당연히 도출될 수 있다면 다른 기본권과의 관계에서 항상 고려 요인으로만 작용하는 것이 아니라 경우에 따라서는 최우선적인 배려가 있어야 할 것이다. 그럼에도 헌재는 그 최우선적인 배려에 대해서는 관심을 두지 않고 단지 국가목표 실현을 위한 적절한 고려 요청으로 사회권을 인식하고 있을 뿐이다. 이러한 인식은 사회권과 자유권을 준별하는 지극히 보수적 입

장으로 우리 헌법재판에서 사회권의 사법적 구제 가능성이 부정적
일 수밖에 없는 토양이다.

2. 인권의 속성에 대한 인식전환

근대인권 개념은 주로 자유를 중심으로 형성되었다. 이 자유는
주로 시민적, 정치적 자유로 불리는 것으로, 신체의 자유, 집회결사
의 자유, 언론 출판의 자유, 사상 양심 종교의 자유 등을 말한다. 이
들 자유의 속성은, 국가의 의무라는 차원에서 보면, 국가가 개인의
자유에 간섭하지 않는 것을 의미한다. 즉, 국가가 개인의 각각의 자
유를 보장하기 위해 해야 할 일은 그저 방해하지 않으면─ 이를 자
기 억제 의무라 한다─되는 것이라고 생각했다. 자유는 '간섭 없는
상태'를 의미했다.

예를 들면, 거리에서 경찰관이 걸어가는 시민을 영장 없이 체포
한다면, 우리는 그것에 대해 국가가 신체의 자유를 침해하는 것이
라고 말할 수 있다. 이런 경우 국가가 신체의 자유를 보장하는 것
은 어려운 일이 아니다. 길거리에서 영장 없이 시민을 마구잡이로
체포하는 것을 중단하면 되는 것이다.

한마디로 국가는 불법체포를 하지 않아야 한다는 소극적 의무만
을 실천하면 신체적 자유는 보장되는 것이다. 또한 근대인권 개념
하에서는 국가는 개인의 사생활에 간섭하는 것을 억제해야 한다.
개인의 사생활 문제는 도덕적 문제로 그것은 개인의 영역이지 국
가가 간섭할 영역이 아니기 때문이다.

하지만 오늘날 이와 같은 인권개념은 일대전환을 맞지 않으면
안 되는 상황이다. 국가가 간섭하지 않는 것만으론 인권이 실질적
으로 보장될 수 없다. 출판의 자유를 예로 들어 보자. 이 자유는 종

래 국가가 개인의 출판에 대해 간섭하지 않으면 보장되는 것으로 이해되었다.

그러나 개인이 출판할 아무런 능력이 없다면 국가의 불간섭의 상태가 있다고 해서 개인이 이 자유를 누리는 게 아니다. 개인이 교육을 못 받아 문맹인 경우, 개인의 출판의 자유는 사실상 종이 위의 권리에 불과하다. 국가가 간섭하지 않는 것만으론 누릴 수 있는 자유가 아니다. 출판할 수 있는 개인의 역량이 없다면 사실상 출판의 자유는 의미 없다. 이에 대해 프레드만은 후생경제학자로 노벨경제학상을 받은 아마티아 센의 역량이론을 이렇게 소개한다.

> "센은 자유를 간섭의 부재로 보지 않고, 주체 행위 또는 진정한 선택을 할 수 있는 능력, 그리고 그러한 선택에 맞춰 행동할 수 있는 능력이라고 본다. 센에게 자유란, 어떤 사람이 소중하게 여기는 어떤 것을 행하거나, 소중하게 여기는 상태가 될 수 있는 능력을 뜻한다. 센은 다음과 같이 주장한다. "사람들이 얼마나 성취할 수 있느냐는 경제적 기회, 정치적 자유, 사회적 권력, 그리고 양호한 건강 및 기본 교육 같은 조건, 독창성의 격려와 함양 등에 의해 영향을 받는다." 자유를 이런 식으로 규정하면 자신이 소중하게 여기는 목적을 달성할 수 있는 능력이 자유의 본질적인 요소-자유와 반대되기는커녕-가 된다."[39](81-82)

미국의 철학자 마사 누스바움은 센의 역량이론을 한 단계 법적 개념으로 올렸다. 그는 역량이론을 통해 시민들이 자기 정부에게 무언가를 요구할 수 있는 권리를 헌법적 핵심원리로 설명하고 있다.[40]

---

39) 샌드라 프레드만, 『인권의 대전환』(조효제 옮김), 교양인, 2009, 81~82쪽. 아마티아 센의 이런 입장은 국내에서 번역된 다음 책에서도 볼 수 있다. 아마티아 센, 『센코노믹스』(원용찬 옮김), 갈라파고스, 2008.

자유의 본질적 요소가 역량(능력)이라면, 자유의 의무자인 국가에겐, 간섭의 배제 이상의 의무가 생길 수밖에 없다. 그것은 개인의 역량을 일정부분(인간다운 생활을 할 수 있는 최소한의 하한선) 국가가 책임지지 않으면 안 되는 적극적 의무이다. 국가가 개인의 역량에 무관심하다면 개인의 인권은 실질적으론 보장된다고 할 수 없기 때문이다.

물론 인권 개념의 이런 전환에는 상당한 저항도 있다. 이사야 벌린이 그런 저항의 선두에 선 사람인데, 그는 국가가 개인의 자유에 대한 의무로서 간섭의 배제라는 소극적 의무 외에 개인의 역량을 강화하기 위해 적극적 조치를 취한다면 자유 상실이라는 대가를 치러야 한다고 주장한다. 이것은 벌린이 목격한 20세기의 사회주의 국가를 떠올리면 쉽게 이해가 될 것이다. 사회주의 체제 하에선 개인의 역량을 평등하게 올리기 위해 배분을 국가가 통제한다. 벌린은 이 과정을 수행하기 위해선 사회주의는 필연적으로 개인의 자유를 상실케 하는 전체주의로 빠질 수밖에 없다는 것을 경고하는 것이다.[41]

3. 자유권과 사회권의 상호의존성

헌재는 87년 헌법체제 하에서 지난 28년 간 기본권을 수호하는 중추역할을 해 왔다. 헌재가 크게 관심을 가져온 것은 기본권 중에서 주로 자유권 영역이라고 할 수 있다. 그러나 헌재의 역할이 독립적 주체로서의 국민의 자유를 보장하여 그들 모두가 대한민국에서 공존할 수 있도록 하는 것에 있다면 이제 자유권과 함께 자유발

---

40) 샌드라 프레드만, 위의 책, 83쪽.
41) 샌드라 프레드만, 위의 책, 79쪽.

현의 기초가 되는 사회권에 대한 새로운 인식이 있지 않으면 안 된다.

종래 국내외의 통설적 견해는, 자유권은 즉각적인 국가의 의무를 요구할 수 있는 반면, 사회권은 국가의 역량에 따라 점진적으로 실현가능하기 때문에, 즉각적인 국가의 의무를 요구할 수 없다는 것이었다. 때문에 이 두 권리는 서로 상이한 성격의 권리로 취급되었으며, 권리 간에 직접적인 관련성이 없는 것으로 이해되었다.

하지만 이 둘의 관계는 그렇게 선명하게 나눌 수 있는 게 아니고 상호의존적이다. 자유권은 사회권의 토대 위에서, 사회권은 자유권의 토대 위에 상호 존재한다는 것이다. 이 문제에 대해선 다른 나라의 헌법재판의 논의를 타산지석의 교훈으로 삼을 필요가 있다. 남아프리카공화국 헌재의 입장은 우리에게 큰 시사점을 주는데, 남아공 초대 헌재재판관이었던 알비삭스 재판관이 한 사건을 소개하면서 말한 다음 이야기는 이 두 권리의 관계에 관한 정확한 인식을 대변한다고 할 수 있다.

"남아공 헌법은 시민적·정치적 권리와 경제적·사회적 권리 모두를 견고하게 보장하고 있다. 권리장전 속 모든 권리는 서로 연관되어 있으며 서로가 지지하고 있다. 국민이 의·식·주를 적절히 향유하지 못한다면, 그것은 우리 사회의 근본적 가치인 인간 존엄성, 자유, 평등에 대한 국민의 권리를 침해하는 것이다. 이 점에 대해서는 추호의 의심도 있을 수 없다. 모두에게 경제적·사회적 권리를 보장해줌으로써 그들 모두가 권리장전에 들어 있는 다른 모든 권리를 향유할 수 있게 된다. ... 권리들이 서로 연관되어 있고 모두 동등하게 중요하다는 입장은 단순히 이론적 가정이 아니다. 권리들 간의 상호의존성은 인간 존엄성, 자유, 평등에 기초한 사회에서 실제로 엄청나게 중요한 의미를 지니고 있다. 그것은 국가행위가 인간의 타고난 존엄성을 존중했는지 그 합리성을 평가하는 근본적 요소이기 때문이다."[42]

이런 문제의식은 샌드라 프레드만도 매우 정확하게 표현하고 있다.

> "우리가 우선 인정해야 할 점은 두 종류의 권리 사이에 중요한 상호작용 관계가 성립한다는 사실이다. 기본적인 경제적 사회적 자격이 없으면 시민적·정치적 권리를 온전하게 행사할 수 없다. 굶주리고 있는 사람이나 노숙자에게 언론의 자유나 집회의 자유가 무슨 큰 소용이 있겠는가. ... 재판 없이 함부로 구금되지 않을 권리 또는 고문 받지 않을 권리와 같은, 극히 기본적인 권리조차 경제적·사회적 생계수단이 남들보다 부족한 사람들에게는 보장되기 어렵다는 사실을 뜻한다."[43]

4. 자유권과 사회권의 경계 허물기

우리 헌재가 사회권에 관해 보다 적극적인 해석을 하기 위해서는 '자유권-소극적 의무-즉시이행 의무-재판규범으로서의 권리, 사회권-적극적 의무-점진적 이행의무-재판규범으로 부적합한 권리'라는 일종의 도그마를 깨지 않으면 안 된다. 현대 인권의 새로운 조류는 바로 이 자유권과 사회권의 경계를 허물지 않으면 안 된다는 것이다. 이를 위해선 전통적으로 자유권, 사회권으로 불린 인권의 의무적 속성을 재정립할 필요가 있다.[44]

---

42) 남아공 그루트붐사건 판결문 중 야곱 재판관의 설시부분, 알비삭스(김신 옮김), 『블루 드레스』, 일월서각, 2012, 255, 258쪽.

43) 샌드라 프레드만, 앞의 책, 182~183쪽.

44) 박찬운, "사회권의 성격과 사법구제 가능성-헌법재판에서의 사법구제 가

1개의 권리(기본권 혹은 기본적 인권)로부터 나오는 국가의 구체적 의무는 처음부터 1개로 결정되지 않는다. 국가의 의무(state obligations)는 상황에 따라 구체적으로 결정된다. 이것은 자유권이든 사회권이든 그 권리에 대한 의무주체(국가)의 의무의 내용은 일의적으로 정해지지 않는다는 말이다. 자유권에서 국가의 의무는 무조건 소극적 의무이고, 사회권에서의 국가의 의무는 무조건 적극적(조치를 취해야 하는) 의무라고 말하는 것은 적절치 않다. 이것은 위의 도그마에서 나온 도식적인 결론으로 의무의 다면적 성격을 이해하지 못한 결과에서 비롯된 것이다.

자유권이든 사회권이든 국가의 의무는 다면적으로 이해해야 한다. 개인의 자유권이든 사회권이든 간에 국가가 이들 권리를 제대로 보장(실현, implementation)하기 위해서는 여러 가지 각도에서, 여러 가지 의무를 충족시켜야 한다. 그렇다면 이러한 국가의 의무를 보다 이론적으로 일반화 시킬 수 있는 방법은 없을까. 이점은 지난 80년대 후반부터 여러 학자들에 의해서, 특히 국제인권법 차원에서 활발하게 논의되었다.[45]

특히 미국의 헨리 슈는 양 범주에 속하는 다양한 권리는 단일한 의무가 있다는 일대일 대응관계를 부정했다. 대신 각 권리를 온전히 충족시키려면 여러 종류의 의무가 존재하는 것을 인정해야 한다고 했다. 그는 이런 주장을 더욱 발전시켜, 모든 기본권은 국가

능성을 중심으로-", 「법학논총」, 한양대 법학연구소, 제25집 제3호, 2008. 9, 21쪽 이하 참고.

45) 국제인권법적 차원에서 이점과 관련해 주요한 논의는 1990년대 초의 사회권규약위원회의 일반논평3과 1990년대 후반의 마스트리히트 원칙에서 볼 수 있다. 전자는 General Comment No.3(Fifth session, 1990), Report of the Committee on Economic, Social and Cultural Rights, UN Doc. E/1991/23, pp.83~87 후자는 The Maastricht Guidelines on Violation of Economic, Social and Cultural Rights, *Human Rights Quarterly*, Vol. 20(1998), pp.691~705에서 볼 수 있다.

측에서 보면, 단일 기관이 추구할 필요는 없다." 슈는 이 세 가지 의무를 다음과 같이 표현한다. '회피할 의무(duties to avoid)', '보호할 의무(duties to protect)', '지원할 의무(duties to aid)'를 수반한다고 했다.[46]

이런 주장을 토대로 국제인권법적 차원에선, 세세한 점에 있어서 조금 다르지만, 인권의 상관개념으로서의 국가의 의무를 소위 3중 구조 혹은 4중 구조(layers of obligations)로 이해하게 되었다. 3중 구조로 이해하는 경우에는 권리의 존중, 보호, 충족(obligation to respect, protect and fulfil)으로 설명하고[47][48] 4중 구조로 설명하는 경우에는 존중(respect), 보호(protect), 충족(fulfil, 혹은 확보 ensure), 증진(promote)의 의무로 설명한다.[49][50] 이런 의무는 자유권이든 사회권이든 관계없이 국가의 의무로 도출될 수 있는 것이다.[51]

---

46) Henry Shue, Basic Rights, Subsistence, Affluence and U.S. Foreign Policy, Princeton University Press(1980), 35-40, 51-55.

47) Maastricht Guidelines, para. 6.

48) UN의 인권논의에서 이 3중 구조(three level typology of obligation)을 처음으로 시도한 사람은 식량권에 관한 특별보고관을 지낸 Asbjorn Eide이 1987년 낸 보고서에서이다. 그의 3중 구조 접근방법은 사회권규약위원회의 특별보고관을 지낸 Danilo Turk 및 주거권 특별보고관이었던 Rajindar Sachar에 의해 지지 되었다. Victor Dankwa, Cees Fliterman and Scott Leckie, Commentary to the Maastricht Guidelines on Violations of Economic, Social and Cultural Rights, *Human Rights Quarterly,* Vol.20(1988), p.713 참고.

49) Scott Leckie, "The Human Right to Adequate Housing", in *Economic, Social and Cultural Rights: A Textbook,* p.155 ; 申惠丰, "社會權規約の 履行と 課題", (財)アジア 太平洋 人權情報センター, 現代人文社 1999, 13쪽.

50) 이들 각 의무의 구체적 설명은 박찬운, 앞의 글, 24쪽 이하 참고.

51) 이와 관련하여 1997년 마스트리히트 가이드라인은 사회권에 관한 국가의 의무가 무엇이고 어떠한 때 국가가 그것을 침해했다고 할 수 있는지 그 기준을 정한 것으로 헌재가 향후 사회권을 판단함에 있어 크게 참고할 만한 것이다. 동 가이드라인의 한 부분을 소개한다.
"6. 시민적·정치적 권리와 마찬가지로, 경제적·사회적 및 문화적 권리도 국가에 세 가지 형태의 의무를 부과한다: 존중의무·보호의무·충족의무가 바로 그것이다. 이러한 세 가지 의무 중 어느 것 하나라도 이행하지 않는 이렇게 볼 때 자유권은 즉시적 이행의무를 보장하지만 사회권은 점진적 이행의무를 의미한다는 권리에 대한 전통적 이분법은 극복되어야 한다. 사회권 중에서도 존중의무와 보호의무는 즉시적 이행이 가능하며(혹은 즉시적 이행을 해야 하며), 자유권이라고 해도 모든 내용을 국가가 즉시적으로 이행할 수는 없다(즉, 충족 혹은 증진의무의 영역은 역시 돈과 시간이 필요하므로 점진적인 이행을 하는 수밖에 없다.). 또한 점진적 이행이 불가피한 충족 혹은 증진의무도 국가의 부작위를 용인하는 게 아니다. 이런 의무도 그것을 달성하기 위해서 즉시 목표를 세워 한 단계 한 단계 앞으로 나아갈 의무가 있는 것이다.

IV. 글을 마무리하며
-인권철학의 헌재구성 어떻게 현실화 할 수 있을까?-

1. 헌재구성의 다양화

우리 헌재가 앞에서 언급한 인권철학을 갖기 위해선 재판관 구

것은 그러한 권리의 침해가 된다. 존중의무는 경제적·사회적 및 문화적 권리의 향유를 방해하지 않을 것을 국가에게 요구한다. 따라서 국가가 자의적인 강제퇴거에 관여할 경우 주거권을 침해하는 것이 된다. 보호의무는 제3자에 의한 그러한 권리침해를 방지할 것을 국가에게 요구한다. 따라서 사고용주가 기본적인 근로기준을 준수하도록 (국가가) 보장하지 못하는 것은 근로권 및 공정하고 호의적인 근로조건에 관한 권리의 침해가 된다. 충족의무는 그러한 권리의 완전한 실현을 향해 적절한 입법적·행정적·재정적·사법적·기타 수단들을 취할 것을 국가에게 요구한다. 따라서 어려움에 처한 사람들에게 국가가 필수적 1차 의료를 제공하지 않는 것은 침해가 될 수 있다."

성방법을 전면적으로 개선하지 않으면 안 된다. 지금과 같은 헌재 구성 방법으론 헌재는 일반 법원과 다르지 않은 방법으로 운영될 수 없다. 현재 박한철 소장 체제의 헌재를 보자. 소장을 포함 9명 재판관 중 판사 출신이 7명, 검사출신이 2명이다. 모두가 고위 법관, 고위 검사 출신이다. 법원과 검찰의 관료체제에서 20년 이상 법조 생활을 한 사람들이 헌재에 왔을 때 한계는 자명하다. 애초에 국민 각계각층의 다양한 목소리를 대변할 수 없는 구조다.[52] 아무리 개인적으론 출중한 능력을 갖고 있는 사람들이라 할지라도 성장한 배경은 헌재 재판관의 역할에 영향을 줄 수밖에 없다. 인권침해를 판단하는 재판관은 인권에 대한 철학도 필요하고 그것에 앞서 인권에 대한 감수성도 남달라야 한다. 하지만 이들의 배경을 보건대 법률가 성장과정에서 그런 것을 몸에 익히기는 어려웠을 것이다.

　나아가 이들은 모두 대통령, 국회, 대법원의 추천에 의해 임명되었기 때문에 추천기관의 정치적 입장에서 자유롭기가 대단히 어려운 상황이다. 어쩜 이것은 당연한 현상이라고 할 수 있다. 추천기관이 특정 법률가를 헌재의 재판관으로 추천하는 것은 자신들의 정치적 입장을 헌재 재판을 통해 대변해 달라는 것이다. 이러다 보니 헌재의 결정은 정치적으로 왜곡될 가능성이 매우 높다. 결국 헌재가 헌법수호기관으로서의 역할을 다하기 위해선, 가급적 정치적 영향에서 탈피해 헌법 및 인권철학의 잣대로 헌법재판에 임할 수 있는, 헌재구성을 하지 않으면 안 된다.

　지금 헌재가 재판관 구성방법을 바꾼다면, 그 지향점은 다양성의 확보라고 할 수 있다. 천편일률적으로 법관, 검사 출신에서 임명하는 것이 아니고 인권철학을 겸비한 교수, 변호사, 외교관 등 전문가 들이 재판관으로 임명될 수 있도록 해야 한다.[53] 문제는 재판관

---

52) 임지봉, 앞의 글, 16쪽.
53) 임지봉, 위의 글, 16쪽.

의 임명방법은 헌법 사항이라는 데에 있다. 헌법은 9인 재판관 모두를 대통령이 임명하되, 그 중 3인은 국회에서 선출된 사람을, 3명은 대법원장이 지명하는 사람을 임명하도록 되어 있다(헌법 제111조 제3항). 또한 재판관은 모두 법조인 중에서 임명되어야 한다(헌법 제111조 제2항). 이런 제한 속에서 재판관 구성의 다양성을 확보하는 것은 쉽지 않은 과제다.[54]

우선 현재의 대통령의 임명권, 국회의 추천권, 대법원장의 지명권을 형식화시키는 게 필요하다.[55] 대통령, 국회, 대법원이 각 3인을 지명하는 과정에서, 전문가 및 시민대표로 이루어진 3개의 추천기관을 만들고, 각 기관의 추천을 그대로 각 헌법기관이 받아들이는 방법을 도입하는 게 필요하다. 이렇게 되면 3개의 추천기관이 각자 선의의 경쟁을 하면서 최선의 법률가를 선택하기 위해 노력할 것이다. 또한 임명과정에서의 국회 인사청문은, 인권철학을 중심으로 하는 헌법적 가치관을 중점적으로 점검하는 기회가 되도록, 청문내용에 대한 일정한 법적 제한이 필요하다.

다음으로 재판관 자격과 관련된 문제를 개선해야 한다. 헌법은 재판관의 자격으로 법관 자격을 요구하고 있고, 그것을 구체화한 헌법재판소법은 40세 이상으로서 15년 이상의 법조경력이 있는 자로 규정(헌법재판소법 제5조 제1항)하고 있다. 이런 제한 때문에 헌

---

54) 물론 헌법 개정을 전제로 헌법재판관 임명 방법을 논한다면 다양한 방법론을 제시할 수 있고 이에 대해서는 많은 선행연구가 있다. 예컨대, 정종섭, "주요국가 헌법재판제도에 대한 비교적 연구", 『헌법재판연구 제2권: 헌법재판 및 제도의 활성화에 관한 연구』, 헌법재판소, 1991, 104쪽.

55) 이 중에서도 대법원장이 재판관 3인을 독자적으로 지명하는 현행 제도는, 대법관이 대법원장의 제청으로 국회의 동의를 얻어 대통령이 임명하도록 되어 잇는 것과 비교하여 볼 때도 균형이 맞지 않고, 더욱 대법원장 혼자서 사법부의 몫인 헌재 재판관 3인을 법적인 통제도 받지 않고 지명하는 것은 헌재의 위상과도 맞지 않다. 강종세, "헌법재판소 재판관 구성에 관한 문제점과 개선방안", 법학연구, 한국법학회, 22권, 2006. 5, 24쪽 참고.

재재판관은 지금껏 법관 출신이 주류를 이루면서 검사와 변호사 출신들이 법관출신 재판관을 보충하는 방식으로 임명되어 왔다. 그러나 재판관 자격이 이런 식으로 제한되어 있다면 재판관 다양화를 통한 인권철학의 고양은 한계가 있을 수밖에 없다.

헌법상의 자격제한은 당분간 유지한다고 해도, 헌법재판소법의 그것은 과감하게 푸는 것이 필요하다. 적어도 법률학에 종사하는 교수라면 법관자격과 관계없이 재판관이 될 수 있도록 하는 것이 필요하다. 그래야만 인권을 대학에서 제대로 연구한 전문가가 헌재에 들어와 구체적 사건을 통해 인권담론을 만들어 낼 수 있다.

그렇게 하기 위해선 두 개의 법률을 개정해야 한다.[56] 하나는 법관 자격을 규정한 법원조직법 제42조 제1항 제3호다. 이 조문에 의하면 법률학 교수가 법관 자격을 갖는 것은 '판사 검사 또는 변호사의 자격이 있는 자로서 공인된 대학의 법률학 조교수 이상의 직에 있던 자'로 규정하여 비법조 출신의 법학교수를 법관자격에서 배제하고 있기 때문에 이것을 개정해야 한다. 또 헌법재판소법 제5조 제1항 제3호도 개정해야 한다. 이 조문은 법원조직법과 같이 비법조 출신 법학교수를 재판관 자격에서 배제하고 있기 때문에 이것 또한 개정하지 않으면 안 된다.[57]

2. 인권철학을 중시하는 법률교육과정

헌재재판관뿐만 아니라 일반법원의 법관 그리고 법조인 일반에 걸쳐 인권철학을 갖는 것은 우리 시대의 과제이다. 하지만 대한민

---

56) 강종세, 위의 글, 40~41쪽.
57) 법률을 개정한다면 법원조직법 제42조 제1항 제3호와 헌법재판소법제5조 제1항 제3호 공히 '공인된 대학의 법률학 부교수 이상의 직에 있던 자'로 개정하면 될 것이다. 강종세, 위의 글, 41쪽.

국의 현실에서 그런 법조인을 바라기는 매우 난망한 일이다. 법조인 양성과정에 큰 문제가 있기 때문이다. 과거 사법시험 시절은 물론 현재의 로스쿨 체제 하에서도 예비 법조인들에게 인권철학을 심어줄 수 있는 교육은 제한적이다.

인권철학이란 어떤 특정 지식을 암기해서 시험을 잘 본다고 형성되는 게 아니다. 적어도 교육과정에서 인권현실을 직시하고 그런 문제가 발생한 원인을 생각하고 그 해결을 위해 어떤 노력을 해야 할 것인가를 고민하지 않으면 안 된다. 이것을 위해서는 일정한 교외활동(봉사활동)을 해야 하고 교수와 학생간의 적절한 토론이 필요하다. 하지만 지금 로스쿨 하에서는 이런 교육은 꿈꾸기 어렵다. 로스쿨 출범 시에는 많은 학교가 인권법 등의 교과목을 채택하고 관련 교수를 채용했지만 지난 7년간의 운용상황을 보면 해가 갈수록 어려워지고 있다.[58] 변호사 시험의 중압감에서 헤어나지 못하는 학생들이 이런 과목수강을 회피하다보니 과목 설강도 못해보는 일이 자주 발생하고 있다.[59]

그뿐만이 아니다. 인권철학을 갖기 위해선 인권법 관련 강의 이전에 기초법에 관해 일정 정도 소양을 쌓지 않으면 안 된다. 하지만 현재 로스쿨에서 법철학이나 법사회학과 같은 기초법 영역은

---

58) 국가인권위원회의 조사에 의하면 2013~2014년 전국 로스쿨에 설강된 인권 관련 교과목은 총 66개 과목이라고 한다. 내용으로 보면 인권일반·사회(6), 법·범죄(48), 여성(3), 다문화·소수자(6), 평화·전쟁·정치(1), 사회복지(2) 등이다. 국가인권위원회, "고등교육기관에서의 인권교육실태조사", 2014년도 인권상황실태조사 연구용역보고서, 2014. 10, 40쪽.

59) 필자는 현재 한양대 로스쿨에서 인권법 전공교수로 있지만 그 전공강의를 하기가 쉽지 않은 상황이다. 필자가 강의하는 인권법 과목(인권법, 공익인권소송의 실제)은 로스쿨 출범 초기에는 10명 안팎의 학생이 수강해 그런대로 강의를 이어왔으나, 최근 들어 수강생 수가 급감함으로써 폐강하는 사태까지 일어나고 있다. 이것은 한양대만의 문제가 아니라 전국 25개 로스쿨에서 일어나는 일반적인 상황이다.

일대 위기다. 3년 이란 단기간에 법률교육을 받고 실무법조인이 되고자 하는 학생들에게 기초법은 사치로 여겨지는 풍조가 강하다. 결론적으로 우리나라 법조인들이 인권철학을 갖기 위해선 바로 이런 상황을 타개하지 않으면 안 된다. 그렇지 않고서는 헌재재판관을 비롯해 법조인들에게 인권철학을 이야기하는 것은 애당초 어려운 일이 될 것이다.

〈참고문헌〉

〈책〉

김경희, 『공화주의』, 책세상, 2009.

김철수, 『헌법학신론』(제21전정신판), 박영사, 2013.

마사 누스바움(박용준 옮김), 『시적정의』, 궁리, 2015.

박찬운, 『인권법』(제2개정판), 한울, 2015.

샌드라 프레드만, 『인권의 대전환』(조효제 옮김), 교양인, 2009.

아마티아 센, 『센코노믹스』(원용찬 옮김), 갈라파고스, 2008.

안경환, 『윌리엄 더글라스 평전』, 라이프맵, 2016.

알비삭스(김신 옮김), 『블루 드레스』, 일월서각, 2012.

에리히 프롬(차경아 옮김), 『소유냐, 존재냐』, 까치, 2011.

존 로크(강정인, 문지영 옮김), 『통치론』, 까치, 1996.

허영, 『한국헌법론』(전정12판), 박영사, 2016.

홍성방, 『헌법학』(개정판), 현암사, 2003.

〈논문〉

강승식, "미국 상원 인사청문절차에서의 법관후보자 이념적 성향 검증",
　　　『세계헌법연구』, 세계헌법학회 한국학회, 제21권제3호, 2015.

강종세, "헌법재판소 재판관 구성에 관한 문제점과 개선방안", 법학연구, 한
　　　국법학회, 22권, 2006. 5.

김형남, "미국 대통령의 연방대법관 지명과 헌법적 문제", 『미국헌법연구』,
　　　미국헌법학회, 제17권 제1호, 2006년 2월.

박찬국, "인간주의적 사회주의라는 유토피아에 대한 보수주의적 입장에서
　　　의 일고찰-에리히 프롬의 인간주의적 사회주의 사상을 중심으로-",

「시대와 철학」, 한국철학사상연구회, 11권1호, 2000.

박찬운, "사회권의 성격과 사법구제 가능성-헌법재판에서의 사법구제 가능성을 중심으로-", 「법학논총」, 한양대 법학연구소, 제25집 제3호, 2008. 9.

임지봉, "헌법재판소의 통합진보당 해산결정에 대한 분석과 평가", 「법학논총」, 숭실대학교 법학연구소, 제33집, 2005. 1.

정종섭, "주요국가 헌법재판제도에 대한 비교적 연구", 『헌법재판연구 제2권: 헌법재판 및 제도의 활성화에 관한 연구』, 헌법재판소, 1991.

조승래, "지금 왜 공화주의인가?", 「미국사연구」, 한국미국사학회, 34집, 2011.

홍성방, "헌법재판소결정례에 나타난 사회적 기본권," 「서강법학연구」, 4권, 2002. 5.

〈외국자료〉

Bernard Schwartz, A Histroy of the Supreme Court, Oxford University Press, 1993.

General Comment No.3(Fifth session, 1990), Report of the Committee on Economic, Social and Cultural Rights, UN Doc. E/1991/23.

The Maastricht Guidelines on Violation of Economic, Social and Cultural Rights, Human Rights Quarterly, Vol. 20(1998).

Henry Shue, Basic Rights, Subsistence, Affluence and U.S. Foreign Policy, Princeton University Press(1980).

Victor Dankwa, Cees Fliterman and Scott Leckie, Commentary to the Maastricht Guidelines on Violations of Economic, Social and Cultural Rights, Human Rights Quarterly, Vol.20(1988).

Scott Leckie, "The Human Right to Adequate Housing", in Economic, Social and Cultural Rights: A Textbook.

申惠丰, "社會權規約の 履行と 課題", (財)アジア 太平洋 人權情報センター,

現代人文社 1999.

〈헌법재판소 결정〉

1995. 7. 21. 93헌가14.

998. 2. 27. 97헌가10.

2000. 6. 1. 98헌마216.

2003. 5. 15. 2002헌마90.

2002. 12. 18. 2002헌마52.

2004. 10. 28. 2002헌마328.

2003. 7. 24. 2002헌바51.

2014. 12. 19. 2013헌다1.

〈기타자료〉

국가인권위원회, "고등교육기관에서의 인권교육실태조사", 2014년도 인권상
    황실태조사 연구용역보고서, 2014. 10.

독일의 사회법원

I. 서론

각종 합격기, 취임사에서 종종 보이는 사법시험 수석합격자, 사법연수원 수석졸업자, 신임 대법원장이나 대법관들의 사회적 약자를 위해 힘쓰겠다는 포부는 실제 재판업무에서 실현되기 쉽지 않다. 관련 법령이 사회적 약자의 보호를 위한 내용을 규정한 극히 소수의 사건에서나 그런 기회가 온다. 판사로서 그런 사건은 경험하기가 쉽지 않다. 그 외의 일반 민사사건, 형사사건에서 법관이 사회적 약자라는 이유만으로 보호하려는 판결을 낸다면, 그것은 오히려 법에 위반되는 판결일 수 있다.

독일 사회법원은 특이하게도 사회보장 수급자들을 중심으로 한 사회적 약자 보호를 '전문'으로 하는 법원이다. 독일은 법원 재판권이 1) 민형사등 일반사건, 2)행정사건, 3)사회보장 사건, 4) 조세재정 사건, 5) 노동사건, 이렇게 5개 분야로 나누어져, 각기 별도의 법원이 있다.[1] 사회법원은, 한국에서 사회보장법이라고 불리는 사건들

---

* 전주지방법원 군산지원 판사
1) 주의할 점은 5개 법원의 법관을 별도로 임용하고, 법원 간 인사이동이 없이 한 종류의 법원에서만 계속 근무하도록 한다는 점이다. 심급도 분리되어, 항소심, 상고심이 5개 법원별로 구분되어 구성된다. 1심, 항소심은

을 전담한다. 연금, 건강보험, 고용보험, 장기요양보험, 산업재해보
상보험 등 사회보험사건들, 빈곤층을 위한 공공부조(국민기초생활
법, 의료급여법), 장애인법 등의 영역이 한국 사회보장법의 대표적
영역이다. 한국의 경우 위와 같은 사회보장 사건은 행정소송절차를
통해 대부분 처리되고, 극히 일부(예를 들어 사립학교 교직원 연금
사건)가 민사소송 절차를 통해 처리된다. 다만 한국 법원이 처리하
는 사회보장 사건 수는 별도의 통계조차 작성되어 공간되지 않을
정도로 낮은 수준에 머무르고 있다.[2]

　　그러나 독일 사회법원의 경우 한국 법원과 달리 사회보험, 공공
부조, 장애인 등 소수자 권리보장 문제에 관한 수많은 다수의 판례
가 축적되어 있다. 연간 30-40만건 정도의 사건(2012년 사회법원에
만 접수된 사건이 395,566건)이 1심인 사회법원에 접수되어 처리된
다. 사회적 약자를 위하여 마련된 막대한 사회보장 급여의 지급여
부, 지급액 기타 관련 분쟁을 사회법원이 처리한다. 예를 들어 극빈
자인 수급자가 공공부조 급여로서 한달에 50만원을 받을지, 60만원
을 받을지, 그 10만 원의 차이도 행정적 구제절차를 거쳐 해결되지

주 차원의 법원으로 구성되고, 상고심은 연방법원 차원으로 구성된다.
즉 상고심도 5개의 구별된 연방법원으로 나뉘어 있다. 한국에서 일반 법
원 판사가 2~3년 행정법원에 근무했다가 다시 일반 법원으로 돌아가는
방식을 염두에 두고 독일의 사회법원이나 다른 종류의 4개 법원을 생각
해서는 안 된다.

2) 한국의 경우 법원의 사회보장 소송절차를 발전시키기 위해서는 먼저 법
원의 사회보장 사건 처리현황에 관한 통계항목을 개발하여 정기적으로
공간하는 것이 가장 시급히 먼저 이루어져야 한다. 현재 통계를 가지고
한국 사회보장 사건 처리현황을 살피자면, 2012년 한국 법원 통계를 기준
으로 할 때, 1심의 전체사건 수 1,408,485건 중 행정소송 사건 수는 16,942
건이다. 그 중 노동법적인 사건과 기타 사건으로 분류된 7,035건(1심 전체
소송건수의 약 0.5%) 중 일부가 사회보장사건일 것이다. 0.5% 중 사회보
장 사건의 비중이 얼마인지는 알 수 없다. Dr. Sungan Cha, 'Das deutsche
Sozialgericht - eine Beobachtung aus koreanischer Sicht', SGb 4. 2015, 201면 참조.

않으면, 사회법원의 판사가 소송비용 부담 없이 무료로 처리해 준
다. 변호사가 필요한 경우, 사회보장단체나 노조 등이 운영하는 단
체의 훈련된 직원이 소송대리해 주거나(비변호사 대리의 인정), 소
송구조가 매우 폭넓게 인정된다. 예를 들어 2012년 사회법원(1심)에
서만 59,294건의 소송구조 인용결정이 내려졌다. 참고로 한국도 사
회보장사건의 경우 소송구조의 필요성이 가장 크지만, 사회보장 사
건을 다루는 행정소송 절차에서의 소송구조에 관한 통계는 별도로
작성되지 않는 것으로 보인다. 다만 민사소송 1심의 경우에는 통계
가 작성되고 있는데 2012년 소송구조가 이뤄진 사건이 한국 전체
법원을 통틀어 4,516건에 불과하였다.[3] 독일에서 사회보장급여와
관련되어, 수급자들의 재판을 받을 권리는 실질적으로 광범위하게
보호되고 있다.

독일 사회법원의 1심 사건 수(2012년 기준 399,749건)는 5개 영역
의 법원 전체 1심 접수 본안소송 사건 수 3,923,456건(2012년 기준.
민사법원 1,521,679건+가정법원 675,432건+형사법원 749,668건+노동법
원 400,998건+사회법원 399,749건+행정법원 133,421건+재정법원 42,509
건)의 10.2%(2012년 기준)를 차지한다.[4] 그럼에도 불구하고, 한국에

---

[3] 차성안, '독일연방사회법원 2013년 사건처리현황 및 한국 법원의 사회보
장 사건 통계 항목 신설 필요성 등 (독일, 차성안 판사)', 법원 행정처 인
사총괄심의관실, 해외사법소식 VOL. 97(2014. 11.), 48면. 한국의 경우 소송
구조 활성화를 위해서는 먼저 소송구조 예산을 대폭 증액할 필요가 있
다. 소송구조 예산이 부족하여, 매년 말이면 소송구조 요건 심사에 신중
을 기하여 줄 것을 요청하는 공문이 각급 법원에 공람되는 경우가 종종
있다.

[4] Dr. Sungan Cha, 'Das deutsche Sozialgericht - eine Beobachtung aus koreanischer
Sicht', SGb 4. 2015, 204면 참조. 위 '독일의 사회법원 - 한국적 관점에서의
관찰'이라는 제목의 독일어 논문은 필자가 독일 바이에른 주사회법원(항
소심)과 뮌헨 사회법원(1심)에서 1달여간 실무수습을 한 내용을 막스 플
랑크 사회법 및 사회정책 연구소 소장인 Becker 교수의 요청으로 위 연구

독일의 사회법원을 정식으로 소개하고 그 구체적 절차와 실무의
모습을 소개한 학술논문은 전무하다시피 하다. 이하에서는 한국 법
원의 사회보장법 사건처리 절차의 개선에 참조가 될 독일 사회법
원의 기능, 역할, 실제의 모습을 소개하는 것을 목적으로 한다.[5]

II. 독일 사회법원 재판권의 기본구조

1. 독일 사법부의 재판권 개요

독일 사회법원의 구체적인 내용을 살펴보기 전에 먼저 독일 사
법부의 재판권을 전체적으로 개관해 보는 것이 이해의 편의를 위
하여 필요할 것으로 보인다. 이하에서는 독일기본법상의 근거 규정
을 살펴보고 그에 따라 재판권이 어떻게 나누어져 어떤 법원에 분
배되어 있는지를 간략히 살펴본다.

독일 기본법 제92조에서는 독일 연방공화국의 재판권은 연방헌
법재판소(Bundesverfassungsgericht)와 기본법에서 정한 연방법원 및

소 월례연구모임에서 발표한 것이 계기가 되어 작성되었다. 흥미를 보
인 Becker 교수의 제안으로 발표문을 수정, 보완하여 사회법원재판권
(Sozialgerichtsbarkeit)이라는 학술잡지에 투고하였고, 다행히 심사를 통과하
여 2015년 4월본에 게재되었다. 당초 위 독일어 논문의 내용을 한국어로
번역하여 부록으로 첨부할 예정이었는데, 여러 사정으로 생략했다. 다만
대략적인 사회법원 실무수습 경험과 독일 사회법원 관련 쟁점에 관한 논
의로는, '차성안, [참관기]법원을 통한 사회적 기본권의 실현-독일 사회법
원 실무수습과 독일 연방사회법원 방문강연 경험기, 사회보장법연구
2015년 제4권 제1호(서울대 사회보장법연구회)' 참조.
5) 이하의 논문의 내용은 필자가 2013년 8월부터 2015년 2월까지, 1년 6개월
동안 가진 법관 해외연수(독일)의 기회에 작성된 보고서의 내용 일부를
발췌하여 수정, 보완한 것이다.

각 주의 법원을 통하여 행사된다고 규정하고 있다. 이에 따라 독일에는 각급 법원과 주법원이 설치되어 있다.

그리고 기본법 제95조 제1항은 헌법재판권을 제외한 나머지 재판권을 일반(민사·가사·형사사건 분야), 행정(일반행정 분야), 재정(세무행정 분야), 노동(노동사건 분야), 사회(사회보장사건 분야)의 5개 분야로 나누어 각 분야마다 최고법원으로서 연방법원을 두도록 규정하고 있다. 이에 따라 연방일반법원(Bundesgerichtshof), 연방행정법원(Bundesverwaltungsgericht), 연방재정법원(Bundesfinanzhof), 연방노동법원(Bundesarbeitsgericht), 연방사회법원(Bundessozialgericht) 등 5개 최고법원이 설치되어 있다. 조심할 점은 각 주에도 연방 하급법원이 설치되어 있는 미국과는 달리 독일은 각 주에는 연방하급법원이 설치되어 있지 않으며 위 5개 분야의 최고법원으로서만 기능한다는 점이다.

각 주에는 위 5개 분야의 각 하급법원이 설치되어 있는데, 일반재판권에 관하여는 고등법원(Oberlandesgericht), 지방법원(Landgericht), 구법원(Amtsgericht)이 설치되어 있고, 행정재판권에 관하여는 고등행정법원(Oberverwaltungsgericht)과 행정법원(Verwaltungsgericht)이, 재정재판권에 관하여는 재정법원(Finanzgericht)이, 노동재판권에 관하여는 주노동법원(Landesarbeitsgericht)과 노동법원(Arbeitsgericht)이, 사회재판권에 관하여는 주사회법원(Landes-sozialgericht)과 사회법원(Sozialgericht)이 각 설치되어 있다.

2. 독일의 사회보장법 실체법의 개요

독일의 사회법원을 통한 사건 처리절차를 살펴보기 전에 먼저 한국의 사회보장법에 해당하는 독일의 실체법 체계를 간단히 살펴

볼 필요가 있다. 독일에서는 사회보장법의 영역에 해당하는 법에 관하여 사회법(Sozialrecht)이라는 용어를 사용하고 있다.

독일 사회법은 사전배려(Recht der sozialen Vorsorge), 사회보상 (Recht der sozialen Entschädigung), 사회촉진(Soziale Förderung), 사회부 조(Recht sozialer Hilfen) 등의 분야로 나누어진다.[6] 사전배려체계에 는 연금보험, 질병보험, 요양보험, 산업재해보험처럼, 소득상실, 질병, 노령·장애 등으로 인한 요양필요성이라는 위험, 산업재해 사고 등의 전형적인 사회적 위험을 보호하는 사회보험이 포함된 다. 사회보상에는 전쟁희생자부양(Kriegsopferversorgung), 폭력피해자 보상(Gewaltopferentschädigung, 범죄피해자보상으로 번역되기도 함), 접종피해자보상, 병역의무자·민간대체복무자 보상 등 국가공동체 를 위한 개인의 특별한 희생을 보상하는 사회법 영역이 포함된다. 사회부조에는, 일반국민의 최저한의 생활을 보장하는 생계급여 등 을 지급하는 사회부조(Sozialhilfe)와 아동, 청소년 부조 등이 포함된 다. 사회촉진체계에는 노동촉진, 교육촉진, 가족급여, 주거수당, 장 애인법 영역 등이 포함된다.

독일의 사회법 체계와 관련한 특징적 요소로 사회법전 편찬사업 을 통한 체계화가 있다. 독일의 입법자는 1970년대 이후 독일의 사 회법을 하나의 법전 즉 사회법전에 체계화하는 작업을 진행해 왔 고, 현재 사회법전은 제12권까지 편찬되었다(SGB I(사회법 총칙), SGB II(구직자를 위한 기초보장), SGB III(고용촉진), SGB IV(사회보험 총칙), SGB V(질병보험), SGB VI(연금보험), SGB VII(산업재해보험), SGB VIII(아동청소년부조), SGB IX(장애인법), SGB X(행정절차), SGB

---

6) 독일 사회법에 관한 설명은 아래 교과서의 체계와 분류를 참고하여 정리 한 것이다. Eberhard Eichenhofer, Sozialrecht 8., neubearbeitete Auflage, Mohr Siebeck, 2012. 독일 사회법 분류체계의 변화과정에 관하여는, 전광석, 독 일 사회보장법과 사회정책, 박영사, 2008, 65면 이하 참조.

XI(요양보험), SGB XII(사회부조)]. 물론 사회법전 편찬작업에 포함되지 않은 개별법령은 존재하고, 이러한 법령들은 사회법전 제1권 제68조에 따라 사회법전의 특별한 부분으로 불린다[예를 들어, 연방부양법(BVG), 전염병예방법 제60조(§60 IfSG), 범죄피해자보상법(OEG), 연방아동보조금법(BKGG), 연방교육촉진법(ABföG), 주택보조금법(WoGG)].[7]

3. 사회법원의 연혁과 구제절차의 이원화

가. 연혁

1949년 효력을 발생한 독일 기본법은 사회법에 관한 분쟁사건을 최종적으로 판단할 연방사회법원을 연방최고법원의 하나로서 설치하도록 하였다.[8] 사회법에 관한 분쟁사건은 위와 같은 전후 독일 기본법이 효력을 발생하기 전까지만 해도 독립성을 가진 사법부가 관할하지 않았고, 행정관청의 일종인 제국보험청(Reichsversicherungsamt)이 최종적인 분쟁의 조정자였다.

그리하여 1953년에 사회법원법(Sozialgerichtsgesetz, SGG)이 제정되어 1954년 1월 1일부터 효력을 발생하게 되었고, 이에 따라 특별행정법원으로서 사회법원이 설립되었다. 즉 사회법원 재판권(Sozialgerichtsbarkeit)은 행정법원재판권의 특별한 분야이다. 사회법원의 절차는 사회법적인 청구의 실현이 가능한 한 간단히 이뤄질 수 있도록 형성되어 있다.

---

7) Eberhard Eichenhofer, 앞의 책, 95~96면.
8) 기본법 제95조 제1항에서는 "일반법원 관할, 행정법원 관할, 재정법원 관할, 노동법원 관할 그리고 사회법원 관할의 각 영역별로 연방은 최고법원들로, 연방일반법원, 연방행정법원, 연방재정법원, 연방노동법원 그리고 연방사회법원을 설치한다"고 규정하였다.

나. 사회법 구제절차의 이원화

그러나 모든 사회법상의 분쟁이 사회법원의 구제절차를 거치는 것은 아니다. 사회법적인 분쟁 전체에 대한 일원적인 법률적 구제절차(Rechtsweg)가 없으며 구제절차는 크게 사회법원에 의한 구제와 행정법원에 의한 구제로 이원화되어 있다. 경우에 따라 사회법 사건에 대하여 일반법원이 관할을 가지는 경우도 존재하는데, 그런 의미에서는 다원화되었다는 표현도 가능할 것이다.

우선 사회법원법 제51조 제1항 제1호 내지 제10호에서 정해진 공법상의 분쟁이 사회법원 앞으로 오게 된다. 그 자세한 내용에 대해서는 별도로 자세히 살펴볼 예정이다. 기타의 공법적인 분쟁에 대하여 특별히 사회법원이 지정되지 않는 한, 당해 분쟁에 대하여는 행정법원법(VwGO, Verwaltungsgerichtsordnung) 제40조 제1항에 따라서 행정법적인 구제절차(Verwaltungsrechtsweg)가 인정된다. 즉 구제절차의 이원화 내지 다원화로 사회법원의 구제를 거치지 않는 사회법 사건이 존재한다는 점이다.

4. 사회법원 재판권의 구조

가. 심급구조

사회법원 재판권의 법원구조는 3단계이다. 제1단계로서 사회법원(Sozialgerichte)이 존재하며, 2단계로서 주사회법원(Landessozialgerichte), 3단계로서 연방사회법원(Bundessozialgericht)이 존재한다.

사회법원법 제2조
사회법원 관할의 법원들로서 주에는 사회법원과 주사회법원이, 연방에는 연방사회법원이 설립된다.[9)]

나. 재판부의 구성

재판부(Spruchkörper)는 직업법관과 명예법관(ehrenamtlicher Richter)[10]으로 함께 구성되어 있다(사회법원법(SGG) 제3조, 제12조; 제33조; 제40조;제41조 제5항). 후자의 명예직 법관은 피보험자(역자 주 : 사회보험의 가입자), 의사, 질병보험조합, 사용자, 근로자, 그리고 수급자(Versorgungsberechtigten)의 범위에서 작성된 추천리스트를 기초로, 또는 사회부조(Sozialhilfe) 사건의 경우 관할 내의 혹은 관할 밖의 도시의 추천리스트를 기초로 하여 5년 임기로 임명된다. 1심을 담당하는 사회법원의 재판부 구성과 관련된 조항을 예로 소개하면 아래와 같다.

제3조

사회법원 관할의 법원은 직업법관과 명예법관으로 구성된다.

제12조

(1) 사회법원 각 재판부(Kammer)는 1명의 재판장과 배석판사인 2명의 명예법관으로 구성하여 직무를 수행한다. 구두심리절차를 거치지 않는 결정(Beschluss)의 경우와 명령(Gerichtsbescheiden)의 경우에는 명예법관은 참여하지 않는다.

(2) 사회보험, 구직자 기초보장 사건들 및 연방아동수당법 제6a

---

9) 독일 사회법원 연구와 관련하여 사회법원법을 번역하는 작업 등이 기본 전제로서 이루어질 필요가 있다. 이하에서는 후속연구에 도움을 주고, 사회법원법 번역 작업의 필요성을 강조한다는 의미에서 관련 사회법원법 조항의 번역문을 실어둔다.

10) ehrenamtlicher Richter는 참심원, 참심법관 등으로도 번역되는데, 이 글에서는 명예법관이라는 번역어를 쓰기로 한다.

조에 근거한 분쟁들과 고용촉진(Arbeitsförderung)에 관한 사건
들을 담당하는 재판부의 경우 각 명예법관은 피보험자와 사
용자의 범위에 속하는 사람으로 한다. 사회보험 분야 사건들
에 대하여 별도의 고유한 재판부(eigene Kammern)를 두는 경
우, 이 재판부의 명예법관은 각 사회보험분야에 관계된
(beteiligt) 사람이어야 한다.

(3) 보험의법 사건을 담당하는 재판부의 경우 각 명예법관은 질
병보험금고와 보험의 범위에 속한 명예법관이 참여한다. 보
험의, 보험치과의 그리고 심리치료사 사건의 경우에는 보험
의, 보험치과의 그리고 심리치료사만이 참여한다.

(4) 사회보상법과 중증장애인법 사건을 담당하는 재판부의 경우
각각 사회보상법 또는 장애인의 참여에 관한 법상 신뢰관계
있는 자의 범위와 수급권자(Versorgungsberechtigten), 사회법
전 제9권의 의미에서의 장애인 및 피보험자의 범위에 속한
명예법관이 참여한다; 그 경우 수급권자의 유족(Hinterbliebene
von Versorgungsberechtigten)이 적절한 수만큼 참여해야 한다.

(5) 사회부조와 난민신청인급여법 사건 재판부에는 크라이스
(Kreis, Bezirk 다음 단계의 행정단위)와 크라이스 프라이 자
치시(Kreisfreie Städte)의 추천명단(Vorschlagslisten)에 속한 명
예법관이 참여한다.

다. 명예법관의 임명, 구성 및 권한

사회법원법 제3조는 사회법원재판권을 행사하는 법원은 직업법
관과 명예법관으로 채워진다고 하여 명예법관이 사회법원 구성에
포함됨을 밝히고 있다. 이에 따라 1심 사회법원에는 직업법관 1명
에 명예직 법관 2명으로(제12조),[11] 주최고사회법원과 연방사회법

원의 각 부(Senat)는 직업법관 3명에 명예법관 2명으로 구성된다(제 33조, 제40조). 연방사회법원에는 각 부(Senat)간의 법적 견해 차이를 해결하여 법적 통일성과 안정성을 도모하기 위하여 대심부(Grosser Senat)를 두고 있다(제41조). 대심원은 직업법관 7명과 명예법관 4명으로 구성된다.

　명예직 법관은 각 해당분야의 직업적 전문지식과 이해관계를 분쟁해결과정에 반영하기 위한 제도이다. 1심 사회법원의 예를 들면 사회보험사건의 경우에는 피보험자와 사용자 대표가, 계약의법(契約醫法, Vertragsarztrecht) 사건의 경우에는 질병보험조합 쪽 대표와 계약의 대표가, 중증장애인 사건을 담당하는 사건의 경우 장애인 대표가 참석하는 식이다(사회법원법 제12조 제1항 내지 제4항).[12]

III. 독일 사회법원 재판권 적용범위와 절차적 특색

1. 사회법원 권리구제절차의 적용범위

　사회법원법 제51조에서는 사회법원 재판권에 속하는 사건들에 관하여 다음과 같이 규정하고 있다. 사회법원 재판권은 계속 확대

---

11) 따라서 사회법원 1심에서는 명예법관 2명이 직업법관과 다른 의견으로 다수를 이룰 가능성이 존재한다. 다만 독일 사회법원 실무수습 과정에서 문의한 결과 그런 사례는 드물다고 한다.

12) 다만 실무수습 과정에서 독일 사회법원 법관들과의 대화 과정에서, 사용자 측 명예법관과 근로자 측 명예법관의 대립구도가 사회법원 관할 사건에서는 크게 부각되지 않고, 오히려 명예법관인 일반 시민의 사법참여 장치로서의 의미가 더 크다는 이야기를 들은 적이 있다. 재판절차를 투명하게 만들고 판결의 설득력을 높여 법원에 대한 사법신뢰를 확보하는 역할이 중요하게 언급되었다.

되어 왔는데, 특히 2005년에는 사회법전 제2권에 따른 구직자를 위한 기초보장 사건 실업부조금(Arbeitslosengeld II), 일명 „Hartz IV" 사건과 난민신청인급여법 사건이 행정법원 관할에서 사회법원 관할로 넘어갔고, 특히 Hartz IV 사건이 급증하면서 사회법원의 업무 부담이 커져, 사건처리 지연 등의 문제가 발생하였다.

제51조

(1) 사회법원 재판권을 담당하는 법원은 아래 각호의 공법적 분쟁에 대하여 판단한다.

1. 농민고령보험을 포함한 법정 연금보험 사건
2. 법정 질병보험 사건들, 공적 요양보험과 사적 요양보험(사회법전 제11권), 또한 이 사건들을 통하여 제3자가 관련되는 경우에도 마찬가지이다; 이것은 대학클리닉(Hochschulkliniken) 또는 계획병원(Plankrankenhäuser)(사회법전 제5권 제108조 제1, 2호)에 적용되는 돌봄계약의 해지(Kündigung von Versorgungsverträgen)를 근거로 한 사회법전 제5권 제110조에 따른 사건에서의 분쟁에 대하여는 적용되지 않는다.
3. 법정 재해보험의 보험자를 통한 예방을 위한 조치의 감독에 근거한 분쟁을 제외한 법정 (산업)재해보험 사건
4. 연방노동청의 기타 임무를 포함한 고용촉진 사건
4a. 구직자의 기초보장 사건
5. 사회보험의 나머지 사건들
6. 연방부양법(전쟁희생자부조) 제25조 내지 27조의j에 근거한 분쟁을 제외한 사회보상법 사건과 다른 법에서 이 규정의 상응한 적용을 규정한 경우를 포함한다.
6a. 사회부조 사건과 난민신청인급여법 사건
7. 장애 및 그 정도 및 추가적인 건강 표지의 확정, 그리고 추가적으

로 사회법전 제9권에 따른 증명서(Ausweis)의 발급, 연장, 정정 및 회수(Einziehung) 관련 사건

8. 비용조정법(Aufwendungsausgleichsgeset)에 근거하여 생겨나는 사건,

9. (삭제)

10. 법률에 의하여 사회법원 재판권을 가진 법원의 권리구제가 인정되는 사건

(2) 사회법원재판권을 가진 법원은 또한 사회법전 제3권 제5장 (Kapital)에 따른 급여담당자(Träger)의 승인(Zulassung)과 전문기관 (fachkundige Stellen)을 통한 조치 관련 사건과 법정 질병보험의 사법적인 분쟁에 대하여도 판단하고, 이 사건들을 통하여 제3자가 관련되는 경우에도 마찬가지이다. 제1문은 공적 요양보험과 사적 요양보험에도 준용된다(사회법전 제11권)

(3) 사회법전 제5권 제69조에 따른 법률관계에 관련된 경쟁제한방지법에 따른 절차에서의 분쟁은 제1항과 제2항에 따른 사회법원재판권을 가진 법원의 관할에서 제외한다.

가. 사회보험 및 일부 사적인 요양보험

사회법원 권리구제절차는 우선 사회법원법(SGG) 제51조 제1항 제1호, 제2호, 제3호 그리고 제5호에 따라 사회보험(Sozialversicherung)에서 발생하는 모든 공법적인 분쟁의 경우에 인정된다. 이는 피보험자와 보험자 사이의 법률관계의 공법적인 속성이 인정되는 사회법전 제5권, 제6권, 제7권, 제11권의 사건들에 있어서 모든 공법적인 분쟁을 포괄한다. 주의할 것은, 사회법전(SGB) 제11권의 사건과 관련하여 사회법원법(SGG) 제51조 제1항 제2호가 법정 요양보험과 사

적인 요양보험(Pflegeversicherung)에서의 분쟁을 구분하지 않고, 포괄적인 사회법원의 권리구제 관할을 통일적으로 정하고 있다는 점이다. 아래에서 자세히 살펴보기로 한다.

제2호와 관련하여, 한국의 건강보험과 유사한 질병보험의 경우 질병보험의 관리운영주체는 독립된 1-2백개에 이르는 질병보험조합(Krankenkasse)이다. 한국에도 과거 수백개의 의료보험조합이 있었으나 현재는 모두 통합되어 하나의 건강보험공단만이 존재한다. 질병보험조합은 공법상의 권리능력 있는 사단으로서 질병보험 관련 분쟁이 특별행정법원으로서의 성격을 가지는 사회법원을 통하여 해결되는 것이 자연스러운 측면이 있다. 장기요양보험은 별도의 보험조합이 존재하지 않으며 대부분의 사무가 질병보험조합에 위탁되어 처리되고 있다.

제2호에 질병보험과 함께 등장하는 요양보험(Soziale Plfegeversicherung)은 거동이 불편한 노인의 간병과 수발을 위한 장기요양보험[13]을 말한다. 그런데 독일의 경우 일정소득수준 이상의 자의 경우에는 법정 장기요양보험이 아닌 사적인 민간 장기요양보험에 가입하여야 한다.[14] 이 경우 원칙적으로 당해 계약은 사법적인 법률관계의 성격을 띠지만 사회법원법에서는 법정 장기요양보험과 마찬가지로 사회법원을 통하여 구제를 받도록 규정하고 있다. 분쟁의 내용과 성질이 유사하며, 피보험자에게 간편한 구제절차를 인정할 필요성이 인정된다는 이유에서 구제절차를 일원화한 것으로 보인다.

나. 고용촉진 등

그리고 사회법원법(SGG) 제51조 제1항 제4호에 따라 연방노동청

---

13) 한국도 2008년 7월부터 노인장기요양보험법이 시행되고 있다.
14) 건강보험공단 건강보험연구센터, 『선진국의 장기요양서비스 체계 자료집』, 2002, 21면.

(Bundesagentur für Arbeti)의 그 밖의 업무를 포함하여 고용촉진 사건에서의 모든 공법적인 분쟁은 사회법원을 통한 구제절차를 통하게 된다. 사회법원법(SGG) 제51조 제1항 제4a호에서 구직자를 위한 기초보장 사건에서의 권리구제절차가 인정된다.

다. 사회부조(Sozialhilfe)와 망명신청자급여법

사회법원법(SGG) 제51조 제1항 6a호에 의하여는 사회부조와 난민신청자급여법(Asylbewerberleistungsesetz) 사건에서의 권리구제절차가 (사회법원의 관할로) 인정된다.

사회부조의 급여 내용에 대해서는 사회법전 제12권-사회부조-제8조에서 규정하고 있다. 생계보호, 건강보호, 요양보호[15], 장애인 재활보호 등을 규정하고 있다. 사회부조 사건의 경우 과거에는 행정법원이 관할하기도 하였으나 현재는 사회법원의 관할로 규정되어 있다.

난민신청자급여법에서는 난민신청자에 대한 절차가 끝나기 전까지의 기간 동안 의식주, 의료서비스 등 생존에 필수적인 사항들을 어떻게 어느 정도로 제공할지를 정하고 있다. 수급자의 기여 없이 즉 아무런 기여금의 납부없이 국가예산을 재원으로 제공된다는 점에서 일종의 사회부조의 성격을 띠기 때문에 사회부조와 같이 사회법원의 관할로 규정한 것으로 보인다.

라. 사회보상법 등

기타 사회법원법(SGG) 제51조 제1항 제6호 내지 8호에 따라 사회보상법, 장애 판정의 영역에서의 분쟁, 비용조정법(Aufwendungsausgleichsgesetz, AAG) 관련 사건 등에 대하여 사회법원이

---

15) 일상적인 간병의 성격을 강조하여 생활간호보호라고 번역하기도 한다.

결정하게 된다.

비용조정법의 정식명칭은 임금계속지급을 위한 사용자 비용의 조정에 관한 법률(Gesetz über den Ausgleich der Arbeitgeberaufwendungen für Entgeltfortzahlung)이다. 독일의 경우 질병이 발생하여 근로자가 일을 하지 못하게 되는 경우 임금계속지불법에 의하여 사용자는 최초 6주간은 근로자에게 임금전액을 지불하여야 한다. 그런데 근로자 수가 일정한 소규모 사업장 등의 경우에는 사용자에게 사용자가 지급한 임금의 일정비율을 비용조정법에 근거하여 질병조합을 통하여 상환해 주는 등의 지원책이 마련되어 있다. 소규모 기업의 경우 임금계속지불법상의 임금의 계속 지불이 경우에 따라 큰 부담이 될 수 있다는 점을 고려한 규정으로 보인다. 그 외에 모성보호와 관련된 임금지급에 관한 보상규정도 비용조정법상 존재한다.[16] 비용조정법상 공법상 분쟁이 사회법원 관할에 포함되는데, 비용조정법 제1조에서 제11조까지는 공법상 성격을 가지나, 제12조에 따른 자발적인 조정절차를 위하여 설립되는 조정기관은 사법적 형식으로 설립되므로, 그에 따른 분쟁은 일반법원을 통한 권리구제가 인정된다.[17]

마. 기타

마지막으로 사회법원법 제51조 제1항 제10호에 따른 사회법원에의 권리구제는 특별한 법률상 관할지정이 있는 경우에 인정된다. 예를 들어 연방자녀수당법(BKGG) 제15조에 따라 사회법원에 의한 권리구제절차는 자녀(육아)수당이 연방자녀수당법(BKGG)의 규정에 의하여 사회복지보조금(Sozialleistung)으로서 제공되는 경우에 한하

---

16) 비용조정법(Aufwendungsausgleichsgesetz, AAG) 제1조 참조.
17) Meyer-Ladewig/Keller/Leitherer, 『Sozialgerichtsgesetz Kommentar-10.Auflage』, C.H. BECK 2012, 151면.

여 인정된다. 반면 소득세법(EStG)에 따른 세금환급으로서 제공되는 경우에는 재정법원에 대한 권리구제가 인정된다. 예방접종피해보상 사건도 사회법원 재판권이 인정된다.[18]

제51조 제2항에 따라 사회법전 제3권 제5장(Kapital)에 따른 급여담당자(Träger)의 승인(Zulassung)과 전문기관(fachkundige Stellen)을 통한 조치 관련 사건과 법정질병보험 사건의 사법적인 분쟁에 대하여 판단한다. 이 사건들을 통하여 제3자가 관련되는 경우에도 마찬가지이다. 제1문은 공적 요양보험과 사적 요양보험에도 준용된다(사회법전 제11권)

법정 질병보험과 요양보험 사건들에 있어서는 제2항에서 인정하는 권리구제에 관한 정함으로 인하여, 그것이 공법적 분쟁에 관한 것인지는 중요하지 않다. 사회법전(SGB) 제5권(법정 질병보험), 제11권(요양보험)상의 분쟁[특히 피보험자와 사법(私法)상 보험기업(Versicherungsunternehmen) 및 그 연합단체들(Verbände) 사이의 분쟁의 경우]의 경우에 인정된다. 질병조합의 언론 보도를 중지시키기 위한 소송의 경우에도, 질병조합 또는 조합의 단체의 공법적 임무와 충분한 관련성이 존재한다고 본다. 반면 사적 질병조합을 상대로 한 분쟁에 대하여는, 사회법원을 통한 권리구제가 인정되지 않는다.[19]

다만 제3항에 따라, 법정 질병보험과 관련된 사회법전 제5권 제69조에 따른 법률관계에 관련된 경쟁제한방지법에 따른 절차에서의 분쟁은 제1항과 제2항에 따른 사회법원재판권을 가진 법원의 관할에서 제외한다. 위 새로운 규정으로 인하여 경쟁제한방지법에 관련된 모든 분쟁들에 대하여 민사법원의 단일한 재판권이 인정되게

18) Meyer-Ladewig/Keller/Leitherer, 앞의 책, 151면. 사회법원 재판권이 인정되는 다수의 다른 개별 법령에 관하여는 위 책 151면 이하 참조.
19) Heike Herold-Tews, 『Der Sozialgerichtsprozess - Darstellung mit Schriftsatzmustern』 6 Auflage, Verlag C.H.Beck 2012, 4~5면.

되었다. 원고가 경쟁제한방지법의 규정을 원용하는 사회법전 제5권 제69조의 적용범위에 포함된 모든 분쟁들이 포함된다. 사회법전 제5권 제69조는 질병조합들과 그 연합단체의 의사, 치과의사, 심리치료사, 약사 등의 급여제공자(Leistungserbringern)와 그 연합단체의 관계[20]를 규율하고 있다. 사회법전 제5권 제69조의 적용범위 밖에서는 위 제3항은 기존에 존재하던 법적 상황에 아무런 영향을 미치지 않는다. 즉 분쟁대상을 통하여 사회법전 제5권에 따라 질병조합이 수행할 의무를 지는 공적인 임무의 완수에 직접적으로 기여하는 조치가 문제되는 경우, 사회법원재판권이 인정된다.[21]

2. 소송유형

사회법원법 제54조, 제55조에서는 가능한 소송유형을 규정하고 있다. 그런데 행정행위가 다투어지는 경우가 많기 때문에, 대개 결합된 소송형태, 즉 이행소송, 확인소송, 의무이행소송이 취소소송[22]과 결합되어 제기되는 경우가 많다.[23]

---

20) 사회법전 제5권 제69조 제1항. "die Rechtsbeziehungen der Krankenkassen und ihrer Verbände zu Ärzten, Zahnärzten, Psychotherapeuten, Apotheken sowie sonstigen Leistungserbringern und ihren Verbänden"
21) Heike Herold-Tews, 앞의 책, 5면.
22) 취소의 소라고 번역하는 것이 타당할 것이나, 한국 행정법에서 일반적으로 취소소송이라는 용어를 쓰고 있어서 이하에서는 취소소송이라고 번역한다. 다른 소송유형의 경우에도 행정법에서 사용하는 일반적인 용어를 사용하였다.
23) 한국의 경우 행정소송법상 혹은 판례상 의무이행소송, 일반적 이행소송, 적극적 가처분 등이 인정되지 않는 문제가 있다. 이러한 문제는 수익적 급부인 사회보장급여를 거부하는 처분에 대한 다툼이 대다수를 이루는 사회보장 분쟁사건에서 더 크게 나타난다. 의무이행 소송, 일반적 이행소송, 임시로 적극적 조치를 명하는 가명령 제도 등을 행정소송법 개정

을 통하여 도입하려는 시도가 있었으나 장기간 동안 성과를 내지 못하고 있다. 행정소송법이 개정되면 좋겠지만, 그게 어렵다면 의무이행소송, 일반적 이행소송, 적극적 가처분 등의 도입 필요성이 훨씬 절실한 사회보장 관련 소송절차만이라도 별도의 입법을 통하여 개선하는 것도 고려될 필요가 있다. 독일 행정소송 절차나 사회법원을 통한 사회보장 소송 절차를 참조하여, 독일식의 의무이행소송, 일반적 이행소송, 적극적 가명령 등의 도입을 시도해 보는 것도 방법이고, 사회보장분야에 따라 미국의 강제명령(injunction) 등을 도입하는 것도 다른 한 방법이다.

실제로 장애인차별금지 및 권리구제 등에 관한 법률(이하 '장애인차별금지법'이라 한다) 제48조에 따라, 장애인 차별 사건에서는 미국의 강제명령(injunction)을 모델로 한 법원의 적극적 구제조치가 인정되어, 이러한 소송법적 결함이 일부 보완되어 있다. 장애인차별금지법 제48조에 따라, 장애인 차별이 문제되는 사건의 경우, 행정청 등을 상대로 한 적극적 이행명령 등이 가능하고, 임시로 적극적 조치를 명하는 가구제도 가능하다고 보아야 한다. 관할이 명백하게 정하여지지 않아 문제가 되나, 일원적인 구조로 구제조항을 둔 점과 위 제도의 영미법상 연원 등을 생각하면 행정청의 장애차별이 문제되는 경우에도 일반 민사법원에서 관할을 가진다고 보는 것이 타당하다. 장애인차별금지법 제48조 제2항에 따른 적극적 구제조치 판결이 행정청에 대하여도 가능하고, 일원적으로 민사법원 관할이 인정되어야 하는 논거에 대해서는 저상버스 도입 청구에 관한 서울중앙지방법원 2015. 7. 10. 선고 2014가합11791 판결의 '3. 본안전 항변에 관한 판단' 부분에서 다음과 같이 설시한 바 있다(위 판결에 대하여는 항소가 제기되어 서울고등법원 2015나2041792 사건으로 항소심이 진행중이다).

"…장애인차별금지법의 제반 규정 및 취지에 비추어 인정되는 다음의 사정, 즉 ① 장애인차별금지법 제48조 제2항에서 정하고 있는 법원의 적극적 구제조치는 그 규정형식에 비추어 미국 장애인법상 구제수단으로 인정되는 강제명령(injunction)의 영향을 받아 도입된 것으로 보이는데, 미국의 강제명령도 명령의 대상이 공법관계인지 사법관계인지 구분하지 아니하는 점, ② 장애인차별금지법 제43조 제1항에서는 위 법이 금지하고 있는 차별행위로 국가인권위원회법에 따라 권고를 받은 자가 이를 이행하지 아니하는 경우에 법무부장관은 시정명령을 할 수 있다고 규정하였고, 제44조 제1항에서 이러한 시정명령에 불복하는 자는 '행정소송'을 제기할 수 있음을 명시한 것에 반하여, 위 제48조 제2항의 규정은 공·사법 관계, 계약 유무, 인격권 등의 존재 유무에 관계 없이 피해자의 청구에 따라 차별적 행위의 중

첫째, 취소소송(사회법원법 제54조 제1항 제1문에서 첫 번째와 두 번째로 규정하고 있는 소송유형)은 행정행위의 취소 또는 그 변경을 구하는 경우에 제기된다. 취소소송만을 제기하는 것(Isolierte Anfechtungsklagen)은 일반적인 행정법원에 비하여 사회법원에서는 그 역할비중이 적다. 소송을 제기하는 이유가, 사회보장에서 권리를 침해하고 부담을 가하는 행정행위만을 제기하기 위한 것인 경우는 드물고 대개 궁극적으로는 일정한 사회보장급여의 제공을 원하는 것이 대부분이기 때문이다. 다만 이익이 되는 행정행위를 철

지, 근로조건 개선, 시정을 위한 적극적 조치 등의 판결을 할 수 있도록 규정하고 있는데, 문언 그 자체에 의하더라도 '행정소송'으로 하여야 함을 명시하지 아니한 점, ③ 행정소송에서 의무이행소송이 허용되지 않는 것에 반해, 그러한 점을 보완하고, 차별적 행위에 보다 더 효과적으로 대처하기 위하여, 위 규정을 통해 의무이행을 구하는 것과 유사한 소송을 민사소송에서 가능하도록 한 것이 입법자의 의지로 해석되는 점, ④ 불법행위에 대하여 금전배상에 대한 원칙의 예외로서 적당한 처분을 명하도록 하는 민법 제764조와 유사하게 차별적 행위가 발생한 경우에 손해배상에 대한 추가적인 구제수단으로서 법원으로 하여금 적극적 조치를 명하도록 하는 것은 민사적 구제수단의 성질을 갖는 점, ⑤ 위 제48조 제2항에서 소송의 성질 및 관할에 대하여 규정하지 아니하였는데도 차별행위의 주체나 법률관계의 성질에 따라 행정소송 또는 민사소송으로 다르게 분류한다면 분쟁 해결의 절차가 일관되지 아니하여 혼란을 야기할 수 있는 점 등에 비추어보면, 위 제48조 제2항 규정에 따라 차별 행위의 피해자는 해당 법률관계의 성질과 무관하게 민사 법원에 차별의 구제를 위한 적극적 조치를 구할 수 있다고 봄이 상당하다."

위 쟁점과 관련된 보다 자세한 논의는 아래의 필자의 석사논문 참조. 차성안, "장애인의 교육을 받을 권리 - 구제절차를 중심으로", 서울대학교 대학원 법학과 석사학위 논문, 2008, 171면 이하 참조. 다만 위 석사논문에서는 법원관할 문제에 관하여 자세히 논의하지 않았으나, 위 서울중앙지방법원 판결의 인용문의 내용과 유사한 이유에서 민사 법원의 일원적 관할을 인정하는 것이 타당하다고 판단된다. 언젠가는 판례를 통하여 정리될 것으로 보이기는 하나 분쟁의 여지를 없애기 위하여, 장애인차별금지법에 관할법원에 관한 조항을 두어 입법으로 해결하는 것도 좋은 방법일 수 있다.

회한 경우(사회법원법 제10권 제45조) 등에 있어서는 취소소송만을 제기하는 것이 유용할 수 있다.[24]

둘째, 행정행위가 사전에 철회나 다른 이유로 이미 완결 (Erledigung)된 경우, 원고가 위 행정행위의 위법성을 확인받는 정당한 이익을 가지는 경우, 법원은 판결을 통하여 행정행위가 위법하다고 선언할 수 있다(소위 계속확인소송, fortsetzungsfeststellungsklage, 사회법원법 제131조 제1항 제 3문).

셋째, 진정 이행소송(echte oder isolierte Leistungsklage)을 통하여 원고는 그가 청구권(Rechtsanspruch)을 가지고 있으며, 어떤 행정행위도 전제되지 않은 급여(Leistung)를 구할 수 있다(사회법원법 제54조 제5항). 진정 이행소송은 부작위 소송일 수도 있다. 특히 직접적인 행정청의 임박한 불이익을 주는 고권적 행위, 행정행위를 막기 위한 예방적 부작위소송(예방적 금지소송, verbeugende Unterlassungsklage) 도 이행소송이다.[25]

넷째, 사회법원법 제54조 제4항에 따라 다투어지는 행정행위가 법적청구권이 존재하는 급여와 관련된 경우, 거부된 행정행위에 대하여 불복하여 취소를 구하는 취소소송과 함께 이행소송이 제기될 수 있다(결합된 취소소송과 일반이행소송[26], 소위 부진정 이행소송). 위와 같은 취소소송과 일반이행소송이 결합된 소송형태가 사회보장 관련 소송에서 가장 자주 이용되는 소송형태이다. 위와 같은 소송이 가능하려면, 법적 청구권(예를 들어 감소된 소득능력으로 인한 연금, 노령연금, 실업부조금, 사회법전 제2권, 제12권에 따른 기초보장급여, 상병수당 등)이 존재해야 한다. 즉 급여제공이 행

---

24) Heike Herold-Tews, 앞의 책, 36면.
25) Heike Herold-Tews, 앞의 책, 39면.
26) 사법연수원, 독일법, 2004, 235면. "특히 일반이행소송은 실업보험 등 사회보험법상의 급여를 청구하는 소송에서 활발한 기능 영역을 확보하고 있다."

정청의 재량에 달려 있으면 안 된다(예를 들어 사회법전 제4권 제9
조 이하에 따른 재활조치). 이런 경우에는 급여를 제공할 것을 명
하는 판결이 내려질 수는 없고, 새로운 행정행위의 발령을 명하는
판결이 내려질 수 있을 뿐이다. 즉 결합된 취소소송 및 의무이행소
송(Verpflichtungsklage)이다.

　다섯째, 원고가 구체적으로 확정된 법적 청구권을 가지지 못하
는 경우(무엇보다도 행정청의 판단 여지나 재량으로 인하여) 원고
는 의무이행소송을 통하여(사회법원법 제54조 제1항, 두 번째와 세
번째 경우) 행정행위의 형태로 거부된 조치와 관련하여 새로운 행
정행위를 발령(Erlass)해 줄 것을 구할 수 있다. 소가 근거가 있는 것
으로 입증되면, 법원은 행정행위를 취소하고 행정청으로 하여금 법
원의 견해에 유의하여 원고에게 새로운 결정을 내릴 의무를 부과
한다(사회법원법 제131조 제3항).

　원고는 신청하였으나 거부된 행정행위의 발령을 목적으로 하여
야 하고, 직접적인 급여의 제공을 목적으로 하여서는 안된다. 급여
에 대한 직접적인 청구권이 존재하는 경우에는 결합된 취소소송과
이행소송을 제기하여야 한다.[27] 재량행위의 발령을 위한 모든 소송
은 반대로 의무이행소송이 되고, 특히 위와 같이 재량행위의 발령
을 구하는 의무이행송을 재결정의무이행소송(Bescheidungklagen)이
라고 한다. 그러나 의무이행소송이 재량행위에 한정되는 것은 아니
고, 원고가 무언가를 확정하는 또는 지위를 근거지우는 행정행위를
원하는 경우에도 인정된다. 예를 들어 가족보험의 확정, 일반적인
장애정도(GdB) 또는 사회법전 제9권 제69조 제4항에 따른 불이익조
정을 위한 추가적인 표지(Merkmale)에 관한 분쟁 등이 그것이다.[28]

---

27) Krasney·UDSCHING, 『Handbuch des sozialgerichtlichen Verfahrens』, Erich Schmidt
　　Verlag 2011, 143~144면.
28) Meyer-Ladewig/Keller/Leitherer, 앞의 책, 188면.

의무이행소송 또한 신청을 거부한 행정청의 행정행위의 취소를 구하는 취소소송과 결합되어 제기되어야 한다. 그러나 신청하였으나 거부된 특정한 행정행위의 발령을 구하는 청구 자체에 신청을 거부한 행정청의 행정행위의 취소를 구하는 취지가 포함되어 있기 때문에, 별도로 취소소송을 제기하는 것은 아무런 의미가 없다는 주장도 있다.[29]

여섯째, 확인소송(Feststellungsklage)(사회법원법 제55조)의 경우 특정한 사건에서(사회법원법 제55조 제1항 제1호 내지 제4호)의 법률관계의 확정이 요구된다. 확인소송은 형성의 소와 이행의 소에 대하여 보충적인 관계에 있으며, 원고는 즉각적인 별도의 확인의 이익(alsbaldigen gesonderten Feststellung)을 내세워야 한다.[30]

주의할 점은 취소소송과 의무이행소송이 허용되기 위해서는 그들이 설사 다른 유형의 소와 결합되어 있다고 하더라도 사회법원법 제78조 이하에 따라 필수적으로 전심절차(Vorverfahren)[31]를 거쳐야 한다는 점이다. 사회법원법 제78조 제1항 제1문에 의하여 전심절차에서는 행정행위의 적법성과 합목적성이 검토된다.[32] 전심절차는 사회법원법 제83조에 의하여 이의제기(Widerspruch)의 형식과

29) Krasney·UDSCHING, 앞의 책, 143면. 참고로 행정법원을 통한 행정소송의 형태로 의무이행소송을 제기하는 경우에는 별도의 취소소송을 제기하지 않고, 의무이행소송만을 제기하여 신청을 거부한 행정행위도 동시에 다툴 수 있는 것으로 보인다.
30) Heike Herold-Tews, 앞의 책, 40~42면.
31) 독일 사회법원 소송절차는 행정적 구제절차를 소송의 전심절차로서 필수적으로 거치도록 하고 있다. 대다수의 사회보장법적 분쟁 사건은 실제로도 행정적 구제절차 형식의 전심절차를 통하여 해결이 된다. 그 중 일정비율의 사건만이 사회법원에 소송 형태로 제기된다. 그런 의미에서 독일의 사회법원 소송절차는, 행정적 구제절차의 필요적 전치주의 없이는 작동될 수 없다. 감당할 수 없는 수의 사건이 바로 사회법원에 소송으로 제기될 수 있기 때문이다.
32) Krasney·UDSCHING, 위의 책, 148면 이하.

기간을 지켜 시작되고, 사회법원법 제85조에 의하여 시정되어 끝나거나 혹은 시정되지 않는 경우 불복결정(Widerspruchsbescheid)을 통하여 종료된다.

3. 절차의 종료와 상소

사회법원의 절차는 판결(사회법원법 제125조와 제131조 참조)이나 또는 법원결정(Gerichtsbescheid)을 통하여 사회법원법 제105조에 따라서 종료되게 된다. 또한 사회법원법 제102조에 의하여 본안에서 소송을 현재부터 완결시키는 소취하의 경우, 또는 사회법원법 제101조 제2항에 의하여 청구인낙을 받아들이는 경우 법원의 재판 없이 끝나게 된다. 마지막으로 사회법원법 제101조 제1항에 의하여 소송상 화해[33]가 가능하다.

사회법원의 판결에 대하여는 사회법원법 제143조에 의하여 주최고사회법원(Landessozialgerichte)에 대하여 항소(Berufung)가 허용된다. 사회법원법 제144조에 의하여 항소는 허가(zulassung)를 필요로 하는데, 사회법원으로부터 허가를 받지 못한 경우 원고는 사회법원법 제145조에 따라서 불허가에 대한 항고를 제기할 수 있다. 항소절차의 자세한 내용은 사회법원법 제151조 내지 159조에서 정하고 있다. 주사회법원은 사회법원이나 재판장이 시정을 하지 않는 경우, 사회법원법 제172조 이하에 의하여 판결을 제외한 사회법원의 재판에 대하여 그리고 이 법원의 재판장의 결정에 대한 항고에 대해서도 재판한다(사회법원법 제174조).

연방사회법원(Bundessozialgericht)은 제3심으로서 주사회법원의 판

---

33) 바이에른 주사회법원의 실무수습 과정에서, 최근 사회법원 소송절차에서 조정, 화해를 활용하는 것이 강조되는 것을 확인할 수 있었다.

결에 대한 상고(Revision)과 사회법원의 판결에 대한 비약상고 (Sprungrevision)에 대하여 재판한다(사회법원법 제160조, 제161조). 상고는 취소되는 판결이 법위반(사회법원법 제162조)에 근거하여 내려진 경우에 한하여 지지될 수 있으며, 연방사회법원은 취소되는 판결의 사실관계 확정에 구속된다(사회법원법 제163조). 상고는 상고가 허가된 경우에 허용되는데(사회법원법 제160조 제1항), 상고는 사회법원법 제160조 제2항의 근거가 존재하는 경우에만 인정된다. 상고가 허가되지 않은 경우, 사회법원법 제160a조에 따라 불허가에 대한 항고가 제기될 수 있다.

4. 절차원리

사회법원 절차의 일반원리는 행정법원법(VwGO)의 그것에 상응한다. 그리하여 사회법원법 제103조 제1호에 의하여 직권탐지주의[34]가 적용되는 경우, 법원은 사회법원법 제103조 제2호에 의하여 참가자들의 진술과 증거제출에 구속되지 않는다. 사회법원법 제106조 제1항은 재판장의 석명의무를 규정하고 있다. 그 외에도 사회법원법 제62조에 의하여 모든 재판 전에 관계인들에게 법적 청문 (rechtliches Gehör)이 제공되어야 하며, 절차의 구술심리주의 원칙이 적용된다(사회법원법 제124조, 또한 제126조, 제127조, 제128조). 마지막으로 직접심리주의 원칙(사회법원법 제117조)이 적용되며, 사회법원법 제106조 제2항에 따라 집중심리주의[35]가 적용된다.

---

34) 필자는 독일 사회법원 실무수습 과정에서 직권탐지주의가 적용되는 모습들을 관찰한 뒤, '독일 사회법원에서는 주심판사가 변호사 역할을 해준다'는 표현으로 독일 법률가들에게 이야기한 적이 있다.

35) 바이에른 주사회법원과 뮌헨 사회법원의 실무수습 과정에서 경험한 바에 의하면, 명예법관은 기일 전에 소송기록을 볼 기회가 없다. 다만 기일

사회법원 절차의 특징 중 하나는 원고에게 우호적인 기본원칙이다. 이러한 원칙은 가능한 한 원고가 강제적인 형식규정에 신경을 덜 써도 되도록 하고, 불충분한 절차는 나중에 보완하거나, 다시 하거나 혹은 개선될 수 있도록 규정하고 있는 사회법원법의 절차규정에서 그 모습을 찾을 수 있다. 예를 들어 사회법원법 제90조에 의한 소의 경우 문서로 제기되거나 혹은 법원 사무실(민원실, Geschäftsstelle)에서의 법원사무관(Urkundenbeamte)이 기록하는 방식으로 제기될 수 있다. 또한 소 제기시 엄격한 형식성을 탈피하여 행정조치에 대하여 이의가 있다는 의사와 이에 대한 요청을 법원에서 심사해 줄 것을 인식시키는 것으로 충분하다(제90조 이하).[36]

기간제한과 관련하여 취소소송의 경우 소를 제기하는 사람이 1개월의 제소기간(제87조 제1항)을 인지하지 못할 수 있는 점을 고려하여 제소기간은 소제기의 가능성 및 이에 대한 관할법원 등을 포함하여 제소를 위해 관련된 사항이 당사자에게 문서로서 통지되었을 때[37] 비로소 개시되는 것으로 하고 있다(제66조). 당사자가 1개월 내에 관할법원이 아닌 관련 행정청에 관련문서를 제출한 경우에도 법원에 대한 소제기로 의제되어 본안심리가 이뤄지며(제91조 제1항), 제소기간이 경과한 경우 소제기인의 과실이 없는 경우 치

에서 법정에서의 구술변론 내용만을 듣고 판결에 참여한다. 거의 대부분의 변론 사건은 당일에 30분, 1시간의 집중구술심리를 거쳐 결심되고, 판결 선고까지 이루어진다.

36) 실제로 필자가 실무수습시 본 첫 사건기록에 편철된 소장은 "친애하는…에게"로 시작하는 실제 편지 형식의 글이었다. 행정적 구제절차인 전심절차의 결정문을 받고, 수급자가 그에 동의할 수 없다는 취지를 편지 형식으로 행정청에 보낸 것을, 행정청이 소를 제기한 것으로 보아 사회법원으로 보냈다.

37) 위와 같이 상세히 소송 방법을 안내하는 문구를 보고 필자는 독일 법률가에게 "소제기를 유발하는(verursachen) 듯한" 느낌이 든다는 표현을 쓰기도 하였다.

유가 가능하며 이때의 치유는 직권으로 이뤄지기까지 한다(제67조 제2항).

이러한 원고에 우호적인 법원칙은 전문지식이 부족하거나 경제적으로 어려운 사람들도 사회법원에 쉽게 소송을 제기할 수 있도록 해 주는 역할을 하는데, 이로 인하여 사회법원을 통한 사회보장에 관한 권리의 포괄적 보호가 가능해진다.

5. 가구제(잠정적인 권리보호, Vorläufiger Rechtsschutz)

먼저 가구제는 이의제기(Widerspruch)와 취소소송 (제기)에 의한 연기효(aufschiebende Wirkung)를 통하여 이뤄지게 된다(사회법원법 제86a조 제1항).

이의제기와 취소소송에 의한 원칙적인 연기효는 사회법원법 제86a조 제2항에 따라 1)사회보험 책무, 분담금(Umlage)(납부)의무 그리고 기여(금 납부)의무(Beitragspflichten)에 관한 사건, 2)특정 영역에서 현재의 급여를 박탈하거나 급여수준을 낮추는 행정행위에 관한 사건 그리고 그 외에 연방법이 규정하는 사건, 3)마지막으로 행정청이 특별한 집행의 이익으로 인하여 즉각적인 집행을 명한 사건의 경우에는 인정되지 않는다.

사회법원법은 이러한 경우를 위하여 법적 지위의 잠정적인 보호를 위한 몇가지 가능성을 추가로 가지고 있다. 그와 관련하여 사회법원법 제86a조 제3항에 의한 행정청에 의한 잠정적인 보호와 동법 제86b조에 의한 법원을 통한 잠정적인 권리보호가 구별되어 규정되어 있다.

사회법원법 제86a조 제3항은 제2항에 해당하는 경우 언제 행정청이 즉각적인 집행을 할 수 있거나 해야 하는지에 상응하는 규정을 두고 있다.

사회법원법 제86b에서, 본안 법원에 의한 잠정적인 권리구제에 관한 결정은 다음과 같이 이뤄진다. 사회법원법 제86b조 제1항에 따라 신청에 의하여 행정행위의 즉각적인 집행 아니면 이의제기와 취소소송에 의한 연기효가 명하여지기도 하고 혹은 사회법원법 제86a조 제3항의 경우에는 즉각적인 집행이 회복되기도 한다.

사회법원법 제86b조 제1항에 의한 잠정적인 권리보호는 행정법원법(VwGO) 제80조 제5항에 따른 잠정적인 권리구제를 차용한 것이다. 사회법원법 제86b조 제2항에 의하여 제1항이 영향을 미치지 않는 경우 그에 대하여 잠정적인 권리보호가 베풀어진다. 이것 역시 행정법원법(VwGO) 제123조 상의 잠정적인 권리보호에 의존하고 있다. 여기에서 법원은 신청에 의하여 잠정적인 보호명령(사회법원법 제86b조 제2항, 제1문)과 결정명령(Regelungsanordnung)을 내리게 된다. 제1항과 제2항에 의한 신청은 소제기 전에도 가능하며(사회법원법 제86b 제3항), 법원은 제4항에 따라 결정으로(durch Beschluss) 재판을 내린다.

6. 소송대리와 비용

관계인(Die Beteiligten)은 사회법원법 제73조 제1항에 의하여 1심인 사회법원과 2심인 주사회법원에서 소송을 스스로 수행할 수 있다. 즉 변호사 강제주의가 적용되지 않는다. 다만 원하는 경우 소송능력 있는 대리인을 통하여 대리하도록 할 수도 있는데, 가족구성원, 연금상담사, 세무사, 노동조합, 사회보장수급자 단체 등 변호사가 아닌 자에 의한 소송대리가 매우 광범위하게 인정된다(제73조 제2항).[38] 다만 연방사회법원의 경우에만 대리인 강제주의가 적용되는데, 변호사 외에 법학교수(법관직을 수행할 자격을 지니는)와 노동조합, 사용자단체, 전쟁희생자 단체 등의 단체 등도 대리권을 가진다.

사회법원법 제73조

(1) 소송관계인(Beteiligten)은 사회법원과 주사회법원에서 소송을 스스로 수행할 수 있다.

(2) 소송관계인(Beteiligten)은 변호사 또는 유럽연합 가입국 또는 유럽경제권 협약 체결국가 또는 스위스의 국립 또는 국립으로 인정되는 대학의 법학교수로서 법관직을 수행할 자격을 가지는 자를 대리인으로 하여 대리하도록 할 수 있다. 더 나아가 사회법원과 주사회법원의 경우 다음과 같은 자들만이 대리인으로서 대리할 권한을 갖는다.

1. 소송관계인(Beteiligten)의 고용인 또는 당사자와 연결된 기업(주식법 제15조)의 고용인; 관청과 공법상 법인 및 그 공적인 임무를 실현하기 위하여 만들어진 연합체는 그 다른 관청, 공법상 법인 및 그 공적인 임무를 실현하기 위하여 만들어진 연합체의 직원을 통하여도 대리하도록 할 수 있다.

2. 성년이 된 가족 구성원(조세기본법 제15조, (동성)생활동반자법 제11조), 그 대리가 보수를 받은 직무와 관련되어 있지 않는 한 법관직을 수행할 자격을 가진 자와 공동소송인

3. 법률서비스에 관한 법 제10항 제1문 제2호에 따른 권한 범위

---

38) 실무수습 당시 90% 정도의 사건에 소송대리인이 있었고, 그 중 절반정도가 노동조합 또는 사회보장 전문 관련 단체(예를 들어 Vdk) 소속 직원으로서 변호사 자격이 없으나 소송수행에 관한 교육을 받은 자에 의하여 소송대리되었다. 나머지 절반 정도 사건의 소송대리인은 소송구조 결정에 따라 선임된 변호사였다.

내에서 연금상담사

4. 사회법 제4권 제28h조와 28p조 사건의 경우, 세무사, 세무대리
   인, 공인회계사와 선서회계사, 세무상담법 제3a조에 따른 사람과
   단체 및 세무상담법 제3조 제2, 3호에 따른 회사로서 세무상담법
   제3조 제1호에 따른 사람을 통하여 행위하는 경우

5. 구성원들을 위한 사회-직업정치적 목적을 가진 근로자의 자주
   적 단체

6. 그들의 구성원들을 위한 경제 직업 단체

7. 노동조합과 사용자단체 및 구성원들을 위한 그러한 단체들의
   연합체 또는 그에 견줄만한 지향과 구성원을 가진 다른 단체 및
   연합체.

8. 규약에 따른 임무가 사회 보상법에 따른 수급자 또는 장애인의
   공동체적 이해관계의 대변, 상담과 대리를 포함하고, 그 업무의
   종류와 범위 및 구성원 범위를 고려해 볼 때 구성원들을 위하여
   전문적인 소송대리를 담보할 수 있는 단체,

9. 그 지분이 전부 제5, 8호에 제시된 조직의 소유인 법인으로서,
   이 법인이 전적으로 이 조직과 구성원 또는 이에 견줄만한 지향
   과 구성원을 가진 다른 단체와 연합체들의 법률상담 및 소송대
   리 업무를 정관에 따라 수행하고 대리인의 행위에 대하여 법적
   책임을 지는 경우. 자연인이 아닌 대리인은 그 기관을 통하여
   그리고 위탁받은 대리인의 소송대리를 통하여 행위한다. 민사소
   송법 제157조를 준용한다.

(3) 법원은 제2항의 정함에 따라 대리권한이 없는 대리인을 더 이상
    다툴 수 없는 결정으로 절차에서 배제한다. 대리권한이 없는 대
    리인의 소송행위와 이러한 대리인에게 이뤄진 송달과 통지는
    절차배제시까지는 유효하다. 법원은 제2항 제2문 제1, 2호에 열
    거된 대리인이 사실관계 및 분쟁관계를 객관적으로 올바르게

제시하지 못하는 경우 더이상 다툴 수 없는 결정으로 더 이상의 대리를 금지할 수 있다. 제3문은 사회보장급여기관 또는 사회보험 최고연합단체의 고용인에게는 적용되지 않는다.

(4) 연방사회법원의 경우 소송관계인(Beteiligten)은, 소송비용구조절차를 제외하고는, 소송대리인을 통하여 대리하도록 하여야 한다. 대리인으로는 제2항 제1문에 정하여진 사람을 제외하고는 제2항 제2문 제5호 내지 9호에 정하여진 조직만이 허용된다. 후자의 경우 법관직을 수행할 수 있는 자격을 지닌 자를 통하여 대리하도록 할 수 있다. 관청과 공법상 법인 및 그 공적인 임무를 실현하기 위하여 만들어진 연합체 및 사적 요양보험회사는 법관직을 수행할 자격을 지니는 그 자신의 고용인 또는 그 다른 관청, 공법상 법인 및 그 공적인 임무를 실현하기 위하여 만들어진 연합체의 직원으로서 법관직을 수행할 수 있는 자격을 지닌 자를 통하여 대리하도록 할 수 있다. 제2문의 정함에 따라 대리할 권한을 가진 소송관계인(Beteiligten)은 스스로 대리할 수 있다; 제3문에는 영향이 없다.

(5) 법관은 그가 속한 법원의 절차에서는 대리인이 될 수 없다. 명예법관은 제2항 제2문 제1호의 경우를 제외하고는 그가 속한 재판부의 절차의 대리인이 될 수 없다. 제3항 제1, 2문을 준용한다.

(6) 위임은 서면으로 법원서류철에 제출되어야 한다. 나중에 추후 보완될 수 있다; 이에 대하여 법원은 기한을 정할 수 있다. 배우자나 (동성)생활동반자와 직계친족의 경우에도 그들이 위임을 받은 경우 이에 해당할 수 있다. 위임의 흠결은 절차의 어떤 국면에서도 치유될 수 있다. 법원은 변호사가 위임받은 대리인이 아닌 상태로 나타나는 경우 직권으로 위임의 흠결에 관하여 조사하여야 한다. 대리인이 선임되면 법원의 송달과 통지는 그 대리인에게 이루어져야 한다. 그 외에 민사소송법 제81조, 제83조

내지 86조를 준용한다.

(7) 심리에서 소송관계인(Beteiligten)은 (법률)보조인과 함께 나타날 수 있다. 소송관계인(Beteiligten)이 스스로 소송을 수행할 수 있는 절차에서 대리인으로 심리에 참여할 권한을 가지는 자는 보조인이 될 수 있다. 법원은 다른 사람을 보조인으로 허용하는 것이 유용하고 개별 사건의 사정에 따라 필요하다고 인정되는 경우 다른 사람을 보조인으로 허가할 수 있다. 제3항 제1문, 제3문과 제5항을 준용한다. 보조인에 의하여 진술된 것은, 그 진술이 당사자에 의하여 바로 취소되어 바로잡아 지지 않는 한 당사자가 한 것으로 간주된다.

사회법원 절차에서는 사회법원법 제183조 제1문에 의하여 피보험자, 수급자(Leistungsempfänger), 장애인 또는 사회법전 제1권 제56조에 따른 그들의 개별권리승계인(Sonderrechtsnachfolger)의 경우, 그들이 이러한 각자의 자격을 가지고 원고 또는 피고로서 참가하는 한 법원의 소송비용이 면제된다. 추가적으로 비용이 면제되는 경우는 제2문, 제3문에서 규정하고 있다.

사회법원법 제184조 이하에 의하면 사회법원법 제183조에서 언급된 사람들에게 속하지 않는 원고와 피고는 일괄(정액)요금(Pauschalgebühr)을 지불해야 한다. 모든 다른 절차의 경우 사회법원법 제197조의a는 법원(소송)비용법에 따른 비용이 징수되어야 한다고 규정하고 있다. 그에 관하여 모든 관계인에게 사회법원법 제192조에 따른 소송지연 또는 권리주장 남용으로 인한 비용이 부과될 수 있다.

법원 절차 외적인 비용(예를 들어 변호사 비용)을 관계인들이 스스로 부담하는 경우 사회법원법 제73a조와 민사소송법(ZPO) 제114조 이하의 규정이 함께 적용되어 소송구조가 베풀어질 수 있다. 법원은 사회법원법 제193조 제1항에 따라서 판결에서 관계자들이 서로 법원 절차 외적인 비용을 상환해야 하는지, 해야 한다면 어느 정도로 해야 하는지에 대하여 결정한다. 또한 본인들이 부담하는 경우에도 변호비용이 심급에 따라 법률에 의하여 비교적 저액으로 규정되어 있어 경제적 빈곤층의 경우에도 소제기를 쉽게 할 수 있도록 해주고 있다.

IV. 마치며 - 사회법원 도입론? vs. 사회보장 사건 처리 절차의 개선?

독일 사회법원 실무수습을 통해 받은 독일 사회법원의 인상은 강렬했다. 바이에른 주사회법원, 연방사회법원 판사들은 대부분 사회법원이 독일 헌법상 사회적 법치국가의 실현에 기여하고, 사회적 기본권의 위법한 축소, 침해를 방어하고, 수급자들의 권리를 구제하는 기능을 수행하는 것에 대하여 깊은 애착과 자부심을 가지고 있었다. 바이에른 주사회법원에서의 실무수습, 뮌헨 사회법원에서 실무수습 내내 그리고 그 후에도 계속, 한국에 사회법원을 도입한다든가[39], 혹은 최소한 서울행정법원이나 규모가 있는 지방법원 단위로 사회보장 사건 전담부를 만든다던가, 독일 사회법원의 원고 친화적인 원칙을 도입하여 한국 법원에서의 사회보장 사건처리절차를 개선한다든가 하는 식의 생각이 떠오르는 것을 피할 수가 없었다.

---

39) 사회법원 도입을 본격적으로 논의한 논문은 찾기 어렵고, 다만 이상광 교수가 법률신문에 관련 기사를 기고한 적이 있다. 이상광, 사회법원의 창설을 제안하며, 법률신문, 2004. 5. 27.(출처 : https://www.lawtimes.co.kr/Legal-Opinion/Legal-Opinion- View? serial=13484, 최종검색일 2016. 8. 7.)

독일 연방사회법원에서 독일의 사회법원 절차와 한국 법원의 사회보장법 처리절차를 비교한 강연을 마친 후에, 연방사회법원 법관들에게 독일 사회법원과 행정법원 통합론, 정액으로 정한 소액의 소송비용 도입론[40] 등 독일에서 약간의 논란이 되어온 쟁점들에 관하여 질문, 토론을 거친 것도, 한국 실정에서 사회법원 자체 혹은 사회법원 처리절차상 원고친화적 원칙을 도입할 가능성을 염두에 둔 것이었다. 도입초기에 사회보장 사건수가 별도의 사회법원을 만들 정도로 많지 않을 수 있다는 생각에, 활발한 논의가 이미 진행된 노동법원 도입론과 연계시켜 노동사회법원 아이디어에 관하여 물어보았다. 독일의 경우 전후에 노동사건과 사회보장사건을 처리하는 노동사회법원 논의가 있었다는 이야기를 들었기 때문이었다. 독일 사회법원 판사들이나 학자에게 독일 사회법원 명예법관의 기능과 역할은 들러리에 불과한 것이 아니냐는 도발적 문제제기를

---

40) 현재의 소송비용 전액 면제가 남소를 불러온다는 인식에 기반한 주장이다. 다만 위 주장은 정상적인 소제기도 상당부분 위축시킬 수 있다는 반론이 만만치 않아 입법으로 이어지지는 못하고 있다. 소송비용과 소송을 통한 권리구제 활성화는, 특히 소가가 낮은 사회보장 사건에서 중요한 쟁점이다. 독일 사회법원에서의 소송비용 면제 제도는 2014년 유엔 장애인권리위원회가 한국 정부의 장애인권리협약에 관한 정부보고서를 심의한 후 한국 정부에 권고한 내용에서 장애인 소송절차에서 소송비용 부담의 감면 등을 통하여, 소송을 통한 장애인 권리구제의 활성화를 주문한 것과 연결시켜 음미해 볼 필요도 있다. 장애인차별금지법 제48조 제2항(가구제는 제1항)에서, 미국의 강제명령(Injunction)을 모델로 강력한 장애인 권리구제 장치인 '법원의 적극적 조치 등 판결' 제도를 들여왔음에도 활성화되지 않고 있다. 여전히 대다수의 장애인 차별사건, 권리침해 사건은 권고적 효력밖에 없는 국가인권위원회로 가고 있다. 장애인 소송에서 매우 큰 잠재력을 가진 법원의 적극적 조치 등 판결 제도의 활성화를 위한 다양한 조치들이 고민되어야 하겠지만, 그 중에서 소송비용(특히 패소시 상대방 소송비용(변호사 선임 비용을 포함하여) 부담을 포함하여)의 감면에 관한 법조항을 신설하는 입법적 조치가 시급히 검토될 필요가 있다.

해 본 것도 한국에의 도입의 실익을 살펴보기 위한 것이었다.

그러나 동시에 한국의 사회보장 현실에서, 근본적 회의 내지 의심이 드는 것도 피할 수 없다. 한국의 현실에서, 법원을 통한 사회보장법 사건 처리절차의 활성화는 바람직한가?[41] 필자는 독일 사회법원의 기능과 역할에 매우 긍정적인 평가를 보낸다. 그럼에도 위질문에 대하여 어떤 답변을 해야 할지는 여전히 고민 중이다.

이와 관련하여, 독일보다 더 높은(?) 사회보장 수준을 가진 나라, 예를 들어 노르웨이의 경우 사회보장에 관한 대부분의 분쟁이 담당 공무원이나 옴부즈만 등 행정적 구제절차를 통하여 해결되고, 법원의 역할이 크지 않다. 2014년 6월 10일 카셀대학을 방문하여 했던 강연은, 장애인법 권위자인 펠릭스 벨티 교수가 사회복지학과의 다른 교수와 공동으로 연 내부세미나였는데, 두 개의 발표가 있었다. 한 발표가 필자의 발표였고 다른 한 발표가 노르웨이에서 온 2명의 사회복지 관련 학자들의 발표였다. 필자는 한국의 장애인권리협약과 탈시설 문제를 발표하는 과정에서 장애인차별금지법상 법원을 통한 적극적 구제조치 등과 관련하여, 장애인 사건, 기타 사회보장 사건에서 한국 법원이 가지는 역할에 관한 이야기를 했고, 독일의 경우 법원의 역할이 매우 큰 편임을 언급했다. 이와 관련하여 노르웨이에서 온 학자가 노르웨이의 상황을 설명해 주었다. 나중에 저녁을 함께 먹으면서 좀 더 이야기를 들었다. 사회복지 수준이 매우 높은 북유럽의 경우 각 나라별로 차이가 있지만, 거의 대부분의 사회보장 관련 분쟁을 규제적인 방법(regulative measure)을 쓰지 않고 해결한다고 했다. 사회복지 공무원이 중요한 역할을 한다고 하

---

41) 위 질문에 관한 이하의 답변내용은 필자의 '차성안, [참관기]법원을 통한 사회적 기본권의 실현-독일 사회법원 실무수습과 독일 연방사회법원 방문강연 경험기, 사회보장법연구 2015년 제4권 제1호(서울대 사회보장법연구회)'의 각주 19번의 내용을 수정, 보완한 것이다.

였고, 물론 사회보장에 관한 판례가 존재하지만 독일처럼 법원이 중요한 역할을 하지는 않는다는 취지로 이야기하였다.

즉 실체적 의미에서 충분한 수준의 사회보장을 위하여 반드시 법원을 통한 활발한 권리구제가 필요한 것은 아니다. 한국의 경우 사회보장급여의 결정, 이의신청 등의 절차에서 행정부(지방자치단체를 포함하여)의 영향력이 막대하고, 법원의 소송절차를 통한 사회보장 사건처리가 미미한 편이다. 이런 맥락에서, 행정절차를 통한 사회보장 관련 분쟁의 해결에 주력하는 것이 현실적이고, 법원의 소송을 통한 사회보장 사건의 권리구제 활성화는 비현실적이라는 주장이 가능하다. 이에 대하여는 사회보장재정이 전체 재정에서 차지하는 비율을 낮게 유지하려는 행정부의 의지가 매우 강한 편이라는 점, 사회보장법제가 독일에 가깝다는 점, 분쟁의 해결에 있어 행정부 공무원이 수급자를 위하여 적극적으로 나서줄 것을 기대하기 힘들다는 점에서, 독일처럼 최종적 구제장치로서 법원을 통한 분쟁해결이 활성화된 모델이 더 현실성이 있다는 반론도 가능하다. 주의할 점은, 사회보장 사건에 대한 행정적 구제절차의 활성화가 법원의 소송을 통한 사회보장 구제절차의 활성화와 반드시 배치되지는 않는다는 점이다. 독일의 경우 사회보장 소송 사건의 몇 십배에 달하는 사건이, 심사청구 절차 등 행정적 구제절차에서 종국적으로 해결된다. 행정적 구제절차에서 해결되지 못한 사회보장 관련 분쟁이 사회법원이나 행정법원 등의 소송을 통한 구제절차까지 오게 되는 구조이다. 어떤 의미에서, 독일의 사회법원은 사회보장에 관한 행정적 구제절차 없이는 제대로 기능할 수 없다. 막대한 수의 사회보장 사건들이 바로 소송절차로 몰려드는 경우 현실적으로 처리가 불가능하다. 독일에서 사회법 분쟁사건의 경우 심사청구 등 행정적 구제절차를 소송 전에 반드시 거치도록 하는 필요적 전치주의를 채택하고 있는 것은 이런 현실적 필요성을 고려한 것인 측면도 있다.

절차비용의 증대를 피하고 오히려 그 절차비용을 실체적 사회보장급여 수준의 향상에 쓰는 것이 낫지 않은가라는 식의 고민도 이러한 질문에 대하여 필자가 답변을 망설이는 한 이유이다. 다만 잠정적인 결론이기는 하나, 아무리 수급요건을 명확하게 법률로 상세히 규정한다고 하더라도, 해석상 불명확성으로 인한 분쟁은 발생할 수밖에 없다. 더구나 행정부가 오히려 위법하게라도 사회보장재정의 증가를 막으려는 태도를 보이는 한국적 상황에서, 수급자의 권리가 침해되는 분쟁상황은 다수 발생할 수밖에 없다. 이러한 상황에서 분쟁해결 내지 권리구제절차를 운용하기 위한 절차비용의 지출은 불가피하다. 사회보장급여를 일정한 수급요건을 충족하는 자에게 제대로 전달하기 위한 노력은 불가피하게 절차비용을 발생시킨다. 그 형태가 행정적 구제절차, 법원을 통한 구제절차, 혹은 어떤 제3의 구제절차의 형태를 어떻게 취할지, 각각의 구제절차가 전체 사회보장 분쟁 처리절차에서 차지하는 비율이 어느 정도가 될지를 고민해야 하는 것이지, 절차비용 자체를 피하는 것은 어려워 보인다. 이러한 불가피한 절차비용을 아끼려는 시도는, 실체적 급여를 보장하지 않는 위법한 사회보장 급여처분이 전체 급여에서 차지하는 비율을 올리게 될 것이다.

〈참고문헌〉

건강보험공단 건강보험연구센터, 선진국의 장기요양서비스 체계 자료집, 2002
사법연수원, 독일법, 2004
이상광, "사회법원의 창설을 제안하며", 법률신문, 2004. 5. 27.(출처 : https://www.
　　lawtimes.co.kr/Legal-Opinion/Legal-Opinion-View?serial=13484, 최종검색일
　　2016. 8. 7.)
전광석, 독일 사회보장법과 사회정책, 박영사, 2008
차성안, "[참관기]법원을 통한 사회적 기본권의 실현-독일 사회법원 실무수
　　습과 독일 연방사회법원 방문강연 경험기", 사회보장법연구 2015년
　　제4권 제1호, 서울대 사회보장법연구회
차성안, "독일연방사회법원 2013년 사건처리현황 및 한국 법원의 사회보장
　　사건 통계 항목 신설 필요성 등 (독일, 차성안 판사)", 해외사법소식
　　VOL. 97(2014. 11.), 법원 행정처 인사총괄심의관실
서울중앙지방법원 2015. 7. 10. 선고 2014가합11791 판결(항소심 진행 중)

Dr. Sungan Cha, "Das deutsche Sozialgericht - eine Beobachtung aus koreanischer
　　Sicht", SGb, 4. 2015.

Eberhard Eichenhofer, Sozialrecht 8., neubearbeitete Auflage, Mohr Siebeck, 2012.

Heike Herold-Tews, Der Sozialgerichtsprozess - Darstellung mit Schriftsatzmustern 6
　　Auflage」, Verlag C.H.Beck 2012.

Krasney·Udsching, Handbuch des sozialgerichtlichen Verfahrens, Erich Schmidt Verlag
　　2011.

Meyer-Ladewig/Keller/Leitherer, Sozialgerichtsgesetz Kommentar-10.Auflage, C.H.BECK
　　2012.

서울시의 사회권 실천 현황 : 청년정책 사례

양 호 경*

□ 서울시민권리선언(2011.10)과 청년정책

서울 시민 권리 선언

모든 사람은 존엄하며 그 존엄함에 걸맞은 삶을 누릴 권리를 가진다. 서울은 수많은 사람들이 함께 사는 터전으로, 서울시정의 목적은 사람들이 존엄하고 행복한 삶의 권리를 누릴 수 있도록 하는 것이다.

이러한 목적 달성은 서울시의 모든 기관과 시민이 함께 참여하는 방식으로 이루어져야 한다.

〈1조〉 서울시민은 서울시정에 대해 궁금한 점을 질문하고 필요한 정보를 얻을 권리를 가진다.

〈2조〉 서울시민은 자유로운 의사 표현과 평화로운 집회, 결사의 권리를 가진다.

〈3조〉 서울시민은 인간의 존엄성을 유지하는 데 필요한 기본적인 도시서비스를 누릴 권리를 가진다.

〈4조〉 서울시민은 모든 형태의 범죄와 폭력, 화재, 재난, 유해음식으로부터 안전한 생활을 할 수 있는 권리를 가진다.

* 서울시 청년정책담당관

〈5조〉 서울시민은 누구나 장벽 없이 이동할 권리와 도시 공공시설에 접근할 권리를 가진다.

〈6조〉 서울시민은 쾌적하고 아름다운 자연 환경을 누릴 권리를 가진다.

〈7조〉 서울시민은 능력에 따라 직업을 가지고 일할 수 있는 권리를 가진다.

〈8조〉 서울시민은 충분한 교육을 받을 권리를 가진다.

〈9조〉 서울시민은 다양하고 창조적인 문화와 여가를 향유할 권리를 가진다.

〈10조〉 서울시민은 건강하게 살 권리를 가진다.

○ 서울의 정책 방향이 단일 정책 성과 목표를 넘어 시민의 기본적인 권리를 보장하기 위한 방향으로 설정
  - 시정에 대한 시민 참여를 큰 축으로, 시민의 인간다운 생활에 대한 규정
  - 정보공개, 의사표현의 자유, 존엄성을 위한 도시서비스, 안전할 권리, 이동권, 환경권, 노동권, 교육권, 문화향유권 및 건강권에 대해서 추상적 규정

○ 일하는 청년 vs. 삼포세대
  - 청년에 대한 사회적 인식의 큰 차이가 존재
  - '04년 청년고용촉진특별법(한시법)의 3차례 연장 및 '03년 이후, 정부의 청년 종합 대책은 청년 일자리 및 고용 대책 중심으로 제안. 정확하게는 일자리 창출과 직업훈련에 방점
  - 매년 2조원이 넘는 청년 지원 사업의 대부분은 일자리 창출

목표를 위한 지원

- 20, 30대 사망률 1위 자살, 헬조선, 삼포세대 등의 세대에 대한 좌절감을 표현하는 종합적 조어와는 달리 기존의 청년 대책은 일자리 창출과 지원에 한정

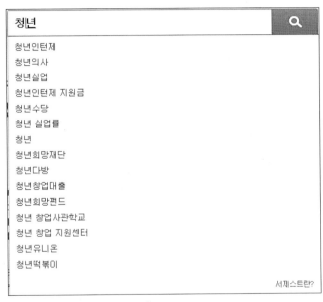

포털사이트 다음(daum.net) "청년" 연관검색어

○ 2012년 이전의 서울시 청년 정책

- 「서울특별시 청년 미취업자 중소기업 취업지원에 관한 조례」
: 제1조(목적) 「청년고용촉진 특별법」에 따라 청년 미취업자 당사자에 대한 직접 지원방법으로 구인난을 겪고 있는 중소기업 취업지원을 통하여 청년 미취업자의 고용촉진 및 중소기업의 경쟁력을 제고하고 사회안정과 지속적인 국가경제발전에 이바지함을 목적으로 한다.

□ 서울시 청년 정책의 방향 및 일자리의 권리

○ "국가경제발전"의 주체와 취업지원의 객체를 넘어
 - 일하는 '청년'이라는 인식을 넘어, 일자리의 권리, 주거의 권리, 부채 사회에서의 사회권적 권리 문제로 확대
 - 초기 진입에서 높은 교육비용, 불안정-저임금 일자리, 높은 주거비용, 부채 부담 증가와 사회적 안정망 부재에 따라 시민의 기본적인 사회권 조차 보장받지 못하는 구조에 대한 문제 의식

○ 청년 부채 관련 자료

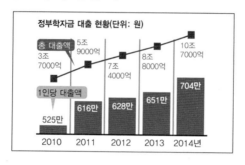

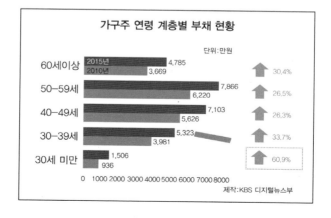

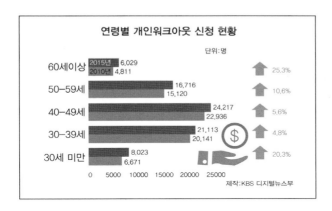

○ 청년 주거 관련 자료

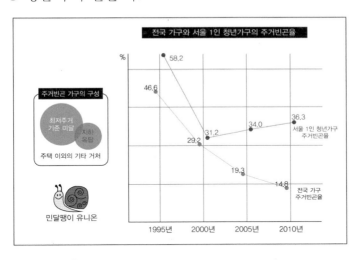

○ '13년 "일자리 창출"을 넘어 일할 권리
  - 아르바이트 권리 선언 및 「청년일자리기본조례」
    : 아르바이트 문제의 노동권 관점에서 보장
    : 기존의 일자리 문제를 청년 거버넌스와 함께 해결하고자

하는 최초의 시도

- 서울 아르바이트 청년 권리장전('13년 9월)
  : 서울시-청년유니온 및 알바천국 등 민간 기관

서울 아르바이트 청년 권리장전

(전략) 청년 누구나 일터에서 노동의 진정한 의미는 헌법이 보장하는 인간의 존엄과 가치 그리고 노동기본권이 실현되어 우리 사회의 미래에 대한 삶의 가치를 찾는 희망의 과정이 내포되어야 한다.

그러나 오늘날 아르바이트 청년은 일터에서 인격적으로 대우받지 못하고, 사용자로부터 부당한 대우를 받거나 사용자 또는 고객으로부터 불쾌한 언행을 당하고 법정 근로조건에도 미치지 못하는 낮은 임금과 휴식 없는 일을 강요당하는 등 부정적인 경험을 많이 하고 있다. 이에 우리는 이 사회에서 청년들이 보편적 인권의 관점에서 인간다운 삶을 향유 할 수 있도록, 일터에서 차별받지않고 정당한 임금 및 대우를 받으며, 쾌적하고 안전한 근로환경 속에서 노동의 소중한 가치를 깨닫고 자아를 성취할 수 있도록 이 권리장전을 선언한다.

2013. 9. 23

제1장 아르바이트 청년의 권리
제1조〔근로기준법의 보호를 받을 권리〕
제2조〔최저임금의 보장〕아르바이트 청년은 인간으로서 존엄과 가치를 유지하고 생활안정을 도모할 수 있도록 최저임금 이상의 임금을 받을 권리가 있다.
제3조〔법정근로시간 준수 및 휴식에 대한 권리〕

제4조 〔초과근무 및 근무중단 거부의 권리〕

제5조 〔야간·연장·휴일 근무수당을 받을 수 있는 권리〕

제6조 〔유급휴일을 받을 수 있는 권리〕

제7조 〔적정한 치료와 보상을 받을 권리〕

제8조 〔부당한 대우로부터 보호받을 권리〕

제2장 사용자의 의무

(전략)

제7조 〔사회안전망의 실현〕 사용자는 아르바이트 청년의 생활안정과 복지증진을 위하여 각 사회보험의 수급 자격을 유지할 수 있도록 필요한 조치를 이행해야 한다.

제8조 〔공정하고 안전한 근로환경 조성〕 사용자는 아르바이트 청년이 일터에서 불합리한 차별을 받지 않고, 안전한 근로 환경에서 근무할 수 있도록 하여야 한다.

(중략)

제11조 〔인격적이고 정당한 대우 보장〕 사용자는 아르바이트 청년들이 인격적이고 정당한 대우를 받으며 근무할 수 있도록 다음과 같은 내용을 준수하여야 한다.

 1. 동일 사업장 내 정규직원에 비해 근로조건 및 처우에 있어 불합리하게 차별하지 않고, 폭언, 폭행, 성희롱을 하지 않는다.

 2. 유통(판매)기한이 지나 폐기처분되어야 하는 음식을 식사(간식)로 제공하지 않고, 업무 필요 물품, 작업복 등은 직접 제공하며 자사 및 특정 제품의 구매를 강요하지 않는다.

 3. 배달직의 경우 오토바이 및 차량 등의 관리 및 보험가입은 사용자가 책임지며, 안전장비를 제공한다.

4. 업무와 무관하게 개인 사생활을 침해하지 않고, 사용자의 사적인 업무를 맡기는 등 직무와 무관한 작업 지시를 내리지 않는다.

제12조 [권리장전의 교부 및 비치 권장] 사용자는 아르바이트 청년과 근로계약 체결시 권리장전을 의무적으로 교부해야 하며, 이를 사업장내 보이는 곳에 비치할 것이 권장된다.

제3장 서울시의 책무

제1조 [서울시의 기본적 의무] 서울시는 아르바이트 청년들의 근로보호 및 근로환경 개선의 심각성을 이해하고 「아르바이트 청년 권리장전」이 실현될 수 있도록 노력한다.

(중략)

제4조 [행복한 일터 발굴·홍보] 서울시는 근로기준법을 준수하고 근로환경개선에 앞장서는 사업장을 지속적으로 발굴하고 홍보한다.

제5조 [노동인권 교육] 서울시는 민간 전문가와 연계하여 사용자, 학생, 아르바이트 청년을 대상으로 한 노동인권 교육을 적극적으로 진행한다.

(후략)

- 「서울특별시 청년일자리 기본조례」('13년 10월)

서울특별시 청년일자리 기본 조례

제1조(목적) 이 조례는 「청년고용촉진 특별법」에 따라 서울특별시 소재 <u>청년들의 고용을 촉진하고 일자리의 질을 개선하여 청년의 삶의 수준 향상과 생활의 안정을 보장함으로써 지속적인 경제발전 및 지역사회 안정에 이바지함을 목적</u>으로 한다.

(중략)

제3조(책무) ① 서울특별시장(이하 "시장"이라 한다)은 청년고용을 촉진하고 청년일자리의 질 향상을 위한 청년일자리 수급전망, 청년 구직자 실태조사, 직업 지도, 취업 알선 및 직업능력 개발훈련 등을 포함한 대책을 수립·시행하여야 한다.

② 시장은 청년고용이 촉진될 수 있는 사회적·경제적 환경을 마련하도록 노력하여야 한다.

③ 「지방공기업법」에 따라 서울특별시(이하 "시"라 한다)가 설립한 투자·출자·출연기관은 청년 고용을 촉진하고 청년 일자리의 질 향상 등을 위한 시장의 대책에 적극 협조하여야 한다.

제4조(투자·출자·출연기관의 청년 고용 확대) ① 정원이 30명 이상인 투자·출자·출연기관의 장은 매년 해당기관 정원의 100분의 3 이상씩 청년 구직자를 정규직으로 고용하여야 한다. 다만, 구조조정 등 시장이 인정하는 특별한 사유가 있는 경우에는 제외한다.

(중략)

제6조(청년일자리위원회) ① 시장은 청년고용 촉진 및 지원에 관한 주요 사항을 심의하기 위하여 청년일자리위원회(이하 "위원회"라 한다)를 설치·운영할 수 있다.

② 위원회는 다음 각 호의 사항을 심의한다.

1. 기본계획의 수립 및 평가에 관한 사항

2. 청년고용 촉진을 위하여 필요한 사항

3. 청년일자리의 질 향상을 위하여 필요한 사항

4. 그 밖에 청년일자리에 관하여 시장이 중요하다고 인정하는 사항

③ 위원회는 위원장·부위원장 각 1명을 포함한 15명 이내의 위원으로 구성하되, 위원장은 호선하고, 부위원장은 청년 일자리 사무를 주관하는 국장으로 한다.

④ <u>위원은 청년일자리와 관련한 공무원, 시의원, 전문성과 경험이 풍부한 사람중에서 시장이 임명 또는 위촉하되, 청년 당사자를 3인 이상 포함하여야 한다.</u>

(후략)

□ 서울 청년 종합 정책의 발전

○ '15년 서울청년 종합 정책 및 권리 선언
  - '13년부터 시작한 청년정책네트워크를 중심으로 청년 정책 거버넌스 운영
  - 서울시의회와 함께, 청년 정책 권리 선언 및 「청년기본조례」 (청년일자리 조례 통폐합)

○ 청년권리선언의 내용
  - 청년이 '미완의 시민'이나 '성숙하지 못한 시민'이라는 의미가 아니라 기본적인 시민권에 대한 선언
  - 불쌍하거나, 피교육자로서의 청년이 아니라 동등한 시민으로서의 권리 선언

〈서울청년선언〉

(전략)

청년은 시민이다. 우리는 지금 이 순간부터 청년을 '청년시민'이라 분명하게 선언한다. '청년'에 대한 손쉬운 이름 붙이기에 맞서, 청년도 그저 시민의 한 사람이라는 당연한 사실을 다시 확인한다. 이 선언은 그 단순한 진실에서 출발한다. '청년'이란 '사회적 주체로 나아가는 시민'의 다른 이름이다. 이것은 청년이 '미완의 시민'이나 '성숙하지 못한 시민'이라는 의미가 아니다. 모든 사람은 '시민'이라는 동등한 지위를 가진다. 청년은 헌법이 보호하는 시민의 기본 권리를 기초로 삼아 사회적 주체가 된다.

청년은 바란다. 우리는 힘겨운 삶의 현실을 마주하면서도 함께 사는 사회와 인간다운 삶을 꿈꾼다. 지금까지 청년의 목소리는 자신의 고통을 호소하는 외침 혹은 사회의 관심과 동정을 원하는 부탁으로 해석되었다. 그러나 우리는 청년의 다양한 바람들 끝에 인간의 존엄성이 인정되는 사회, 시민의 기본 권리가 있는 그대로 보장되는 사회를 요구한다. 지금 청년의 목소리는 새로운 사회를 향한 '권리의 주장'이다.

1. 청년을 비롯한 모든 시민은 인간의 존엄성에 근거한 권리를 가진다. 모든 시민의 기본 권리는 평등하다. 우리는 '듣기 좋은 말'로 취급되는 이 흔한 원칙을 가장 현실적이고 구체적인 사회 원리로 다시 한 번 선언한다.

2. 국가는 시민의 기본 권리를 차별 없이 보장할 의무를 가진다. 현실의 사회적 환경과 경제적 불평등은 시민의 권리 행사를 끊임없이 제한한다. 단 한 사람의 권리일지라도 그것이 침해되지 않도록 최선의 노력을 다하는 것이 국가의 존재 이유다.

3. 지금 청년시민의 기본 권리는 심각하게 위협받고 있다. 국가

는 청년시민의 기본 권리를 보장할 의무가 있다. 국가는 사회로 진입하는 청년의 권리 행사를 위해 괜찮은 일자리, 안정적인 주거 및 활동 공간, 최소한의 생계보장, 경험과 경력을 쌓을 다양한 기회, 스스로의 역량을 키워나갈 시간, 자존감을 얻을 동료 관계의 형성을 보장해야 한다.

4. '청년시민'의 기본 권리는 다름 아닌 '시민'의 기본 권리다. 청년시민의 사회·경제적 곤란함을 해결하는 것은 결국 모든 시민의 기본 권리를 보장하는 일이다.

5. 서울청년, 우리는 청년의 바람을 담아 여덟 가지 구체적인 삶의 권리를 선언한다.

첫째, 우리는 공공의 의사결정에 참여할 권리를 가진다.

둘째, 우리는 자유롭고 충분하게 주어진 시간 속에 여유가 있는 삶을 살 권리를 가진다.

셋째, 우리는 타인을 존중할 의무와 함께 누구로부터도 모욕 받지 않을 권리를 가진다.

넷째, 우리는 개인의 다양한 차이에 대해 그 어떠한 차별도 받지 않을 권리를 가진다.

다섯째, 우리는 평생에 걸쳐 교육에 능동적으로 참여할 권리를 가진다.

여섯째, 우리는 사회경제적 요소에 의한 생존의 위협으로부터 자유로울 권리를 가진다.

일곱째, 우리는 하고 싶은 일을 할 권리를 가진다.

여덟째, 우리는 사랑하는 사람들과 함께 공동체를 꾸릴 권리를 가진다.

2015년 7월 19일

서울청년의회

○ 「서울특별시 청년 기본조례」('15년 1월)
  - 청년정책네트워크, 서울시의회의 협력으로 전국 최초로 청년의 사회권에 대한 기본 규정 제정
  - 이후, 전주, 수원, 시흥 포함 10여개 지자체로 확산
  - 19대 국회에서 여야 공통으로 청년발전기본법 발의, 20대 국회 새누리당 청년발전기본법 1호 법안으로 발의의 모태가 된 법안
  - 청년의 사회권 보장을 위해서 권리에 대해서 규정하고, 그 권리를 보장하기 위해 일자리, 주거, 부채, 문화 등 다양한 영역의 내용 규정

서울특별시 청년 기본조례

제1조(목적) 이 조례는 정치·경제·사회·문화 등 모든 분야에서 서울특별시 청년의 능동적인 사회참여 기회를 보장하고, 자립기반 형성을 통해 청년의 권익증진과 발전에 기여함을 목적으로 한다.

제2조(기본이념) 이 조례는 청년을 우리 사회의 독립적인 구성원으로 인정하고, 청년 당사자 스스로 능동적인 삶을 영위할 권리를 보장해 사회일원으로서의 책임과 의무를 다하도록 하는 것을 기본이념으로 한다.

(중략)

제6조(청년 정책에 관한 기본계획) ① 시장은 청년정책에 관한 기본계획(이하 "기본계획"이라 한다)을 5년마다 수립하고 이를 시행하여야 한다.

② 제1항의 기본계획은 다음 각 호의 내용이 포함되어야 한다.

1. 청년정책의 기본방향 및 추진목표

2. 청년정책에 관한 주요사항

가. 청년의 정치·경제·사회·문화 등 모든 분야에서의 참여 확대

나. 청년의 능력 등의 개발

다. 청년의 고용확대 및 일자리 질 향상

라. 청년의 주거 안정 및 주거 수준 향상

마. 청년의 부채 경감

바. 청년의 생활안정

사. 청년 문화의 활성화

아. 청년의 권리보호

(중략)

9조(청년정책위원회) ① 시장은 청년정책에 관한 주요사항을 심의하기 위하여 서울특별시 청년정책위원회(이하 "위원회"라 한다)를 둔다.

② 위원회는 다음 각 호의 사항을 심의한다.

1. 기본계획 및 시행계획의 수립 및 변경에 관한 사항

2. 시행계획의 연도별 추진실적 점검 및 평가에 관한 사항

3. 청년정책의 시행을 위한 관련 사업의 조정 및 협력에 관한 사항

4. 그 밖에 청년정책에 관하여 필요하다고 인정되는 사항

③ 위원회는 위원장 2명과 부위원장 1명을 포함하여 20명 이내의 위원으로 구성한다. 위원장은 시장과 위촉직 위원 중에서 호선하는 자가 되고, 부위원장은 청년정책 업무를 담당하는 국장급 이상 공무원으로 한다.

④ 위원은 당연직과 위촉직으로 구성하며, 당연직 위원은 혁신·경제·주택·복지·문화 등 관련 부서 국장급 이상 공무원으로 한다.

⑤ 위촉직 위원은 다음 각 호에 해당하는 자 중에서 시장이 위촉하되, 청년을 5인 이상 포함하여야 한다.
1. 서울특별시의회 의원
2. 청년단체에서 활동한 경험이 풍부한 청년
3. 청년정책과 관련된 학식과 전문성을 보유한 사람 및 관계기관의 장
4. 그 밖에 청년정책의 추진을 위해 필요하다고 인정되는 자
(후략)

□ 서울 2020 청년 보장 (청년에 대한 사회권 확대)

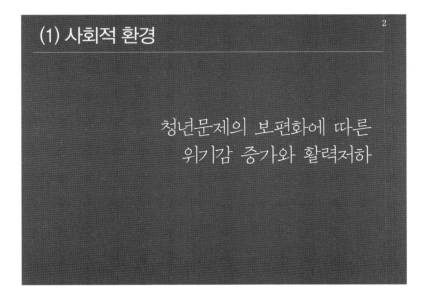

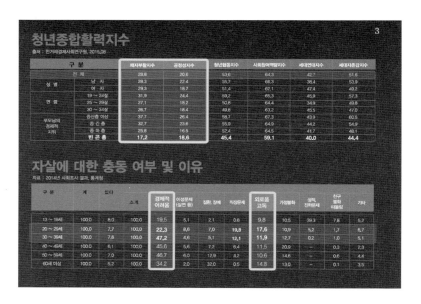

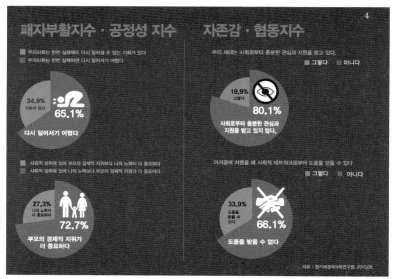

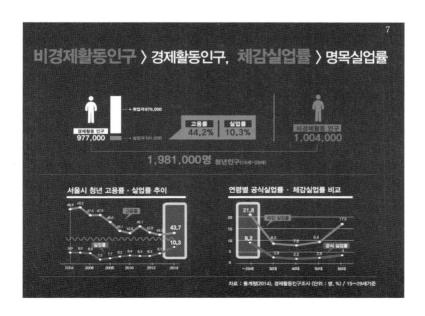

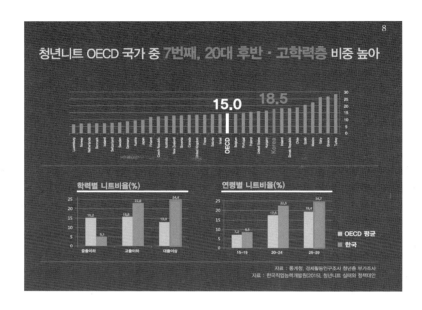

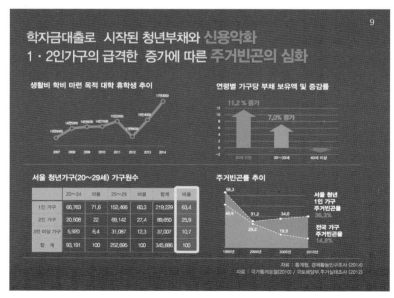

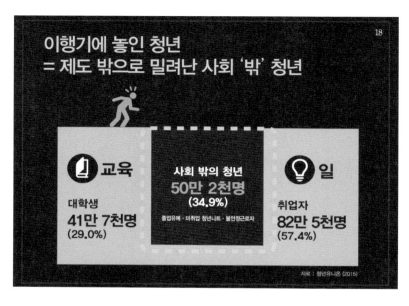

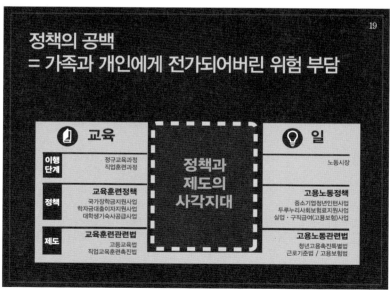

조 국   서울대학교 법학전문대학원 교수, 법학박사
        서울대학교 법학연구소 공익인권법센터장
남기철   동덕여대 사회복지학과 교수, 사회학박사
강성태   한양대학교 법학전문대학원 교수, 법학박사
이준일   고려대학교 법학전문대학원 교수, 법학박사
김복기   서울대학교 법학대학원 부교수, 법학박사
김성진   헌법재판소 국제심의관 겸 헌법재판연구원 비교헌법연구팀장
        (헌법연구관)
이주영   서울대학교 인권센터 전문위원, 법학박사
장은주   영산대학교 자유전공학부 교수, 철학박사
한상희   건국대 법학전문대학원 교수, 법학박사
박찬운   한양대 법학전문대학원 교수(인권법), 법학박사, 변호사.
차성안   전주지방법원 군산지원 판사
양호경   서울시 청년정책담당관

공익과인권26
서울대학교 법학연구소 공익인권법센터 / 서울대학교 인권센터

사회권의 현황과 과제

초판 인쇄 ∣ 2017년 2월 10일
초판 발행 ∣ 2017년 2월 17일

엮   음   조 국
발 행 인   한정희
발 행 처   경인문화사
총괄이사   김환기
편 집 부   김지선 나지은 박수진 문성연 유지혜
관리 영업부   김선규 하재일 유인순
출판신고   제406-1973-000003호
주   소   파주시 회동길 445-1 B동 경인문화사 4층
전   화   031-955-9300   팩   스   031-955-9310
홈페이지   http://kyungin.mkstudy.com
이 메 일   kyungin@kyunginp.co.kr

ISBN 978-89-499-4256-8 93360
값 29,000원